석학
人文
강좌
64

동아시아 역사상의 한국

석학人文강좌 64

동아시아 역사상의 한국

초판 1쇄 인쇄 2015년 10월 25일
초판 1쇄 발행 2015년 11월 3일
지은이 김한규
펴낸이 이방원
편 집 윤원진 · 김명희 · 이윤석 · 안효희 · 강윤경 · 김민균
디자인 박선옥 · 손경화
마케팅 최성수
펴낸곳 세창출판사
출판신고 1990년 10월 8일 제300-1990-63호
주소 03735 서울시 서대문구 경기대로 88 냉천빌딩 4층
전화 723-8660
팩스 720-4579
이메일 sc1992@empal.com
홈페이지 http://www.sechangpub.co.kr

ISBN 978-89-8411-573-6 04910
      978-89-8411-350-3(세트)

이 도서의 국립중앙도서관 출판시도서목록(CIP)은 서지정보유통지원시스템 홈페이지(http://seoji.nl.go.kr)와
국가자료공동목록시스템(http://www.nl.go.kr/kolisnet)에서 이용하실 수 있습니다.(CIP제어번호: CIP2015027518)

석학
人文
강좌
64

동아시아 역사상의 한국

김한규 지음

세창출판사

20여 년 전, 상해 복단대학에 교환교수로 체류 중에 북경에서 내려온 유학생으로부터 지도 하나를 선물 받았다. 플라스틱으로 값싸게 만든 지도였지만 중국인의 작품답게 채색과 요철이 과장된 것이 재미있어, 숙소의 침대 앞 벽에 높이 걸어 놓고 마음껏 감상했다. 이 지도는 '중국지형(中國地形)'이란 제목을 내걸고 있지만, 그 내용은 동아시아 전역을 포괄하고 있어 '동아시아 지형도'라 할 만하였다. 그 안에는 중국 외에도 한국과 일본, 몽골과 베트남 등 현재 동아시아의 5개국이 모두 그려져 있었다. 그런데 지금은 역사의 무대에서 사라져 보이지 않지만, 중화인민공화국의 영토를 표시하는 붉은 선 안에는 원래 중국 외에도 다른 수많은 나라들이 포함되어 있었다. 전통시대에 함께했던 그토록 많은 나라들이 오늘날에는 대부분 중화인민공화국의 영토로 편입되어 그 정체성이 소멸되어 간 긴 역사적 과정이 지도 안에 숨겨져 있는 것 같아, 이 지도를 대면할 때마다 깊은 역사적 반성에 뒤따르는 착잡한 느낌을 경험하지 않을 수 없었다. 특히 긴 시간 침대에 누워서 지도를 계속 응시하다 보면 지도의 형상이 살아 움직이는 듯한데, 한국의 형상이 마치 작은 토끼 한 마리가 거대한 곰의 코앞에서 웅크리고 있는 것같이 보이기도 한다. 그럴 때마다 그 많은 나라들이 중국이란 포식자에게 먹혀 소화되었는데, 저 작은 나라가 어떻게 지금까지 생명을 부지하며 살아남을 수 있었을까, 신기하고 궁금했었다.

수많은 나라들이 중국의 일부가 되어 정체성을 잃고 있는 동안, 한국은 어떻게 해서 자신의 정체성을 계속 지킬 수 있었을까. 작년 6, 7월에 한국연구재단에서 주관하는 석학인문강좌에 참여할 기회를 가졌을 때, 강연 주제로「동아시아 역사상의 한국」을 선택한 이유가 바로 여기에 있었다. 한국이 오랜 기간 동안 자신의 정체성을 유지할 수 있었던 까닭을 이해하기 위해서는 아마도 과거에 한국이 처했던 국제적 환경, 즉 동아시아 국제질서의 구조적 특성을 이해하여 동아시아 역사상에서 한국이 점한 좌표와 위상을 정확히 파악하는 일이 무엇보다 중요할 것이라 생각했다. 나는 이 문제와 관련하여 최근에 동아시아의 각 방면에서 진행되고 있는 각종 역사논쟁에 대해서도 각별한 주의를 기울여 왔다. 왜냐하면 이들 논쟁에는 전통시대에 중국과 다양한 층위의 관계를 맺고 있던 여러 나라들이 함께 참여하고 있어, 현재의 '중국지형도'가 어떻게 만들어지게 되었는지 그 역사적 과정을 입체적으로 웅변하고 있다고 생각했기 때문이다.

　많은 한국인은 역사논쟁이라면 한국인과 중국인이 고구려 역사의 귀속문제를 놓고 치열하게 전개한 '역사전쟁'을 기억한다. 그러나 이 논쟁 외에도 동아시아에서는 각 방면에서 여러 가지 쟁점을 둘러싸고 치열한 역사논쟁이 진행되었으니, 베트남인과 중국인의 베트남역사 논쟁, 티베트인과 중국인의 티베트역사 논쟁, 동 투르키스탄인과 중국인의 동 투르키스탄역사 논쟁, 몽골인과 중국인의 몽골역사 논쟁, 타이완인과 중국인의 타이완역사 논쟁 등이 있고, 일본인과 중국인의 조어도 영유권 논쟁도 역사논쟁의 일종이다. 동아시아의 역사논쟁들은 하나의 예외도 없이 모두 이른바 '중국적 세계질서'의 유산이라 할 수 있다. 왜냐하면 동아시아의 각 방면에서 전개된 역사논쟁의 일방은 언제나 중국이었고 논쟁의 핵심적 쟁점은 전통시대 중국 중심의 세계질서를 어떻게 이해해야 하는가 하는 문제였기 때문이다. 따라서 이들 논쟁은 당연히 전통시대 동아시아 국제 사회와 국제질서의 구조적 특성을 이해하는 데 필요한 지식을 상당 수준 축적하게 하여, '중국적 세계질서' 안에서 한국이 점하였던 역사적 위상을 확인하는 데 적지 않은 도움을 줄 것으로 기대된다. 그러나 동아시아의 역사논쟁으로부터 얻을 수 있는 가장 큰 교훈은 역사상의 한국을 이해하기 위해서는 동아시아 '세계'에 대한 이해가 전제되지 않으면 안 된다는 사실 그 자체다.

동아시아에 대한 역사적 이해란 동아시아가 어떻게 형성되고 전개되었는지를 추적함으로써 동아시아의 본질을 이해하고, 나아가서는 동아시아와 나의 역사적 관계를 통해 나 자신을 이해하려는 사유 과정을 말한다. 그러면 왜 동아시아 역사인가. 동아시아가 나를 역사적으로 이해하게 하는 사유의 효과적 단위가 되기 때문이다. 대학이나 학계에는 일반적으로 역사를 서양사와 동양사 그리고 한국사 등 세 분야로 나누어 생각하는 관행이 있다. 그러나 이러한 구분법은 매우 불합리하다. 왜냐하면 동양사와 한국사는 대등한 대립 관계에 있는 개념이 아니라 내포, 피내포의 종속적 관계에 있는 개념이며, 동양사와 서양사는 세계를 동과 서의 방향 개념만으로 양분해서 그 분별 자체가 무의미하기 때문이다. '동양'이란 말은 처음 발생할 때도 세계를 양분할 수 있는 개념을 내포하지 못하였고, 세계를 양분하는 내용을 포함하는 현재의 언어관행으로 보아서도 자기 완결적 의미를 지니지 못한다. 현재 우리가 사용하는 '동양'이란 말에는 중국과 인도, 중동, 시베리아, 동남아시아 등 다양한 내용을 내포하는데, 이러한 내용들 사이에서 어떤 유의미한 역사적 관련성을 발견하기는 쉽지 않다. 이로 인해 사학과가 있는 모든 대학에서는 동양사 과목을 개설하고 있지만, 동양의 모든 내용을 총합적으로 포함하는 동양사 강의는 이뤄지지 못하고 있다. 마찬가지로 책 제목에 '동양사'라는 말을 담고 있는 개설서일지라도 동양의 모든 역사를 서술하지는 못한다. '동양사' 강의나 '동양사' 개설서들은 대부분 동아시아의 역사만을 주요 내용으로 포함한다. 그 까닭은 '동아시아' 개념에 내포된 내용은 역사적으로 유의미한 관련성을 가지고 있었기 때문이다.

동아시아는 역사적으로 그 자체가 하나의 세계로서 완결되어 있었다. 전통시대의 동아시아는 곧 하나의 세계였다. 물론 전통시대에도 동아시아 밖에는 다른 세계가 엄존해 있었지만, 전통시대의 동아시아는 그 밖의 세계와는 분리되어 독자적인 세계로 존재하고 있었고, 다른 세계와의 관계는 결정적인 의미를 가지지 못했다. 따라서 전통시대 동아시아 역사는 동아시아인에게는 곧 세계사였다. 현대인들이 사용하는 '동아시아'란 말의 범주는 이 말을 사용하는 사람에 따라 달라진다. 그러나 크게 보아, 세 종류의 '동아시아' 범주가 현재하고 있다고 볼 수 있다. 첫째는 중국과 한국, 일본, 베트남 등만을 포함하는 협의의 동아시아 개념으로 동일한 정치외교 체제와 동일한 문화, 역사 등을 공유한 나라들만으로 설정되었다. 둘째는 협의의 동아시아 범주에 몽골과 티베트, 요동 등 초원의 유목사회와 산악의 수렵사회를 함께 포함한 개념으로 중간 정도의 범주라 할 수 있다. 셋째는 위의 중간 범주에 태국 등 동남아시아 제국까지 포함한 것으로 광의의 동아시아 개념이라 할 수 있다. 그러나 광의의 동아시아 개념은 역사학적 개념이라기보다는 차라리 정치학적 개념이라 할 수 있다. 즉 현대에서는 동남아시아가 동아시아의 범주에 포함되어도 별로 어색하지 않을지 몰라도, 전통시대에는 동남아시아가 동아시아의 다른 부분들과 긴밀한 관련성을 가지고 있었다고 볼 수 없다. 역사상의 동남아시아는 동아시아 '세계'의 구성원이었다고 규정하기가 어렵다. 협의의 동아시아 개념은 책봉-조공 체제라는 동일한 외교 체제와 한자문화, 유교, 불교, 율령제 등 동일한 문화 체제를 공유한 범주라는 점에서 동아시아 세계를 구성한 가장 기본적 요소였음이 분명하다. 그러나 외교 및 문화 체제의 공유가 하나의 세계를 형성하는 데 필수적 조건이 될 수는 없다. 북방의 유목 및 수렵사회는 비록 중국이나 한국, 일본, 베트남 등과 외교 체제와 문화 체제가 상이하다 하더라도 전쟁과 교섭, 교류와 교역, 내왕 등을 통해 끊임없이 서로 접촉하고 작용하였다면, 동일한 세계를 구성한 동반자의 범주에서 배제되어야 할 이유가 없다. 따라서 역사상의 동아시아란 중국과 일본, 베트남, 일본 등 이른바 장성 이남의 농경사회와 몽골과 티베트, 요동 등 장성 이북의 유목 및 수렵사회가 함께 동반 혹은 길항하면서 형성, 발전시킨 세계였다고 말할 수 있다.

　전통시대에 동아시아 세계를 구성한 가장 중요한 성분의 하나가 한국이었다. 한국은 비록 공간적 범주가 한반도에 국한되고 그 인구 역시 매우 제한적이었지만, 뛰어난 문화적 역량과 장구한 역사적 전통, 견고한 정치적 자주의식 등을 통해 중국과 요동, 일본 등 주변의 나라들과 유연한 외교 관계를 수립하였다. 또한 세계 최고 수준의 문화를 창조, 향유하며 오랫동안 독립된 국가 체제를 유지하면서 동아시아 세계의 주도적 힘의 하나로 존속해왔다. 전통시대의 한국이 동아시아 세계에서 다른 성분들과 어떤 관계를 맺고 있었고 어떠한 역할을 수행하였는지를 이해하는 것은 동아시아 역사상에서 한국이 점한 위상과 좌표를 이해하는 데 반드시 필요한 과정이 될 것이다. 다만 동아시아 역사상의 한국을 이해하는 과정에서, 결코 생략할 수 없는 몇 가지 전제를 미리 점검하지 않을 수 없다.

　역사를 바라보는 관점에는 크게 두 가지가 있다. 하나는 과거의 관점에서 그 사실의 의미를 이해하려 하는 것이다. 즉 그 사건이 발생할 당시에 그 사실이 지녔던 의미를 찾으려는 입장이다. 이에 반해 현재의 관점에서 역사적 사실을 이해하려는 입장도 있다. 즉 현재의 상황을 기준으로 해서 역사적 사실의 의미를 규정하려는 것이다. 한 예를 들어, 중국의 한(漢)이나 당

(唐), 명(明) 등의 국가들과 대립해서 길항했던 유목 제국 흉노(匈奴)나 돌궐(突厥), 몽골(蒙古) 등은 존속 당시에는 중국의 일부가 아닌, 중국의 상대 개념인 이적(夷狄)의 일부로 간주되었다. 그러나 현재 중국 학계에서는 흉노와 돌궐, 몽골 등을 중국의 일부로 간주하는데, 그 까닭은 이들이 현재 중국, 즉 중화인민공화국의 영토 위에 존재하였고 현재 중국인의 선조가 건립한 국가로 해석되었기 때문이다. 요컨대 보는 관점에 따라 흉노 등은 중국일 수도 있고 중국이 아닐 수도 있다는 것이다. 그러면 우리는 어떠한 관점을 취해야 할 것인가. 흉노 등이 중국으로 간주되지 않았다는 것은 바뀌지 않는 하나의 객관적 사실이다. 이에 반해 이들이 중국이었다는 현대 중국 학계의 주장은 하나의 주관적 '해석'이다. 따라서 '사실'을 버리고 '해석'만을 취한 현대 중국 학계의 주장을 그대로 받아들일 수가 없다. 그렇다고 해서 흉노 등의 존재가 현재의 중국을 형성하는 데 아무런 관계가 없었다고 단정할 수도 없다. 따라서 우리가 취해야 할 관점에 과거의 사실을 확인함과 동시에 과거의 사실과 현재의 나의 관계를 추적하는 과정도 생략할 수 없다는 것이다. 다만 과거의 사실과 현재의 나 사이에는 헤아릴 수 없이 많은 또 다른 사실들이 개재해 있기 때문에, 양자를 연결하는 고리를 모두 추적하기는 불가능하다. 그것은 마치 행성 몇 개를 관찰해서 그 수많은 별들로 가득 차 있는 우주의 메커니즘을 알려고 하는 것과 같은 일이다. 그럼에도 불구하고 스스로 역사학자 혹은 역사학도라고 생각하는 사람이라면 누구나 과거와 현재의 관계를 추적하려는 노력을 포기하지 못한다. 그것이 곧 역사학이 있어야 할 존재이유의 하나이기 때문이다.

어느 시대의 어떤 사건도 이상과 현실이 괴리되지 않은 경우가 없다. 역사를 이해하려면 먼저 이상과 현실의 괴리를 수용해야 한다. 중국 역대 왕조의 건립자는 대부분 황제를 자칭하면서 황제가 통치하는 국가, 즉 제국의 건립을 표방했지만, 그것은 이상일 뿐 현실이 아니었다. 마찬가지로 대한민국의 헌법 제1조에 "대한민국은 민주공화국이다"라고 규정되어 있다고 해서, 대한민국이 실제로 민주공화국이었던 것으로 이해한다거나 대한민국의 이상은 외면한 채 현실만 간취한다면, 대한민국에 대한 역사적 이해가 올바르게 이뤄졌다고 할 수는 없다. 역사학도라면 마땅히 역사상의 사건에 내포된 이상과 현실의 괴리를 분석해서, 양자의 거리를 측량하고 그 이유를 탐색하여 의미를 이해할 수 있어야 한다. 우리가 흔히 중화주의라고 부르는 사유 체제나 '중국적 세계질서'라는 전통적 동아시아 국제질서는 이상과 현실이 매우 괴리된 전형적 경우여서, 역사상의 이상과 현실 문제를 이해하는 데 가장 적절한 연습장이 될 수 있다. '중국적 세계질서'란 실제로 중국 중심으로 세계의 질서가 확립되었다는 현실과 중국 중심으로 세계의 질서가 확립되기를 바라는 중국인의 이상을 동시에 내포하는 말이기 때문에, 이 문제에 관심이 있는 역사학도라면 누구나 중국 중심의 이상이 언제 어떻게 실현되었는지, 실현되지 못했다면 그 원인이 어디에 있었는지, 현실이 이상과 얼마나 차이가 있었는지 등의 문제를 면밀하게 살펴보게 된다.

개별과 전체의 관계에 대해서도 주의 깊게 관심을 두지 않을 수 없다. 개별적 사실이 모여서 전체가 되는 만큼, 전체적 윤곽을 이해하기 위해서는 개별적 사실에 대한 확인이 우선되어야 하고, 개별적 사실의 성격을 이해하기 위해서는 전체 가운데서 개별이 점하는 위상을 확인해야 한다. 왕왕 한국사의 연구 가운데서 전체를 살피는 과정이 생략되는 경우를 볼 때가 있다. 그러한 연구에서는 역사상의 한국이 마치 세계에서 홀로 존재한 듯이 보인다. 그러나 실제 한국은 동아시아 세계의 일부로서 출현했고, 동아시아 세계의 다른 부분과 항상 유기적 관련을 맺으며 발전했다. 개별적 사실을 이해하기 위해서는 전체를 함께 살펴야 하고, 전체적 구조를 이해하기 위해서는 개별에 대한 정확한 인식이 선행되어야 한다.

개별과 전체의 관계를 중시하는 또 다른 차원에서, 사실의 실증적 분석과 이론의 논리적 구성은 언제나 동반되어야 한다. 일본이나 중국 등 동아시아사 연구가 활발하게 진행된 이웃 나라의 개별적 연구 성과들도 어렵지 않게 활용할 수 있는 편리한 조건에 힘입어, 우리 학계에서는 그동안 실증적 분석의 연구 성과로서 개별적 사실에 대한 지식이 상당한 수준으로 축적되었다. 이제 이러한 개별적 사실에 대한 지식은 이론적 체재 안에서 효과적으로 조직화되어 보다 고급한 차원의 지식 체계로 재생산될 때가 되었다. 소설에도 콩트와 단편 소설이 있는가 하면 중편이나 장편 소설이 있듯이, 역사적 이해의 방법에도 개별적 사실에 대한 단편적 이해와 함께 개별 사실의 유기적 조직을 통해 이론화의 과정을 도출하는 장편적 이해도 있어야 한다. 과거 우리 학계에서는 단편적 논문을 묶은 논문집 형식의 역사 저술이 유행했지만, 다행히 최근에는 단일한 거대 담론을 한 체계 안에 담는 장편적 논저가 생산되고 있다. 물론 그렇다고 해서 개별 사실에 대한 분석적 기초 연구의 필요성이 조금이라도 낮게 평가되어서는 안 되지만, 이와 더불어 보다 포괄적이고 거시적인 체재 안에서 개별 사실을 이론으로 조직화하는 노력을 게을리해서도 안 될 것이다.

시대구분의 의미에 대해 재고할 필요도 있다. 지금까지 역사학계에서는 시대를 구분하는 관행이 유지되었다. 전통시대에는 왕조별로 시대를 구분하는 정치사적 시대구분이 지속되었고, 20세기 초 유물사관이 동아시아 역사 연구에 도입되면서 역사의 전 시기를 생산 관계와 생산 양식에 따라 고대와 중세, 근세, 현대 등으로 나누는 시대구분이 유행했다. 동아시아사 연구자들은 스스로 고대사 연구자, 혹은 중세사 연구자로 규정하기도 하고, 근세사나 현대사 분야에 연구 범위를 제한하도록 강요받기도 한다. 이러한 시대구분은 마치 역사가 실제로 여러 시기로 토막 나 있는 것과 같은 착시 현상을 불러일으킬 수도 있다. 그러나 시대구분이란, 긴 역사를 한 시각 안에서 일괄 파악하는 것이 어렵다는 인간적 한계 때문에 역사 이해에 편의를 제공하기 위해 개발된 방편에 지나지 않는다. 본질적 변화가 가장 깊이 있고 폭넓게 이뤄진 것으로 파악되는 시점에서 '획기(劃期)'함은 각 시기의 특징을 과장되게 설명하여 역사의 역동적 발전을 설득력 있게 이해시키려는 노력에 지나지 않는다. 특히 서구의 발전 과정을 모델로 하여 구축된 유물사관을 동아시아 역사발전에 적용하기 어렵다는 사실에 많은 동아시아사 연구자들이 동의하고 있는 차제에, 굳이 시대구분을 통해 역사를 토막 내야 할 필요성은 그다지 많아 보이지 않는다. 오히려 역사를 보는 시각을 특정한 시기에 국한시키기보다는 시각을 폭넓게 확장함으로써 개별 사실의 역사적 위상을 보다 정확하게 파악할 수 있을 것이니, 이 역시 개별과 전체의 관계를 조절하는 과정의 일환이라 할 수 있다.

역사학계에는 흔히 역사를 정치사와 외교사, 제도사, 사회사, 경제사, 문화사, 사상사 등 여러 분야로 나누는 관행이 있다. 그러나 엄격히 말한다면 역사에 정치사가 따로 있고 사회사가 따로 있는 것이 아니다. 다만 고대사와 중세사를 나누듯이, 역사 이해에 편의를 제공하기 위해 나누는 것뿐이다. 그럼에도 불구하고 이러한 구분은 마치 역사가 여러 분야로 분리되어 있는 것과 같은 착시 현상을 불러일으킨다. 어떠한 역사적 사실도 정치적 의미와 사회적, 혹은 문화적 의미를 동시에 내포하고 있으니, 보다 적확한 역사적 이해를 위해서는 한 사실에 포함된 다원적 측면의 유기적 관련성을 동시에 파악할 수 있어야 한다. 동아시아 역사상의 모든 사실은 다양한 측면을 아울러 살펴야 하는 총합적 이해의 대상이 된다.

국가와 민족과 같은 개념을 역사의 기본 단위로 설정하는 일이 적절한가하는 문제도 다시 생각해 보면 좋겠다. 지금까지 역사학계에서는 역사 서술이나 역사 체계의 기본 단위로서 국가 혹은 민족을 설정해 왔다. 이로 인해 동아시아 역사는 언제나 중국사와 한국사, 일본사, 베트남사, 몽골사 등으로 나누어 서술 혹은 연구되었는데, 이 경우 중국사란 중화인민공화국의 역사 혹은 중국 민족의 역사로 이해되었고, 한국사란 대한민국의 역사, 혹은 한국 민족의 역사로 이해되었다. 그러나 역사상의 중국이나 한국이란 특정한 국가나 민족의 이름이 아니었다. 그것은 차라리 역사적 경험과 역사 계승의식을 공유한 특정한 역사공동체의 이름이었다. 중국이나 한국이란 역사공동체는 동아시아 역사상에서 면면히 존속해 왔지만, 중국이나 한국이란 국가 혹은 민족은 역사상에 실재하지 않았다. 실제로 중국사란 중원이란 황하 중·하류 유역의 특정한 지역에서 오랫동안 역사적 경험을 공유하면서 그 계승의식을 함께한 특정한 공동체의 역사였고, 한국사 역시 한반도에서 오랜 기간 동안 역사적 경험과 역사의식을 공유해 온 특정한 공동체의 역사였다. 그뿐만 아니라 국가의 역사는 지나치게 단속적이고, 민족의 존재는 동아시아 역사상에서 확인하기 어렵다. 따라서 동아시아 역사에 대한 이해는 국가나 민족을 단위로 하기보다는 역사공동체를 단위로 이해하는 것이 더 자연스럽다. 중국이나 한국과 같은 동아시아 역사상의 역사공동체들은 외따로 독립된 상태에서 존속한 것이 아니라, 주변의 여러 다른 역사공동체들과 끊임없이 서로 접촉하고 작용하면서 상호 유기적 관련성을 맺고 동아시아 세계를 구축·유지해 왔기 때문에, 동아시아사의 이해는 응당 여러 역사공동체들로 구성된 동아시아 세계의 구조적 특성에 대한 이해로부터 시작되어야 한다.

요컨대, 동아시아사에 대한 합리적 이해란 곧 과거와 현재, 이상과 현실, 개별과 전체, 분석과 이론, 고대와 현대, 정치와 문화, 한국과 중국 등 동아시아 세계를 구성하는 여러 요소들을 함께 아우르는 총합적 이해를 말한다. 따라서 이 책에 담길 역사 이야기도 단편적 개별 사실보다는 동아시아 역사상의 여러 사실들을 총합해서 현재의 동아시아를 만들어 온 대체적 흐름을 이해할 수 있도록 펼쳐지기를 기대한다. 과연 동아시아사의 총합적 이해에 얼마나 도움이 될는지는 모르겠지만, 적어도 그러한 목적을 가지고 그러한 방향으로 이야기를 풀어 갈 것임을 머리말에서 미리 밝혀 두고 싶다.

이 책은 1부 「동아시아 역사상의 한국」과 2부 「동아시아 역사와 한국의 역사」로 구성되었는데, 전자는 한국연구재단 주관의 「석학과 함께하는 인문강좌」 제7기 제4강으로 강연된 「동아시아 역사상의 한국」의 내용에 약간의 수정과 보완을 가한 것이고, 후자는 강연의 내용을 이해하는 데 도움을 주기 위해 따로 준비한 글이다. 전자가 주로 공간을 따라 서술한 것이라면, 후자는 주로 시간을 따라 설명한 것으로 서로 씨실과 날실처럼 상호 보완할 수 있기를 기대했다. 그래서 이 책의 내용과 체재는 일반 학술저작과는 달리 오히려 강의록에 가깝게 만들어졌다.

강의란 연구한 결과를 수강생들과 공유하는 과정이기 때문에, '학문' 외적 요소는 개입될 여지가 없다. '學問'이란 문자 그대로 '배우고 물으면서' 얻은 결과를 함께 나누는 것일 뿐이다. 역사 이해에는 정답이 없다고 생각한다. 신문과 방송 등 매체의 뉴스는 아주 가까운 과거의 역사를 전해 주지만, 그것이 역사적 사실을 그대로 전해 주는 것이라고 믿은 적은 한 번도 없다. 역사적 사실과 역사적 이해를 연결해 주는 역사적 자료, 즉 사료 자체가 매우 제한적이기 때문에, 역사에는 설득력 있는 합리적 설명과 이해만 있을 뿐이다. 이 책에서 서술되는 것도 단순히 저자 자신이 역사에 대해 이해한 바를 이야기하는 것에 지나지 않는다. 따라서 정확히 말한다면, 모든 문장의 뒤에는 일일이 "무엇 무엇이라고 생각한다"는 말을 붙여야 마땅하겠지만, 번거로운 일이라 생략할 뿐이다. 그리고 역사란 기억이라기보다는 이해라고 생각하기 때문에, 이 책에서는 주로 기억할 만한 일보다는 이해해야 할 만한 이야기를 나누려 한다. 특히 이제는 강의실에서 만나지 못할 후배들을 위해 '읽는' 역사 이야기보다는 '듣는' 이야기를 들려주고 싶다. 그러기 위해서는 경직된 문어보다는 부드러운 구어를 더 많이 사용하고, 인용 자료는 논문처럼 따로 주기하기보다는 본문의 일부로 풀어 넣어 이야기의 흐름을 방해하지 않으려 한다.

대학 시절에 하숙 생활을 하면서 종교적 체험과 비슷한 신비로운 경험을 했던 일이 문득 생각난다. 어느 추운 겨울날 심야에 이불을 뒤집어쓰고 작은 상 위에 책을 놓고 시름하다가 어떤 역사적 사실 하나를 '이해'하게 되었을 때, 폭풍처럼 몰려오는 기쁨을 주체하지 못하고 옆에서 자는 친구를 깨워서 열심히 자랑했던 그 일이 새삼스럽다. 아직 전문적 학문에 입문하기도 전에 경험한 그 학문적 희열은, 진정한 기쁨은 대가를 기대하지 않는 상태에서 온다는 사실을 깨닫는 계기가 되었다. 이제 역사학의 연구와 강의를 직업으로 삼은 시간을 마감하는 길목에서, 학문을 수단이 아닌 목적으로 삼은 옛 선비들의 학문을 동경하면서, 이 책을 나만의 새로운 이정표로 세우려 한다.

끝으로, 인문강좌와 이 책의 출판을 위해 지원해 준 한국연구재단에 감사의 뜻을 표한다. 특히 인문강좌를 적극 권유해 준 김기봉 교수와 세심하게 관리해 준 권영민 교수께 감사의 마음을 전하고 싶다. 토론을 통해 많은 시사점을 개발해 준 이삼성 교수와 임지현 교수 등 두 분 토론자들, 그리고 인문강좌를 경청해 준 청중들에게 감사하는 마음을 가지고 있다. 케이크에 불을 붙여 마지막 강의를 함께하며 축하해 준 서강대학교 학생들, 즐거운 추억으로 기억하리라.

이 책은 아내에게 바친다. 한평생 독일 빵처럼 딱딱하고 무미건조한 학술논문만 생산해 온 저자에게 아내는 이제 정년도 됐으니 부드럽고 읽기 쉬운 글을 쓰라고 충고했다. 이 책은 아내의 이러한 '지도와 편달'에 충실히 호응하려고 노력한 결과의 하나다. 편리한 서울 생활을 포기하고 평생 자연에 연연해 온 사람과 동반하여 기꺼이 깊은 산골로 들어온 아내에게 '고맙다'는 말 외에 다른 무슨 말을 건넬 수 있겠는가.

2015년 10월
남덕유산 범골 凹山居에서

제 1 부

—

동아시아 역사상의 한국

1. 동아시아 역사의 구조적 특성

2003년에 고구려 역사의 귀속 문제를 둘러싸고 이른바 '동북공정' 논쟁이 발생해서, 중국과 한국의 역사학계가 '역사전쟁'을 치른 바 있다. 중국 학계는 고구려가 한(漢)의 군현(郡縣) 안에서 건국, 발전했고 고구려가 중국의 왕조들에 조공(朝貢)하고 책봉(册封)을 받았다는 점 등을 들어 고구려사가 중국 역사의 일부였다고 주장하였다. 한국 학계는 고구려가 한의 군현을 축출하면서 건립되었고, 책봉-조공 체제를 전략적으로 이용해서 중국의 왕조들과 길항하는 동북아의 강대국으로 발전하였기 때문에 고구려 역사는 당연히 한국의 역사라고 반박했다. 그러나 중국 측 주장은 기본적으로 고구려의 영역은 대부분 현재의 중화인민공화국 영토와 중복된다는 사실에 근거했고, 한국 측 주장은 고구려는 현재 한국인의 조상이 건립한 국가라는 사실에 주로 근거를 두고 있다. 즉 고구려사 논쟁은 논쟁 당사자들의 잣대가 다름으로써 발생한 논쟁이었다고 할 수 있다.

'동북공정'이 야기한 고구려사 귀속 논쟁은 현대 동아시아 국제 사회에서 발생한 대표적 역사논쟁임이 분명하지만, 현대 동아시아 국제 사회에서 발생한 역사논쟁이 중국과 한국 사이에서만 일어난 것은 아니다. 중국과 티베트(吐蕃), 중국과 베트남(越南), 중국과 타이완(臺灣), 중국과 타이(泰國), 중국과 동 투르키스탄, 중국과 몽골, 중국과 일본 등 중국과 인접한 나라들은 대부분 중국과의 역사논쟁을 경험하지 않을 수 없었다.

중국과 티베트의 역사논쟁은 1949년 중국 인민해방군의 티베트 침공과

14세 달라이 라마의 망명, 서장자치구(西藏自治區) 설치 등을 계기로 중국 역사학계와 티베트인(혹은 그 독립을 지지하는 국제 학계) 사이에서 치열하게 전개되었다. 중국 학계에서 티베트가 원대(元代) 이래로 중국의 분할할 수 없는 일부였다고 주장한 데 반해, 티베트 측은 당대(唐代) 이래로 한 번도 독립성을 잃은 적이 없다가 인민해방군의 침공으로 중화인민공화국에 병합되었다고 주장했다. 티베트 논쟁은 주로 원대 이래 청대(淸代)까지 양국이 가져온 독특한 공시(供施)/단월(檀越) 관계의 역사적 성격에 대한 논쟁을 중심으로 진행되었다.

중국과 베트남의 역사논쟁은 1979년 중월전쟁(中越戰爭)을 전후하여 격화되었다. 중국 학계가 중월관계사(中越關係史)를 책봉과 조공이 교환되고 문화가 교류된 평화 주조(主潮)의 관계로 규정하는 데 반해, 베트남 학계는 중국의 침략과 베트남의 반격이 끊임없이 반복된 길항의 관계라고 주장하였다. 베트남 최초의 왕국인 반랑국(文郎國)의 영역이 중국의 서남부까지 포괄되었는지, 중국의 1천 년 식민지 경영(北屬時代)이 월남 사회의 발전에 기여했는지, 중국에 대한 베트남의 선제공격도 존재했는지 등 논쟁의 쟁점은 중월관계사 전반을 포괄했다.

중국과 타이완의 역사논쟁은 이른바 '통독논쟁(統獨論爭)', 즉 타이완이 중국과 통일해야 하는가, 아니면 독립해야 하는가 하는 정치논쟁과 맞물려서 진행되었다. 타이완 섬 안의 여론과 학계가 통일파와 독립파로 나뉘어 있었기 때문에, 중국 학계는 타이완 통일파와 함께 이 논쟁의 일방을 형성하여 타이완 독립파가 주장하는 논리에 대항했다. 타이완의 통일파와 중국 학계는 타이완이 이미 오래전 삼국 시대부터 중국인 이주민에 의해 경영되었고 청(淸)이 타이완을 침공하여 정씨(鄭氏) 정권을 붕괴시킨 뒤부터 내내 군현을 설치하여 지배했기 때문에 타이완은 이미 명·청(明·淸) 시대부터 중국의 일부였다고 주장한 데 반해, 타이완의 독립파는 중국에서 이민해 온 타이완인은 이미 중국인과는 다른 별개의 '민족'을 형성하였고, 중국계 이주민의 타이완 경영은 중국 국가와 상관없이 독립적으로 전개되었다고 주장했다. 특히 저명한 독립운동가 사명(史明)이 『대만인사백년사(臺灣人四百年史)』에서 화란(和蘭)과 정씨(鄭氏) 정권, 청조(淸朝), 일제(日帝), 중화민국(中華民國) 등 타이완을 지배한 역대 국가들은 모두 타이완을 침공한 외래 식민정권이라고 규정함으로써, 타이완 역사논쟁은 타이완의 근현대 '4백 년' 역사의 성격을 핵심적 쟁점으로 삼아 전개되었다.

이 외에도 돌궐어(突厥語)를 사용하는 모든 민족을 통합하여 독립된 '동 투르키스탄 공화국'을 건립하려는 세력과 중국 학계 사이에서도 '범돌궐주의(汎突厥主義)'의 역사적 타당성을 주요 쟁점으로 치열한 논쟁이 진행 중이고, 흉노와 돌궐, 몽골 등 북방 유목민 사회의 역사를 모두 중국사의 일부로 포함시키려는 중국 학계와 이에 반대하여 독립된 몽골사(蒙古史) 체계를 수호하려는 몽골 학계 사이에서도 역사논쟁이 진행되고 있다. 중국 학계에서는 운남(雲南)에 존속한 남조(南詔) 왕국의 후예들이 태국(泰國)으로 이동하여 현대 태국인을 형성했다는 태국 학계의 주장을 완강하게 부정하면서 남조의 영역과 인구는 시종일관 변동 없이 중국의 일부만을 구성한다고 주장했다. 현재 동아시아에서 가장 치열하게 진행되고 있는 영토 논쟁인 조어대(釣魚臺) 군도(群島)/센카쿠(尖閣) 제도(諸島) 영유권 논쟁 역시 류큐[유구(琉球)] 문제에 대한 역사논쟁과 깊은 내적 연관성을 가지고 있다. 류큐는 중국의 명과 책봉-조공 관계를 유지한 독립 왕국이었으나, 일본 사쓰마(薩摩) 번(藩)의 침공을 받아 양속(兩屬) 관계를 유지하다가, 결국 일본의 오키나와(沖繩) 현으로 편입되었는데 일본은 센카쿠 제도를 오키나와 현에 소속시켰다.

동아시아 국제 사회에서 벌어진 역사논쟁들의 공통점은 논쟁의 일방은 언제나 중국이었다는 사실이다. 그리고 논쟁의 다른 일방은 중국이 역사상 중국의 일부였다고 주장하거나 중국에 신속해 있었던 일개 '지방정권'이었다고 주장하는 나라들이었다는 사실이다. 특히 중국의 논쟁 상대에는 일본처럼 중국과는 과거에 제도적 관계를 장기간 맺지 않았던 나라도 있지만, 한국이나 베트남처럼 과거에는 중국과 종번(宗藩) 관계를 맺었다가 지금은 완전하게 독립된 나라도 있고, 타이완처럼 명목상으로는 중국의 일부이지만 실제로는 독립된 나라도 있으며, 몽골처럼 나라의 반쪽이 중국의 일부가 되고 반쪽은 독립된 나라도 있고, 동 투르키스탄이나 티베트처럼 과거에는 독립된 나라였는데 지금은 중국의 일부로 편입되어 있는 나라도 있어, 전통시대 동아시아 중국적 세계질서의 갖가지 층차를 반영하고 있다. 그뿐만 아니라 이러한 상대 나라별 국제적 위상에 따라 논쟁의 주요 쟁점도 다양하게 선택되었다. 과거에 중국과 아무런 제도적 관계를 맺지 않은 일본과의 논쟁에서는 영토의 영유권이 핵심적 쟁점이 되었지만, 중국과 종번 관계를 맺고 있었던 한국과 베트남은 역사논쟁에서 주로 책봉-조공 관계의 성격을 주요 쟁점으로 하여 중국과 논쟁하였다. 명목상으로는 중국의 일부였으나 실제로는 독립된 나라를 유지하고 있는 타이완은 중국과의 역사논쟁에서 역사공동체 문제, 즉 타이완과 중국은 하나의 역사공동체인가 하는 문제를 주요 쟁점으로 삼았고, 일부는 독립하고 일부는 중국에 예속된 몽골이나 과거에는 독립했으나 현재는 중국에 편입된 동 투르키스탄과 티베트는 중국으로부터 이른바 '통일적 다민족 국가론'으로 무장된 공격을 받았다. 이는 곧 오늘날 동아시아의 각 방면에서 전개되고 있는 역사논쟁은 전통시대 동아시아의 '중국적 세계질서'가 남긴 유산에 기인하였고 논쟁 당사국의 과거 국제적 위상에 따라 그 유산의 성격이 차별화되었음을 뜻한다.

'중국적 세계질서'란 'Chinese World Order'의 번역어로, 서구 역사학계

에서 전통시대 동아시아의 국제질서를 가리켜 흔히 일컫는 말이다. 이 말
은 1965년에 보스턴에서 개최된 '중국적 세계질서에 관한 학술회의'에서 처
음으로 공식 사용되었다. 회의 내용이 전해종(全海宗) 교수에 의해 한국 학
계에 처음으로 소개되고(『역사학보』 29, 1965), 이때 발표된 일부 논문들이 J.
K. Fairbank 교수에 의해 편집되어 『The Chinese World Order』란 서명으로
1968년에 출간된 이후, 'Sinocentrism(中華主義)' 등을 대신하여 학계에서 보다
포괄적 의미로 사용되어 왔다. 그러나 '중국적 세계질서'란 말은 두 가지의
함의를 내포하고 있는데, 그 하나는 현실에서 실현된 중국 중심의 세계질서
란 의미이고 다른 하나는 중국이 중심이 되기를 바라는, 혹은 그렇게 되어야
한다고 생각되는 세계질서를 의미한다. 전자가 실제의 현상을 말한다면, 후
자는 당위의 이상을 뜻한다. 이처럼 '중국적 세계질서'란 말속에 서로 다른
두 가지의 의미가 동시에 내포되어 있듯이, 전통시대 동아시아의 국제질서
는 실제로 중국이 중심이 되어 형성되기도 했지만, 형식적으로는 중국이 중
심이 되었으나 실제로는 중국이 중심 역할을 수행하지 못한 경우도 적지 않
았다. 따라서 전통시대 동아시아의 국제질서를 이해하기 위해서는 현실과
이상, 실제와 당위가 공존함을 인식하고 양자의 거리를 더 정확하게 측정하
려는 노력이 선행되어야 한다.

전통시대 동아시아의 국제질서인 이른바 '중국적 세계질서'는 중국과 다
른 나라들의 다양한 관계에 의해 형성되었다. 제도적 관계로는 내속(內屬) 관
계와 종번(宗藩) 관계, 화친(和親) 관계, 화맹(和盟) 관계 등에 의해 구성되고,
비제도적 관계는 통사(通使) 관계와 전쟁 관계 등으로 구성되었다.

내속이란 중국 국가의 군현(郡縣) 등 영토의 범위 안으로 편입되는 과정을
의미하는 말로서, 중국 국가에 내속된 국가 등 정치체는 원칙상 고유의 독립
적 주권을 상실하고 중국 국가의 직접적 지배를 받게 된다. 내속은 비중국

계 역사공동체가 중국과 융합하여 정체성을 상실하게 되는 가장 효과적인 원인의 하나였다. 그러나 현실에서는 '내속'되었다고 해서 반드시 국가와 역사공동체의 정체성을 상실하게 되는 것은 아니다. 왕왕 중국 국가의 변군(邊郡)에 '내속'된 비중국계 정치체가 여전히 '고속(故俗)' 즉 고유한 정치질서와 습속(習俗)에 의한 '자치(自治)'를 향유함으로써 실제로는 국가와 역사공동체의 정체성을 계속 유지하는 경우가 있는데, 이러한 지배 체제를 가리켜 변군(邊郡) 체제라 할 수 있다. 국가의 변방에 위치하는 변군, 즉 외군(外郡)은 형식적으로는 군현이지만, 실제로는 군현적 지배, 즉 직접적이고 개별적 지배를 관철하지 못하고 간접적이고 집단적 지배만 실현하는 장소를 말한다. 중국의 내군(內郡), 즉 원래의 '중국'에 설치된 군현에서는 인두세와 노동역, 병역 등을 착취하여 인신적 지배가 이루어지지만, 외군(=변군), 즉 '중국' 밖 '이적(夷狄)'의 공간에 설치된 군현에서는 책봉과 조공의 예를 교환하거나 원군을 파견하는 등의 방식을 통해 '불평등하나 독립적'인 관계만 존재하게 된다. 『한서(漢書)』 이래로 중국의 정사에서는 변군 체제도 '내속'이라 표현하였지만, 이 표현이야말로 실제와 이상, 현실과 당위를 함께 표현하는 개념으로, '중국적 세계질서'의 모순적 개념을 출현시킨 주요 원인의 하나로 작용했다.

종번이란 종주국(宗主國)과 번속국(藩屬國)의 합칭으로 책봉과 조공의 주체를 각각 가리킨다. 흔히 중국 국가와 비중국 국가가 종주국과 번속국을 자처하면서 책봉과 조공의 예(禮)를 교환함으로써 중국 중심의 국제 사회를 형성했다. 책봉과 조공의 예를 교환하는 국제 관계의 기원은 적어도 상(商)·주(周) 성읍(城邑) 국가 시대로 거슬러 올라간다. 황하 중·하류 유역에 흩어져 있던 수많은 성읍 국가들 사이에 역학적 관계가 발생하여 그 중심된 성읍 국가를 '중국(中國)'이라 부르고 그 주변의 성읍 국가들을 '사국(四國)', 즉

'사방지국(四方之國)'이라 불렀다. '중국'은 '사국'을 책봉하여 국제 사회의 성원임을 공식적으로 승인하였고, '사국'은 '중국'에 조공하여 국제 사회의 중심임을 인정했다. '중국'은 '사국'을 '책봉'할 때 공(公), 후(侯), 백(伯), 자(子), 남(男) 등 5등급의 작(爵)을 나누어 차등적으로 줌으로써 국제 사회에 일정한 질서를 창출하였고, 작을 주고 뺏고 높이고 낮추는 조작을 통해 국제 사회의 질서를 유지하는 중심의 역할을 수행했다. 한편 '사국'은 책봉을 받고 조공을 하여 '중국'이 주도하는 국제 사회에 참여함으로써, '중국' 등 국제 사회가 공동으로 제공하는 집단적 안보의 혜택을 받을 수 있고 자국 내에서의 정치적 안정을 보장받을 수 있을 뿐만 아니라, 책봉과 조공이라는 도관(導管)을 통해 서로 필요한 물자를 교환하고 세계 최고 수준의 문화를 함께 향유하는 부수적 혜택까지 기대할 수 있었다. 책봉을 하는 '중국'은 종주국이고 조공을 하는 '사국'은 번속국으로서, 양자의 관계는 명분상으로는 군신의 예에 의해 규정되지만, '중국'과 '사국'은 서로 내정을 간섭하지 않고 독자적 주권을 보유하는 국가라는 점에서 본질적 성격이 다르지 않았다. 따라서 책봉과 조공의 예를 교환하는 관계, 즉 종번 관계는 불평등하지만 독립적인 국제 관계였다.

진(秦)이 중국을 통일하고 한(漢)이 진에 이어 통일된 중국을 지배하게 되었을 때, 책봉과 조공의 예를 교환하는 국제 관계는 세계사적으로 확연(擴延)되었다. 황하 중·하류 유역이 철기 시대와 영토 국가 시대로 진입하자 새로운 내용의 '중국' 개념이 출현했다. 상·주(商·周) 시대의 '중국'은 '중심된 성읍 국가'를 가리키는 말, 즉 '사방지국(四方之國)'에 대응하는 말이었으나 춘추전국(春秋戰國) 시대의 '중국'은 황하 중·하류 유역, 즉 중원(中原)에 형성된 특정한 역사공동체를 가리키는 말이었다. 이처럼 춘추전국 시대에 이르러 '중국' 개념에 근본적 변화가 있게 된 까닭은 이 시기에 성읍 국가들이 소멸되어 영토 국가로 통합되고, 이(夷)와 적(狄) 등 수많은 역사공동체들이 형성되어 화이(華夷)를 분별하는 의식이 발달하게 되었기 때문이다. '이적'에 대응하는 '중국' 개념의 출현은 천하(天下) 즉 세계는 중국을 중심으로 동쪽의 이(夷), 남쪽의 만(蠻), 서쪽의 융(戎), 북쪽의 적(狄) 등에 의해 구성되었다는 이른바 오방(五方) 관념을 유행하게 했다. 그런데 춘추전국 시대의 이, 만, 융, 적, 중국 등은 국가 개념이 아니다. 그것은 역사적 경험과 역사 계승의식을 공유하는 역사공동체 개념이다. 따라서 이른바 전국칠웅(戰國七雄)이라 불린 진(秦), 초(楚), 제(齊), 연(燕), 조(趙), 위(魏), 한(韓) 등이 원래 모두 '중국'의 국가였던 것은 아니다. 예컨대 초와 같은 국가는 춘추 시대에 스스로 '만이(蠻夷)'를 자칭하였고, 진과 제, 연 같은 국가들은 상당수의 이적을 포섭하고 있었다. 순수한 중국의 국가는 조, 위, 한 정도에 불과했다. 이로 인해 맹자(孟子)와 같은 인물은 초인(楚人) 허행(許行)을 가리켜 '남만격설지인(南蠻鴃舌之人)'이라 경멸하고, 자신은 스스로 '중국인'으로 자칭하여 화이 분별의식을 분명하게 드러냈다. 초나라 사람 허행이 북상하여 중국을 유세하고 중국인 맹자가 허행의 사상을 비판하였듯이, 오랜 시간 중국과 이적이 광범하게 접촉하고 교류함으로써 '중국'의 공간적 범주가 점차 확장되어, 진(秦)이 6국을 통일한 것을 두고 『사기(史記)』에서 "일통중국(一統中國)"이라 표현하기에 이르렀다. '중국'이라는 역사공동체가 진이라는 하나의 국가에 의해 통일적으로 지배되고 이러한 상황이 한대(漢代)까지 이어지자, 상·주 시대에 황하 중·하류 유역의 국제 사회에서 통용되던 국제 관계, 즉 책봉과 조공의 예를 교환하는 종번 관계가 마침내 중국을 통일적으로 지배하는 국가와 이적의 국가들과의 관계까지 확대 적용되기에 이른 것이다.

중국 바깥의 이적, 즉 '외이(外夷)' 국가와의 관계에 책봉─조공 체제를 적용한 첫 대상은 남월(南越)과 조선(朝鮮)이었다. 유방(劉邦)이 항우(項羽)와의 경쟁에서 최종적으로 승리를 거두고 중국을 다시 통일하였을 때, 장성(長城) 이북에는 흉노라는 유목 제국이 건립되었고, 장강(長江) 이남에는 남월이라는 만월(蠻越) 국가가 출현했다. 남월은 진대의 남해군(南海郡) 군위(郡尉)였던 조타(趙佗)가 진(秦)의 멸망을 틈타서 영남(嶺南)에 세운 국가였다. 남해군은 진시황(秦始皇)이 만월을 군사적으로 공략하여 세운 변군 가운데 하나로, 그 군의 치소가 지금의 광주(廣州) 일원에 있었다. 조타는 진대에 중국에서 이주해 온 사민(徙民) 집단을 권력 기반으로 삼고 만월 역사공동체를 지배하는 국가를 세웠는데, 스스로 황제(皇帝)를 자칭하여 중국 한인(漢人)의 시선을 모았다. 진시황을 모방하여 황제를 자칭한 한(漢) 고조(高祖) 유방은 문학지사(文學之士) 육가(陸賈)를 사신으로 보내 조타에게 황제의 자칭을 포기할 것을 종용했다. '황제'란 곧 유일무이한 절대 권력을 의미하는 칭호이기 때문이다. 진시황이 6국을 통일한 뒤, 역사상 처음으로 '황제'라는 새로운 칭호를 창제하여 사용하였는데, 그것은 '천명(天命)'과 '민심(民心)'에 의해 권력이 통제되고 제한되는 '천자(天子)'라는 종래 최고 권력자의 칭호를 버리고 천하를 통일적으로 직접 지배하게 된 절대 권력에 어울리는 새로운 칭호를 얻게 되었다는 역사적 의미를 가지는 행위였다. 따라서 진에 이어 다시 중국을 통일하여 일원적으로 지배하게 된 한인(漢人)으로서는 황제라는 칭호를 이적과 나눌 수 없음은 당연한 일이었다.

조타는 육가의 요구를 받아들여 칭제(稱帝)의 포기를 약속하고, 이른바 '외신(外臣)의 약(約)'을 체결하였다. 그 내용은 한제(漢帝)가 조타를 '남월왕(南越王)'으로 책봉하고 조타는 '백월(百越)을 화집(和集)'하여 만월 국제 사회의 주도권을 인정받는다는 것이었다. '외신(外臣)'이란 '내신(內臣)'에 대응하는 말로 중국 바깥에 있는 신하라는 뜻이다. 즉 한과 남월이 맺은 '외신의 약'이란 남월이 비록 중국이 아닌 이적의 국가이지만 중국의 한(漢)과 군신 관계를 맺는다는 국제 조약이었다. 그러나 실제로는 백월에 대한 남월왕의 지배력을 한인이 인정한다는 내용을 담고 있었다. 특히 이 조약의 핵심은 한이 관시(關市)를 통해 남월에 철기, 즉 철제 병기와 철제 농기구, 그리고 암소 등 가축을 공급한다는 것으로, 이는 남월이 신속하게 정복 국가와 농업 국가로 발전하는 획기적(劃期的) 원동력이 될 것으로 기대되었다. 실제로 남월은 이 조약을 체결한 지 얼마 지나지 않아 동서 만여 리에 달하는 영토 국가로 발전하여 중국인을 경악하게 했다. 고제의 아들 문제(文帝) 시기에 한이 관시를 폐쇄했다는 이유로 전쟁을 일으킨 것으로 보아, 관시를 통한 철기 등의 공급이 이 조약의 관건이었음을 짐작할 수 있다. 이처럼 상·주 시대에 중심 성읍 국가인 '중국'과 주변적 성읍 국가인 '사국'이 책봉과 조공을 교환하던 관계가 한대에 이르러 '중국'의 국가와 '이적'의 국가 사이의 외교 관계로 확연 됐지만, 불평등한 군신의 명분과 함께 실제로는 독립적인 국제 관계였다는 본질은 여전히 유지되고 있었음을 알 수 있다.

신생 조선도 신흥 한과 책봉과 조공을 교환했다. 조선은 남월과 거의 동시에 건국되었고 그 국가적 성격도 남월과 흡사했다. 남월이 중국인 사민 집단에 권력 기반을 둔 왕권(王權)이 만월 사회를 통치하는 체제였다면, 조선 역시 중국인 유망민(流亡民) 집단에 권력 기반을 둔 왕권이 예맥(濊貊) 사회를 지배하는 체제를 갖추고 있었다. 상(相)이 중국계 왕권과 토착민을 연결해 주는 고리 역할을 했다는 점에서도 양국은 공통점을 가진다. 즉 남월과 조선은 모두 중국계 왕권과 토착계 상권(相權)이 느슨하게 결합한 연합정권의 성격을 띠고 있었다. 한, 흉노, 남월 등과 함께 동시에 출현한 신생 조선은 위만(衛滿)이라는 연인(燕人)이 중국인 유망민 집단을 이끌고 도래하여 그 이전에 있었던 조선을 전복시키고 건립한 국가였다. 이른바 (위만) 조선 이전에 존속한 조선은 상·주 교체기의 성현으로 유명한 기자(箕子)가 동래하여 왕이 되었다는 건국설화를 가지고 있지만, 춘추전국 시기에 요동(遼東)을 점거하여 연국(燕國)과 길항하다가 영토의 중심부를 빼앗기고 한 초에는 한반도 서북부에 위축되어 있었다. (위만) 조선은 건국 직후에 한과 교섭하여 역시 '외신(外臣)의 약(約)'을 통해 한과 책봉-조공 관계를 맺고 한으로부터 '병위(兵威)와 재물(財物)'을 얻어, 임둔(臨屯)과 진번(眞番) 같은 주변의 소국들을 복속시켜 사방 수천 리의 영토 국가로 발전했는데, 이때 조선이 한에서 얻은 '병위와 재물'이란 남월이 한에서 얻은 것처럼 관시를 통해 공급받은 철제 농기구와 병기 및 암소 같은 가축을 이르는 것으로 보인다.

남월과 조선은 모두 책봉과 조공의 교환이라는 불평등한 관계를 감수한 대가로 관시를 통해 철제 농기구와 병기 등을 수입하여 정복 국가와 영토 국가, 농업 국가로 비약적으로 발전할 수 있었다. 당시 영남과 요동은 아직 청동기 단계에 머물러 있었기 때문에, 철제 농기구로 경작하여 '부국(富國)'하고 철제 병기로 무장하여 '강병(强兵)'함으로써, 중국을 위협하는 데 긴 시간이 필요하지 않았다. 이는 문제(文帝) 시기에 진무(陳武)라는 장군이 조회에서 "남월과 조선은 원래 중국의 신하였는데, 근래에 강력한 군사력을 보유하고 중국을 넘보고 있다"[『사기』 율서(律書)]고 하면서 남월 정벌(征伐)론을 제기한 것을 통해서도 알 수 있다. 이후에 전개된 일련의 한과 조선의 길항 관계도 책봉-조공 관계가 불평등하지만 독립적인 관계였음을 입증하였다. 한 무제(武帝) 시기에 이르러 양국의 관계는 극도로 악화되었다. 한은 조선왕이 입조(入朝)하기를 기대하였고, 한의 유망민을 계속 유인하지 말도록 종용하였으며, 진번 옆에 있는 여러 나라들이 한과 통하려 하면 조선이 이를 가로막아 방해하지 않도록 요구했다. 그러나 조선이 한의 요구를 끝내 거부하여 외교적 해결이 어렵게 되자, 한은 군사적 도발을 감행하여 수륙 양면으로 조선을 침공했다. 조선은 1년 가깝게 완강하게 저항했으나, 조선상(朝鮮相)들이 전선에서 이탈함으로써 조선은 멸망하고 그 영토에 한의 4개 군(郡)이 설치되었다. 조선상들의 투항은 중국계 왕권과 토착계 상권이 느슨하게 결합한 국가 구조의 모순이 낳은 필연적 결과였다.

조선과 흡사한 붕괴 과정이 남월에서도 진행되었다. 무제 시기의 한은 남월이 중국 안의 제후왕(諸侯王)처럼 행동하도록 외교적으로 노력했지만, 토착 월인(越人)의 지지를 받는 남월상(南越相)이 동의하지 않아, 대규모의 한군(漢軍)이 남월을 침공하게 되었다. 남월에서도 중국계 왕권과 토착 월인계 상권의 느슨한 결합 관계가 해소됨으로써, 남월의 영토에는 한의 9개 군(郡)이 설치되었다. 한 가지 흥미로운 것은 한군이 남월왕의 궁성을 점령하였을 때, 왕실의 창고에서 '황제(皇帝)'라는 인문이 새겨진 황금새(黃金璽)들이 발견되었다는 점이다. 남월왕은 한과 '외신의 약'을 맺고 남월왕의 새수(璽綬)를 받은 뒤에도 국내에서는 여전히 '황제'를 자칭하였던 것이다. 이 역시 책봉과 조공의 예를 교환하는 국제 관계의 한 본질적 특성을 시사한다고 할 수 있다.

화친이란 중국의 화번공주(和蕃公主)가 출가하고 중국의 물자가 제공되는 대가로 평화를 얻게 되는 독특한 제도적 장치로서, 일반적으로는 중국의 국가와 대등하고 독립적 지위를 가진 인적(隣敵) 국가들 사이에서 성립되었다. 중국의 국가들은 제어할 수 없을 정도로 강대한 인적국과는 '화친지약(和親之約)'을 맺고, 약소한 국가나 군소 정치체들은 군현(郡縣) 체제 안으로 내속시켰으며, 불평등하나 독립적인 지위와 역량을 가진 국가들과는 책봉-조공 관계를 가짐으로써 '중국적 세계질서', 즉 중국 중심의 국제질서를 형성, 유지하려 노력했던 것이다.

화친의 기원 역시 한 초에서 발견된다. 한 고제(高帝) 유방(劉邦)이 중국을 통일할 무렵, 장강 이남에는 남월, 한반도 서북 방면에는 조선이 건립되고, 장성 이북에는 흉노가 유목 제국을 건설했다. 이 네 가지 사건은 공교롭게도 거의 동시에 이루어졌다. 한인은 남월과 조선과는 '외신의 약'을 통해 책봉-조공 관계를 수립할 수 있었으나, 흉노는 외교적으로 굴복시킬 수 없었기 때문에 중국 통일에 사용한 강력한 무력을 흉노에 행사하기로 결정했다. 한 고제가 직접 40만 대병을 이끌고 북진했으나, 묵특(冒頓) 선우(單于)가 지휘한 기병에 의해 평성(平城)에서 포위되어 사경을 헤매게 되었다. 고조는 결국 장량(張良)의 꾀로 베갯머리송사에 성공해서 선우가 풀어 준 포위망의 일각으로 간신히 도주하여 귀국할 수 있었지만, 군사력으로는 흉노와의 관계를 해결할 수 없음을 철저하게 깨닫게 되었다.

장량이 꾸며낸 베갯머리송사란 흉노 선우의 부인인 연지(閼氏)에게 후한 뇌물을 주어 선우를 설득하게 한 것인데, 이때 연지는 선우에게 "한의 땅을 얻는다 하더라도 그곳에 머물러 살 수 없다"고 설득했다고 한다. 연지의 이 말은 매우 무거운 역사적 의미를 담고 있다. 왜냐하면 흉노 등 고대 유목민은 장성 이북의 초원 지역에서 유목 생활을 영위했고 한인(漢人) 등 고대 중국인은 장성 이남의 중원에서 농경으로 생활했기 때문에, 중국인이 장성 너머 초원지대로 가서 농경 생활을 영위할 수 없듯이 유목민도 장성 이남의 농경지에서 유목할 수가 없었다. 따라서 남방 중국인과 북방 유목민의 대립과 길항은 언제나 장성을 사이에 두고 방어와 약탈을 반복하는 양상으로 전개되었을 뿐, 장성을 넘어 상대의 생활 영역을 빼앗아 정복하는 것은 아무런 의미가 없는 일이었다. 이러한 양상을 상징적으로 잘 보여 주는 것이 바로 오르도스[하남(河南)/하투(河套)]였다.

장성 이북, 황하 이남에 위치한 오르도스는 유목과 농경이 모두 가능한 유일한 공간이었기 때문에, 유목민과 농경민이 서로 탐하는 전략적 가치를 지니고 있었다. 따라서 유목민이 오르도스를 점유하면 유목민이 우세해지고 농경민이 오르도스를 점거하면 양자 경쟁의 판세가 농경민에게로 기울어진다. 예를 들어 전국 시대에는 흉노가 오르도스를 점유하여, 중국 북방의 진(秦), 조(趙), 연(燕) 등 국가들이 장성을 쌓아 흉노의 약탈에 대비했고, 진이 중국을 통일하고 오르도스를 빼앗자 흉노는 멀리 지평선 너머로 도주했다고 한다. 그러나 진이 멸망하고 중국이 혼란에 빠졌을 때 흉노는 다시 지평선에 나타나서 오르도스를 탈환하고 평성 전역에서 대승을 거두었다. 이후 무제 시기에 무제가 다시 오르도스를 빼앗아 경쟁에서 우위를 점하게 되는데, 이러한 양상은 이후 10세기에 동아시아의 '고대'가 끝날 때까지 계속 반복된다. 아무튼 이러한 오르도스의 존재는 유목민과 중국인이 장성을 사이에 놓고 경쟁하는 고대적 양상을 역으로 잘 보여 준다고 할 수 있다. 역사상 첫 번째 화친은 이러한 상황에서 이루어졌다.

참혹한 패배를 당하고 귀환한 한 고조 유방은 참모 누경(婁敬)[유경(劉敬)]의 건의에 따라 흉노의 묵특 선우에게 공주를 출가시키고 '화친의 약(約)'을 맺기로 했다. 이때 누경은 "흉노가 아무리 짐승과 같다고 하더라도 외손이 외조부를 범할 수 있겠는가"라고 하면서 공주의 출가를 건의했지만, 여후(呂后)의 외동딸을 출가시키지는 못하고 종실의 딸을 골라 시집보내면서 막대한 액수의 물자를 함께 보냈다. 그 대가로 한이 얻은 것은 흉노가 장성을 넘어 약탈하지 않는다는 약속이었다. 요컨대 화친의 핵심은 흉노의 약탈을 제도로써 통제하겠다는 것이다. 그러나 이때부터 공주의 출가, 즉 화번공주의 존재는 화친의 필수 조건이 되었다. 흔히 전쟁을 하지 않고 친하게 지내는 것을 '화친'이라 표현하지만, '화친'은 화번공주의 출가와 세폐(歲幣)의 공급을 제도화한 국제 관계로서 그 용어의 사용이 엄격히 제한되었다. 물론 화번공주가 황제의 친딸이었던 경우는 거의 없었다. 대부분의 경우 종실의 딸이나 일반 양가의 여식을 공주로 책봉하여 출가시켰고, 흉노 등 상대국도 이러한 사실을 잘 알고 있었기 때문에 한 고조와 누경이 기대한 것처럼 화번공주의 소생을 선우(單于) 등 본국 군주로 세운 경우가 거의 없었다. 그럼에도 불구하고 화번공주는 화친의 상징적 존재가 되어 빠뜨릴 수 없는 요소로 인식되었다. 이후 중국의 국가들은 대등하고 독립적인 인적국들과 흔히 화친의 조약을 맺음으로써 화친 관계라는 또 하나의 독특한 국제 관계 양식을 활용했다. '인적국'이란 '이웃에 있는 적국'이란 뜻이고, '적국'이란 '대등하게 힘을 겨룰 수 있는 국가'란 뜻이다. 화친은 보통 인적국을 상대로 했다.

　화맹, 혹은 회맹(會盟)이란 전쟁을 그만두고 평화스럽게 지내자는 약속을 말하는데, 주로 저주를 걸어서 약속을 멋대로 깨뜨리는 것을 방지하려 했기 때문에 '저맹(詛盟)'이라고도 한다. 중국에서도 화맹의 전통은 춘추전국 시대부터 있었고 '저맹'은 주로 강저(羌氐) 사회에서 유행했다. 강(羌)과 저(氐)는 이미 갑골문자에 등장하는 오래된 역사공동체이지만, 특수한 자연 지리적 조건으로 인해 정치적으로 쉽게 통일되지 못하고 부락 단위로 분산되어 서로 다투었다. 그러나 일단 공동의 적이 나타나면 즉시 '해구(解仇)' 즉 원수를 풀고 '저맹'하여 외적에 공동으로 대항했는데, 이때 개나 양과 같은 가축을 죽여 놓고 약속을 어기면 죽은 개나 양과 같이 된다고 저주했다.

　중국의 국가와 이적의 국가가 화맹한 대표적 경우가 당과 토번(吐蕃)의 화맹이었다. 티베트인의 기원은 원래 티베트 고원을 가로지르는 얄루장포 강가에 살던 원주민과 강인(羌人)이 티베트 고원에서 만나 융합하여 형성된 것으로 알려져 있는데, 티베트 고원의 자연환경으로 인해 오랫동안 정치적으로 분산되어 있다가, 수와 당이 중국을 재통일할 무렵에 티베트 고원에서도 처음으로 통일의 기운이 일어나 위대한 영웅 송찬간포(松贊干布)에 의해 통일 국가 토번이 건립되었다. 송찬간포의 토번은 같은 시기에 태종(太宗) 이세민(李世民)의 당과 자웅을 겨루어 군사적 우세를 유지했다. 토번과 당 사이에는 토욕혼(吐谷渾)이라는 국가가 개재해 있었는데, 토욕혼은 선비(鮮卑) 모용씨

(慕容氏)의 토욕혼이 부하를 이끌고 청해(靑海) 지역으로 건너와서 강인을 지배하며 세운 국가였다. 토욕혼은 비록 강대하지는 않았지만, 전략적 가치가 높아서 당 태종은 공주를 출가시켜 화친 관계를 맺고 있었다. 송찬간포는 자신에게도 공주를 출가시킬 것을 요구하여, 결국 당과 토번의 화친이 성취되었다. 이때 송찬간포에게 출가한 문성공주(文成公主)는 역사성이 매우 뛰어난 인물이었다. 그녀는 당시 동아시아 세계의 2대 강국인 당과 토번의 화친을 성사시킨 상징적 인물이었을 뿐만 아니라, 중국과 티베트의 문화를 교류하여 독특한 동아시아 문화를 창출하는 데 적극적으로 기여한 인물로도 기억된다. 문성공주는 라사로 갈 때 중국의 많은 문물을 가져갔는데, 그 가운데서도 특히 불상을 모시고 가서 라사의 대소사(大昭寺)에 안치한 일은 의미심장하다. 왜냐하면 거의 동시에 네팔의 공주가 송찬간포에게 출가하면서 또 다른 불상을 모시고 와서 라사의 소소사(小昭寺)에 안치함으로써, 중국 불교와 인도 불교가 티베트 고원에서 만나 융합하여 새로운 불교로 발전하는 과정을 상징적으로 표현했기 때문이다. 중국 불교와 인도 불교가 티베트 고원의 고유한 샤머니즘인 뵌교와 다시 융합하여, 흔히 라마 불교라고 불리는 티베트 불교[장전불교(藏傳佛敎)]가 성립되었고, 티베트 불교는 북상하여 북방 초원지대와 요동까지 전파되어 동아시아 역사 전개에 중요한 변수로 작용했다.

그러나 문성공주 이후에 금성공주(金城公主)의 출가가 한 번 더 이루어져 중국인들은 이러한 당과 토번의 화친 관계를 구생(舅甥, 장인과 사위) 관계라고 표현하기도 하지만, 화친 관계 혹은 구생 관계는 일시적 관계에 지나지 않았고 당과 토번 관계의 주된 흐름은 전쟁 관계와 화맹 관계였다. 당과 토번은 거의 동시에 건립되고 동시에 멸망하여 존립 기간을 함께하면서 처음부터 끝까지 전쟁을 지속했는데, 670년에 양국이 벌인 대비천(大非川) 전쟁은 그 결정판이었다. 이 전쟁은 양국 사이에 끼어 있는 토욕혼을 놓고 다툰 전쟁으로, 당은 이 전역에 거국적 역량을 모두 투입했지만 치명적인 패배를 당해 토욕혼이라는 방어벽을 상실했다. 이로 인해 토번의 군대가 한때 당의 수도인 장안(長安)을 점령하기도 했으니, 당과 토번의 군사적 길항이 어떤 양상을 띠고 있었는지 짐작할 수 있는 일이다. 당이 이러한 군사적 위기를 넘길 수 있는 유일한 방법이 바로 화맹이었다. 양국은 전쟁할 때마다 화맹을 통해 전쟁의 종식과 영토의 분할을 약속했고, 그 방법은 토번이 선호하는 저맹을 선택했다. 전쟁터나 국경, 혹은 양국의 수도 부근에 제단을 쌓아 개나 양과 같은 희생물을 늘어놓고 전투의 종식을 약속했다. 당의 어떤 사령관은 저맹을 하고서도 약속을 지키지 않았다가 죽을 때 개 짖는 소리를 냈다고 한다. 저맹이 끝난 다음에는 양국의 수도에 화맹비(和盟碑)를 세워 맹약을 돌에 새겼는데, 그 대표적인 화맹비의 하나가 티베트 라사 포탈라 궁 앞에 여전히 서 있다. 이 비석에서는 양국이 평등하고 독립된 지위로 국경을 획정했음을 밝혀 놓았다. 이러한 화맹이 앞뒤로 모두 10여 차례나 이루어졌으니, 당과 토번의 관계는 전쟁과 화맹이 번갈아 반복된 관계였다.

통사란 비제도적으로 사신을 교환하는 국제 관계로, 일본(日本)이 수와 당에 '견수사(遣隋使)'와 '견당사(遣唐使)'를 파견한 것이 그 대표적 사례라 할 수 있다. '견수사'나 '견당사'란 말은 문자 그대로 '수에 보낸 사신', 혹은 '당에 보낸 사신'이란 뜻으로, 아무런 제도적 장치나 가치가 내포되어 있지 않은 말이다. 당이 신라(新羅)에 보낸 '책봉사(册封使)'나 신라가 당에 보낸 '조공사(朝貢使)'와 같은 말에는 책봉이나 조공과 같은 제도적 행위의 의미가 포함되어 있다. 따라서 책봉−조공 관계는 제도적 관계이지만, 통사 관계는 비제도적 관계라 할 수 있다. 일본이라 자칭하기 이전의 왜(倭)는 한대(漢代)와 위진 남북조(魏晉南北朝) 시대에 중국의 국가들과 책봉−조공 관계를 맺은 적이 있다. 예컨대, 후한(後漢) 초에 왜노국왕(倭奴國王)이 사신을 보내 조공하고 책봉을 받은 적이 있고, 왜의 야마타이국(邪馬台國) 여왕 히미코(卑彌呼)가 조위(曹魏)에 사신을 보내 조공하고 책봉을 받은 바 있으며, '왜오왕(倭五王)'이 차례로 남조(南朝)에 사신을 보내 조공하고 자청하여 책봉을 받기도 했다. 그러나 수·당대에 이르러서는 다만 견수사와 견당사를 여러 차례 보내 중국 물자와 문화의 수입을 기대했을 뿐이다. 이같이 중국의 국가들이 비제도적 통사 관계를 맺은 상대는 일본 외에도 서역(西域)이나 동남아시아 등지에 광범하게 존재했다. 다만 한 가지 유의해야 할 사실은 이들 통사 국가들이 중국에 선물을 제공하는 행위를 중국인들은 흔히 '조공'이라고 표현한다는 것이다. 한 예로 한대에 대진(大秦), 즉 로마 제국이 사신을 통해 한에 선물을 보낸 것을 두고 『후한서(後漢書)』에서는 '조공' 혹은 '조헌(朝獻)'이라 했는데, 이는 오로지 중국 중심적인 사고의 표현일 뿐, 제도로서의 '조공'과는 아무런 관련이 없다. 제도적 '조공'이란 반드시 '책봉'과 동반해야 한다. 책봉이 없는 조공은 조공이 아니라 단순한 선물 증정에 지나지 않는다.

　이와 같은 내속, 종번, 화친, 화맹, 통사, 전쟁 등 다양한 국제 관계는 시차를 두고 전환될 수도 있고 혹은 동시에 병존할 수도 있다. 즉 원래는 무력 침략과 반격을 반복하는 전쟁 관계에 있다가 사절을 교환하는 통사 관계로 발전하고, 평화를 제도적 형태로 약속하는 화맹 관계를 이루다가 공주의 출가와 세폐의 공급을 평화와 맞바꾸는 화친 관계로 발전할 수도 있고, 책봉과 조공의 예를 교환하는 종번 관계로 전환되기도 하며, 일방이 상대방을 압도하여 영토의 범위 안으로 편입시키는 내속 관계로 바뀔 수도 있다. 그런가 하면 이처럼 다양한 관계가 동시에 존재할 수도 있다. 멀리 있는 '외국(外國)'과는 전쟁 관계나 통사 관계에 머물러 있을 수도 있고, '인적국'과는 화친이나 화맹 관계를 맺으며, '외신국(外臣國)'과는 종번 관계를, '내신국(內臣國)'과는 내속 관계를 각각 유지한다.

내신과 외신 밖에는 '외객신(外客臣)'이란 존재도 있었다. 전한(前漢) 선제(宣帝) 시기에 '칭신입조(稱臣入朝)'한 흉노의 호한야(呼韓邪) 선우(單于)가 여기에 해당한다. 한의 무제가 그토록 오랫동안 무력행사 등 갖가지 방법으로도 굴복시키지 못했던 한의 '인적국' 흉노가 갑자기 '신하를 칭하고 중국에 들어와서 조하(朝賀)하겠다'고 통고해 왔을 때, 한의 조신들은 당황해서 조정(朝廷)의 의견을 통일하지 못했다. 혹자는 오랜 숙원이었던 흉노의 복속을 실현하게 되었으니 당연히 받아들여야 한다고 주장했지만, 소망지(蕭望之)라는 유학자 출신의 관료는 이에 반대했다. 그는 흉노가 아무리 '칭신입조'한다 해도 '인적국'이라는 본질은 변하지 않으니, 받아들였다가 흉노가 배신하면 '반신(叛臣)'을 만드는 것과 다름이 없다고 하면서, 중국이 이적을 상대하는 최상의 방법은 '기미부절이이(羈縻不絶而已)'이니 흉노 선우를 '외객신(外客臣)'으로 대우해야 한다고 주장했다. 소망지가 말하는 '기미부절이이'란 소나 말을 '고삐와 재갈로 묶듯이 관계를 끊지만 않으면 된다'는 뜻으로, 상대가 의식할 정도로 강력하게 구속하거나 압박하지 않고 느슨하게 관계를 유지하는 것이 최상의 방법이라는 것이다. 이후에 반고(班固)가 『한서(漢書)』의 흉노전(匈奴傳) 논찬(論贊)에서 중국이 이적에 대응하는 최상의 방법으로 '기미부절이이'를 다시 거론하면서 '사곡재피(使曲在彼)', 즉 '허물이 저쪽에 있게 한다'는 의미를 부연 설명했다. 서양에서 흔히 '느슨한 고삐 정책(loose rein policy)'로 번역되는 '기미(羈縻)' 정책은 이후 전통시대에 중국인이 이적에 대응하는 최선의 방책으로 항상 애용되었다.

한편 소망지가 말한 '외객신'이란 '외신'과 '객'이라는 두 말을 합친 것으로, 굳이 뜻을 헤아린다면 '손님 같은 외신'이란 의미를 내포하고 있다. '신(臣)'은 노예, 즉 종속적·수직적 관계를 표현하고 '객(客)'은 손님, 즉 독립적·수평적 관계를 상징하는데, 굳이 이 모순된 두 말을 합쳐서 '외객신'이란 어색한 새 단어를 만들어 낸 것은 호한야 선우의 칭신입조가 그만큼 곤혹스러운 상황으로 인식되었기 때문이다. 소망지의 주장을 받아들여 한의 선제는 다음 해 정월 초하루에 칭신입조한 호한야 선우에게 '외객신'의 위상에 어울리는 황제의 아래, 삼공(三公)의 위에 해당하는 새로운 예로써 환대하고 엄청난 양의 예물을 주어서 돌려보냈다. 이렇게 해서 호한야 선우의 입조라는 사건을 계기로 하여 새로운 국제 관계가 하나 더 출현했다. 호한야 선우도 한의 공주를 연지로 취하고 막대한 세폐를 받았으니, 이때의 한과 흉노의 관계는 화친 관계라 할 수 있다. 그러나 호한야 선우가 칭신(稱臣)하고 입조함에 따라 '흉노선우지새(匈奴單于之璽)'라고 새겨진 황금 인수(印綬)를 한의 황제로부터 받았으니, 이때의 한과 흉노 관계는 책봉과 조공을 교환한 종번 관계의 성격도 띠고 있었다. 따라서 호한야 선우의 입조 이후에 새로 확립된 한과 흉노의 관계는 화친 관계와 종번 관계의 사이에 해당하는 새로운 관계라고 말할 수도 있다.

한편 내신(內臣)의 밖에는 외신(外臣)이 있고, 외신의 밖에는 다시 외객신(外客臣)이 있었다면, 외객신의 밖에는 인적국이 있고 인적국의 밖에는 '외국(外國)'이 있었다. 중국 국가의 군주인 황제(皇帝)는 천하, 즉 전 세계를 지배의 대상으로 삼는 존재이기 때문에 이념적으로 보아서는 황제에 의해 지배되지 않는 국가, 즉 '외국'이란 있을 수 없는 존재다. 그럼에도 불구하고 중국의 정사(正史)에는 왕왕 '외국(外國)'이란 말이 출현한다. 역사상 처음으로 등장하는 '외국'은 바로 서역 제국(諸國)을 가리키는 말로 사용되었다. 『사기』에서 한인(漢人)은 서역의 여러 나라들을 가리켜 '외국'이라 불렀는데, 그 까닭의 하나는 이 국가들의 존재가 한대에 처음으로 인식되었기 때문이다. 서역의 국가들은 한과 아무런 제도적 관계를 맺지 않고 오로지 사절을 교환하는 통사 관계만 맺고 있었다. 한편 『명사(明史)』에도 '외국전(外國傳)'이 있어 조선과 안남(安南), 일본, 류큐 등을 기술했는데, 이 가운데서 조선과 월남, 류큐 등은 당시 명과 책봉과 조공을 교환하는 종번 관계를 유지하고 있었음에도 불구하고 사실상 독립된 국가임이 인정되어 '외국'으로 규정되었다.

이처럼 각각 다른 국제적 위상과 존재의미를 가지는 국가들과 충차 관계를 가짐으로써, 중국의 역대 국가들은 동아시아 세계에서 일정한 국제질서를 창출하고 유지할 수 있었다. 한인들이 고안해 낸 이러한 방법은 진인(秦人)의 그것과는 분명하게 구별된다. 진대의 중국인은 중국을 36개의 군(郡)으로 재편했듯이 중국 밖의 이적 지역에도 군현을 설치하여 전 세계를 일원적으로 직접 지배하려 했다. 그것은 절대 권력인 황제가 통치하는 국가, 즉 '제국(帝國)'에는 어울리는 정책일 수 있지만, 당시 중국인의 역량과는 어울리지 않는 정책이었으니 진시황이 죽자마자 제국이 곧 붕괴된 것이 이를 입증한다. 한을 건국한 중국인들은 진의 과오를 논한다는 '과진론(過秦論)'을 펼쳐서 '전철(前轍)'을 밟지 않으려 노력했다. 즉 한인들은 문제(文帝)와 경제(景帝) 시기에는 이상을 포기하고 현실에 순응하는 길을 선택하여 '문경지치(文景之治)'를 실현하기도 하고, 무제(武帝) 시기에는 황제 국가의 이상을 다시 추구하는 실험을 감행하기도 했다. 그 결과 염철논쟁(鹽鐵論爭)을 통해 황제 국가의 이상은 포기하지 않으면서 현실에 적응할 수 있는 제3의 길을 모색했으니, 중국 안에서는 군(郡)과 국(國), 유(儒)와 법(法), 문학지사(文學之士)와 문법리(文法吏) 등 모순된 존재를 공존케 하는 새로운 지배 체제를 출범시켰고, 중국 밖에서는 내신(內臣)과 외신(外臣), 외객신(外客臣), 인적국(隣敵國), 외국(外國) 등 다양한 충차의 국가가 공존하고 내속과 종번, 화친, 화맹, 통사 등 다양한 성격의 국제 관계가 병존하는 '중국적 세계질서'가 형성된 것이다.

동시에 다양하게 존재하는 국제 관계를 통제해서 안정된 국제질서를 창출하기 위해서는 그 운영 체제도 다양하게 운용해야 했다. 어느 시대에서든 그 시대를 대표하는 기본적 지배 체제가 있게 마련인데, 이러한 기본 체제를 세계사적으로 확대 운용하여 세계질서의 운영 체제로 활용하게 된다. 그 한 예로 한대에는 군현 체제가 국가의 기본 체제였는데, 이를 세계사적으로 확대하여 변군 체제를 확립했다. 외이를 중국의 변군 내로 내속시키되 '고속(故俗)'에 의한 '자치'를 허용함으로써, 직접·개별적 지배 체제인 군현 체제의 이상과 간접·집단적 지배 체제인 책봉-조공 체제의 현실을 융통성 있게 결합한 것이다. 이 변군 체제의 장점은 외이를 직접·개별적으로 지배할 수 있는 정치적 역량을 가지지 못한 현실적 한계를 군현 체제의 형식을 빌려 엄폐·분식함으로써, 마치 중국의 군주가 중국뿐만 아니라 이적까지 포함한 전 천하를 지배하는 것처럼 보이게 할 수 있다는 것이다. 이는 밖으로는 세계 제국의 웅대한 규모를 과시할 수 있게 하고, 안으로는 천하 지배의 자존감을 충족할 수 있게 한다.

위진남북조 시대에는 막부(幕府) 체제가 국가의 가장 기본적 지배 체제로 작동되었기 때문에, 이때에는 막부 체제가 세계사적으로 확대되어 세계질서의 운영 체제로 활용되었다. 막부 체제란 막부를 통해 국가와 사회의 기간 조직이 유기적으로 통합 운영된 체제를 말하는데, 무제 시대 이후에 출현하여 한대의 보정(輔政) 체제를 작동하게 하고 위진남북조 시대의 귀족 사회와 잦은 선대(禪代)를 제도적으로 뒷받침했다. 흔히 막부라 하면 일본의 전근대를 연상한다. 그러나 사실은 이미 고대의 중국 사회에서 막부 체제가 정치 및 사회 체제로서 중핵적 임무를 수행한 바 있다. 중국에서는 이미 전국 시대에 장군(將軍) 제도와 함께 장군의 야전 사령부로서 막부(천막 사무실이란 뜻)가 출현했고, 한(漢) 무제(武帝) 시기 이후에는 보정 장군의 정부로서 정치적 기능을 수행하기 시작했다. 그리고 한 말부터는 지방에 할거한 복수의 군사 세력들이 장군이라는 제도적 형태로 병존하면서 복수의 막부로 존재하며 국가를 분열시키는 원심적 역할도 담당했다. 장군 제도 자체도 발전해서, 남조(南朝) 유송(劉宋)의 『송서(宋書)』 백관지(百官志)에는 360종의 장군 명칭이 기재되었다. 이는 곧 국가가 수많은 지방 세력에 의해 분열된 상황이 제도적으로 표현된 것이다. 이들 지방 세력들은 장군의 칭호와 함께 도독모주제군사(都督某州諸軍事)의 형태로 지역의 군사지휘권을 장악하고 동시에 주군(州郡)의 장관까지 겸직하여 지방정부의 민정권까지 행사함으로써 사실상 독립적 정권을 구성했는데, 장군의 막부는 이들 지방정권의 두뇌와 같은 위상을 지니고 있었다.

전국 시대 이래로 장군은 출정한 뒤에 막료(幕僚)를 임명하여 막부를 독자적으로 구성할 '편의종사(便宜從事)'의 권한을 가지고 있었고, 이러한 전통을 배경으로 하여 장군과 막료가 심정적으로 결합할 수 있는 벽소(辟召)라는 독특한 인사 제도가 발달했다. 군주가 행사하는 징소(徵召)와는 달리 장군이 막료를 초빙하는 벽소는 강제성이 배제되기 때문에 벽소에 의해 인간적 정리가 중시되는 고리(故吏) 집단이 축적될 수 있었고, 고리 집단은 장군이 정치·사회적으로 성장할 수 있는 인적 기반이 되었다. 장군은 명사(名士)를 막료로 벽소하여 자신의 막부를 명부(名府)로 만듦으로써, 다른 장군 막부들과의 경쟁에서 승리하여 패부(霸府)가 된다. 패부를 소유한 장군은 보통 보정을 하면서 황제를 대신하여 국가 권력을 장악·행사하게 되고, 조정의 명사들을 패부로 견인하여 조정을 형해화·공동화함으로써 기존의 국가를 소멸시키고 자신의 패부를 새로운 국가의 조정으로 전환하여 새로운 왕조를 창건하게 된다. 이러한 정치 과정은 흔히 평화적 정권이양의 양식, 즉 선양(禪讓)의 형식을 취하고 선양에 의한 왕조 교체를 선대(禪代)라고 한다. 역사상 처음으로 전한 말에 왕망(王莽)이 보정하다가 선양의 형식으로 한조를 멸망시키고 신조(新朝)를 연 이후, 후한 말에는 조조(曹操) 부자가 보정 장군으로 자신의 막부를 명부화(名府化)·패부화(霸府化)하는 데 성공하여 위(魏)라는 새로운 국가를 창건하고, 조위 말에 사마의(司馬懿) 부자가 역시 보정 체제와 막부 체제를 활용하여 진조(晉朝)를 건립했다. 남조(南朝)의 송(宋), 제(齊), 양(梁), 진(陳)과 북조(北朝)의 동위(東魏), 서위(西魏), 북제(北齊), 북주(北周), 수 등이 모두 이러한 양식의 반복으로 선대(禪代)되었으니, 한대 이후 위진남북조 시대의 정치 체제는 사실상 막부 체제가 그 중심을 이루었다고 말할 수 있다.

중국 국가들의 정치 체제인 막부 체제가 세계사적으로 확대되어 세계질서를 창출·유지시키는 운영 체제로서 운용되었던 시기가 바로 위진남북조 시대였다. 이 시대에 중국을 지배한 국가들은 중국 밖 외이(外夷) 국가의 군장을 장군으로 책봉함으로써, 중국의 막부 체제를 중국 밖에까지 확장한 것이다. 외이의 군장들은 장군으로 책봉되었기 때문에 관례에 따라 막부를 설치했고, 중국 국가들과의 외교 관계는 막부의 막료들을 통해 조절했다. 한 예로 고구려(高句麗)의 군주는 후연(後燕)의 군주에 의해 장군으로 책봉되고 처음으로 장사(長史)와 사마(司馬), 참군(參軍) 등 막료직(幕僚職)을 설치한 뒤로 중국의 국가에 외교사절을 파견할 때는 언제나 장사와 사마, 참군 등을 파견했다. 백제(百濟)와 왜도 그러했고 기타 여러 국가들이 장사 등을 사절로 파견했다. 이처럼 고구려 등 위진남북조 시대의 중국 밖 외이 국가들이 모두 장사와 사마, 참군 등을 중국 국가에 파견한 까닭은 이들 국가의 군주들이 모두 장군으로 책봉되어 개부(開府), 즉 막부를 열었기 때문이다. 고구려는 주로 정동대장군(征東大將軍)으로 책봉되었고, 백제는 진동대장군(鎭東大將軍), 왜는 안동대장군(安東大將軍)으로 책봉되었다. 이들 국가의 군주가 장군으로 책봉된 뒤에 자국 내에 실제로 막부를 개설했는지는 확인하기 어렵지만, 적어도 이들이 중국 국가에 사신을 파견할 때는 자국의 고유한 관직을 띠지 않고 막부의 막료직을 띠고 감으로써, 위진남북조 시대의 동아시아 세계질서가 막부 체제에 의해 운영되었음을 보여 주었다. 모든 장군직은 서열화되어 있었기 때문에 마치 상·주 시대의 주왕(周王)이 각 성읍 국가의 군장에게 5등작(等爵)을 차별적으로 책봉했듯이, 중국 국가들의 군주는 각 외이 국가의 군장에게 차별화된 장군직을 책봉함으로써 국제 사회에 일정한 질서를 창출할 수 있었으며, 책봉의 내용을 조정함으로써 국제질서를 주도할 수도 있었다. 한 예로 고구려왕과 백제왕, 왜왕이 책봉 받은 장군 칭호는 정동(대)장군과 진동(대)장군, 안동(대)장군의 순서로 서열화되어 있었기 때문에 적어도 동북아 국제 사회에서는 고구려왕의 주도적 지위가 국제적으로 인정받고 있었음을 알 수 있다. 장군으로 책봉된 각국의 군주들에게는 '도독모주제군사'의 형식으로 군사적 지휘권을 위임하는 권역을 표시했는데, 흔히 고구려는 '도독요해제군사(都督遼海諸軍事)', 백제는 '도독백제제군사(都督百濟諸軍事)'로 표시했고, 왜는 '도독왜신라임나가라진한모한육국제군사(都督倭新羅任那加羅秦韓慕韓六國諸軍事)'로 표시되었는데, 여기서 말하는 요해(遼海)는 요동, 가라(加羅)는 가야(伽倻), 진한(秦韓)은 진한(辰韓), 모한(慕韓)은 마한(馬韓)을 각각 가리킨다. 그런데 왜국은 왕왕 사신을 특파하여 여기에 '백제'를 첨가해 줄 것을 요청했고, 중국의 국가들은 이를 거부했다. 이는 이때 이뤄진 책봉이 형식적인 허례에 지나지 않았던 것이 아니라, 책봉의 과정에 동아시아 세계질서를 주도하겠다는 강력한 의지를 개입시켰음을 의미한다.

당대(唐代)에 이르면 또 다른 국가 체제가 외연으로 확장되어 세계질서의 운영 체제로 활용되었으니, 도독부(都督府) 체제가 그것이다. 도독부란 위진남북조 시대부터 출현하여 발전하다가 수·당 시대에 이르러서 지방통치 체제의 가장 중요한 골격이 되었다. 한대의 지방정부는 군현(郡縣) 2급 체제에서 출발하여 주군현(州郡縣) 3급 체제로 발전했는데, 위진남북조 시대에 이르러서는 교주(僑州)와 교군(僑郡) 등의 증가로 인해 최고급 단위의 지방정부로 도독부가 첨가되었다. 도독부란 원래 도독모주군제군사라는 군사지휘권역을 표시하는 말에서 기원한 것으로, 전쟁이 빈발하는 특정 지역의 군사를 도독(都督), 즉 모두 지휘하는 장군의 막부라는 뜻이다. 특정 지역의 군사지휘권을 위임받은 장군은 자신의 막부를 통해 특정 지역 주군의 군사권을 행사했는데, 점차 그 지역 주군의 행정권까지 지휘 감독함으로써 장군의 도독부는 사실상 주군의 상급 기관으로 승격하게 되었다. 도독부가 최상급의 지방정부가 된 수·당 시대에는 도독부, 주, 군, 현의 4급 체제가 너무 번거롭다고 하여, 군 혹은 현의 하나를 생략하여 3급 체제를 갖추었다. 그런데 당 태종 이세민의 시기에 이르러서는 이러한 중국의 지방행정 체제가 중국 밖에까지 확대되어 이적(夷狄) 사회에도 적용된 것이다.

도독부 체제의 세계사적 확장은 돌궐 사회를 대상으로 가장 먼저 이루어졌다. 돌궐(突厥)은 흉노를 이어 장성 이북에 유목 제국을 건립하여 장성 이남의 통일된 중국 국가와 길항한 두 번째 주인공으로, 수 말 당 초에 중국이 분열되었을 때는 중국의 지방 세력을 책봉하고 조공을 받으면서 동아시아 세계의 중심 역할을 수행하기도 했다. 그러나 중국이 당에 의해 통일되고 정치적으로 안정되자 중국 중심의 세계질서가 다시 회복되기 시작했다. 당 태종 이세민은 당에 굴복한 일부 돌궐 사회에 몇 개의 도독부와 주현(州縣)을 설치하고 대소 군장들을 도독(都督)과 자사(刺史), 군수(郡守) 등으로 책봉했다. 이를 시작으로 하여 당인(唐人)은 중국 밖의 이적을 복속시킬 때마다 현지에 도독부와 주현을 설치하고 그 토착 군장들을 도독과 자사, 군수 등으로 책봉했다. 그리고 도독부의 상급 기관으로 도호부(都護府)를 설치하여 산하의 도독부를 감독하게 했는데, 도독부의 장관인 도독은 현지 토착 군장이 맡게 했지만, 도호부의 장관인 도호(都護)는 중국인 관리를 파견하여 담임하게 했다. 도호부는 방향에 따라 안북도호부(安北都護府)와 안남도호부(安南都護府), 안동도호부(安東都護府), 안서도호부(安西都護府) 등을 설치했다. 안북도호부는 돌궐 사회에 설치했고, 안남도호부는 베트남 사회에, 안동도호부는 고구려의 고지(故地)에, 안서도호부는 서역에 각각 설치했고, 이 외에도 특수한 이름을 가진 도호부를 몇 개 더 설치해서 그 수가 가장 많았던 현종(玄宗) 시기에는 모두 8개의 도호부가 중국의 주변에 동시에 존재했다. 도호부란 한대에 서역에 설치했었던 기관으로, 서역의 인민과 영토를 직접·개별적으로 지배하기 위해 설치한 것이 아니라, 서역 제국의 군주에 대한 책봉−조공 관계를 관리하여 친한적(親漢的) 국제질서를 창출·유지하기 위해 설치한 기관이었다. 따라서 한대 서역도호부의 전통을 되살린 당대의 도호부 역시 이적에 대한 직접·개별적 지배를 위해 존재한 것이 아니라, 산하의 도독부를 관리 감독함으로써 친당적(親唐的) 국제질서를 창출·유지하는 기능을 수행했다.

당대의 도호부 체제는 기미부주(羈縻府州) 체제라고도 불리는데, 그 까닭은 이적을 '기미'하기 위해 설치한 도독부와 주현의 체제였기 때문이다. 중국의 밖에 설치한 도독부와 주현의 장관은 중국인이 아니라 현지의 토착 군장들이었기 때문에 이곳에서는 '고속(故俗)' 즉 고유한 습속에 의한 자치가 허용되었다. 다시 말해서 형식적으로는 당의 도독부와 주현에 의한 통치가 이뤄졌지만, 실제로는 원래의 질서가 그대로 유지되었다는 것이다. 따라서 이적의 지역에 도독부와 주현을 설치한 것은 일종의 '기미' 행위였다. '기미'란 '기미부절이이'의 준말로서 말과 소에 고삐나 재갈을 채워서 관계를 끊지만 않을 뿐 그 이상의 압박이나 통제는 하지 않는다는 뜻으로 한대 이래 중국인이 이적에 대응하는 최선의 방법으로 선택해 온 것이다. 『당서(唐書)』의 군국지(郡國志)에는 당의 모든 도독부와 주, 현 등이 기재되어 있는데, 중국 안에 설치된 부주(府州)는 정(正)부주라 하고 중국 밖에 설치한 부주는 '기미부주'라고 불렀다. 이는 곧 당시의 중국인들도 중국 밖에 설치한 부주를 군현적 지배, 즉 직접·개별적 지배가 관철되는 영역으로 간주하지 않았음을 의미한다.

당대(唐代)의 도호부 체제, 즉 기미부주 체제는 중국 내의 통치 체제를 중국 밖에까지 확장하여 동아시아 세계질서를 주도하려고 한 당대 특유의 운영 체제였기 때문에, 기미부주가 설치된 지역은 어디까지나 '기미'의 대상이었을 뿐 당의 영토로 간주되기는 어렵다. 더구나 기미부주 체제는 실제로 운영되는 과정이 매우 불안정하여, 시간적으로나 형태상으로나 현저한 한계를 노출했다. 한 예를 보면 668년에 고구려가 패망한 뒤에 평양에 설치된 안동도호부는 불과 3년 남짓 유지되다가 곧 요동 방면으로 퇴각했다. 670년에 당과 토번이 토욕혼을 다투면서 대비천에서 역사적 대결을 벌였을 때, 당은 안동도호부를 지키는 군사력까지 동원했지만 철저한 패배를 당했다. 이로 인해 안동도호부는 더 이상 평양에서 존속하기 어렵게 되어 요동으로 퇴각했고 그곳에서도 오래 있지 못하고 요서(遼西)로 물러났다가, 결국은 관내(關內), 즉 산해관(山海關) 이서의 중국 안으로까지 퇴각하여 유명무실한 존재로 전락했다. 안동도호부는 형식적으로는 100년 가까이 존속했지만, 그 대부분의 기간에 본래의 기능을 수행하지 못했다. 따라서 당대 기미부주 체제는 중국의 외곽에 도호부와 도독부, 주, 현 등 통치 조직의 형태를 띤 기관들을 포진시킴으로써, 마치 당이 중국뿐만 아니라 전 세계를 지배하는 명실상부한 제국이었음을 과시하는 시각적 효과를 얻게 할 뿐, 중국적 세계질서의 이념과 실제가 현저히 괴리된 전형적인 사례로 이해되어야 한다.

명대(明代)에는 토사(土司) 체제가 중국적 세계질서의 운영 체제로 운용되었다. 토사 체제란 중국 밖 이적의 군장들에게 모모사(某某使)와 같은 관직을 주어 '고속(故俗)'으로 자치하게 한 제도로, 이 역시 중국 내의 사직(使職)을 세계사적으로 확대한 것이다. 외이의 군장이 중국 국가로부터 책봉 받은 선위사(宣慰使), 선무사(宣撫使), 초토사(招討使), 안무사(按撫使) 등의 여러 사직을 토관(土官)이라 불렀고 이들 토관의 관청을 토사라고 했다. 명대의 토사 체제는 한대의 변군 체제나 당대의 기미부주 체제의 정신을 계승한 것으로 기본적으로는 책봉과 조공의 예를 교환하는 종번 관계의 운영 체제라고 할 수 있다. 원대(元代)부터 출현한 토사 체제는 주로 통일적 국가 체제를 갖추지 못한 중국의 서남방 외이 사회에 적용되었는데, 만청(滿淸) 시대에 이르러서는 토관이 군사적 위세에 의해 점차 중국에서 파견된 관리에 의해 교체되었다. 이를 가리켜 '개토귀류(改土歸流)'라고 불렀는데, 토관을 바꾸어 유관(流官, 중앙에서 파견한 지방관)으로 돌렸다는 뜻이다. 그러나 청대의 개토귀류 역시 단기간에 손쉽게 이뤄지지는 못했으니, 토관과 토착민의 완강한 저항에 부딪혀 청 말까지도 철저하게 마무리되지 못했다. 한편 명대에는 국제질서의 운영 체제로서 위소(衛所) 체제가 활용되기도 했다. 위(衛)와 소(所)란 중국 내 군대 조직의 각급 단위로서 신분제적 군사 체제를 대표했다. 그러나 명대의 위소 체제는 토사 체제와 마찬가지로 중국 밖에까지 확장되어, 이적의 부락에 위와 소가 설치되고 그 장관인 지휘사(指揮使)나 도위(都尉) 등의 칭호가 토착 군장에게 주어졌다. 이 체제는 주로 중국의 동북 지역, 즉 요동 지역에 적용되었으니, 특히 여진(女眞)의 거주 지역에 수백 개의 위와 소가 설치되어 고유한 습속에 의한 자치가 허용되었다. 위소 체제는 여진 사회의 분열을 조장하기 위해 적극 활용되었지만, 오히려 역설적으로 여진 사회의 통합을 촉진하여 명조의 붕괴를 앞당기는 역할을 수행하기도 했다.

중국적 세계질서를 창출하고 유지하는 역할을 담당한 각 시대 특유의 운영 체제들은 보다 효과적인 기능을 발휘하기 위해 각종 보조 장치들을 갖추고 있었다. 한대에는 변군 체제라는 운영 체제를 위해 사흉노중랑장(使匈奴中郎將)과 서역도호(西域都護), 호강교위(護羌校尉), 호오환교위(護烏桓校尉)와 같은 제도적 장치들을 가동시켰다. 사흉노중랑장은 문자 그대로 흉노에 사신으로 보낸 중랑장이라는 뜻으로, 후한 초부터 선우정(單于庭)에 상주한 한의 특사였다. 전한 선제 시기에 흉노의 호한야 선우가 중국인의 도움을 받아 내전에서 승리하기 위해 한에 '칭신입조'한 이래로 한과 흉노는 전례 없는 평화를 구가했다. 그러나 왕망(王莽)에 의해 전한이 멸망하고 신(新)이 건국되자 흉노와 중국은 곧 전쟁 상태로 돌입했다. 왕망이 '흉노선우지새(匈奴單于之璽)'라 새겨진 황금 인수(印綬)를 '신흉노선우지장(新匈奴單于之章)'이 새겨진 새 인수로 교체하여 흉노가 신(新)에 예속되고 선우가 황제보다 지위가 낮음을 과시함으로써, 양국의 관계가 급격히 악화된 것이다. 결국 흉노 등 외국과의 전쟁과 호족과의 내전에서 실패한 신조(新朝)가 패망하고 한조(漢朝)가 다시 재건되자, 호한야 선우의 손자가 스스로 호한야라는 조부의 이름을 취하고 조부의 행동을 답습했다. 다시 내전에 빠진 흉노의 선우가 중국의 원조를 받기 위해 조부처럼 한에 '신하를 자칭하며 입조'한 것이다. 이때 2세 호한야 선우는 스스로 중국의 북방 변군으로 내려와 살면서 북흉노(北匈奴)의 침입을 막는 장벽 역할을 하겠다고 자처했고, 한인(漢人)들은 흉노인의 집단 내사(內徙)를 허용하는 한편, 선우의 거처인 선우정에 사흉노중랑장을 특파하여, 상주하면서 선우의 동태를 감시하고 흉노의 반한적(反漢的) 세력으로부터 선우를 보호하게 했다. 사흉노중랑장은 이후 한 말까지 유지되었고, 선우 등 흉노인의 한화(漢化)는 더욱 심화되었다.

호강교위(護羌校尉)는 문자 그대로 서강(西羌), 즉 중국 서방에 거주하는 강인을 '보호'하는 교위(校尉)란 뜻으로, 변군에 내속해 있는 강인이나 요외(徼外, 국경 밖) 강인을 관리하는 기관이었다. 강인이 복속하면 그들의 책봉과 조공을 관리하고, 강인이 불복하면 군대로써 정벌하는 역할을 맡았다. 그러나 전한 후기 이후 강인은 끊임없이 한의 지배에 저항했기 때문에, 역대 호강교위 가운데 업적과 관련하여 좌천되거나 처벌되고 전사하지 않은 경우가 거의 없을 정도였다. 『후한서(後漢書)』 서강전(西羌傳)에는 반고의 부친 반표(班彪)가 쓴 글이 실려 있는데, 그 글에서 후한 초의 저명한 문학지사 반표는 강인의 빈번한 반란 원인을 종족모순과 계급모순이 결합된 구조적 모순에서 찾았다. 내속한 강인들은 중국의 대토지 소유 체제에 편입되어 호족의 계급적 착취에 고통을 받고 있었지만, 중국 자체가 대토지 소유 체제의 모순을 해결하지 못하고 있었다. 이로 인해 지속적으로 중국에 내사한 강인이 종족모순과 계급모순으로 한인에 저항하는 문제는 한 말까지 지속되어 한 제국이 붕괴된 원인의 하나로 작용했다. 후한 시대에 전한의 수도 장안이 한때 강인에 의해 점령될 정도로 강인이 내속한 변군에는 장기간 전선이 형성되어 있었기 때문에 호강교위 출신의 동탁(董卓)이 군벌로 성장하여 한조의 마지막 명맥을 위협할 수 있었다.

호오환교위는 중국 동북방의 오환과 선비를 '보호'하기 위해 설치된 기관으로 호강교위와 유사한 역할을 수행했다. 오환과 선비는 한 초에 흉노에 복속·통합된 동호(東胡)의 별종으로, 대흥안령(大興安嶺) 기슭에서 수렵 생활을 영위하고 있다가 서한 후기에 흉노 세력이 약화되자 그 기반에서 차츰 벗어나기 시작했다. 그들은 후한 말부터 서서히 남하하여 남부의 오환은 중국 안으로 내사하고 선비는 오환의 원래 거주지인 대흥안령 남부 기슭으로 남하했다. 호오환교위는 주로 변군에 내속해 있는 오환과 요외 선비의 책봉 및 조공을 관리하면서 동북 변경의 안보를 경계했다. 위진남북조 시대에는 요동 방면에 호동이교위(護東夷校尉)라는 기관이 설치되어, 고구려와 부여(夫餘) 등을 주요 성분으로 한 동북 방면의 국제질서를 관리하는 임무를 수행했다. 그러나 중국의 국가가 요동을 실제로 장악하지 못하는 상황에 이르게 되면, 왕왕 이적의 국가, 특히 고구려의 군주에게 호동이교위의 임무가 위탁되기도 했다.

서역도호는 변군에 내속한 외이를 관리하는 역할이 아니라 변군 밖에서 자립해 있는 서역의 '외국(外國)'과 중국의 책봉-조공 관계를 관리하면서, 친한적(親漢的) 제국(諸國)을 보호하고 반한적(反漢的) 제국은 군사로써 응징하여 서역의 전략적 가치를 유지하는 역할을 수행했다. 서역 제국은 원래 흉노의 세력권 아래에 놓여 있었는데, 한 무제(武帝) 시기부터 중국인에 의해 적극적으로 경영되기 시작해서 대완(大宛) 정벌을 계기로 친한적 경향이 강화되었다. 선제 시기에는 타클라마칸 사막의 남쪽에 있는 오아시스 성곽 국가들부터 한인에 의해 '보호'되기 시작해서 마침내 사막 북쪽의 오아시스 국가들까지 '모두 보호'되었기 때문에, '도호부'라는 이름의 새로운 기관이 서역 한가운데에 설치될 수 있었다. 서역도호는 상당한 군사력을 보유한 무기교위(戊己校尉)와 기각지세(掎角之勢)를 이루면서 서역 제국을 집단·간접적으로 지배했다. 그러나 왕망의 신대(新代)에 이르러 서역이 배반했고, 후한 초에는 서역을 경영할 겨를이나 여력이 없었다. 반고의 동생 반초(班超)가 개인적 역량으로 서역 제국을 제압하여 도호부를 서역에 다시 세우고 대진(大秦), 즉 로마까지 교통하기도 했지만, 반초 사후에는 서역과 한의 관계가 다시 끊어지는 등, 후한 일대에 '삼통삼절(三通三絶)' 즉 관계를 맺었다가 관계를 끊는 일이 세 번이나 반복되었다. 후한이 서역을 적극적으로 경영하지 않은 가장 큰 까닭은 한의 최대 인적국인 흉노가 복속하여 그 전략적 가치가 크게 감소했기 때문이다. 이처럼 서역은 전통시대 내내 전략적 가치에 따라 중국인에 의해 경영되기도 하고 혹은 방기(放棄)되기도 했다.

'중국적 세계질서'란 실제로 중국을 중심으로 형성되었던 현실적 동아시아 세계질서를 의미하기도 하지만, 이와 동시에 실제로는 그러하지 않지만 중국을 중심으로 형성되기를 기대하는 관념적 세계질서를 의미하기도 한다. 만약 내속과 종번 관계만 존재했다면 전통시대의 동아시아에서는 '중국 중심의 세계질서'가 작동되고 있었다고 말할 수 있지만, 실제로는 중국 중심을 부정하는 화친 관계나 화맹 관계, 심지어 통사 관계와 전쟁 관계 등도 광범하게 존재했기 때문이다. 중국의 역사서에는 흔히 대진(大秦)이나 일본 등 '외국(外國)'들이 '조공'했다고 기록되어 있지만, 실제로는 통사, 즉 사절의 교환에 지나지 않았을 뿐, 책봉과 동반하는 제도적 장치로서의 조공은 존재하지 않았다. 내속 역시 형식적으로는 군현적 지배의 형태를 취했으나 실제로는 책봉-조공 관계가 유지된 경우가 적지 않았고, 종번 관계 역시 형식적으로는 군신 관계이나 실제로는 독립적 관계였던 경우가 허다했기 때문에 이른바 '중국적 세계질서'란 이념과 실제의 괴리가 매우 심각했다. 특히 종번 관계, 즉 책봉-조공 관계란 상(商)·주(周) 성읍 국가 시대의 산물로서 독립된 국가 상호 간의 역학적 관계, 즉 중심과 주변의 관계를 책봉과 조공이라는 예적(禮的) 형식을 통해 표현한 것이다. 그 형식은 비록 조공의 주체가 '외신(外臣)'을 자처하는 군신 관계였지만, 그 본질은 독립 국가들이 하나의 국제사회를 구성하기 위해 중심 국가는 책봉, 주변 국가는 조공을 통해 서로 국제적 지위를 인정함으로써 일정한 국제질서를 창출하는 방법에 지나지 않았다.

지금까지 전쟁 관계와 통사 관계, 화맹 관계, 화친 관계, 종번 관계, 내속 관계 등 다양한 양식의 국제 관계들을 변군 체제와 막부 체제, 기미부주 체제, 토사 체제 등 각종 운영 체제들이 관리·운용하여 이른바 '중국적 세계질서'를 형성했음을 살펴보았다. 다양한 양식의 국제 관계들은 동시에 병존할 수도 있고, 혹은 다른 양식의 관계로 전환 혹은 발전할 수도 있었다. 예를 들어, 중국 국가와 내속 관계를 맺고 있던 이적의 국가가 종번 관계 혹은 화친 관계로 전환할 수도 있고, 역으로 전쟁 혹은 통사 관계였던 나라가 화친이나 종번 혹은 내속 관계로 '발전'할 수도 있었다. 그리고 내속이 장기화되면 역사공동체의 융합과 통합이 이루어진다. 중국은 주변의 다른 역사공동체들과 내속을 통해 통합·융합함으로써 보다 크고 다양한 내용의 역사공동체로 발전해 왔다. 지금의 중국은 이러한 과정을 장기적으로 반복함으로써 동아시아 세계의 대부분을 점하는 거대한 국가를 형성하게 되었다. 따라서 현재의 중국은 원래의 중국이 아니다. 그것은 원래의 중국과 다른 역사공동체들, 즉 장성(長城) 이북의 유목사회와 신강(新疆)의 서역 제국(諸國), 청해의 강저(羌氐), 운남의 서남이(西南夷), 강남과 영남의 만월(蠻越) 그리고 타이완(臺灣)과 요동(遼東)의 여러 역사공동체들이 중원의 중국과 통합하여 제3의 또다른 역사공동체로 발전한 존재였다. 다만 이름을 '중국'이라 계속 칭하여 원래의 중국과 현재의 중국이 혼동되게 되었을 뿐이다. 따라서 현재의 중국을 분해하여 원래의 다양한 역사공동체가 공존하는 구조를 파악하지 못하면, 전통시대의 동아시아 세계의 구조적 특성에 접근할 수 없다. 현재 중국의 '변강(邊疆)' 혹은 '해강(海疆)'이라 불리는 지역은 모두 과거에는 독자적 역사공동체로 존립하다가 '내속' 등의 과정을 통해 중국과 통합되어 그 일부를 구성하고 있을 뿐이다.

전통시대에 중국과의 화친 관계를 통해 그 독립적 지위를 유지했던 역사공동체 가운데, 혹자는 중국과 함께 동아시아 세계의 다원적 중심을 이루고 있었거나 혹은 중국 대신에 동아시아 세계의 중심 역할을 수행하다가, 현재는 중국의 일부로 통합되어 있는 경우도 적지 않다. 그 대표적인 경우로, 티베트와 막북(漠北) 유목사회, 요동 등을 들 수 있다. 이에 반해 과거에는 중국의 국가에 내속해 있거나 종번 관계를 통해 적어도 형식적으로는 중국의 국가에 신속(臣屬)해 있었던 나라들이 현재는 명실상부하게 중국과 독립적, 대등한 관계를 맺는 경우도 있으니, 한국과 월남 등이 그것이다. 이러한 나라들은 중국과의 과거와 현재의 관계가 일치하지 않음으로써, 역사적 관계에 관한 인식의 불일치로 인해 논쟁의 당사자가 되었다.

'중국'은 역사공동체의 명칭이다. 그것은 특정한 국가의 명칭도 아니고 종족의 이름도 아니다. 그것은 오래전부터 중원, 즉 황하 중·하류 지역에서 역사 경험과 역사의식을 공유한 공동체를 지칭하는 명칭으로 문헌에 기재되어 왔다. 중국인은 황하 유역과 중원이라는 특수한 자연환경 안에서 동일한 역사 경험과 문화를 공유함으로써 동일한 공동체의 성원이라는 배타적 자의식을 발전시켜 왔다. 중원은 대단히 독특한 자연환경을 가지고 있다. 중원은 황하 중·하류 유역의 대평원을 가리킨다. 황하는 상류가 'ㄱ' 자 형태로 황토 고원을 관통하면서 엄청난 양의 황토 미립을 싣고 내려오다가 'ㄴ' 자 형태로 관중(關中)을 빠져나온 뒤에는 물길을 가두는 지형이 없어 예측할 수 없는 방향으로 흩어지게 된다. 따라서 이 지역에 사는 주민들은 언제나 황하의 홍수에 노출되어 있어 생존을 위해서는 강물을 한 줄기로 가두는 치수(治水)가 필수적이었다. 황하의 물길을 가두어야 하는 중원 사람들은 치수라는 같은 역사를 오랜 기간 동안 함께 경험하면서, 같은 공동체에 속해 있다는 자의식을 형성하게 된다.

이와 함께 시야를 가로막지 않는 광활한 평원의 환경도 공동체 의식을 형성하는 데 일조했다. 상해에서 북경까지 기차를 타고 가면 시야를 가로막는 어떠한 장애물도 발견하기 어렵다. 그야말로 "기차는 원의 중심을 달린다"는 어느 수필의 한 구절을 생각하게 하는 평원이다. 다만 중간쯤에서 평원 위에 뾰쪽하게 솟은 산괴를 하나 만나게 되는데, 그것이 바로 그 유명한 태산(泰山)이다. 태산의 정상에 올라 사방을 둘러보면, 시야가 확 트여서 아무

것도 가로막는 것이 없다. 마치 북경과 서안, 상해를 잇는 삼각 평원이 모두 한눈에 다 들어오는 것 같은 착각에 빠지게 된다. 그래서 공자(孔子)도 태산에 올라 "태산에 오르니, 천하가 작게 보인다"라고 찬탄했다. 태산의 정상에서 한눈에 들어오는 삼각 평원이 바로 중원이다. 이 중원이 바로 공자가 말하는 '천하', 즉 이 지역에 산 사람들의 세계인 것이다. 중원의 주민들에게는 '천하'가 한눈에 파악될 수 있었으니, '천하'가 여러 나라로 쪼개어져서 다스려지는 것은 매우 부자연스러운 일이었다. 따라서 이곳의 주민들은 중원을 하나의 나라, 즉 '중국'이라고 부르면서 하나의 역사공동체, 곧 역사적 체험과 역사의식을 공유하는 하나의 공동체로 인식하게 되었다.

중원에 사는 사람들, 즉 '중국인'은 중원이라는 삼각 평원의 밖에 사는 사람들을 자신들과는 다른 역사공동체에 소속되어 있는 사람들로 의식하고 있었다. 왜냐하면 이 중원에서 이뤄지는 정치적 생활이나 경제적 활동, 문화적 전통의 내용이 중원의 바깥에서 이뤄지는 그것과 본질적으로 전혀 다르다고 생각했기 때문이다. 특히 중원 바깥에 사는 사람들에 비해 월등히 수준 높은 문화생활을 향유하고 있다고 생각하는 문화적 우월감으로 인해, 중원의 주민들은 다른 역사공동체의 사람들을 경멸하며 자신을 '중국' 혹은 '화하(華夏)'라 자칭하고 다른 역사공동체는 '이적(夷狄)' 혹은 '사이(四夷)'라고 부르면서 '화이(華夷)'를 구별하려는 배타적 분별의식을 강하게 발전시켰다.

이처럼 특수한 자연환경 안에서 독특한 역사적 경험과 역사의식을 공유한 역사공동체들은 중국 외에도 동아시아 세계 안에 무수히 존재했다. 한 예로 티베트 고원이라는 특수한 환경에서 티베트인들은 티베트 불교라는 독특한 문화와 정교일치의 특수한 정치 체제를 발전시킴으로써 중국과는 명확하게 구분되는 독자적 역사공동체를 형성했다. 티베트 고원은 해발 2, 3천 미터 이상의 고산과 고원으로 구성된 특수한 자연환경을 구성하고 있어, 다른 지역의 주민들이 쉽게 범접하기 어려운 곳이다. 민국 시대에 협상을 위해 티베트 고원을 방문한 중국인 고위 관리가 산소가 희박한 티베트 고원의 특수한 자연환경으로 인해 사망한 사건이 있었는데, 이는 중국과 티베트가 자연에 의해 격절(隔絶)해 있음을 보여 주는 사례라 할 수 있다. 이곳에서는 유목과 축산만 가능하기 때문에 의식주 생활의 대부분이 이와 관련되어 있고, 심지어는 결혼과 장례문화까지도 독특한 자연환경에 의해 결정되었다. 중국과 인도의 사이에 끼어 있는 지리적 특수성으로 인해, 중국 불교와 인도 불교가 이곳에서 만나 티베트 불교라는 특수한 불교문화가 형성되었다. 달라이 라마, 판첸 라마와 같은 고승이 정치적 군장의 역할까지 겸하는 정교일치의 정치·사회·문화적 특성도 모두 이러한 자연환경에 의해 지배되었다. 따라서 티베트 고원에서 거주하는 주민들은 중국이나 주변의 다른 역사공동체와는 다른 역사적 경험과 문화적 특성을 가지고 독자적인 역사공동체로서의 역사의식을 발전시켜 왔다.

강남(江南), 즉 양쯔강 이남과 영남(嶺南), 즉 오령(五嶺) 이남 지역도 매우 특수한 자연환경을 가지고 있다. 이 지역은 건조한 화북(華北)의 중원과 달리 고온다습한 아열대 지역이어서 채집 경제와 논농사가 발달했지만, 수많은 산악으로 분리되어 있어 정치적 통일을 쉽게 이룰 수 없는 조건을 갖추고 있다. 치수 등의 조건으로 인해 일찍부터 고대 국가 체제와 인위적 예 문화가 발전한 중원과는 달리, 부락 단위로 분산된 환경으로 인해 전제적 통일 국가 체제가 발달하지 못하고 자연친화적 문화가 전개되었다. 한 초에 사마천(司馬遷)의 부친 사마담(司馬談)이 선진(先秦) 시대의 도서를 6가(家)로 분류하면서 거론한 '도덕가(道德家)' 즉 도가(道家)에 포함된 사상서들은 대부분 강남 초(楚) 문화의 산물이었다. 선진 시대의 문헌에는 '광인(狂人)'이 많이 등장하는데, 이들 '미친 사람'의 대부분은 주로 초 지방에서 출몰한다. 그 대표적 사례로, 공자가 초 지방을 유세할 때 공자를 조롱한 접여(接輿)와 같은 '광인'도 초인이어서 '초광(楚狂)'이라 불렸다. 중국인이 이들을 가리켜 '광인'이라 표현한 까닭은 이들의 언행이 중국인의 상식 범위를 벗어나 있기 때문이다. 다시 말해서 중국인에 '미친 사람'으로 보이는 초인은 중국인이 도저히 이해할 수 없는, 전혀 다른 문화의 권역에 사는 사람들이었다. 사마천에 의해 노자(老子)로 지목된 이이(李耳)란 이도 초 지역 사람이었고 장자(莊子)도 초나라 사람이었으니, 사마담에 의해 도가로 분류된 문헌의 저자들은 대부분 초나라 혹은 초 지역 사람들이었다. 이들의 공통점은 중국 밖에서 중국의 예 문화와는 전혀 다른 별개의 가치 체계를 구축했다는 점이다.

특히 '중국인' 맹자(孟子)에 의해 만인(蠻人)이라 비난받은 초인 허행(許行)의 경우는 전국 시대 당시의 초 문화가 어떤 성격을 띠고 있었는지를 잘 보여준다. 『맹자』에 의하면, 진량(陳良)이란 초인이 '주공(周公) 중니(仲尼)의 도(道)'를 좋아해서 북쪽으로 '중국'에 가서 공부했는데, '북방(北方)'의 학자들 중에 그보다 나은 자가 없었다고 하여 맹자는 그가 "하(夏)로써 이(夷)가 바뀌었다"고 하여 '호걸지사(豪傑之士)'라고 칭찬했다. 그런데 그를 수십 년이나 사사하던 진상(陳相) 형제는 스승을 배신하고 허행을 추종하여, 맹자에 의해 "하(夏)가 이(夷)에 의해 변질되었다"고 비난받았다. 맹자는 허행이 '남만격설지인(南蠻鴃舌之人)'(때까치 소리 같은 말을 하는 남만인)으로 '선왕(先王)의 도(道)'가 아니라고 비판하면서, 진상 형제가 "깊은 골짜기를 나와서 높은 나무 위로 옮겨 가지 않고, 오히려 높은 나무에서 내려와 깊은 골짜기로 들어갔다"고 꾸중했다. 요컨대 맹자는 '주공과 공자의 도(道)'를 가르치는 '북방 중국의 학문'을 대표하는 중국인이었지만, 허행은 초에서 북상하여 등(滕)나라의 문공(文公)으로부터 처소를 제공받고 "베잠방이 입고 짚신 신고 자리 짜서 먹고살면서", 국가의 수취를 백성의 착취라고 비난했다. 맹자와 허행의 존재는 곧 착취 계급 혹은 치자(治者) 계급과 기구의 존재를 당연시하는 중국 문화와 계급이 미분화되고 착취 체제가 미성숙하며 소박한 남방 문화를 각각 대표한다고 할 수 있다.

중국의 남쪽에 초 문화가 있었다면, 중국의 북방에는 맥(貊, 貉) 문화가 있었다. 맹자가 인정론(仁政論)을 펴면서 "너무 많은 세금을 거둔다면 대걸소걸(大桀小桀)이지만, 20분의 1만 거둔다면 대맥소맥(大貊小貊)이라"고 하여, 중국과는 다른 별개의 문화권의 대표적 사례로 맥을 거론한 바 있다. 그는 "무릇 맥에서는 오곡이 다 나지 않고 오직 기장만 자라며, 성곽과 궁실, 종묘, 제사 등의 예가 없고, 제후와 폐백, 도철(饕餮)도 없으며, 백관과 유사(有司)도 없기 때문에 20분의 1만을 취하여도 충분하다. 그러나 중국에 살면서 인륜을 버리고 군자(君子)가 없다면 어찌 그것이 가능하겠는가"라고 하면서 '요순지도(堯舜之道)', 즉 중국의 입장에서 '맥도(貊道)'를 비판했다. 중국인 맹자의 입장에서 보면 적절한 수준의 세금이란 체제를 유지하기 위해 필수 불가결한 것인데, '맥인(貊人)'은 중국보다 훨씬 적은 세금을 거둠으로써 지나치게 간결한 체제를 유지하고 있다는 것이다. 이 외에도 중국의 문헌에는 맥인 사회에 대한 정보가 단편적으로 발견되는데, '맥도(貊道)'라는 정치 체제 외에도 '맥복(貊服)'이라는 의복 문화, '맥적(貊炙)'이라는 음식 문화, '맥궁(貊弓)'이라는 무기 체제 등이 기록에 나온다. 이처럼 맥인은 정치 체제와 의식주 문화, 경제, 군사 등 거의 모든 방면에서 중국과는 엄연히 구별되는 별개의 역사공동체를 형성하고 있었다.

물론 중국 밖에는 만월이나 맥이라는 역사공동체만 존재한 것은 아니다. 맥의 우측 요동 방면에는 예(濊, 穢)가 있었고, 맥의 좌측에는 적(狄)이 있었으며, 중국의 서쪽에는 융(戎)이 있고 동쪽에는 이(夷)가 있었다. 『예기(禮記)』 왕제편(王制篇)에서는 "중국과 융(戎), 이(夷) 등 오방(五方)의 민(民)은 모두 고유한 성(性)이 있어 바뀔 수 없다. 동방을 이(夷)라 하는데, 피발(被髮)하고 문신(文身)하며 화식(火食)하지 않기도 한다. 남방은 만(蠻)이라 하고 … 서방은 융(戎)이라 하며 북방은 적(狄)이라 한다 … 중국과 이, 만, 융, 적 등은 모두 거처와 음식, 의복, 기물 등이 있으며, 오방의 민은 언어가 서로 통하지 않고 기호가 같지 않다"고 하여, 중국과 이, 만, 융, 적 등이 모두 독자적 문화권역임을 강조했다. 『일주서(逸周書)』직방해(職方解)에서는 "직방씨(職方氏)는 천하의 도(圖)를 관장하여 그 방국(邦國)과 도비(都鄙), 사이(四夷), 팔만(八蠻), 칠민(七閩), 구맥(九貉), 오융(五戎), 육적(六狄) 등의 인민을 분별했다"고 했는데, 여기서 말하는 사이니 팔만이니 칠민이니 구맥이니 하는 것은 모두 각 역사공동체 안에 내포되어 있는 복수의 정치체를 가리키는 말로 북방 사회의 '부(部)'와 같은 존재로 이해할 수 있다. 즉 각각의 역사공동체는 별개의 문화권역을 이루면서 복수의 정치체를 포섭하고 있었던 것이다. 이, 만, 융, 적 등은 사방의 대표적인 역사공동체를 적시한 것일 뿐, 이 외에도 예(濊)와 호(胡), 강(羌), 저(氐), 파(巴), 촉(蜀), 민(閩), 월(越), 왜(倭), 한(韓), 숙신(肅愼) 등 수많은 역사공동체들의 이름이 고대 문헌에서 빈번하게 출현한다.

현재 동아시아 지도를 보면, 중국과 일본, 몽골, 베트남, 한국 등 다섯 역사공동체만 그 독자적 국가를 영위하고 있다. 그러나 전통시대의 동아시아 역사는 이들 다섯 역사공동체뿐만 아니라, 지금은 역사의 무대 뒤로 사라졌지만 요동과 막북, 서역, 티베트 고원, 강남과 영남 등에 있던 다수의 역사공동체들이 이들 다섯 역사공동체들과 함께 구성하여 전개한 '세계사'였다. 동아시아 역사를 '세계사'라 함은 전통시대의 동아시아는 그 자체로서 정치·경제·문화적으로 완결된 하나의 '세계'였기 때문이다. 전통시대의 동아시아는 중국 등 여러 역사공동체들이 내속, 혹은 책봉과 조공의 교환, 화친, 화번, 통사, 전쟁 등을 통해 동일한 정치 체제와 한자문화, 유교와 불교 등 정신세계를 공유한 '세계'였다. 이러한 동아시아 역사의 구조적 특성을 이해하는 일이 바로 동아시아 '세계사'상의 한국을 이해하는 첫걸음이 될 것이다.

2. 요동을 환절로 한 한중관계사

현재 동아시아에는 5개 나라만이 공존하고 있다. 이는 곧 5개의 역사공동체만이 독자적으로 국가를 운영하고 있다는 뜻이다. 그러면 전통시대에 존재하고 있었던 그 수많은 역사공동체들은 다 어디로 갔는가. 이(夷)니 만(蠻)이니 융(戎)이니 적(狄)이니 하는 역사공동체들은 어떻게 역사의 무대에서 사라져 버렸는가. 모두 '중국'이라는 역사공동체와 융합하여 그 독자적 정체성이 소멸되었던 것이다. 원래의 '중국'은 황하 중·하류 유역의 중원에 존속한 역사공동체였다. 그러나 현재의 중국, 즉 중화인민공화국의 영토는 이보다 훨씬 더 넓다. 중국인들은 이 중화인민공화국의 영토 범위와 원래 '중국'의 범위 사이를 가리켜 '변강(邊疆)'이라고 부른다. 바로 이 변강이 곧 원래 중국 주변에 분포해 있었던 이적의 공간이었다. 따라서 중화인민공화국과 중국 사이에 개재한 변강에서 이적의 역사공동체들을 분석해 내는 일이 곧 전통시대 동아시아의 역사를 되살리는 일이 된다. 중국의 변강에 존재한 그 수많은 이적의 역사공동체들 가운데서 특히 중국의 동북 변강, 즉 요동에 존재한 이적의 역사공동체들을 석출함으로써, 동북아시아의 역사를 일부나마 복원할 수 있을 것이다.

'요동(遼東)'이란 관동(關東), 즉 산해관(山海關) 이동의 권역을 가리키는 특수한 역사적 명칭이다. '요동'은 원래는 '요원(遼遠)한 동쪽'을 가리키는 말로 사용되었으나, '요하(遼河)'라는 강 이름이 사용된 뒤부터는 '요하(遼河)의 동쪽'이란 의미를 담는 말로 사용되기도 했다. 협의의 '요동'은 요동성(遼東城) 혹은 요동군(遼東郡), 요동도사(遼東都司)를 가리켰으며, 광의의 '요동'은 관동의 전역을 포괄하기도 했다. 광의의 '요동'을 대체하는 말로서 '만주(滿洲)' 혹은 '동북(東北)' 등이 사용되기도 했지만, '만주'는 청 초에 형성된 새로운 역사공동체를 가리키는 신조어로 사용되다가 일제(日帝)에 의해 만주국(滿洲國)이 건립된 뒤부터는 중국과 구별되는 특수한 지역임을 강조하려는 일제의 정치적 의도에 의해 지역 명칭으로 사용되기 시작했다. '요동'의 또 다른 대체어인 '동북(東北)'은 일제의 정치적 의도에 대항하여 '중국의 일부'(즉 중국의 동북 지방)임을 강조하기 위해 역시 의도적으로 현대에 사용된 명칭이다. 이에 반해 '요동'은 이미 전국 시대부터 중국 문헌에 등장하여 전통시대 내내 빈번하게 사용된 역사적 용어였다. '요동'이란 말은 '만주'와 '동북'에 비해 현대 한국인에게 익숙하지 않고 시대적 상황과 사용자의 의식에 따라 그 공간적 범주가 신축·변화하여 일정하지 않지만, 현대에 정치적 의도로 유포된 용어가 아니고 오래전부터 자연스럽게 사용된 역사적 용어이기 때문에 관동 지역을 가리키는 명칭으로 더 적합하다.

　요동은 '산해(山海)' 즉 대흥안령(大興安嶺)과 발해(渤海)에 의해 중국이나 막북 초원지대와 자연적으로 격절했고, 그 안은 서부의 대흥안령 산맥과 그 기슭, 중부의 요하(遼河) 유역의 대평원, 동부의 송화강(松花江), 흑룡강(黑龍江) 수계와 산림지대 등 세 개의 특수한 자연환경으로 나뉘어져 있는데, 세 지역에서는 각기 다른 별개의 역사공동체들이 발생하여 발전했다. 요동의 역사공동체들은 대체로 세 계열로 정리할 수 있다. 한 계열은 요동 서부 대흥안령 기슭의 동호계(東胡系)로 동호와 오환(烏桓, 烏丸), 선비(鮮卑) 등으로 10세기 이후의 거란(契丹)과 해(奚), 실위(室韋), 몽골 등과 연결된다. 또 다른 계열은 요동 중부 요하 유역과 요동반도의 예맥계(濊貊系)로, 맥(貊)과 예(濊), 예맥

(濊貊) 등인데, 10세기 이후에는 주위의 다른 역사공동체들에 융합되었다. 제 삼의 계열은 요동 동부 산림지대의 숙신계(肅愼系)로 상고 시대의 숙신과 한 대의 읍루(挹婁), 위진남북조 시대의 물길(勿吉), 수·당 시대의 말갈(靺鞨) 등인데, 10세기 이후의 여진(女眞), 만주(滿洲) 등과 연결된다.

요동의 이들 세 계열의 역사공동체는 지리적 환경도 각각 독특했을 뿐만 아니라 그 문화적 특성도 다르게 발전했다. 한 예로 요동 중부의 예맥계는 중국과 구별되는 독자적 언어권을 형성하고 있었을 뿐만 아니라, 요동식(遼東式)[요녕식(遼寧式)] 비파형청동단검(琵琶型靑銅短劍)과 고인돌[지석묘(支石墓)], 맥궁(貊弓), 맥적(貊炙), 맥복(貊服), 맥도(貊道) 등 독특한 문화적 자취를 남겼다. 요동 동부의 숙신계 여러 역사공동체들도 호시(楛矢)와 지하주택, 청석문화 (靑石文化) 등 독특한 문화 양식을 공유했고, 요동 서부의 동호계는 수목장(樹木葬)과 약탈혼(掠奪婚), 봉제(蓬蔟)와 모직 가옥, 변발(辮髮)과 반발(盤髮) 등 독특한 문화 전통을 계승했다.

맥인에게 맥궁, 맥적, 맥복, 맥도 등과 같은 고유한 문화가 있었음은 중국의 여러 문헌에서 산견되고 있거니와, "예악(禮樂)이 없으면 짐승이고 그것과 다르면 맥이다"[『양자법언(揚子法言)』 문도편(問道篇)]라는 말이 있었듯이 중국의 문화와 다른 맥 문화가 따로 존재했다. 이른바 요동식 비파형청동단검과 요동식 고인돌의 분포 지역이 맥인의 주거 지역과 일치함은 이들 표지문물이 맥인의 고유한 문화였음을 고고학적으로 입증한다 하겠다. 요동식 비파형청동단검이란 칼몸과 칼자루, 칼자루 머리장식 등 세 부분이 따로 주조되어 조립된 독특한 비파 모양 청동단검의 원형으로 대부분 요동에서 발견되기 때문에 '요동식'이라 부를 수 있다. 요동식 고인돌(지석묘)도 탁자형으로 된 고인돌의 원형으로 대부분 요동 방면에서 발견되기 때문에 요동식 고인돌이라 할 수 있다. 또한 이 지역은 독자적인 언어권을 이루고 있었으니, 양웅(揚雄)의 『방언(方言)』에서는 "연(燕)의 외비(外鄙) 혹은 북비(北鄙), 혹은 연의 동북과 조선(朝鮮), 열수(列水)의 사이", 즉 북경(北京)의 동북 외곽에서 대동강까지의 지역이 하나의 언어권으로 설정되어 있어, 적어도 전한 후기까지 요동이 중국과는 다른 독자적인 문화권을 이루고 있었음을 알 수 있다. 이처럼 맥인의 거주 지역은 독자적 문화권이기도 하고 고조선이 통치한 영역이기도 해서 맥이라는 독립된 역사공동체가 오랫동안 존속했다.

요동의 중심부에 맥과 예, 혹은 예맥 역사공동체가 존속하고 있었다면, 요동의 서부, 즉 대흥안령 기슭에서는 동호계의 역사공동체들이 존속하고 있었다. 『삼국지』 오환선비동이전(烏丸鮮卑東夷傳)의 주(注)에 인용된 『위서(魏書)』에 의하면, 그들은 동호의 별종인 오환과 선비의 독특한 문화를 가지고 있었다. 오환인은 말타고 활쏘기를 잘하며, 물과 풀을 따라 방목하여 거처가 일정하지 않고 궁려(穹廬)를 집으로 삼았으며, 매일 새와 짐승을 잡아 그 고기를 먹고 젖을 마시며 털로 옷을 만들어 입는다. 젊은이를 귀하게 여기고 늙은이를 천하게 생각하며, 부계보다는 모계를 더 중시한다. 용감하고 강건하며, 다툼과 소송을 잘 판단하여 처리할 수 있는 이를 추대하여 대인(大人)으로 삼는데, 각 읍락에는 작은 우두머리가 있지만 대를 이어 그 지위를 계승하지는 않는다. 수백 혹은 수천의 읍락이 모여서 하나의 부(部)를 이룬다. 대인이 사람을 부를 일이 있으면 나무에 새겨서 그것을 신호로 삼아 읍락이 서로 전하게 하는데, 비록 문자가 없어도 부의 무리 가운데 이를 감히 어기는 자가 없다. 성씨는 일정하지 않아 대인 가운데 뛰어난 이의 이름으로 성을 삼는다. 대인 이하 각자가 스스로 목축하여 생업을 유지하되 다른 이를 사역하지는 않는다. 결혼은 먼저 정을 통한 다음에 여자를 데리고 가서 반년이나 백 일이 지난 뒤, 중매인을 보내 말과 소, 양 등으로 빙례(聘禮)를 갖춘다. 사위가 처가를 위해 2년간 종노릇을 해 주면 처가는 두텁게 대접하여 딸을 보내 주는데, 거처와 재물을 모두 처가에서 내놓는다. 이로 인해 남자는 언제나 부인의 계책을 따른다. 머리 깎는 것을 가볍고 편하게 여긴다. 부녀자는 시집가기 전까지는 머리를 길러 나누어 틀어 올리고 구결(句決)을 얹고 금과 벽옥으로 장식하니, 마치 중국의 관보요(冠步搖)와 같다. 아비와 형이 죽으면 계모를 처로 삼고 형수를 데리고 산다. 뻐꾸기의 울음소리를 듣고 밭 갈고 씨 뿌릴 때를 점쳤다. 그 땅에서는 푸른색 기장과 동장(東牆)이 잘 자란다. 쌀은 언제나 중국에서 수입한다. 대인은 활과 화살, 안장, 굴레를 만들고 금이나 철을 단련하여 병기를 제조할 수 있으며, 가죽에 문양을 새겨 넣고 짐승의 털로 모직물을 짤 줄도 안다. 전쟁 중에 죽는 것을 귀하게 여기고 시신을 염하고 관을 사용하는데, 사람이 죽으면 먼저 곡을 하고 장례 때에는 노래를 부르고 춤을 추면서 사자를 보낸다. 개를 순장해서 사자의 혼백을 안내하게 한다. 귀신을 공경하여 하늘과 땅, 해와 달, 별과 산천, 앞서간 대인 가운데 뛰어난 이름을 남긴 이들에게 소와 양으로 제사를 드린다. 그 약법(約法)으로, 대인의 말을 어기면 죽임을 당하고 남의 물건을 훔치면 죽음에 그치지 않는다. 남을 해치고 죽이면 부락이 스스로 보복하게 하고 죄가 있는 자는 소와 양을 내놓아서 죽음의 명을 속(贖)하면 된다. 아비와 형을 죽이는 것은 죄가 되지 않는다. 선비도 동호의 유민으로 언어와 습속이 오환과 같았다. 이러한 기록은 대부분 고고학적 유물을 통해 입증되고 있어 동호계 사회에 높은 수준의 독자적 문화권이 형성되어 있었음을 확인할 수 있다.

한편 예맥의 동쪽에 위치한 숙신계 역사공동체 역시 매우 독특한 문화와 역사적 경험을 가지고 있었다. 『삼국지』 읍루전(挹婁傳)에 의하면 이 계통의 사람들은 부여 사람과 흡사하지만, 언어는 부여나 고구려와 같지 않았다. 그곳에서는 오곡과 소, 말, 삼베가 산출되었다. 대군장은 없고 읍락마다 각

각 대인이 있었다. 그곳 사람들은 항상 산림 속에서 살며 혈거(穴居) 생활을
했다. 땅속 깊은 곳에 집이 있어 계단이 많을수록 좋은 집이라고 여겼다. 기
후가 부여보다도 더 추웠기 때문에 돼지고기를 좋아하여 그 고기를 먹고 가
죽은 옷을 만들어 입는데, 겨울에는 돼지기름을 몸에 두텁게 발라서 바람과
추위를 막았다. 그러나 여름에는 알몸에 작은 천 조각을 앞뒤로 둘러 몸을
가렸다. 이들은 집 한가운데에 변소를 만들고 그 주위에 빙 둘러 모여 살았
기 때문에 관찰자에게 불결하게 보였다. 4자 길이의 활을 사용했는데, 위력
이 쇠뇌와 같았다. 화살대로는 호(楛) 나무를 사용했는데, 길이가 한 자 여덟
치나 되고 청석으로 화살촉을 만들었다. 활을 잘 쏘아서 어김없이 명중시켰
다. 화살에 독약을 발라, 사람이 맞으면 모두 죽었다. 적옥(赤玉)과 좋은 담비
가죽이 생산되는데, 특히 읍루 담비는 중국인에게 널리 알려졌다. 배를 타
고 다니면서 노략질을 잘했고, 음식을 먹을 때 조두(俎豆)를 사용하지 않는
등 그 법도나 풍속이 동이 가운데서 가장 기강이 없는 것으로 관찰되었다.
『삼국지』의 찬자는 읍루가 숙신의 나라이기 때문에 호시(楛矢)를 사용했다
고 기술했다. 숙신은 오래전부터 호시를 중국에 조공한 나라로 기록되었다.
『삼국지』 읍루전의 이러한 기록은 이후 역대 중국 정사의 숙신전과 물길전,
말갈전, 여진전, 만주전 등에 반복해서 기재되는데, 이는 곧 이러한 나라들
이 모두 동일한 역사공동체에 속하는 것으로 믿어졌기 때문이다.

　이들 요동의 역사공동체는 중국 문화와 구별되는 독특한 문화적 자취를
남겼을 뿐만 아니라, 정치적으로도 중국인들과는 다른 역사적 경험을 공유
했다. 동호계의 선비(鮮卑)는 오호십육국(五胡十六國) 가운데 여러 연국(燕國)
과 북위(北魏), 북제(北齊), 북주(北周) 등을 건립한 바 있었고, 예맥계의 맥인
(貊人)은 조선과 고구려를 세우고 예인(濊人)은 부여를 세웠으며, 숙신계의 속
말말갈인(粟末靺鞨人)은 예맥계와 융합하여 발해국(渤海國) 건립의 주체가 되

었다. 특히 10세기 이후에 동호계의 거란이 요(遼)를, 몽골이 원(元)을 각각 세우고 숙신계의 여진이 금(金)을, 만주가 청(淸)을 각각 세웠음을 함께 고려한다면, 요동의 세 계통 역사공동체들이 얼마나 독특한 역사적 경험을 공유했는지 확인하기는 어렵지 않다.

전통시대 동아시아 세계의 중심 역할은 중국에 의해서 독점되지는 않았다. 고대의 동아시아 세계는 장성(長城) 이남의 농경사회와 장성 이북의 유목사회가 이원화되어 있었고 당·송(唐·宋) 교체기, 즉 10세기 이후에는 요동이 중국과 길항하는 대항 세력으로 성장하여 마침내 중국을 대신하여 동아시아 세계의 중심 역할을 수행했다. 요동의 거란, 여진, 몽골, 만주 등이 차례로 통합 국가를 건립하여 중국을 지배하고 주변의 다른 역사공동체들을 내속시키거나 책봉–조공 관계 등을 통해 통제했다. 그러나 요동은 현재 중화인민공화국에 내포되어 있음으로 인해 그 역사공동체적 정체성을 상실했고, 따라서 전통시대 동아시아 세계사의 중요한 부분들이 장막 속에 감추어지게 되었다. 그 대표적인 경우가 요동사와 한중관계사에 대한 몰이해다.

중국 역사상의 당·송 교체기는 여러 '획기적' 시기 가운데 하나로서, 이 시기에 중국에서는 국가와 사회의 가장 기본적 체제가 바뀌어 삼성제(三省制)와 균전제(均田制), 조용조세제(租庸調稅制), 부병제(府兵制) 등 고대의 국가 기본 체제가 육부제(六部制)와 지주전호제(地主佃戶制), 양세법(兩稅法), 모병제(募兵制)로 전환되었다. 우선 정치 제도상에서 삼성 체제가 무너지고 황제가 행정부를 직접 장악하는 방향으로 전환되었다. 한대부터 발전하기 시작하여 당대에 완성된 삼성 체제는 중서성(中書省)에서 황제의 명령을 문서화하고 문하성(門下省)에서 이를 검토하여 봉박(封駁), 즉 비토 여부를 결정한 다음, 상서성(尙書省)에서 시행하는 행정 체제를 말하는데, 당·송 교체기를 경유하면서 황제의 권력을 제약할 수 있는 문하성이 먼저 철폐되고 중서성의 기능은 내각(內閣)의 대학사(大學士)로 이양되어 육부(六部) 상서(尙書)가 직접 황제의 명령을 받게 되었다. 명문세족(名門世族)이 관료 기구에 진입하게 하는 향거리선(鄕擧里選)과 구품중정제(九品中正制) 대신 개인의 능력을 공개적으로 시험하는 과거제(科擧制)가 관료 기구 형성의 제도적 장치로 활용됨에 따라 사대부(士大夫), 즉 과거 관료층이 정치와 사회를 주도하게 되었다. 황제의 명령을 견제하는 장치의 하나인 간쟁(諫爭) 기관들도 당대까지는 문하성에 소속되어 있었지만, 송대 이후에는 감찰 기관들과 함께 '대간(臺諫)'이라 불리면서 함께 신료 권력을 견제하는 역할로 전환되었다. 이러한 통치 조직상의 변화는 근본적으로 위진남북조 시대와 수·당 시대에 발달한 '귀족적' 권력이 당·송 교체기 이후에는 약화된 데 반해, 황제 권력은 상대적으로 강화되어 절대화하는 방향으로 발전하게 되었음을 의미한다.

중국은 농업사회이기 때문에 중국의 국가와 사회의 가장 기본적 체제는 토지와 농민의 관계를 어떻게 제도적으로 규정하는가 하는 것이었다. 이 문제와 관련한 고대 중국인의 이상은 균전(均田)과 수전(授田)[급전(給田)]이었으니, 국가가 농민에게 농지를 지급하여 모든 농민이 균등하게 생산수단인 농지를 사용할 수 있게 하는 것이다. 이로 인해 일찍부터 『시경(詩經)』과 『맹자(孟子)』, 『한서(漢書)』 등의 고문헌에는 8가(家)의 농민에게 100무(畝)씩의 사전(私田)을 나누어 주고 100무의 땅은 공전(公田)이라 하여 8가가 함께 경작해서 공용의 용도에 사용하게 했다는 이른바 '정전(井田)'의 이상이 기재되었다. 그 이후로 고대 중국인들은 지속적으로 정전을 꿈꾸면서, 토지 소유를 제한하는 한전제(限田制), 전선의 병사들에게 일정한 토지를 분급해 주고 자급자족하게 하는 둔전제(屯田制), 토지 경작을 의무화하는 과전제(課田制) 등을 시험하다가 오호십육국의 혼란과 무질서의 시기를 지나 북위에 의해 중원이 재통일되면서 마침내 균전(均田)의 꿈을 이루게 되었다. 일정한 액수의 토지를 국가가 정남(丁男) 등에게 지급하는 균전제의 실현은 오랜 기간의 전란으로 수많은 경작지가 무주공산의 황무지로 변하고 선비의 군사력에 의존하여 통일 국가가 재건되는 특수한 조건하에서, 그리고 일정하고 제한된 범위 안에서 이루어졌지만, 오랜 '고대의 꿈'이 중국에서 실현되었다는 점에서 대단히 중요한 역사적 의미를 가진다고 할 수 있다.

국가가 정남에게 일정한 토지를 지급하는 대가로서 정남에게 일정한 세금과 병역을 착취할 수 있었기에, 균전제의 시행은 국가를 유지시키는 가장 기본 체제라 할 수 있는 세제와 병제에 심대한 영향을 미쳤다. 국가는 동일한 액수의 토지를 지급했기 때문에 원칙상 그 반대급부인 세금도 동일한 액수로 요구할 수 있었으니, 토지를 지급받은 정남이 소득세인 조(租)와 노동역인 용(庸), 인구세인 조(調)를 동일한 액수로 내는 이른바 조용조 세제가 확립되었다. 마찬가지로 농지를 지급받은 정남은 일정한 기간 병사로 복무하게 되는데, 북위 시대에는 이를 가리켜 부병제라고 불렀다. 물론 북위의 부병제는 일상생활과 군사 활동이 구별되지 않는 선비인의 전통에서 비롯된 측면도 적지 않지만, 점차 시간이 지나 중국의 제도로 정착하면서 농민과 병사가 일치되는 이른바 병농 일치의 국민개병 체제로 발전하게 되었다. 이들 조용조 세제와 병농 일치의 국민개병 체제 역시 균전제와 마찬가지로 고대 중국인의 오랜 이상이 실현된 것이니, 이들 세 가지 제도가 완비됨으로써 중국에서 고대가 완성되었다고 말할 수 있다.

그러나 북위 이후 동위(東魏)와 서위(西魏), 북제와 북주, 수와 당 등 여러 왕조의 국가와 사회 기본 체제로서의 역할을 수행한 균전제와 조용조, 부병제는 당대 중기에 이르러서는 점차 와해되었다. 그것은 제한된 면적의 농지를 점증하는 인구에 분급해 줘야 하는 균전제의 본질적 모순이 점차 노정되었기 때문이지만, 가장 근본적 원인은 당대 중기에서 오대십국(五代十國) 시대의 기간에 중국 사회가 중요한 변곡점에 이르렀기 때문이다. 국가는 농민들에게 법률에 규정된 액수의 농지를 지급하지 못하게 되고, 농지의 지급과 환수를 효율적으로 집행할 수 있는 관료 기구의 능률성도 현저히 떨어져 있었다. 농지를 제대로 지급하지 못했기 때문에 당연히 그 반대급부인 조세와 요역(徭役) 및 병역의 수취도 적절하게 진행하기 어렵게 되었다. 이로 인해 당대 중기를 전환점으로 하여 이들 3종의 국가 기본 체제가 전혀 다른 성격의 것으로 전환되었다. 균전법은 지주전호제로 바뀌고 조용조 세제는 양세법으로, 부병제는 모병제로 각각 전환되었다. 지금까지는 농지를 매개로 하여 국가와 농민이 직접 지배와 피지배 관계를 맺고 있었지만, 이제는 국가와 농민의 관계를 매개해 줄 농지의 존재가 의미 없게 되었기 때문에 국가는 농지를 소유하지 않는 농민에 대해서는 아무런 관심을 가지지 않게 되었다. 농지를 소유하는 지주만 조세와 병역 등을 매개로 하여 국가와 지배-피지배 관계를 맺고, 농지를 소유하지 않은 농민은 국가가 아니라 지주를 상대로 하여 유의미한 관계를 맺는다. 즉 농지를 보유하지 않은 농민은 지주에게 지조(地租)를 내고 농지를 빌려서 경작할 뿐, 국가에는 조세를 납부할 이유가 없다. 이로 인해 세제도 자연스럽게 바뀌었다. 양세법이란 두 가지의 세를 내는 제도란 뜻이 아니라, 봄과 가을에 수확하는 농작물에 대해 소득세를 각각 봄과 가을에 징수하는 제도라는 뜻이니, 양세법의 기본 정신은 조용조와 같은 다양한 세목을 줄여서 한 종류로 통일했다는 데 있다. 병역도 생산수단이 없는 농민에게는 수취할 수 없으니, 자연스럽게 국가가 돈을 주고 병역을 사게 되었다. 병사는 돈을 받고 복역하기 때문에 자식에게 물려줄 농지가 없다. 따라서 병사의 아들도 전문적 병사가 되기 마련이다. 이로 인해 모병제의 결과는 자연히 병호제(兵戶制), 즉 병역 신분제로 이어지게 된다. 명대의 위소제(衛所制)는 대표적인 병호제라 할 수 있다.

국가가 농민을 직접 파악하지 않게 되니, 굳이 인구를 정확하게 파악해야 할 필요도 없게 된다. 중국은 고대부터 인구조사에 온갖 성의를 기울여 『한서(漢書)』이래 역대 정사(正史)의 군국지(郡國志)에는 인구조사의 결과가 상세하게 기재되었다. 이러한 인구조사의 가장 큰 목적은 징세의 대상을 정확하게 파악하려는 데 있었다. 따라서 농민은 도호(逃戶), 즉 징세를 피하기 위해 인구조사에서 도피하려 했고, 국가는 어떻게 해서든 도호를 막기 위해 괄호(括戶) 즉 호구를 찾아서 단속하려 했다. 그러나 당·송 교체기 이후에는 국가가 굳이 모든 인구를 다 파악해야 할 필요가 없었기 때문에 굳이 '도호'해야 할 필요도 없어 갑자기 인구가 폭발적으로 증가했다. 한·당(漢·唐) 시대에는 4, 5천만에 불과하던 인구가 명·청 시대에는 억대로 뛰어오른 원인으로는 자연적 인구 증가도 작용했지만 이러한 제도적 변화가 초래한 측면도 강하게 작용했다.

국가 체제의 본질적 변환은 농민의 인신적 구속력을 약화시키고 사회적 지위를 제고하는 데 일조했다. 물론 농민의 사회적 지위가 높아진 데는 상업 생산이 활발해져서 잉여 부의 창출이 가능해졌다는 경제적 요인도 작용했다. 그 결과 농민 반란이 빈발하고 서민 문화가 발생했으며, 이러한 사회적 변화에 대응하여 새로운 이념 체계인 성리학(性理學)이 등장했다. 한 말에 일어난 황건(黃巾) 농민 반란과 같은 고대의 농민 반란은 농민이 토지에서 유리되어 유민화(流民化)하고 유민이 유적화(流賊化)하여 생존을 위한 투쟁의 성격이 강했지만, 당·송 교체기 이후의 농민 반란은 지주전호제의 모순을 해결하려는 사회 운동, 즉 지조를 적게 내려는 항조(抗租) 운동의 성격이 강하여 횟수도 빈발하고 규모도 광범하게 진행되었다. 이렇게 고조된 농민의 계급적 역량은 체제에 의해 강렬하게 파악되어, 체제 이념의 수정이 불가피하게 되었다. 주자학(朱子學)과 같은 성리학은 이러한 역사적 배경 아래에서 태동했다. 남송(南宋)의 주희(朱熹)는 기질(氣質)의 성(性)이 가지는 편향을 바로잡아 기질의 성과 본연의 성이 완전한 조화를 이룰 수 있도록 내성(內省)과 독서에 전념하면 누구나 성현이 될 수 있다고 주장함으로써, 농민들이 새롭게 보여 주는 사회적 역량에 대해 일정 부분 배려했다. 주자의 이론은 사대부의 농민 지배를 합리화함과 동시에 농민에게 사대부 계급을 개방하는 역할도 수행했다. 명 중기에 농민 반란을 진압하면서 농민의 역량을 직접 경험한 왕양명(王陽明)은 인간은 태어날 때부터 누구나 양지(良知)를 갖추어 그 자체로서 완전 평등하다고 주장함으로써, 농민 에너지의 폭발을 성리학에 반영했다. 성리학의 이 같은 좌경화는 명 말에 더욱 심화되어, 모든 인간이 가지고 태어나는 동심(童心)으로써 『육경(六經)』 등 기존의 권위를 부정하는 이지(李贄)의 극좌적 성리학까지 출현하게 되었다. 이처럼 시대의 발전에 따라 체제교학으로서의 성리학이 좌경화하는 경향을 보였음은 곧 그만큼 농민의 사회적 지위와 역량이 크게 제고되었음을 의미한다.

획기적 변화는 중국에만 국한되지 않고 중국 주변의 다른 역사공동체에서도 동반했다. 이 시기에 한국에서는 천년왕국 신라가 고려에 의해 대체되고 신분제 사회가 관료제 사회로 전환되기 시작했다. 베트남은 천년의 '북속시기(北屬時期)', 즉 중국 국가의 지배 시기를 끝내고 자주적 독립 왕국 시대의 문을 열었다. 티베트에서는 토번 왕국이 와해하고 정교일치(政敎一致)의 독특한 국가 체제가 건립되었다. 이와 멀지 않은 시기에 일본에서도 고대 왕국이 무너지고 막번(幕藩) 체제가 출현했다. 당·송 교체기까지 고대가 지속된다는 시대구분론을 주장하는 일본의 도쿄학파에서는 이를 두고 '동아시아에서의 고대의 종말'이란 표현을 사용한다. 중국만 고대가 끝난 것이 아니라 동아시아 전체가 다 이 시기에 이르러 고대의 종말을 맞게 되었다는 뜻이다.

그러나 '고대의 종말'은 중국이나 한국, 베트남, 티베트, 일본에서만 볼 수 있는 현상은 아니었다. 그 어느 곳보다도 더 심각하고 본질적인 변화는 장성(長城) 이북에서 일어났다. 고대 동아시아 세계의 기본 구조는 장성 이남의 농경사회와 장성 이북의 유목사회가 대립·길항하는 역학적 관계로서 설명될 수 있다. 이때 양대 세력이 대립·길항하는 기본 축은 중국의 정치·군사적 중심인 관중(關中)과 유목사회의 중심인 막북(漠北)을 잇는 선이었으며, 이 선의 가운데는 황하 이남 장성 북쪽의 하남(河南) 즉 오르도스였으니, 농경과 유목이 모두 가능한 오르도스는 전국 시대 이래로 두 세력의 우열을 가르는 전략적 요충이었다. 그러나 10세기, 즉 당·송 교체기 이후 장성 이북의 유목사회와 장성 이남의 농경사회가 대립하는 기본 축은 동쪽으로 크게 이동했다. 10세기 이후 중국의 중심은 관중에서 산동(山東)으로 이동하고 장성 이북의 중심은 요동(遼東)으로 이동함으로써, 그 대립 축의 가운데에 놓인 연운십육주(燕雲十六州)[현 북경(北京) 일원]가 새로운 쟁탈의 전략적 요충이 되었다. 이후 요동을 통일적으로 지배하는 세력은 언제나 연운십육주를 탈취하여 중국 진출의 발판으로 삼고, 중국의 일부 혹은 전부를 통합하여 지배함으로써 일련의 통합 국가들을 연속으로 건립했다.

요동의 거란인(契丹人)은 발해를 병합하여 요동을 통일한 뒤, 곧 연운십육주를 탈취함으로써 요동과 중국 일부를 함께 아울러 지배하는 통합 국가 요(遼)를 건립·운영했다. 그 뒤를 이어 역시 요동의 여진인(女眞人)이 요를 멸망시키고 요동을 통일한 뒤, 연운십육주를 발판으로 하여 중국으로 진출, 회수(淮水) 이북의 중원을 점유함으로써, 역시 요동과 중국을 통합하여 지배하는 통합 국가 금(金)을 경영했다. 다시 그 뒤를 이어, 요동 서북부에서 발흥한 몽골인(蒙古人)이 요동 전역을 석권하고 중국으로 들어가서 강남을 포함한 중국 전역을 아우르고, 통합 국가 원(元)을 세워 요동과 중국뿐만 아니라 막북과 티베트까지 통합 지배했다. 그 뒤 잠시 중국 세력이 명(明)이라는 '반동적' 국가를 세워 중국을 지배하기도 했지만, 곧 다시 요동을 석권하고 청(淸)을 세운 만주인(滿洲人)이 연운십육주를 통해 중국으로 들어가서 중국 전역과 요동을 통합 지배했다. 10세기 이후 요동 세력이 연운십육주를 통해 중국으로 들어가서 요동과 중국을 통합 지배하는 과정이 1천여 년에 걸쳐 발전적으로 반복된 것이다.

거란인이 세운 요와 여진인이 건립한 금, 몽골인의 원, 만주인의 청 등은 모두 중국을 지배한 국가이기는 했지만, 그 이전에 중국을 지배한 국가들, 예컨대 진(秦)이나 한(漢), 진(晉), 수(隋), 당(唐) 등과는 근본적으로 국가적 성격이 다르다. 진, 한, 진(晉), 수, 당 등이 중국인에 의해 건립되고 중국에서 발흥하여 중국을 지배한 국가였다면, 요, 금, 원, 청 등은 요동인에 의해 건립되고 요동에서 발흥하여 요동과 중국을 아울러 지배한 국가였다. 후자는 전자와 달리 국가 주권이 비중국계 역사공동체의 가문에 귀속되어 있었을 뿐만 아니라 요동인이 중국인을 지배하는 다원적 지배 구조를 갖추고 있었다. 또한 후자는 전자와 다른 국명의 제작 원리를 가지고 있었고, 요동과 중국을 따로 지배할 이원적 국가 체제를 갖추고 있었으며, 전자와 다른 세계질서의 운영 원리를 보유하고 있었다. 따라서 진, 한, 진, 수, 당 등의 국가들과 요, 금, 원, 청 등의 국가들을 일률적으로 동일한 '중국 국가'로서 단일한 역사 체계 안에 수납하는 중국 학계의 입장과는 달리, 두 계열의 국가들을 '중국에서 발흥하여 중국을 지배한 국가'와 '요동에서 발흥하여 요동과 중국을 통합·지배한 국가'로 각각 분리하여 별개의 두 역사 체계로 이해하는 것이 더 합리적이다. 중국 학계에서는 요, 금, 원, 청도 진, 한, 진, 수, 당 등과 마찬가지로 단순히 '개조환대(改朝換代)'한 것에 지나지 않다고 하지만, 여러 측면에서 양 계열 국가들의 차이를 발견할 수 있다.

무엇보다 양자의 국명 제작의 원리가 전혀 다르다. 진, 한, 수, 당 등 순수한 중국 국가들은 모두 건국 지역의 명칭에서 국명을 땄지만, 요, 금, 원, 청 등 요동에 기원을 둔 국가들은 좋은 뜻을 취하여 작명했다. 명은 순수한 중국 국가이지만, 요, 금, 원의 다음에 건국되어 그 작명 원리의 영향을 받지 않을 수 없었다. 무엇보다 가장 큰 차이점은 순수한 중국 국가들은 일원적 지배 체제를 가지고 있었지만, 통합 국가인 요, 금, 원, 청 등은 다원적 지배 체제를 가지고 있었다는 것이다. 요와 금은 상경(上京)과 중경(中京), 동경(東京), 서경(西京), 남경(南京) 등 다섯 개의 도읍을 동시에 가지는 오경(五京) 체제라는 독특한 통치 체제를 유지했다. 요와 금의 5경 체제는 아마도 그 이전에 요동을 점유하고 있었던 발해라는 통합 국가의 5경 체제 전통을 이어받은 것으로 보인다. 발해가 부여와 고구려의 고지를 점유했을 뿐만 아니라 숙신계와 동호계 및 한계(韓系)의 영토까지 부분적으로 통합 지배했기 때문에 복수의 정치적 거점 확보가 필요했듯이, 거란과 여진도 중국뿐만 아니라 요동과 장성 이북의 여러 역사공동체를 통합하여 요와 금을 건국했기 때문에 복수의 경도(京都)가 필요했을 것이다. 특히 요는 남면관(南面官)과 북면관(北面官)을 따로 두어 중국과 요동을 각각 다른 체제로 통치하기도 했다. 몽원(蒙元)과 만청(滿淸)은 5경 체제 대신에 다른 독자적 지배 체제를 활용하여 통합 국가로서의 특성을 반영했다. 몽골인이 세운 원은 국인(國人) 즉 몽골인을 색목인(色目人) 즉 서역인과 한인(漢人) 즉 중국인, 남인(南人) 즉 '만자(蠻子)' 등과 제도적으로 엄격하게 구별하여 몽골 제국에 귀순한 순서대로 차등화하여 통치했다. 만주인이 세운 청은 중국의 바깥에 성경(盛京) 장군, 길림(吉林) 장군, 흑룡강 장군, 수원(綏遠) 장군, 이리(伊犁) 장군 등 여러 장군(將軍)과 열하(熱河) 도통(都統), 찰합이(察哈爾) 도통, 귀화성(歸化城) 도통, 오로목제(烏魯木齊) 도통 등 여러 도통(都統), 참찬(參贊) 대신, 판사(辦事) 대신, 협판(協辦) 대신, 영대(領隊) 대신 등 여러 대신(大臣)들을 설치하여 비중국계 역사공동체들을 통합 통치했다.

요, 금, 원, 청 등은 요동의 역사공동체와 중국이라는 또 다른 역사공동체를 통합하여 지배한 국가였기 때문에, 이들 통합 국가들이 1천여 년 가까이 장기간 연속적으로 출현함으로써 요동의 역사공동체 정체성이 희석되어 약화하는 데 적극적으로 작용했다. 그러나 이들 통합 국가들이 출현하기 전, 즉 10세기 당·송 교체기 이전에는 요동의 역사공동체는 중국과 분명하게 구별되는 독립된 역사공동체의 정체성을 지니고 존속했다. 원래 산해관 이동(以東)의 요동에는 관서(關西)의 중국과는 별개의 역사공동체들이 오래전부터 존속해 왔다. 특히 요동의 예맥계 역사공동체는 중국과는 엄격하게 분리되어 있었지만, 한국과는 정치·사회·문화적으로 긴밀하게 연결되어 있었다. 예맥계 역사공동체들이 산생한 조선과 고구려, 발해 등 국가들은 요동에서 출현하여 연(燕)과 진(秦), 한(漢), 위(魏), 수, 당 등 중국의 국가들과 날카롭게 길항하며 발전했지만, 한편으로 한국으로 진출하여 한국의 일부를 통합 지배했기 때문에 요동 국가임과 동시에 한국의 국가로서 현재의 한국을 형성하는 데 정치적으로 적극 기여했다. 사회적으로도 예맥계 역사공동체의 인적 성분들이 상당 부분 한국의 인구와 융합하여 현재 한국인을 형성하는 데 기여했고, 문화적으로도 예맥계 역사공동체에 의해 창출된 독특한 문화 양식들, 예컨대 청동단검과 고인돌, 언어, 온돌 등이 한국으로 유입되어 오늘날 한국 문화를 형성하는 데 기여했다. 따라서 예맥계 역사공동체가 요동에 존속하면서 요동의 정치·사회·문화적 중심 역할을 수행했던 시기의 한중관계는 동호계나 숙신계 역사공동체들이 요동의 중심을 점거했던 시기의 한중관계와는 구별하여 살펴보아야만 한다.

요동에는 세 계통의 역사공동체가 존속했지만, 이들 세 계통의 역사공동체가 서로 융합해서 하나의 새로운 역사공동체를 창출했다는 것이 요동 역사의 중요한 특징 가운데 하나라 할 수 있다. 동호와 오환, 선비, 거란, 몽골 등은 모두 각각 다른 시대에 출현한 동호계 역사공동체의 다양한 이름이지만, 이들 역사공동체들이 직선적으로 연결되는 '동일한 실체의 시대별 이칭(異稱)'이라 할 수는 없다. 즉 오환과 선비는 동호계의 역사공동체였음은 분명하지만, 동호가 다른 역사공동체와 융합함으로써 오환과 선비라는 새로운 역사공동체로 생성되었다고 보는 것이 정확하다. 마찬가지로 숙신과 읍루, 물길, 말갈, 여진, 만주 등은 모두 각각 다른 시대에 출현한 숙신계 역사공동체의 다양한 이름이었지만, 이 역시 '동일한 실체의 시대별 이칭'이 아니라 다른 계통의 역사공동체들과 융합하여 제3의 새로운 역사공동체로 재생성된 역사공동체의 이름들이었으니, 말갈이 동호계 및 예맥계와 융합하여 여진이라는 새로운 역사공동체로 태어났고 여진이 다시 다른 역사공동체와 융합하여 만주라는 새로운 역사공동체로 태어났다고 할 수 있다. 따라서 요동에는 세 계통의 역사공동체가 존속했지만, 이들이 서로 융합하여 새로운 제3의 역사공동체로 다시 생성되는 과정이 반복되었기 때문에, 요동에는 상황에 따라 하나 혹은 둘, 셋 이상의 역사공동체가 존속한 것으로 이해할 수도 있다. 요동은 역사공동체의 거대한 용광로였다.

요동에는 중국이나 한국과 구별되는 별개의 역사공동체가 하나 혹은 복수로 존재하고 있었지만, 한국이나 중국의 입장에서 본다면 그것은 한국과 중국을 연결하는 매체로 존재하기도 하고 한국사와 중국사를 연계하는 환절(換節)로 작용하기도 했다. 요동은 한국이 동아시아 세계의 중심과 연결되는 통로였던 것이다. 흔히 한중관계사는 한국과 중국이 직접 접촉하여 관계한 역사로 이해되어 왔지만, 한국과 중국의 사이에는 언제나 요동이 존재하고 있었음을 망각할 수 없다. 한국과 중국의 사이에 개재한 요동의 존재로,

한중관계사는 언제나 요동이라는 변수로 인해 굴절했다. 따라서 한중관계사에 적절하게 접근하기 위해서는 요동에서 일어난 역사적 변화를 간취하는 일이 우선되어야 한다.

중국 사신의 조선 기행문이 최근에 중국에서 발굴, 출간되었는데,『사조선록(使朝鮮錄)』이라 명명된 이 기행문집에는 송(宋)과 명, 청 등 3대의 중국 사신 12명이 기록한 기행문 18종이 포함되어 있다. 이 가운데서 북송(北宋)의 서긍(徐兢)과 명 말의 강왈광(姜曰廣), 청 말의 마건충(馬建忠) 등 3명은 해로를 통해 조선을 다녀갔고 예겸(倪謙) 등 나머지 9명은 모두 요동을 경유하여 육로를 통해 조선을 내왕했다. 서긍과 강왈광이 해로를 이용한 까닭은 당시 요동이 여진과 만주에 의해 장악되어 있었기 때문이고, 마건충이 해로로 조선에 내왕한 이유는 당시 청이 신식 윤선을 보유하고 있었기 때문이다. 따라서 근현대 이전에는 요동이 적대적 요동 세력에 의해 장악되어 있으면 한국과 중국은 해로를 통해 직접 접촉·내왕했고, 중국과 요동이 통합된 상황에서는 요동이 한중관계의 통로로 활용되었음을 알 수 있다. 이처럼 요동의 상황은 언제나 한중관계를 결정하는 변수로 작용했다. 한 예로 명 말에 황태자 탄생을 조선에 알리기 위해 파견된 강왈광은 요동의 만주를 피해 산동(山東)에서 묘도(廟島) 열도와 해변을 끼고 조선에 다녀갔는데, 이때 그가 수행한 실질적 사명은 피도(皮島) 동강진(東江鎭)에 웅거하고 있던 모문룡(毛文龍)을 어루만지고 요동에서 조선으로 피난한 중국인을 수습하며 명의 국익을 위해 조선과 후금(後金)의 관계를 통제하는 것이었다. 이 과정을 정교하게 기술한 강왈광의『유헌기사(輶軒紀事)』에는 명이 지배하는 중국과 조선의 한국, 후금의 요동 등 3자의 미묘한 역학적 관계가 실감나게 묘사되어 있다.

이처럼 한중관계사는 언제나 요동이 변수로 개재해 있었다. 고조선이 요동을 지배하던 시기에는 한중 간에 정치적·제도적 관계가 성립되지 못했다. 『사기』 조선열전에 의하면, "진번(眞番) 옆의 중국(衆國)이 상서(上書)해서 천자를 입현(入見)하려 해도 (조선이) 가로막아서 통하지 못했다"고 하는데, 진번 옆의 '여러 나라' 가운데에는 옥저(沃沮)나 임둔(臨屯) 외에 삼한(三韓)의 한국도 포함되어 있었던 것으로 보인다. 고구려와 발해가 요동을 지배하던 시기의 백제와 신라는 언제나 해로를 통해 중국의 국가들과 교통했다. 거란과 여진이 요동을 장악한 시기에는 한국과 중국의 국가들 사이에서 전통적인 책봉-조공 관계가 중단된 반면, 한국의 고려는 요동과 중국의 통합 국가인 요, 금과 책봉-조공 관계를 새로 맺게 되었다. 몽골이 요동과 중국을 지배하던 시기에는 중국과 한국, 요동 등 3자의 지위가 모두 바뀌고 3자의 관계 역시 변질되었다. 10세기 이전에 중국 국가가 요동을 지배하고 있을 때의 한중관계는 전형적인 책봉-조공 관계였으나, 10세기 이후 요동 국가가 중국을 지배하고 있을 때의 한중관계는 변질된 책봉-조공 관계였다. 중국 국가인 명이 요동을 지배하던 시기에는 전통적 책봉-조공 관계가 일시 회복되었지만, 만청이 요동과 중국을 지배하던 시기에는 책봉-조공 관계가 다시 변질되었다. 원래 중국의 국가가 다른 나라와 책봉과 조공을 교환하는 관계를 맺을 때는 '기미부절이이(羈縻不絶而已)'의 정신, 즉 '기미지의(羈縻之義)'에 따라 강제성을 띠지 않고 호혜적이어서, 사실상 책봉은 현상을 승인하는 절차에 지나지 않고 조공은 차라리 권리의 일종이었다. 그러나 요나 금과 같은 요동 국가가 다른 나라와 책봉-조공 관계를 맺을 때는 강제적이고 일방적이어서, 책봉은 현상을 변경하는 수단이 될 수도 있었고 조공은 약탈의 의미로 변질되었다. 이처럼 요동을 어떠한 성격의 국가가 지배하느냐에 따라 요동을 매개로 한 한중관계는 변화했다.

전통시대에 동아시아 세계에서 책봉-조공 체제는 문화 교류의 거의 유일한 도관이었다. 따라서 요동을 통해 한중 양국이 책봉-조공 관계를 유지할 때는 활발하고 광범위한 문화 교류도 동반했지만, 요동의 장벽으로 인해 책봉-조공 관계가 단절되었을 때는 한중 양국의 문화 교류 역시 폐색되었다. 한 예로, 고조선이 요동을 점거하고 중국의 국가 한(漢)과 길항하고 있었을 때는 중국과 한국의 문화 교류가 거의 불가능했다. 그러나 한이 조선을 멸망시키고 요동을 점거하여 중국과 한국이 직접 접촉하게 되자, 곧 양국은 한자 등의 문화를 활발하게 교류했다. 고구려와 발해가 요동을 점거했을 때는 한중 양국이 바다를 통해 책봉-조공 관계를 유지하면서 문화 교류를 지속했다. 거란과 여진, 몽골, 만주 등이 요동을 점거했을 때도 한중 양국은 바다를 통해서만 책봉-조공 관계를 유지하며 문화를 교류할 수 있었으나, 거란과 여진, 몽골, 만주 등이 요동과 중국을 함께 지배하며 요, 금, 원, 청 등 통합 국가를 건립한 뒤에는 요동이 다시 한중 문화 교류의 통로로 기능했다. 요동이 처한 상황이 언제나 한중 문화 교류의 변수로 작용한 것이다.

한국과 중국의 사이에 요동이 개재함으로 인해 한중 양국의 책봉-조공 관계가 변화했듯이, 양자의 비제도적 관계, 예컨대 전쟁 관계 역시 변화했다. 흔히 한국은 전통시대에 수없이 빈번하게 중국의 침공을 받은 것으로 이해되어 왔다. 그러나 엄격이 말한다면, 역사상 한중 간에는 전쟁 관계가 전무했고 오직 요동과 한국의 사이에서만 전쟁 관계가 존재했다. 한국에 대한 중국의 첫 침공으로 간주되어 온 한 무제(武帝)의 고조선 침공은 요동에 대한 침공에 그쳤을 뿐, 한국에 대한 침공에 이르지는 못했다. 수 양제(煬帝)와 당 태종의 고구려 침공 역시 '정요(征遼)'로 간주되었고, 당의 백제 침공은 고구려 침공을 위한 수단과 과정에 지나지 않았다. 발해가 당을 선제공격한 적은 있었지만, 이 역시 한국이 중국을 침공한 것으로 이해하기는 어렵다. 거란과 여진, 몽골, 만주 등이 빈번하게 한국을 침공했음은 널리 알려진 사실이지만, 이는 모두 요동 세력이 한국을 침략한 것이지 중국이 한국을 침략한 것은 아니었다. 이는 중국과 한국 사이에 요동이 개재되어 있었음을 확인함으로써, 한중관계사에 대한 기왕의 이해가 어떻게 조정되어야 할 것인지를 보여 주는 대표적 사례가 될 것이다.

중국과 한국 사이에 개재한 요동의 존재는 한중관계사뿐만 아니라 한중 양국의 역사 체계까지 재편하도록 요구한다. 지금까지 중국의 역사학계를 중심으로 세계의 중국사학계는 중국사 체계를 일원적으로 이해해 왔다. 즉 10세기 이전의 상(商), 주(周), 진(秦), 한(漢), 수(隋), 당(唐) 등 중국을 지배한 국가들과 10세기 이후에 중국을 지배한 송(宋), 요(遼), 금(金), 원(元), 명(明), 청(淸) 등의 국가들을 모두 동질적인 한 계통의 국가들로 이해해 온 것이다. 그러나 진, 한, 수, 당, 송, 명 등 중국에서 발생하여 중국을 통치하기 위해 중국인에 의해 건립·운영된 순수한 '중국' 국가들과 요, 금, 원, 청 등 요동에서 발생하여 요동과 중국을 함께 아울러 통치하기 위해 요동인에 의해 건립·운영된 통합 국가들을 동질적인 국가로 이해할 수는 없고, 이들 국가의 역사를 동일한 역사 체계 안에 포함하여 서술할 수는 없는 일이다. 마찬가지로 지금까지 한국의 역사학계에서는 고조선의 역사를 한국사의 서장으로 설정하고 그 뒤를 이어 삼한(三韓)의 역사를 서술하고 있지만, 요동에 중심을 두고 강력한 고대 국가 체계를 갖추고 있었던 조선의 역사를 한국에서 7, 80여 개의 성읍 국가로 구성된 삼한의 역사가 계승한다는 역사 체계는 성읍 국가 단계에서 영토 국가 단계로 발전하는 세계사의 보편적 과정에 비추어 보아 합리적으로 설명하기가 쉽지 않다. 한중 양국의 어색한 역사 체계는 모두 한국과 중국 사이에 개재한 요동의 존재를 배제함으로써 발생했다.

덧붙여 이야기하자면, 시진핑(習近平) 주석이 서울대 강연에서 임진왜란을 거론하며 중한 양국의 역사적 우호 관계를 상기한 데 대해 "왜 병자호란은 언급하지 않는가"라는 비판이 있었다는 보도를 보고, 반은 동의하고 반은 동의하지 못했다. 왜냐하면 병자호란을 일으킨 주체는 중국인이 아니라 요동의 여진인이었기 때문이고, 그럼에도 불구하고 현대 중국인들이 스스로 여진인을 중국인이라 하고 여진의 역사를 중국사라고 규정하고 있기 때문에 시진핑을 비롯한 현대 중국인은 여진인의 병자호란도 중국사의 일부로 포함할 수밖에 없다. 시진핑을 비판한 사람은 역사적 사실에 대해 착오를 저질렀고, 시진핑을 비롯한 현대의 중국인은 역사적 해석에서 오류를 범했다고 할 수 있다.

3. 동아시아 '세계사'상의 한국

전통시대에 동아시아 '세계'를 구성하고 있었던 다수의 역사공동체들 가운데서 중국 외에 한국과 베트남, 일본, 몽골 등 4개의 역사공동체만 현재 독립된 국가를 독자적으로 운영하고 있다. '중국'과 '중화인민공화국' 사이 '변강(邊疆)'에 병존했던 그 수많은 역사공동체들이 중국의 일부로 편입되어 역사의 무대 뒤로 사라졌는데, 이들 네 역사공동체들만 생존하게 된 까닭은 무엇일까? 특히 한국이 그 숱한 역사적 굴곡을 겪으면서도 장구한 기간 동안 독립된 국가를 영위할 수 있었던 힘은 어디에서 찾을 수 있을까? 이는 한국사 연구자를 비롯하여 동아시아사 연구자라면 누구나 던질 수 있는 근본적 질문의 하나라 할 수 있다. 이러한 질문은 곧 동아시아 역사상에서 한국이 점한 위상에 대한 이해를 유도할 수도 있다.

중국을 제외한 네 나라 가운데서 일본이 그 역사공동체의 정체성을 유지할 수 있었던 가장 큰 까닭이 대륙과 격절된 지리적 위치에서 발견될 수 있음은 몽원의 두 차례 일본 원정 과정에서도 확인할 수 있다. 몽골은 그 일부,

즉 이른바 외몽골만으로 몽골공화국이라는 독립 국가를 건립하여 운영하고 있으나, 가장 중요한 내몽골이 중국으로 병합되어 내몽골자치구로 편입되어 있다. 중국과의 역사적 관계와 동아시아 세계에서의 위상 등의 면에서 한국과 가장 비슷한 나라는 베트남이었기 때문에 베트남과의 비교사적 이해를 통해 동아시아 역사상의 한국의 위상과 한국의 역사공동체적 정체성의 보전이라는 문제에 가장 유효하게 접근할 수 있을 것이다.

한국과 베트남은 매우 근사한 역사를 가지고 있다. 아마도 세계에서 한국의 역사와 가장 비슷한 역사를 말하라고 한다면 베트남의 역사를 들 수 있을 것이다. 한국인이 역사의 서장에 고조선을 설정하듯이, 베트남인은 그 역사의 첫 장으로 남월(南越)을 기억해 왔다. 고조선이 한국과 중국의 사이, 즉 요동에 위치했듯이, 남월도 베트남과 중국의 사이, 즉 강남과 영남에 위치해 있었다. 그럼에도 불구하고 근세의 한국인들은 조선이란 국명을 기억하여 다시 사용했고, 베트남인들도 남월이란 국명 사용을 만청이 반대하자 그 글자의 순서를 바꾸어 '월남(越南)'이란 국명을 사용하게 되었다. 양국은 독특한 역사의식에서 공통점을 보인 것이다. 특히 고조선의 위만 조선(衛滿 朝鮮)과 남월은 건국 시기와 멸망 시기, 중국과의 관계, 국가적 성장과 발전 과정, 국가의 구조적 특성 등에서 매우 흡사했다. 양국은 중국 한(漢)의 건국과 거의 동시에 중국인 유이민(流移民) 집단에 의해 건국하여, 한과 '외신(外臣)'의 조약을 맺고 관시(關市)를 통해 철기를 공급받아 강력한 영토 국가로 발전했으며, 무제(武帝) 시기에 한군(漢軍)의 침공을 받아 멸망하고 그 나라의 영토는 모두 한의 군현(郡縣)으로 편입되었다. 조선의 고지에 설치된 군현은 4백여 년간 존속했고, 남월의 고지에 설치된 군현은 1천여 년간 유지되었다. 이후 한국은 신라와 백제, 고구려 등 삼국에 의해 분할 통치되다가 신라에 의해 통일되었고, 고려와 조선 등 통일 국가에 의해 계승되었다.

독립 이후 한국과 베트남이 중국과 맺은 전통적 관계 역시 근사했다. 정부령(丁部領)의 독립 이후 베트남인이 건립한 이씨(李氏) 왕조와 진씨(陳氏), 여씨(黎氏), 완씨(阮氏) 등 역대 왕조는 모두 중국을 지배한 송, 원, 명, 청 등 역대 왕조와 종번(宗藩) 관계를 맺고 책봉과 조공의 예를 교환했다. 칭제(稱帝)와 건원(建元)[연호(年號) 사용] 등의 면에서 베트남이 한국에 비해 보다 자주적인 태도를 취했으나, 기본적으로 베트남은 한국과 마찬가지로 중국의 국가와 책봉-조공 관계를 지속했다. 그뿐만 아니라 한국과 베트남은 책봉-조공 체제라는 도관을 통해 국가 체제와 사회질서, 유교문화와 불교신앙, 한문학 등 동아시아의 보편적 문화를 고도한 수준으로 공유했다. 이로 인해 베트남[안남(安南)]은 『대명회전(大明會典)』이나 『명사(明史)』 등의 전적을 통해 한국과 동등한 '외국(外國)'의 국제적 지위를 인정받았다.

한국과 베트남이 전통시대 동아시아 세계에서 점유한 위상과 수행한 역할 등을 비교사적으로 고려해 보면, 양국이 현재까지 오랜 기간 동안 독립된 국가 체제를 유지할 수 있었던 1차적 원인은 두 역사공동체가 시종일관 선택한 중국과의 책봉-조공 관계에서 찾을 수 있다. 종번 관계란 국제 사회의 중심과 주변, 즉 종주국(宗主國)과 번속국(藩屬國)이 책봉(册封)과 조공(朝貢)의 예(禮)를 서로 교환하여 상대의 국제적 위상을 인정 혹은 승인함으로써 국제 사회를 함께 구성·유지하는 관계를 말한다. 이 관계를 통해 양자 모두 집단 방위 체제에 참여하여 국가 안보의 실익을 얻을 수 있을 뿐만 아니라, 국내의 정치적 지위를 보장받을 수 있고 공물(貢物)과 회사품(回賜品)의 교환으로 사실상 국제 무역의 효과를 거둘 수도 있었으며, 물자의 교역에 편승하여 양측의 문화를 교류할 수 있는 부수적 이익도 얻을 수 있었다. 특히 번속국의 입장에서는 종주국의 명분을 상대에게 제공하는 대가로 집단적 안보의 방벽 장치와 국내의 정치적 안정, 필요한 물자의 수입, 고급한 문화의 수용 등 상당히 매력적인 실익을 확보할 수 있었다. 한대(漢代) 이후 중국인은 '중국 중심의 세계질서'를 추구했고, 이를 실현하기 위해 필요한 실력과 명분이 적절하게 균형을 이룰 수 있었던 체제가 바로 책봉-조공 체제였으며, 책봉-조공 체제를 통해 '중국 중심의 세계질서'에 참여하는 중국의 주변 국가들은 집단 안보와 정치적 안정, 고급 물자와 문화의 수입 등 다양한 실익을 얻을 수 있었으니, 한국은 베트남과 함께 중국에 종주국의 명분을 제공하는 대가로 이러한 실익을 확보함으로써 오랫동안 역사공동체의 정체성과 독립 국가의 운영을 보장받은 대표적인 나라의 하나였다.

책봉-조공 관계는 비강제적이고 호혜적인 관계였다. '중국(中國)'은 책봉의 예를 통해 '사국(四國)'의 참여를 기대했고, '사국'은 조공의 예를 통해 '중국'의 지위를 승인했다. 따라서 양자의 관계는 강제된 것이 아니라 선택된 것이다. 한국이 책봉-조공 체제를 선택한 것이 한국이라는 역사공동체를 장기간 생존하게 한 1차적 원인의 하나가 된 까닭은 책봉-조공 체제가 '기미지의(羈縻之義)'에 의해 작동된 체제였기 때문이다. '기미지의'란 흉노가 한(漢)에 '칭신입조(稱臣入朝)'하려 했을 때, 소망지(蕭望之)가 말한 '기미부절이이(羈縻不絶而已)'의 정신을 의미한다. 반고는 『한서(漢書)』 흉노전(匈奴傳)에서 '기미부절이이'의 구체적 방법으로 '사곡재피(使曲在彼)'(잘못이 저쪽에 있게 함)를 제시했다. 이후 중국인들은 중국이 이적(夷狄)에 대응하는 최선의 방법은 '기미부절이이'라고 생각하게 되었고, '기미지의'를 가장 유효하게 실현할 수 있는 방법이 책봉-조공 체제라고 확신하게 되었다. 이로 인해 당대(唐代)에는 이적의 지역에 '기미부주(羈縻府州)'를 설치하여 '고속(故俗)'에 의한 '자치(自治)'를 허용하기도 했으며, 명·청 시대에는 조선과 베트남을 전형적인 '기미'의 대상으로 간주하여, 군사적 침공과 군현적 지배를 포기하고 전형적인 종번 관계, 즉 책봉-조공 관계를 건립했다.

종번 관계란 책봉과 조공을 서로 교환하는 예적(禮的) 관계다. 청 말·조선 말에 열강이 청과 조선의 관계에 대해 질의했을 때, 청의 총리각국사무아문(總理各國事務衙門)은 "조선은 청의 번속국이지만 청과 조선은 책봉과 조공의 예를 교환할 뿐, 청은 조선의 내정과 외교에 간여하지 않는다"는 취지의 답을 내놓았다. 명의 사신이 조선에 와서 수행한 가장 중요한 사명은 영조례(迎詔禮) 등을 강화하여 명과 조선의 예적 관계를 통제하는 것이었다. 명은 군사적 개입이나 군현적 지배보다는 예적 규정을 조절함으로써 조선과의 관계를 강화하려 했다. 마찬가지로 조선의 입장에서는 명의 예적 관계를 적절하게 조절함으로써 국익을 확보하고 내정과 외교의 자주성을 지킬 수 있었다.

한국이 선택한 책봉-조공 관계의 또 다른 특징은 그것이 이른바 사대자소(事大字小) 관계를 동반한다는 것이다. 사대자소 관계는 원래 책봉-조공 관계와 그 역사적 출현 배경과 조건 및 기능이 일치하지 않았다. 책봉-조공 관계가 상·주(商·周) 성읍 국가 시대에 중심 성읍 국가 즉 '중국'과 주변 성읍 국가 즉 '사국'이 단일한 국제 사회를 형성하고 통일된 국제질서를 창출하기 위해 맺은 국제 관계로 출발했지만, 사대자소 관계는 약육강식의 춘추전국 시대에 약소한 국가가 사대(事大)하고 강대한 국가가 자소(字小)함으로써 동반하여 생존하기 위해 맺은 국제적 관행에서 출현했다. 그러나 진·한 시대 이후 전 중국이 하나의 국가에 의해 통일적으로 지배됨에 따라 책봉-조공 체제가 중국 국가와 이적 국가의 외교 체제로 확대되고, 사대자소 관계 역시 책봉과 조공을 교환하는 중국 국가와 이적 국가 사이의 외교 관계로 확장되었다. 이로 인해 책봉의 주체인 중국의 국가는 조공의 주체인 이적의 국가를 자소하고 이적의 국가는 중국의 국가를 사대함으로써, 양종의 이질적 외교 체제가 동일한 외교 체제의 양면적 성격을 취하게 되었다. 그 대표적 사례로서 전형적인 책봉-조공 관계를 유지한 명과 조선이 서로 자소하고 사대하여 임진왜란 때 명이 '항왜원조(抗倭援朝)'했음을 볼 수 있으니, 책봉-조공 체제에 참여한 한국의 선택이 한국의 존속과 독립 국가의 유지에 어떻게 기여했는가를 엿볼 수 있다.

이처럼 한국은 베트남과 마찬가지로 중국과 종번 관계를 맺고 책봉과 조공의 예를 교환함으로써, 국가 안보와 정치적 안정, 경제적 교역, 문화적 교류 등의 국익을 확보하여 역사공동체의 정체성을 보전할 수 있었다. 만약 이들이 중국과의 종번 관계를 거부하고 독자적 국제 사회를 구축하여 중국 중심의 국제질서에 도전했다면 어떻게 되었을까? 그 대표적 사례를 고구려와 신라의 상반된 선택에서 발견할 수 있다. 신라는 중국의 수·당과 종번 관계를 맺고 책봉과 조공의 예를 충실하게 교환함으로써 국가를 존속시킬 수 있었을 뿐만 아니라 '일통삼한(一統三韓)'의 주체가 된 반면, 고구려는 수·당과의 종번 관계를 거부하고 요동 방면의 국제 사회에서 중심 역할을 자처하며 수·당이 주도한 국제질서를 위협함으로써 수차례의 대규모 침공을 불러들여 마침내 국가가 패망하기에 이르렀다. 베트남의 역사에서도 중국 국가와 종번 관계를 거부하거나 책봉-조공 관계를 훼손시켰을 때는 중국 국가의 '징벌(懲罰)'적 침공을 초래했지만, 종번 관계를 수용하고 책봉-조공 관계를 복원했을 때는 안보와 정치·경제·문화상의 실익을 만족스럽게 확보하였음을 볼 수 있으니, 1979년의 중월(中越) 전쟁조차 '징벌'적 차원에 이루어졌음은 역사의 여진이라 하겠다.

한국이 독립된 나라로 생존할 수 있었던 직접적 원인은 정치적으로 책봉-조공 체제를 적극 활용한 데서 찾을 수 있겠지만, 이에 못지않게 문화적으로 동아시아 문화를 적극 수용·소화하는 역량을 갖추고 있었던 것도 한국이 장기간 존속할 수 있었던 중요한 원인의 하나였던 것으로 이해된다.

강력한 군사적 물리력을 갖추고 중국을 위협했던 장성 이북의 유목민 사회와 요동의 역사공동체들이 한결같이 중국의 변강으로 편입되어 그 정체성을 상실했던 데 반해, 동아시아 세계에서 문화 지향적인 성향과 문화적 소화력을 가장 수준 높게 갖춘 한국과 베트남이 가장 오랫동안 역사공동체적 정체성과 국가적 독립성을 유지했음은 역사로부터 배울 수 있는 또 하나의 중요한 교훈이다.

한국인의 문화적 성향은 기자(箕子) 숭앙의식에서 잘 나타난다. 기자는 중국인을 비롯한 동아시아인에게는 문화적 영웅이었다. 그러한 기자가 동래(東來)하여 조선(朝鮮)의 왕이 되었다는 전설은 한국인이 기자에 의해 교화되어 '이적(夷狄)'을 벗어나 '중국(中國)'으로 승화되었다는 자의식을 갖게 했다. 한국인의 '동방예의지국(東方禮義之國)'이란 자존의식은 바로 기자 숭앙의식에서 비롯되었다. 조선인들은 중국의 사신이 올 때마다 평양의 기자 사당으로 안내하여 조고(弔古)하게 함으로써, 양국의 역사적 고리를 보여 주고 자국의 문화적 자존감을 과시했다. 한국인의 지독한 문화적 성향은 스스로 선택한 '1년(年)4사(使)' 혹은 '1년4공(貢)' 체제를 통해서도 확인된다. 명은 조선과 베트남에 '3년1사'를 제의했지만, 조선은 유독 '1년3사'[하정사(賀正使)+성절사(聖節使)+천추절사(千秋節使)]를 고집했고, 그것도 부족해서 '1년4사'[+동지사(冬至使)]를 강행했다. 그 까닭 가운데 가장 큰 것은 중국 물자와 문화에 대한 왕성한 욕구 때문이었다. 책봉과 교환된 조공은 한국인에게는 의무라기보다 차라리 하나의 권리였다. 한국인의 왕성한 문화 욕구는 유리창서사(琉璃廠書肆)에서 통상적으로 사절단에 의해 이뤄진 엄청난 서적 수입의 관행에서도 여실히 폭로되었다.

한국인의 왕성한 문화적 욕구는 단순한 경향성에 그치지 않고 높은 수준의 문화적 소화력과 창조력으로 승화되었다. 그 예로, 한국인은 인쇄술을 수용하여 금속활자 체제로 업그레이드함으로써 세계 인쇄문화 창달에 크게 기여했다. 또한 한국인은 불교문화를 수용·소화하여 원효(元曉)와 김교각(金喬覺) 등 세계적 고승을 배출하고 중국의 역경(譯經) 사업에 대거 참여하며 대장경(大藏經)을 출간함으로써 동아시아의 대승불교 발전에 큰 몫을 담당했다. 도자기 문화를 수입·개발하여 '천하제일품(天下第一品)' 고려청자(高麗靑瓷)를 빚어내고 한의학(漢醫學)을 소화하여 『동의보감(東醫寶鑑)』과 같은 세계적 의학서로 되돌려 주었다. 한국에서 만들어져 중국 등지로 수출된 붓(筆), 먹(墨), 종이(紙), 벼루(硯) 등 문방사우(文房四友)와 접선(摺扇, 접는 부채) 등은 세계 최고 수준의 문화용품으로 중국 사대부들에게 애용되기도 했다. 한국인이 책봉-조공 체제라는 도관을 이용해서 중국 문화를 수입·소화하여 보다 높은 차원의 단계로 업그레이드해 다시 수출함으로써, 동아시아 문화의 내용을 풍부하게 하고 수준을 제고하여 동아시아인의 문화생활을 윤택하게 하는 데 적극 기여한 사례는 일일이 다 거론하기 어려울 정도였다.

이러한 한국인의 문화 지향성과 수준 높은 문화적 소화력, 창조력 등은 마침내 한국인이 스스로 '중화(中華)' 혹은 '중국'이라는 자의식을 갖게 하기에 이르렀다. 원래 '중국'의 개념에는 종족적·정치적 의미보다는 문화적 의미가 강하게 내포되어 있었으니, 중국인이 공유한 역사적 경험 가운데서도 가장 중요한 의미를 갖는 경험이 곧 '예의(禮義)'로 표현되는 독특한 문화의 창출과 향유였기 때문이다. '화이(華夷)'의 분별의식은 곧 역사공동체의 구별의식임과 동시에 문화적 차별의식이기도 했다. 따라서 한국인이 스스로 문화적 '성현(聖賢)'인 기자의 후손으로 기자의 교화(敎化)에 의해 '예의'를 배워서 '이적'에서 벗어나 '중화'의 일부가 되었다는 자의식을 갖게 된 것은 자연스러운 일이었다. 한국인의 문화적 자의식은 '중국' 못지않은 문화의 나라라는 '소중화' 의식에 머무르지 않고, 스스로 '중국'을 자처하기에 이르기도 했다. 중국이 일개 이적에 불과한 만주인(滿洲人)에게 정복되었기 때문에 한국은 세계에서 '예의'가 있는 유일한 곳으로 남게 되었다고 자처할 수 있었기 때문이다.

한국인의 강렬한 문화적 자의식은 한중 외교 관계상에서도 여실히 표현되었다. 명 영종(英宗)이 포로가 된 토목보(土木堡)의 변을 겪고 경태제(景泰帝, 경제)가 조선에 파견한 사신 예겸(倪謙)은 당대 최고의 문학지사(文學之士)로 '외이(外夷)'를 문화적으로 압도하기 위해 특별히 선발되었고, 실제로 예겸은 조선에 내한하여 여악(女樂)을 물리치고 국왕과 세자의 교영지례(郊迎之禮)를 고집하여 한국인을 문화적으로 압박했다. 그러나 조선도 당대 일류의 문학지사인 정인지(鄭麟趾), 신숙주(申叔舟), 성삼문(成三問) 등을 접반사(接伴使)로 내세워 한국인의 문화적 역량을 한껏 과시했다. 이러한 한중 양국의 문화적 힘겨루기는 적어도 나당(羅唐) 시대부터 확인되고 있으니, 당 현종(玄宗)은 문학지사로 명성이 뛰어난 인물을 사신으로 특선하고 "신라는 군자지국(君子之國)이라 불리고 서기(書記)에 대해 아는 바가 많아 중화(中華)와 비슷하니, 경의 학술로써 더불어 잘 강론(講論)할 수 있을 것이기 때문에 사자로 선발하여 임무를 맡긴다. 그곳에 도착하면 경전(經典)을 명백하게 드러내 보여 대국(大國)의 유교(儒教)가 성함을 알리라"[『구당서(舊唐書)』신라전(新羅傳)]고 당부한 바 있었다.

예겸 이후 명조는 한중 양국에 중요한 외교적 현안이 있을 때마다 당대 일류의 한림학사(翰林學士) 출신의 문학지사를 정사(正使)로 선발하여 조선에 파견했는데, 이들 문학지사 명사들은 언제나 영조례(迎詔禮)를 시비하여 조선을 예적(禮的)으로 제압하고 접반사들과 한시(漢詩)를 창화(唱和)하여 한문학의 우위를 과시하려 했다. 그러나 조선은 논리적 예론(禮論)을 치열하게 개진하여 명사의 압박에 당당하게 맞섰을 뿐만 아니라, 일류 문학지사 출신의 접반사를 내세워서 명사의 선창(先唱)에 화답하게 했다. 예겸이 정인지 등과 창화하면서 한국인의 한문학 역량을 높게 평가하며 찬탄했듯이, 그 이후에 내한한 문학지사 출신 명사들은 모두 한국 접반사들의 높은 한문학 역량에 탄복하지 않을 수 없었다. 이들 명사와 접반사들이 교환한 수천 편의 창화 시들을 모두 수록한 『황화집(皇華集)』은 한국 외교관들의 높은 문학적 역량과 한중 양국의 독특한 창화외교(倡和外交)를 과시하는 기념비적 유산이라 할 수 있다.

'창화외교'란 시를 창화하며 이뤄진 외교임과 동시에, 시를 창화하듯 한 외교이기도 했다. 창화는 위진남북조 시대 이래로 외교 양식의 하나로 흔히 차용되었으니, 조명(朝明) 시대의 한국뿐만 아니라 베트남과 류큐(琉球) 등 한자문화권의 나라들이 대부분 이 독특한 외교체제에 참여했다. 특히 조선과 베트남의 사신들은 명에 입조하는 기회에 함께 회동하여 시를 창화하면서 자국의 문화적 역량을 뽐내기도 했다. 전통시대의 한국인과 베트남인에게는 어느 나라의 고유한 문화인가가 중요한 것이 아니라 얼마나 고급한 문화인가가 중요한 문제였다. 그러나 현대의 한국에는 창화할 수 있는 문화적 역량을 가진 정치인이나 외교관이 보이지 않고 오직 어느 나라의 문화인가를 따지는 민족주의적 정서만 차고 넘친다.

중국과의 책봉-조공 체제에 적극 참여하고 강렬한 문화 지향성으로 왕성한 문화적 소화력과 창조력을 과시한 것은 한국이 동아시아 세계에서 살아남을 수 있었던 유효한 선택이었다. 그러나 한국이 생존할 수 있었던 것은 한국인의 주관적 선택뿐만 아니라 타자의 선택이라는 객관적 조건도 중요한 요소로 작용했다. 중국이 한국을 침공하고 군현으로 내속시키는 것은 한국인의 선택과 관계없이 한국의 전략적 가치에 대한 중국인의 평가와 선택이 결정적 작용을 한 경우가 적지 않았다. 그 한 예로 한(漢) 무제(武帝)가 위만 조선을 침공해서 멸망시키고 그 고지에 4군을 설치했을 때, 한반도 중남부의 삼한 지역은 4군 강역에 포함되지 않았다. 한군이 삼한까지 침공해서 군현화하지 않은 가장 중요한 이유는 삼한에 군현을 설치해야 할 필요성, 즉 전략적 가치를 확인할 수 없었기 때문이다. 비슷한 시기에 한의 군대는 서남이(西南夷)를 침공해서 6군을 설치하는데, 그 까닭은 서남이가 서역 개척과 남월 경략을 위한 전진 기지로서 갖는 전략적 가치가 적극적으로 평가되었기 때문이다. 거란과 여진, 몽골, 만주 등이 한국을 차례로 침략했지만 끝내 멸망에 이르게 하지 않은 까닭은 이들의 한국 침략 목적이 중국 진입을 위한 '후고지환(後顧之患)' 제거에 국한되어 있었기 때문이다. 일부 한국인의 수차례 '입성(立省)' 청원과 책동에도 불구하고 몽원이 고려에 행성(行省)을 세우지 않은 까닭은 '입성'이 가져다줄 실익이 군사력의 소모와 재정적 부담이라는 대가에 비해 훨씬 적다고 평가되었기 때문이다.

마지막으로 한국과 티베트의 관계를 통해 한국의 역사적 위상에 대해 한 번 더 생각해 보기로 한다. 티베트와 한국의 사이에는 거대한 중국이 개재해 있어 양국이 서로 접촉하여 관계를 맺는 것은 거의 불가능한 일이었다. 그러나 티베트의 역사는 중국의 역사를 환절로 하여 한국의 역사와 매우 밀접한 유기적 관계를 맺고 있었다. 그 한 예로 티베트의 토번(吐蕃)과 중국의 당은 토욕혼(吐谷渾)을 다투기 위해 대비천(大非川) 전쟁을 치렀는데, 이때 당이 평양의 안동도호부 군사력을 모두 동원했음에도 불구하고 대패했기 때문에 안동도호부는 요양(遼陽)으로 옮겨질 수밖에 없었다. 한편, 1949년에 중국의 인민해방군이 티베트의 창도(昌都)를 침공하고 「17조 협약」을 강제했을 때, 영국과 미국은 이 문제를 유엔 총회에 상정하여 중국의 침공을 저지하려 했지만, 공교롭게도 그때 한국에서 전쟁이 발발했기 때문에 영·미는 중국의 협조를 얻기 위해 티베트를 포기했다. 고대에는 티베트로 인해 한국이 안전을 회복했지만, 현대에는 한국으로 인해 티베트의 안전이 상실된 것이다. 이 사례를 통해 한국의 역사공동체적 정체성과 정치적 안정성이 한국의 전략적 가치에 대한 타자의 평가에 의해 결정된 경우가 적지 않았음을 확인할 수 있을 뿐만 아니라, 동아시아 세계 안에서 한국이 점하는 역사적 위상은 동아시아 세계 전체에 대한 통찰을 통해 확인할 수 있음을 이해할 수 있다.

제 2 부

—

동아시아 역사와 한국의 역사

현재의 나를 이해하기 위해서는 내가 소속된 한국이라는 역사공동체를 이해해야 하고, 현재의 한국을 이해하려면 현재의 한국이 존재하기까지 걸어온 역사적 과정을 이해해야 하며, 한국의 역사를 이해하려면 한국의 역사라는 내용을 담았던 세계의 역사라는 그릇을 이해해야 한다. 전통시대에 한국을 담고 있던 세계는 곧 동아시아 세계였으니, 현재의 나를 이해하기 위해서는 동아시아 세계의 역사를 이해해야 한다. 동아시아 세계의 역사 안에서 한국의 역사가 어떻게 형성되고 어떠한 관계 아래에서 발전하여 오늘에 이르게 되었는지 살펴보는 일이 곧, 내가 그 일부를 이루는 한국이라는 역사공동체가 오늘까지 오랫동안 독자적으로 생존해 올 수 있었던 이유를 설명해 주리라 기대한다. 물론 이 한 권의 책으로 동아시아 역사를 모두 검증할 수는 없지만, 동아시아 역사상의 중요한 대목만을 집중적으로 검색하면서, 그것이 한국의 역사 전개에 어떠한 의미를 갖는지, 한국의 역사를 이해하는 데 어떠한 도움을 받을 수 있는지 개략적으로나마 살펴볼 필요는 있을 것이다. 따라서 2부에서는 중국의 역사를 중심으로 동아시아 세계사가 전개되는 중요한 과정과 한국의 역사가 전개되는 과정을 서로 관련지어 살펴봄으로써, 동아시아 '세계사'상에서 한국의 역사가 점한 위상과 좌표를 확인하는 기회를 갖게 될 것이다.

1. 전설의 이해

전설(傳說)이란 일반적으로 현실을 전하기보다는 이상, 즉 유토피아를 전하는 경우가 많다. 유토피아는 현실에서 벗어나 가고 싶은 이상향, 즉 피안(彼岸)을 말하지만, 흔히 미래가 아닌 과거로 묘사된다. 마치 유토피아가 과거에 존재한 것인 양, 유토피아가 역사의 일부로 기억된다. 중국 전설과 신화에 나오는 모든 유토피아는 역사가 아니라 중국인의 이상이다.

흔히 역사를 선사(先史) 시대와 유사(有史) 시대, 혹은 사전(史前) 시대와 역사(歷史) 시대로 나눈다. 그러면 유사 시대, 즉 역사 시대와 그 이전 시대는 어떠한 기준으로 나누게 될까? 역사 시대란 역사를 확인할 수 있는 시대를 말하고, 선사 시대란 역사를 확인할 수 없는 시대를 말한다. 그러면 역사의 확인은 어떻게 이루어지나. 역사는 여러 가지 방법으로 입증될 수 있어야 확인된다. 역사를 입증할 수 있는 가장 유력한 방법은 당대인들에 의해 기록된 문자를 통해 확인하는 것이다. 예를 들어, 중국의 삼황오제(三皇五帝)의 전설이나 한국의 단군(檀君) 개천(開天) 전설은 그 사실이 있었다는 시기로부터 수천 년 떨어진 후대에 문자로 기록되었기 때문에 역사적 사실로 확인되지 못한다. 이에 반해 상대(商代) 후기에 관한 여러 문헌적 기록의 내용은 당대인들이 기록한 갑골문(甲骨文)의 발견에 의해 역사적 사실로 확인되었다. 이러한 기준으로 판단한다면, 중국의 역사 시대는 갑골문이 발견된 상대 중기 이후부터 시작된다고 할 수 있다. 지금까지 발견된 갑골문의 발전 양식으로 보아서는 이미 그보다 상당히 앞선 시대부터 한자(漢字)의 사용이 이뤄진 것으로 보이지만, 아직 상대 중기 이전의 갑골문은 발견되지 않았기 때문에 적어도 상대 중기 이전의 갑골문이 발견될 때까지는 상대 중기 이전은 선사 시대로 남을 수밖에 없다.

한대(漢代) 사마천(司馬遷)이 편찬한 통사(通史) 『사기(史記)』에는 오제(五帝) 전설과 하은주(夏殷周) 삼대(三代)에 관한 기록이 본기(本紀)의 형식으로 기재 되어 있는데, 이 가운데서 은대(殷代), 즉 상대(商代) 중기 이후의 기록은 갑골 문의 기재와 상당 부분 일치되어 그 역사적 사실이 확인되었지만, 은대 중기 이전의 기록은 아직 확인할 수 있는 갑골문이나 기타 금석문(金石文)이 발견 되지 않아 확인하기 어렵다. 다만 근래에 정주(鄭州) 이리두(二里頭) 유적 등 에서 하대(夏代)나 상대(商代) 전기의 것으로 편년(編年)되는 유물들이 다량 발 굴되어 하대에도 상당한 수준의 국가 체제가 존속하고 있었던 것으로 유추 된다. 그러나 이 유물이 하(夏) 국가의 것인지는 확인할 수 없으니, 그 까닭 은 아직 그것을 입증할 문자가 발견되지 않기 때문이다. 이처럼 사전 시대 에 대해서도 고고학적 방법으로 일정한 수준의 지식을 확보할 수 있지만, 문 헌사학(文獻史學)의 입장에서 본다면 고고학적 방법은 어디까지나 보완적 수 단에 지나지 않는다는 한계를 지닌다.

고고학적 방법으로만 접근할 수 있는 시대를 고고학적 시대라고 한다면, 동아시아의 고고학적 시대는 대체로 석기 시대와 청동기 시대에 해당하는 데, 이 가운데서도 특히 신석기(新石器) 시대와 청동기(靑銅器) 시대 전기를 주 목할 필요가 있다. 왜냐하면 바로 이 시기에 초기단계의 국가가 발생하여 발전했기 때문이다. 널리 알려진 바와 같이 동아시아의 신석기 문화로는 중 원의 용산(龍山) 문화와 앙소(仰韶) 문화가 있었지만, 근래에는 중원 외곽에서 대문구(大汶口) 문화, 청련강(青蓮崗) 문화, 마가요(馬家窯) 문화, 제가(齊家) 문 화, 홍산(紅山) 문화, 세석기(細石器) 문화 등 복수의 문화가 동시다발적으로 발생·전개되었음이 보고되었다. 이러한 보고는 중원의 문화가 먼저 발전하 고 그 뒤를 이어 주변의 다른 지역으로 전파되었다는 기존의 이른바 한화(漢 化) 이론을 깨뜨리고, 동아시아의 각처에서 독자적 문화가 발생·발전하여 공존했다는 문화 다원론의 문을 열어 주었다. 신석기 문화뿐만 아니라 청동기 문화 역시 중원과 그 이웃 지역에서 동시다발적으로 전개되었으니, 적어도 고고학적 시대에서는 중원이 세계 문화의 중심이었다는 중화주의적(中華主義的) 관념이 형성될 수 없었음을 알 수 있다.

중원에서의 고고학적 시대는 대체로 문헌사학상의 신화와 전설의 시대에 해당한다. 한국인에게 단군 신화가 있듯이 중국인에게는 반고(盤古)와 삼황의 신화와 오제의 전설이 있다. 반고는 천지창조 신화의 일종이고 삼황 신화는 인류 초기의 상황을 부분적으로 반영한다. 즉 수인(燧人), 복희(伏犧), 신농(神農) 등 삼황은 불을 처음으로 사용하던 단계와 수렵 단계, 농경사회로의 진입 등을 상징한다. 황제(黃帝)와 전욱(顓頊), 제곡(帝嚳), 요(堯), 순(舜) 등의 오제 전설 역시 사전 시대 중원인의 삶을 반영하고 있는데, 예컨대 황제는 중요한 중국 문화의 대부분을 창조한 문화적 영웅으로 묘사되었고 요와 순은 선양(禪讓)과 무위이치(無爲而治)의 지치(至治)를 처음으로 실현한 군주로 설명되었다. 그러나 이러한 신화와 전설은 당연히 후대인들에 의해 조작된 것이다. 중국 신화와 전설의 조작 과정을 역사적으로 추적하면, 설화상의 시대와 조작한 시대가 역순으로 이뤄졌음을 알 수 있다. 즉 가장 먼 옛일을 이야기하는 반고의 전설이 가장 늦게 만들어졌고 가장 후대의 것으로 묘사되는 오제의 전설이 가장 먼저 만들어졌다는 것이다. 그렇다고 해서 신화와 전설이 전적으로 조작되었다는 것은 아니다. 모든 신화와 전설이 그러하듯이 중원의 신화와 전설도 일정 부분 역사적 추이를 반영하고 있으며, 동시에 조작 당시의 상황과 조작자의 이상이 배경으로 설정되어 있어 무거운 수준의 역사적 의미를 갖는다. 특히 오제 전설은 중국의 역사를 이해하는 데 간과할 수 없는 의미를 담고 있기 때문에 주목할 필요가 있다.

한 예로 요순의 선양 전설은 추장 추선(推選)의 전통이라는 인류학적 해석도 있지만, 제자백가(諸子百家) 시대에 묵가(墨家)로 분류되는 일단의 지식인들이 '상현(尙賢)'의 이상을 주장하면서, 자신의 주장에 설득력을 가하기 위해 전설적 군왕인 요순에 가탁(假託)하여 선양 전설을 기록했다는 이해가 보다 합리적이다. '상현'이란 현인(賢人)을 숭상한다는 뜻이고, '현(賢)'이란 집안이나 혈통에 의존하지 않는 개인적 능력을 의미한다. 상·주(商·周) 시대에는 통치자의 지위가 혈통에 의해 선천적으로 결정되어 있었기 때문에 상·주의 예적 질서가 무너진 춘추전국 시대에는 통치자의 선천적 지위가 부정되기 시작했고, 그것을 가장 주도적으로 주창한 학파가 곧 묵가였다. 요가 순에게 선양하고 순이 다시 우(禹)에게 선양했다는 전설은 이후 중국의 정치사에 결정적인 영향을 미쳤다. 전한 말에 보정(輔政)하던 왕망(王莽)이 전한의 마지막 황제로부터 제위를 물려받아 신(新)을 건국했는데, 이는 요순의 선양 전설을 모방한 첫 번째 경우였다. 그 뒤 조조(曹操)의 아들 조비(曹丕)가 후한의 마지막 황제로부터 선양 받아 위조(魏朝)를 건립했고 사마(司馬) 씨가 다시 조위로부터 선양 받았다. 위진남북조 시대의 잦은 왕조 교체는 모두 선양의 형식으로 이뤄져서 이를 선대(禪代)라 불렀다. 한대 이후의 빈번한 선양은 기본적으로 보정 체제의 모순에서 비롯되었다. 왕망뿐만 아니라 역대 선대의 주인공들은 예외 없이 모두 보정 장군으로 국가 권력을 장악한 뒤에 선양의 형식을 빌려 새 왕조를 창건한 것이다. 모든 보정은 막부(幕府) 체제에 의해 이루어졌기 때문에 한·당 시대의 정치사를 특징지은 선양과 보정 및 막부 체제는 모두 요순의 선양 전설이 낳은 산물이라고도 할 수 있다. 따라서 전설은 그 자체의 사실 여부와 상관없이, 왜 그러한 전설이 만들어지게 되었는지, 그 전설이 역사상에서 어떠한 영향을 미치고 어떤 역사적 의미를 갖게 되었는지를 이해하는 일이 보다 중요하다.

요순의 '무위이치(無爲而治)' 전설 역시 그 역사적 의미가 가볍지 않다. 『사기』 오제본기(五帝本紀)에는 요가 미행 중에 우연히 들었다는 농민들의 '격양가(擊壤歌)' 가사가 기재되어 있는데, 그 주요 내용은 임금의 존재를 백성들이 의식하지 못한다는 것이다. 국가 권력, 혹은 군주 권력의 존재를 국민이 의식할 수 없는 상태를 일러 흔히 '무위이치'라고 하는데, 이는 고대 중국인들이 가장 이상적인 정치 상태를 가리켜 흔히 이르는 말이다. 군주나 국가 권력의 존재가 의식되지 않는 상태가 지치(至治), 즉 가장 이상적인 정치 상황으로 인식되었다면, 이러한 인식은 말할 필요도 없이 국가 혹은 군주 권력이 가장 강력하게 의식되었던 시기와 상황에서 형성된다. 상·주의 성읍 국가 시대가 끝나고 영토 국가 시대로 들어가는 춘추 시대와 강력한 고대 국가가 출현하는 전국 시대에 이르러 국가 권력이나 군주 권력이 의식되지 않을 수 준으로 최소화되기를 요구하는 학파가 출현하는데, 도가(道家)가 바로 그러했다. 도가로 분류된 일단의 지식인들은 '무위이치'를 주장하면서, 자기들의 주장에 설득력을 강화하기 위해 요순에 가탁하여 '무위이치' 전설을 조작했다. 요순에 의해 실현되었다는 '무위이치'의 전설은 이후 중국인들에 의해 이상화되어, 고대 중국의 정치사에 심대한 영향을 미치게 된다. 진·한 이후에 확립된 제국(帝國) 체제, 즉 절대 권력인 황제(皇帝)에 의해 국가가 일원적으로 통치되는 체제에 대한 반동으로 '무위이치'가 견제 역할을 수행했고 심지어는 역설적으로 황제 권력의 절대화를 위해 '무위이치론'이 적극적으로 활용되기도 했다.

하우(夏禹)의 치수(治水) 전설도 그 역사적 의미를 잘 이해해야 한다. 『상서(尙書)』「우공(禹貢)」 편에는 하를 건국한 우가 치수를 잘 했다는 전설과 구주(九州)를 만들어 각 지역의 토산품을 공물로 받았다는 전설을 싣고 있는데, 이 역시 우가 실제로 치수를 잘해서 구주를 만들었는가 하는 것이 문제가 아니라 이러한 전설이 어떻게 만들어지고 어떠한 영향을 미치게 되었는가를 이해하는 것이 보다 중요하다. 치수는 고대 중국인의 삶 그 자체를 의미한다. 중국인의 거주지인 중원은 지형의 굴곡이 거의 없는 대평원이어서, 그 가운데를 관통하는 황하가 매년 범람하여 정해진 물길이 없었기 때문에, 그 유역에서 거주하는 중국인은 삶을 영위하기 위해 제방을 쌓아 황화의 물길을 단속하는 치수를 위해 공동체의 모든 역량을 투입해야만 했다. 황하의 치수를 통해 확보한 경작지와 거주지를 '주(州)'라고 불렀다. 한대 허신(許愼)이 편찬한 『설문(說文)』에 의하면, '주'는 강가에 형성된 경거지(耕居地)였다. '구주(九州)'란 '많은 주'라는 뜻이었으니, 곧 구주는 치수의 자연스러운 결과였다. 그러나 이 경거지 '구주'는 「우공」편이 저작된 전국 말기에 이르러 행정구역 '구주'로 발전했다. 전국 말기란 중국 전역이 7개의 국가에 의해 분할 점유되어 끊임없는 영토 쟁탈전이 전개되던 상황이어서, 전 중국이 하나의 국가에 의해 통일되고 전 국토가 자연조건에 따라 행정구역으로 재편되어 통일적 국가 체제가 운영되어야 한다는 당위와 이상이 형성된 시기이기도 했다. 「우공」편의 구주 전설은 이러한 이상을 표현하기 위해 치수의 결과인 '구주'를 행정 단위로서의 '구주'로 전환시킨 결과였다. 그 뒤 한 무제 시기에 「우공」편의 구주가 현실에 실현되어, 1백여 개의 군국(郡國)을 나누어 감찰하는 단위로서 출현하게 되었다. 이후 대부분의 중국 왕조들은 최상위의 행정구역으로 '주'를 설정하고 각 주의 이름을 「우공」편에서 빌려 옴으로써 전 중국을 통일적으로 지배해야 한다는 「우공」편의 이상을 실현했다.

이처럼 중국의 전설은 중국인의 이상을 담고 있다. 중국 역사상에는 여러 종류의 이상사회 전설이 출현했는데, 이러한 전설들도 실제로 그러한 이상사회가 존재했는가를 확인하는 일보다는 그러한 이상사회론이 왜, 어떻게 출현하게 되었으며 이후 역사 전개에 어떠한 영향을 미치게 되었는가를 이해하는 일이 더 긴요하다.

중국의 대표적인 이상사회 전설로 대동(大同)과 소강(小康) 사회 전설이 있다. 『예기(禮記)』 예운편(禮運篇)에는 대도(大道)가 실현된 대동 사회와 예(禮)가 실현된 소강 사회가 기록되어 있는데, 전자는 요순과 같은 소박한 초기 사회를 전하고 후자는 문왕(文王), 무왕(武王)과 같은 선왕(先王)의 시대를 전하고 있다. 『예기』 예운편의 찬자는 왕도(王道) 즉 '선왕지도(先王之道)'가 실현된 소강의 사회보다는 차라리 소박한 대동의 사회를 더 이상적인 사회로 묘사하고 있는데, 이는 유가보다는 도가의 입장에 더 가까운 관념을 반영한다.

유가적 사유를 대표하는 이상사회론은 맹자(孟子)에게서 발견된다. 맹자는 『맹자』 「등문공상(滕文公上)」 편에서 자신의 인정론(仁政論)을 펴면서 급전(給田)과 균전(均田)의 이상이 실현된 정전(井田)의 사회를 소개한다. 이것은 이후 중국의 토지제도 전개에 심대한 영향을 미쳤을 뿐만 아니라 정전제의 실재 여부에 대한 광범한 논쟁을 불러일으키기도 했다. 정전제의 연구 가운데서 상·주 등 원시공동체 사회에서 노동의 효율성을 제고하기 위해 공동체 토지를 그 성원들에게 할당해 준 전통을 반영한다는 최근의 해석이 가장 유력하지만, 토지와 농민의 관계에 관한 맹자의 이상을 반영하고 있다는 주장도 적지 않은 설득력을 지닌 듯이 보인다. 맹자가 살았던 전국 중기는 상·주 시대의 성읍 국가 체제가 극복되어 영토 국가 체제가 발전하고 철기의 출현과 공급으로 산림수택(山林藪澤, 산과 숲, 늪, 못 등 미개간지)이 개간되고 제민(齊民, 고른 백성)이 창출되는 한편, 공동체가 토지를 공유하던 종래의 체제가 무너져 토지 사유(私有), 특히 대토지 소유가 진행되던 시기였기 때문에, 맹자는 국가가 농민에게 균등한 생산수단을 보장하고 농민은 그 반대급부로서 국가에 일정한 조세를 납부한다는 자신의 이상을 이른바 선왕 시대의 '정전제'에 가탁하여 주창했던 것이다. 이렇게 기록된 정전제의 전설은 한대 이후의 토지제도에 심대한 영향을 주어, 한대의 한전책(限田策)과 신대

(新代)의 왕전책(王田策), 진대(晉代)의 과전제(課田制) 등 갖가지 시행착오를 거쳐 북위 시대에 이르러 마침내 균전제(均田制)가 전국적으로 시행되고 수·당 시대에는 국가의 가장 기본 체제로 완성되었다. 정전제가 『맹자』에 기록됨으로써 정전제는 고대 중국인의 오랜 꿈이 되었고, 이 꿈은 마침내 균전제로서 실현된 것이다.

세 번째 이상사회 전설로 '소국과민(小國寡民)'(작은 나라 적은 백성)의 전설이 있다. 노자(老子) 『도덕경(道德經)』의 마지막 장에는 이웃 국가에서 들려오는 개와 닭 짖는 소리까지 들을 수 있고 평생 동안 문자나 수레 등 문명의 도구를 사용하지 않는 소박한 소국(小國)을 이상사회로 묘사하고 있는데, 이는 무위(無爲)와 자연(自然)의 초(楚) 지방의 국가 형태를 반영한다. 노자로 비정되는 이이(李耳)나 『장자(莊子)』의 저자 장주(莊周) 등 도가(道家)로 분류되는 춘추전국 시대의 지식인들과 허행(許行) 등 반체제 인사들, 그리고 흔히 '광인(狂人)'으로 표현된 접여(接輿) 등 비상식적 지식인 그룹은 대부분 초 지역 출신이었는데, 당시 초 지역은 맹자와 같은 '중국'인에게서 '남만격설지인(南蠻鴃舌之人)'(떼까치 같은 소리로 말하는 남방의 만인)으로 경멸되었던 '만이(蠻夷)'가 살았던 곳이다. 이 지역 출신의 지식인들은 고도한 수준의 권력이 집중되어 착취 구조가 발달된 중원의 국가 체제에 대해 반감을 표시했는데, 이는 초 지역의 소박한 자연환경과 문화 조건이 반영된 것이다. 노자 등 초 지역 출신의 도가들은 군주 권력을 절대화하고 국가 권력을 집중시키려는 중국의 변법(變法) 운동에 저항했고 제국 체제의 등장을 저지하려 했다. 이후에도 국가 권력의 강화 과정에는 언제나 '소국과민'의 전설이 견제 장치로 작동했고, 근대에 이르러서는 아시아적 아나키즘의 이론적 배경으로 작용하기도 했다.

중국에는 '무위청정(無爲淸靜)'의 '무하유향(無何有鄉)' 전설도 있다. 『장자』

「소요유(逍遙遊)」편에는 신인(神人)이 사는 막고야산(藐姑射山)이란 곳을 묘사했는데, 이곳은 적막하고 가없는 허무(虛無) 무위(無爲)의 선경(仙境)으로 신선(神仙), 즉 정신적 절대 자유를 즐기는 도가적 신선이 사는 곳이다. 노자『도덕경』이 '무위이치'의 정치사상을 담고 있다면, 장주의『장자』특히 그 내편(內篇)에서는 철저한 논리적 시비를 통해 절대 자유가 추구되었다. 노자의 정치사상, 즉 황로술(黃老術)은 한 초에 유행하여 독특한 휴식(休息)의 시간을 실험한 바 있었지만, 장자의 논리학은 후한 말부터 관심을 모으기 시작해서 위진 시대의 '죽림칠현(竹林七賢)'과 '청담사상(淸談思想)' 즉 현학(玄學)을 도출했다.『장자』의 외편(外篇)과 잡편(雜篇)은 장자를 추종하는 수없이 많은 저자들에 의해 조작되었는데, 이 복수의 저자들은 대부분 권력에서 소외되거나 현실에서 도피하려는 정신의 소유자들이었다. 이후 '실제로는 어디에도 존재하지 않는' 이 '무하유향'은 '내성외왕(內聖外王)'의 이중적 정신을 겸유한 중국 지식인들의 영원한 정신적 피안이 되어 수많은 은일지사(隱逸之士)를 양산했다.

무하유향이 도가의 전설이라면, 도교(道敎)의 전설로서 불로장생(不老長生)의 삼신산(三神山) 전설이 있다.『사기』의 진시황본기(秦始皇本紀)와 봉선서(封禪書) 등에는 서불(徐市) 등 방사(方士)들이 불로장생의 약을 구하러 동해의 삼신산, 즉 봉래산(蓬萊山)과 방장산(方丈山), 영주산(瀛洲山)의 선인(仙人)을 찾는 이야기가 기재되어 있는데, 삼신산은 도교적 신선이 사는 곳이었다. 도가적 신선이 절대 자유를 추구하는 은일지사를 말한다면, 도교적 신선은 내단(內丹), 즉 운동이나 호흡 등 인간 본유의 능력을 증대시키는 방법이나 외단(外丹), 즉 불로장생약과 같은 물질을 몸에 투입함으로써 건강을 강화하는 방법 등으로 '늙지 않고 오래 사는' 사람을 말한다. 이러한 불로장생의 술수를 방술(方術) 혹은 신선술(神仙術)이라 하고 그러한 술수를 수행하는 사람을 방사라 한다. 방술은 중국에서 선진(先秦) 시대부터 주로 연해 지역에서 유행했는데, 이는 대양이 인간에게 가져다주는 신비감과 연해에서 흔히 발견되는 신기루(蜃氣樓) 같은 자연조건이 많이 작용한 결과였다. 신선술이 후한 말부터 외래의 불교로부터 영향을 받아 종교의 형식으로 조직화된 것이 도교였고, 도교는 불교, 유교 등과 함께 삼교(三敎)의 하나로 정립(鼎立)되어 이후 중국인의 정신세계에 심대하고 광범한 영향을 미쳤다.

중국의 가장 유명한 이상향 전설은 무릉도원(武陵桃園)이다. 진대(晉代)에 무릉의 어느 고기잡이가 시냇물을 따라가다가 길을 잃고 복숭아꽃이 만발한 숲 속으로 들어갔더니, 그곳에는 진대(秦代)에 난을 피해 도피해 온 난민들이 마을을 이루면서 바깥세상과 단절된 채 행복하게 살고 있었다는 이야기가 도연명(陶淵明)의 「도화원기(桃花源記)」에 기재되었다. 이후 무릉도원은 '진시란(秦時亂)'과 같은 난세를 피해 '귀거래(歸去來)'한 도연명 같은 은일지사의 정신적 도피처가 되었다. 이 이야기에 나오는 '무릉'이 당시에는 중국이 아니라 만월 지역이었음을 고려한다면, 중국의 이상향은 대부분 중국의 밖, 즉 사이(四夷)의 거주 지역에서 발견되었음을 알 수 있다. 대동 사회를 기재한 『예기』 예운편의 찬자와 '소국과민'을 이야기한 『도덕경』의 저자, '무하유향'을 기술한 『장자』의 찬자 등이 모두 도가로 분류되었고, 도가의 대다수가 중국이 아닌 남방 초 지역 출신이었음은 이미 지적한 바 있으며, 신선술이 유행한 연해 지역과 도교가 창건된 파촉(巴蜀) 지역도 당시에는 비중국 지역이었다.

현대 중국인들이 자주 거론하는 샴발라(香巴拉)의 전설 역시 중국 밖, 즉 티베트에서 만들어졌다. 티베트 불교의 『대장경(大藏經)』 제1권에 기술된 샴발라는 티베트 북방에 있는 설산(雪山)으로 여덟 개의 연꽃잎 모양 구역과 도시로 구성되었고, 그 가운데에는 카라파(佧拉巴) 왕궁이 있어 전세(轉世) 보살

(菩薩)인 국왕이 티베트 밀교(密敎)의 최고 불법인 시륜금강법(時輪金剛法)을 시행하고 있다고 한다. 이 전설은 티베트의 최고위 정교 지도자 가운데 한 명인 판첸 라마의 지위와 권한을 합리화하고 강조하기 위해 만들어졌지만, 이후 티베트 고원과 북방 초원 지역 및 요동 지역까지 확장된 티베트 불교의 신봉자들이 꿈꾸는 인간 정토(淨土)가 되었으며, 지금은 중국 정부가 운남성(雲南省)의 중전(中甸)이 '샹그릴라(shangrila)', 즉 샴발라임을 공식적으로 선포함으로써 유명한 관광지로 이용되고 있다. 또한 제임스 힐턴(James Hilton)이 『잃어버린 지평선(Lost Horizon)』(1933)에서 샹그릴라를 묘사함으로써 티베트의 샴발라는 2차 대전 이후 허무감에 빠진 유럽인에게도 영혼의 안식처로 제공되었다.

이처럼 중국의 전설은 그것이 담고 있는 내용의 사실 여부를 떠나, 그것이 만들어지게 된 배경과 과정 및 역사의 전개에 미친 영향 등을 이해하는 것이 더 중요하다. 전설의 조작 과정과 영향에 대한 이해는 중국 역사의 본질을 이해하는 데 적지 않은 도움을 준다. 특히 정전제 전설을 제외한 대부분의 중국 전설이 중국에서 만들어진 것이 아니라 중국 밖의 이적(夷狄) 지역에서 만들어졌다는 사실은 동아시아사의 본질을 이해하는 데도 많은 도움을 준다. 전통시대의 중국인들은 언제나 중국 밖의 문화를 수용하여 자신의 문화로 소화해 나갔으니, 동아시아 세계는 중국과 주변 여러 역사공동체의 문화를 융합하여 제3의 새로운 세계 문화로 발전시킨 문화의 용광로였다.

그러면 한국과 관련된 전설은 어떻게 이해될 수 있을까. 동아시아에서 형성된 전설 가운데 한국과 관련된 전설로서는 기자(箕子) 전설이 대표적이다. 기자에 관한 가장 오래된 문헌은 한대 복승(伏勝)이 지은 것으로 알려진 『상서대전(尙書大傳)』이다. 그 「은전(殷傳)」 홍범조(洪範條)에 의하면, "[주(周)] 무왕(武王)이 은(殷)을 이긴 다음, 공자(公子) 녹보(祿父)가 (그 사직을) 잇게 하고 갇혀 있던 기자를 풀어 주었으나, 기자는 주에 의해 석방되는 것을 원치 않아 조선(朝鮮)으로 갔다. 무왕이 이를 듣고 그를 조선에 책봉했다. 기자는 이미 주의 책봉을 받았기 때문에 부득이 신례(臣禮)를 취하지 않을 수 없어 13년에 내조(來朝)했다. 무왕은 그가 내조한 기회에 홍범(洪範)에 대해 물었다"고 한다. 『사기』 송미자세가(宋微子世家)에서도, "기자는 은왕 주(紂)의 친척인데, 주가 음란하여 기자가 간했으나 듣지 않았다 … 무왕이 은을 이긴 뒤에 기자를 방문하니 … 기자가 (홍범에 관해) 이야기했다 … 이에 무왕이 기자를 조선에 봉했으나, 불신(不臣)했다"고 했다. 비슷한 시기에 편찬된 이 두 종류 문헌의 기사에 이동(異同)이 있는 것은 기자가 존재했다는 은말 주초부터 두 문헌이 기재된 한 초까지 무려 1천여 년의 긴 기간에 기자 전설이 다양한 경로를 통해 전해 내려왔기 때문이다. 이 2종의 중요 문헌이 기자 동래설(東來說)을 기재한 뒤로 수많은 문헌들이 부연 기재했으니, 『한서(漢書)』 지리지(地理志)에서는 "은의 도(道)가 쇠퇴하자 기자가 조선으로 가서 그 백성에게 예의(禮義)와 밭 갈고 누에치며 옷감 짓는 일을 가르쳤다"고 하고, 『삼국지』 「위서(魏書)」 동이전(東夷傳) 한조(韓條)에 인용된 『위략(魏略)』에서는 "옛날 기자의 후손인 조선후(朝鮮侯)는 주(周)가 쇠퇴하자 연(燕)이 스스로 왕이라 높이고 동쪽으로 땅을 빼앗으려 함을 보고 (조선후도) 스스로 왕이라 칭했다"고 했으며, 『삼국지』 동이전 예조(濊條)에서는 "옛날에 기자가 조선에 가서 팔조지교(八條之敎)를 만들어 가르쳤다"고 했다. 그리고 『후한서(後漢書)』 동이전 예조에서는 기자 전설을 종합하여, "옛날 무왕이 기자를 조선에 봉하니, 기자가 예의와 밭 갈고 누에치는 일을 가르치고 팔조지교를 만들었다"고 했다. 이러한 기자 전설의 전래와 확산 과정에서 (위만 조선의) 전(前) 조선의 왕실에서 '기자의 후손'을 자칭하기에 이른 것으로 보인다.

기자는 역사상 실재한 인물이며, 중국이 혼란에 빠진 은주 교체기에 중국인 유망민 집단이 요동 방면으로 이동하는 것은 자연스러운 일이다. 그것은 진·한 교체기에 위만 등 대규모의 유망민 집단이 요동 방면으로 이동한 것과 비슷한 일로, 이러한 현상은 중국이 정치적 혼란에 빠지면 언제나 되풀이 되었다. 그러나 주(周)라는 '중국(中國)'의 정치력이 미치는 범위는 동북으로 요서(遼西) 지방을 넘지 못했다. 따라서 기자 집단이 조선 방면으로 이동했다는 기자 동래설은 불가능한 일이 아니지만, 기자를 조선의 왕으로 책봉했다는 기자 책봉설은 가능한 일이 아니다. 기자 책봉설은 아마도 『위략』의 기사가 말하듯이 전국 시대에 조선인이 연(燕)과 치열하게 길항하는 상황에서 기자 동래설을 이용하여 스스로 높이기 위해 기자의 후손임을 과시하면서, 기자 피봉설을 주장하여 자국 왕실의 정통성을 강조하는 과정에서 나온 설화로 이해하는 것이 자연스러울 것이다.

그러나 앞서 살펴본 바와 같이, 중국의 전설이 우리에게 전하는 교훈은 전설의 역사성이 아니라 전설이 갖는 역사적 의미를 어떻게 이해하는가 하는 것이다. 즉 기자가 실제로 조선으로 동래했는가, 혹은 기자가 조선의 왕으로 책봉되었는가 하는 사실보다는 어떻게 해서 이런 전설이 만들어지게 되었는가, 이 전설이 이후 역사의 전개의 어떠한 영향을 미쳤는가 하는 것을 이해함이 더 중요하다는 것이다. 사실 기자 전설은 기자의 고향인 중국의 후예들보다는 기자가 도래했다는 조선의 후예들에게 훨씬 더 큰 의미를 갖고 있었다. 이미 고구려 시대부터 기자신(箕子神)에게 제사를 지냈고[『구당서(舊唐書)』 동이전 고려조(高麗條)], 고려인은 "우리나라의 교화(敎化)와 예의(禮義)는 기자로부터 시작되었다"고 하면서 그 무덤을 쌓고 사당을 지어 제사를 지내고 평양에 기자궁(箕子宮)과 정전(井田)의 유적을 조작하기도 했으며[『고려사(高麗史)』 예지(禮志), 지리지(地理志), 『삼국유사(三國遺事)』와 『제왕운기(帝王韻紀)』는 기자 전설을 국사 체계의 일부로 수용했다. 근세의 조선인도 '조선

(朝鮮)'의 국호를 이어 사용하면서 "이제 조선이라는 아름다운 호칭을 계승했으니, 기자의 선정도 당연히 강구해야 한다"[정도전(鄭道傳), 『조선경국전(朝鮮經國典)』1]고 선포했고, 혹자는 "기자가 5천 인을 거느리고 조선으로 들어왔는데, 그 시서(詩書)와 예악(禮樂), 의약(醫藥), 복서(卜筮) 등이 모두 따라서 왔다. 시서를 가르쳐 중국의 예악 제도를 알게 하니, 아문(衙門)과 관제(官制), 의복 등이 모두 중국을 따르게 되었다"[한치윤(韓致奫), 『해동역사(海東繹史)』]고 했다. 또 혹자는 "시서예악(詩書禮樂)의 나라요 인의(仁義)의 나라라 하니, 이것이 기자에서 시작되었음을 어찌 믿지 않겠는가"[서거정(徐居正), 『동국통감(東國通鑑)』 외기(外紀) 기자 조선편]라고 자부하기도 했다. 조선인은 기자 조선의 역사를 기술하기도 하고[이이(李珥), 『기자실기(箕子實紀)』], "정통은 기자로부터 시작하고 단군은 기자 동래의 아래에 붙임"으로써 한국사의 서장에 기자 조선을 설정하는 역사 서술도 유행했으며[안정복(安鼎福), 『동사강목(東史綱目)』], 심지어는 기자를 시조로 하는 족보를 만들기도 했다. 조선인들이 '동방예의지국(東方禮義之國)'이라 스스로 자랑한 것은 바로 기자에 의해 중국화한 나라를 이루었음을 의미한다.

실제로 기자가 동래해서 조선의 왕이 되었는지, 혹은 기자에 의해 조선인이 교화되었는지, 그 역사적 실제와 관계없이 한국인들이 그렇게 생각함으로써 역사가 그러한 방향으로 진행되었다는 것이 중요하다. 전통시대의 한국인은 스스로 기자의 후예라고 생각하고 기자 조선을 계승했다고 생각했기 때문에 기자와 근세조선인은 하나의 역사공동체를 함께 구성했다고 할 수 있다. 기자에 의해 교화되었다고 생각한 까닭에 실제로 기자의 교화 내용을 재현하려 했다. 기자가 조선인에게 가르쳤다는 '예와 의'란 곧 중국의 고유한 전통적 가치와 문화 그 자체를 가리키는 말이다. 따라서 전통시대의 한국인은 '예의' 즉 중국의 가치와 문화를 적극적으로 수용하여 자기 것으로 소화하려 노력했다. 한국인이 백의를 숭상하는 기풍은 흰옷 착용이 기자 이래의 습속이라는 믿음이 일반화된 결과이기도 했다. 영조 시기에 백의를 금하는 명령을 내렸을 때, 어떤 사람들은 "기성(箕聖)이 조선에 왔을 때, 그 옷도 백색이었으니 백의의 숭상은 우리 동국(東國)의 풍속이라"고 반대하기도 했다 한다[『영조실록(英祖實錄)』권109]. 심지어 조선인은 기자가 조선에서 가르쳤다는 '팔조지교(八條之敎)' 가운데 "도둑질하면 남자는 몰수하여 그 집의 노(奴)로 삼고 여자는 비(婢)로 삼는다"는 구절에 의거해서 기자가 시행한 노비제도를 계승하고 수호하려 했다. 기자의 존재가 한국인에게 미친 가장 큰 영향은 역시 문화적 측면에서 확인할 수 있으니, 전통시대의 한국인은 "우리나라의 교화와 예의는 기자로부터 시작되었다"[『고려사』 예지]고 생각하고 "우리 동방(東方)이 오랑캐의 풍속을 면한 것은 기자의 팔조에 힘입은 것이라"[『영조실록』, 행장(行狀)]라 하여, "기자가 우리 동방에 와서 오랑캐를 변화시켜 예의의 나라로 만들어 주신 은혜는 집집마다 제사 지낸다 하더라도 불가할 것이 없다"(『영조실록』 17년)고 생각했으며, "기자가 동쪽으로 오시어 홍범의 도로써 팔조지교를 베풀었으니, 이(夷)가 변하여 하(夏)가 되고 우리가 동쪽의 주(周)나라가 되었다"[『숙종실록(肅宗實錄)』 9년]고 감격하기도 했다.

그러나 한국인이 기자 전설을 믿음으로써 초래된 가장 큰 역사적 결과는 역시 기자와 이어지는 역사의식의 계승, 즉 역사공동체 의식의 공유라 할 수 있으며, 그 가장 큰 계기는 근세조선이 '조선'이란 국호를 계승한 데 있었다. 이성계 집단이 고려조를 전복시키고 새 왕조를 연 뒤에 명조에 사신을 보내 이 사실을 통고하고 '조선'과 '화녕(和寧)' 가운데서 하나를 재가해 주기를 청하자, 명의 태조 주원장(朱元璋)은 "동이(東夷)의 국호 가운데서 오직 조선이란 칭호가 아름답고 또한 그것이 전래된 지가 오래되었으니, 그 명칭을 근본으로 하여 본받을 것이라"[『태조실록(太祖實錄)』 2년]고 해서, 이성계 집단은 '조선'이란 국호를 사용하게 되었다. 그런데 이 사건에 대해 한국의 중학교 국사 교과서에서는 "새 왕조는 국호를 조선으로 정했다"고 하면서, "'조선'이란 곧 고조선의 전통을 계승한다는 뜻이며 단군에게서 민족의 독자성을 찾자는 의미가 포함되어 있다. 그러므로 조선이란 국호에는 유구한 문화 전통과 민족의식이 반영되어 있으며 민족사에 대한 주체적 자각이 포함되어 있다"(149쪽)고 하여, 근세조선의 국호가 이른바 '단군 조선'의 그것을 계승한 것처럼 기술하고 있다. 그러나 국호를 재가한 은혜에 사례한 조선 국왕의 표문에서는 "옛날 기자의 시대에서도 이미 조선이란 칭호가 있었으므로, 이에 감히 천자께 아뢰어 들어주시기를 청했는데, 유음(兪音)이 곧 내려졌으니, 특별한 은혜가 더욱 치우쳤다"(『태조실록』 2년)고 하고, 정도전도 "무왕이 기자에게 명한 이름을 전하에게 다시 명했다"(『조선경국전』 1)고 했으니, 한국의 국사 교과서가 얼마나 민족주의적 정서로 윤색되어 있는지 여실히 엿볼 수 있는 대목이다.

국호를 기자의 '조선'에서 따왔으니, 조선의 역사가 기자로부터 이어져 내려왔다는 역사의식이 성립됨은 당연한 일이었다. 그러나 이러한 역사의식은 잘못된 사실 인식에 바탕을 둔 것이었다. 명 태조는 '조선'과 '화녕' 가운데서 '조선'을 선택한 이유가 "동이(東夷)의 국호 가운데 오직 조선의 칭호가 아름답기" 때문이라고 했다. 이는 곧 기자의 조선도 '동이'라는 역사공동체에 속하고 이성계의 조선도 '동이'라는 역사공동체에 속한다는 역사 인식을 나타내는 것이다. 그러나 기자가 존재했던 시기의 '동이'는 이성계나 주원장이 살았던 시기의 '동이'와는 전혀 다른 개념이다. 선진 시대의 '동이'는 중국 '동쪽에 있는 이(夷)'라는 뜻으로 산동과 강소, 절강 등 중국의 동부 해안 지역에 분포해 있던 특정한 역사공동체의 이름이었지만, 중국이 모두 통일된 진·한 시대 이후의 '동이'는 중국 '동쪽에 있는 이적(夷狄)'이란 뜻으로 요동과 한반도, 일본 열도 등에 있는 일체의 이적을 포괄해서 지칭한 말이다. 이는 그 유명한 『삼국지』「위지(魏志)」 동이전에 부여와 고구려, 동옥저, 읍루, 예, 한, 왜 등이 모두 포괄되어 있는 것을 통해서도 알 수 있다. 따라서 주원장과 이성계 시대의 조선은 '동이'가 산생한 국가였다고 말할 수 있지만, 기자 시대의 조선은 당시의 '동이'와는 아무런 상관이 없는, 맥인(貊人)이 건립한 국가였다고 말할 수 있다. 그러나 비록 잘못된 역사 인식에 의한 역사의식이라 하더라도 역사공동체를 구성하는 원리로서 작동할 수 있기 때문에, 적어도 전통시대에는 기자와 그 조선이 한국이라는 역사공동체에 속하는 존재였음은 의심할 바 없는 사실이다. 다만 오늘날 한국인들이 서구 민족주의의 세례를 받아 기자 조선을 자국의 역사 체계에서 철저하게 배제하려 하는 상황에서는 기자 조선의 의미와 위상이 재평가되는 것은 불가피한 일이라 하겠다.

2. 성읍 국가와 책봉-조공 관계

중국 역사상에서 역사 시대의 첫 단계는 고고학적으로는 청동기 시대, 역사학적으로는 갑골문으로 그 존재가 확인된 상·주(商·周) 시대, 문헌학적으로는 이른바 시서(詩書) 시대였는데, 이 시대는 중국 역사상 처음으로 국가가 출현한 시기이기도 하다. 역사 시대를 확립하는 데 가장 중요한 것은 신뢰성 높은 사료를 확보하는 일이다. 따라서 본론에 앞서 먼저 이 시대의 사료가 될 청동기와 갑골문, 그리고 시서, 즉 『시경(詩經)』과 『서경(書經)』의 신뢰성에 대해 언급해 둘 필요가 있다.

청동기는 문헌사학과 관련하여 두 가지 측면에서 주목된다. 하나는 상·

주 시대의 것으로 발견되는 청동기는 대부분 예기(禮器)로서, 이 시기에 이미 예적 질서가 형성·발달하여 국가와 사회의 성격을 규정하고 있었음을 의미한다. 다른 하나는 청동기에 새겨진 문자, 즉 이른바 금(석)문이 갖는 사료적 가치의 중요성이다. 중국의 고문헌은 예외 없이 호사가(好事家)에 의해 첨삭되었다. 중국의 고문헌은 대부분 책(冊)의 형식, 즉 간독(簡牘)의 묶음으로 이뤄져 있었기 때문에 호사가들의 취향에 따라 혹은 빼고 혹은 더해지기 쉬웠다. 이러한 고대 책의 본질적 한계로 인해 수많은 문헌들이 조작되었는데, 가장 오래된 문헌인 『시경』과 『서경』이 그 대표적인 경우였으며, 『도덕경』이나 『장자』 등은 저자가 수십, 수백 명이었고, 『사기』조차 130권 가운데 10여 권은 후대인이 써넣은 것이다. 따라서 『시경』이나 『서경』 및 『사기』 등에 기재된 상·주 시대의 기사는 온전하게 신뢰하기가 어려워서, 19세기 말에 서구의 과학적 문헌비판 방법론이 소개된 뒤에는 전설 시대는 물론이거니와 하은주(夏殷周) 삼대의 역사성도 신뢰할 수 없다는 의고학파(疑古學派)가 유행하기도 했다. 이러한 상황에서 청동기 등 금석 유물에 새겨져 있는 금문(金文)은 매우 신뢰성 높은 사료로 부각되었으니, 『시』, 『서』와 『사기』 등 기사의 신뢰성은 반드시 금석문에 의해 뒷받침될 때까지 기다리지 않으면 안 되었다.

청동기 금문 못지않게 높은 신뢰를 받는 자료가 바로 갑골문이다. 19세기 말의 갑골문 발견은 중국 고대사 연구에서 실로 획기적인 사건이었다. 갑골문은 거북이 등과 소·말의 견골 등을 불에 구워 그 균열을 보고 점을 치는 데 사용된 문자로서, 여기에는 점치고 싶은 말, 즉 복사(卜辭)는 물론이거니와 점치는 사람의 이름과 간지(干支)로 표현된 점친 날짜, 점친 결과 등이 포함되어 있어 정치와 군사, 외교, 경제, 사회, 문화, 산업 등 당시의 정보를 다각도로 전해 준다. 문헌에서 복사(卜師)라 일컫는 점치는 사람은 갑골문에서는 정인(貞人)이라 불렀는데, 신정일치(神政一致)의 시대에서 정치적 군장의 역할까지 겸했던 정인의 이름은 복수로 기재되어 있어 정인이 집단으로 구성되어 있었음을 시사한다. 특히 갑골문에 기록된 정인 집단의 대표 이름이 『사기』 은본기(殷本紀)에 기재된 상왕(商王)의 이름과 일치하고 있어, 갑골문의 발견과 갑골학 연구의 유행으로 인해 상대의 정치와 사회·문화 등에 대한 이해가 획기적으로 증대되었을 뿐만 아니라, 『사기』 기사의 정확성이 확인되고 그 사료적 가치에 대한 인식이 제고되기도 했다.

시서 시대란 동아시아에서 가장 오래된 문헌인 『시경』과 『서경』이 만들어진 시대를 말하는데, 이 두 문헌은 전설 시대의 내용도 포함하고 있지만, 문헌학적으로 엄격하게 추적한다면 이 두 문헌이 만들어진 시대는 대체로 상·주 시대, 즉 상대와 서주 시대와 일치한다. 『시』, 즉 『시경』은 상·주 시대에 유행한 노래의 가사 모음집으로 국가의 공식적 행사 때 사용된 노래의 가사도 포함되었고 민간에서 유행한 민요의 가사도 포함되어 있어, 당시의 국가와 사회에 대한 갖가지 정보를 풍부하게 담았다는 점에서 사료적 가치가 매우 높다. 『서』, 즉 『서경』은 상·주 시대의 각종 공문서 모음집으로, 비록 일정한 체계는 갖추지 못했지만 문서 하나하나가 모두 상·주 시대의 정치와 사회·문화에 대한 풍부한 정보를 내포하고 있다. 이들 두 문헌은 중국은 물론, 동아시아 전체로 보아서도 가장 오래된 문헌이기 때문에 그 사료적 가치는 더 말할 필요도 없지만, 역시 간독의 형식으로 만들어진 문헌이어서 태생적인 결함과 한계를 갖고 있다. 『시』는 원래 수천 편에 이르는 시를 포함하고 있었지만, 공자(孔子)가 교육용 교과서로 만드는 과정에서 남녀상열지사와 같은 내용을 담은 시들을 배제하여 간추렸기 때문에 아쉽게도 300여 편만 남아서 전해지게 되었다. 『서』는 호사가의 손을 가장 많이 탄 문헌의 하나였으니, 청대 고증학자(考證學者)들에 의해 현재 전해지고 있는 이른바 『고문상서(古文尙書)』의 절반은 후대인이 조작한 것으로 밝혀졌다. 그러나 『시』와 『서』는 금석문이나 갑골문 등 신뢰할 만한 자료들과 대비하면서 활용한다면, 여전히 가장 오래된 문헌으로서의 사료적 가치를 보전할 수 있다.

시서 시대는 곧 청동기 시대, 즉 상·주 시대를 말한다. 이 시대의 국가 형태는 흔히 '성읍 국가'라 부르는 초기 형태의 국가로, 금석문과 갑골문 및 『시경』『서경』 등 가장 오래된 문헌 사료에서 동시에 확인된다. 성읍 국가란 '國', 즉 □(성곽)과 一(제한된 공간) 안에 □(인구)와 戈(군대)가 있는, 즉 점으로 존재하는 특수한 형태의 국가를 말한다. 이 시대에는 황하 중·하류 유역, 즉 중원(中原)에 이러한 형태의 국가들이 별과 같이 많이 산재해 있어 흔히 '만국(萬國)'이라 불리기도 했다. 한 국가의 인구는 기껏해야 수천, 많아야 수만에 지나지 않았고, 농민들은 성읍의 주변에 있는 제한된 토지를 경작했다. 성읍 국가의 사이에는 광활한 산림수택(山林藪澤), 즉 산과 숲, 늪, 못 등이 펼쳐져서 국가와 국가 사이를 가로막고 있었다.

오랜 시간이 경과하면서 이들 황하 유역의 성읍 국가들 사이에서는 일정한 힘의 역학적 관계가 발생했다. 보다 힘이 강하고 큰 성읍 국가를 중심으로 지역의 여러 성읍 국가들이 일종의 국제적 공동체를 구성했고, 이들 공동체는 누층적 재결합을 거듭해서 대규모의 국제 사회를 형성하기에 이르렀다. 국제 사회의 중심 국가를 '중국(中國)'이라고 불렀고 그 주변 국가를 가리켜 '사방지국(四方之國)', 즉 '사국(四國)'이라고 했다. '중국'이라고 불린 중심된 성읍 국가와 '사국'이라고 불린 주변적 성읍 국가들 사이의 역학적 관계는 책봉과 조공을 교환하는 예적 관계였다. 중국의 군장은 사국의 군장을 책봉함으로써 자신이 중심 역할을 하는 국제 사회의 구성원으로 받아들이고 사국의 군장은 중국의 군장에게 조공함으로써 그 국제적 위상을 인정했다. 즉 중국과 사국은 책봉과 조공이란 예적 절차를 교환하여 상대방의 국제적 지위를 승인했으니, 책봉과 조공이란 중국을 중심으로 중국과 사국이 함께 새로운 국제적 공동체를 구성하는 예적 과정이었다. 책봉은 중국 군장이 사국 군장에게 공(公), 후(侯), 백(伯), 자(子), 남(男) 등 다섯 등급의 작(爵) 칭호를 사여하는 절차였으니, 중국의 군장은 사국의 군장에게 작위를 주고 뺏고 높이고 낮추는 행위를 통해 국제 공동체의 질서를 유지하고 중국의 중심 국가로서의 권위와 위상을 지킬 수 있었다.

이러한 오등 작제(五等 爵制)는 국가 제도가 아니라 일종의 국제 체제였으며, 이미 상대에서 출현하여 주대에 계승되었다. 다섯 등급의 작칭이 무엇을 의미하는지는 아직 확인되지 않았지만, 그것이 중국과 사국의 역사적 관계를 표현한 것이었음은 의심할 바가 없다. 즉 국제적 공동체가 누층적으로 결합하면서 발전하는 과정에서 중국과 사국의 사이에는 갖가지 관계가 발생했을 터인데, 자연스럽게 나타난 이들 각종 관계를 제도적으로 표현한 것이 5등 작칭이었다. 『예기(禮記)』나 『주례(周禮)』, 『의례(儀禮)』 등 상·주 시대의 예를 정리한 이른바 삼례(三禮)에는 오등 작제가 주초의 건국 영웅들, 특히 주공(周公) 단(旦)이 창제했고 5등의 작위 사이에는 엄격한 상하 구별에 따른 각종의 제도적 규정이 있었던 것처럼 기술되어 있다. 그러나 이들 예서(禮書) 기사의 상당 부분은 책봉할 때 주어진 청동예기(靑銅禮器)의 금문과 갑골문 등 신뢰할 만한 자료들에 의해 입증되지 못한다. 오히려 청동예기에 새겨진 금문에서는 이들 5등 작칭 사이의 상하 관계가 발견되지 않고 상대의 갑골문에 이미 5등 작위의 명칭이 나타나고 있다.

『서경』과 『사기』 등 전통적 문헌 사료에 의하면, 주의 문왕과 무왕 부자가 은상을 멸망시켰으나 삼감(三監)과 은의 후예가 반란을 일으켜 주공 단이 반란을 진압한 뒤에 주 왕실의 희성(姬姓) 자제들을 봉건(封建)했다고 한다. 이에 따라 삼례에서는 주대의 봉건제(封建制)를 적장자 가계 계승법인 종법제

(宗法制)와 결부시켜 설명했다. 주왕의 지위는 그 적장자가 계승하고 별자(別子)는 따로 가계를 세워 제후(諸侯)가 되었으며, 제후의 지위는 그 적장자가 계승하고 별자는 따로 가계를 세워 대부(大夫)가 되었고, 대부의 지위는 그 적장자가 계승하고 별자는 따로 가계를 세워 사(士)가 되었다고 했다. 즉 종법 제도상의 대종(大宗)과 소종(小宗)의 관계를 봉건 제도상의 주왕과 제후, 혹은 제후와 대부, 대부와 사의 관계에 적용한 것이다. 그러나 수천 년 동안 믿겨 온 이러한 문헌 사료상의 기사는 근래에 발견된 갑골문과 금문 등 신출 사료들에 의해 입증되지 못했을 뿐만 아니라 오히려 흔들리고 부정되었다. 문헌에서 마치 후대의 왕조 교체처럼 기술된 '은주혁명(殷周革命)'은 신출 자료에 의하면 국제 공동체의 중심 국가, 즉 '중국'의 교체에 지나지 않는 사건이었다. 이른바 상대의 중국은 상(商)이라는 성읍 국가였고 주대의 중국은 주(周)라는 성읍 국가였다. 갑골문에서는 최상위의 국제 공동체를 가리켜 '방(方)'이라 불렀는데, 상과 주는 각각 별개의 방을 이끈 중국이었다. 이른바 '은주혁명'이란 주가 중심이 된 서방의 방, 즉 국제 공동체가 상을 중심으로 한 동방의 국제 공동체에 군사적으로 승리하여 두 국제 공동체를 통합하고 그 통합된 새 공동체의 중심이 된 사건이었다. 전쟁에서 승리한 뒤에도 주는 상의 존재를 온전케 했으니, 그 까닭은 이 당시에는 국가를 멸하여 사직(社稷)을 끊는다는 개념이 없었기 때문이다. 따라서 당연히 상대의 국제 공동체에 속하여 중국인 상과 공, 후, 백, 자, 남작의 각종 제도적 관계를 맺어 온 사국, 즉 주변의 성읍 국가들도 온전하게 살아남아 새로운 중국인 주와 국제 관계를 갱신·유지했다. 주대 봉건제를 종법제와 연계하여 설명한 예서로 인해 흔히 주대의 봉건제는 혈연적 봉건제라고 알려져 왔지만, 실상 희성(姬姓)의 제후국은 4, 50여 개에 지나지 않았다. 상대에서 잔존하여 그 국제적 지위를 유지한 성읍 국가들이 별과 같이 많이 잔존하고 있었기 때문에

[『예기』왕제편에서는 1천 7백여 국(國)이 직공(職貢)을 닦아 제사를 지내러 왔다고 했다] 주대의 봉건제를 혈연적 제도라 규정할 수는 없다. 다만 상대의 봉건제에 혈연적 요소에 의한 새로운 국제 관계가 첨가되었다고 할 수 있을 뿐이다.

『맹자』에는 '천하국가(天下國家)'란 말이 있다. 이 말은 '천하의 국가'란 뜻이 아니라 '천하(天下)와 국(國)과 가(家)'라는 뜻이다. 당시의 세계를 3단계 국가 체제로 설명한 것이다. 천하는 천자가 다스리고, 국은 제후가 통치하며, 가는 경대부(卿大夫)가 관리한다는 것이다. 그러나 『맹자』의 이러한 설명은 다른 문헌들과 마찬가지로 이념적·관념적 표현에 지나지 않는다. 천하란 『시경』에서 '보천지하(普天之下)'의 형식으로 처음 출현하는데, 넓은 하늘의 아래, 즉 온 세상, 세계를 가리키는 말로 사용되었다. 그러나 천자, 즉 주왕이 실제로 통치한 대상은 주라는 중심 성읍 국가, 즉 중국에 불과했으며, 가를 관리했다는 경대부도 사실은 독립된 성읍 국가를 다스린 군장이었다. 지역의 성읍 국가들이 하급의 국제 공동체를 형성했을 때 그 중심 역할을 한 성읍 국가가 제후라 칭하고 주변의 부용(附庸) 국가들을 경대부라 불렀듯이, 이들 국제 공동체가 누층적으로 재결합하여 최상급의 국제 공동체를 구성하면 그 중심 국가의 군장을 천자라 부르고 그 주변 국가의 군장을 제후라 불렀을 뿐이다. 따라서 천자와 제후, 경대부는 모두 독립된 성읍 국가의 군장이었다는 점에서 서로 다르지 않았다. 다만 힘의 차이로 인한 역학적 관계에 의해 천자와 제후 사이, 제후와 대부의 사이는 명분상 군신의 상하 관계로 규정되었을 뿐이다. 이들 관계를 규정한 책봉과 조공의 예도 명분상으로는 군신의 관계이지만 실제로는 국제 공동체의 지위를 상호 승인하는 예적 절차에 지나지 않았다.

그러나 책봉과 조공의 예를 교환하는 종번 관계는 황하 중·하류 유역의 중원에 존속한 국제 사회에 국한되었을 뿐, 상·주 시대에는 아직 그 밖으로 확대되지 못했다. 중원의 밖에는 별개의 문화권과 국제 사회가 따로 형성되어 독자적인 국제질서를 운영하고 있었다. 과거에는 중원 중심적 사관이 일반화되어 있었다. 이미 신석기 시대부터 중원의 앙소 문화와 용산 문화가 먼저 발달하고 그다음에 이들 중원 문화의 영향을 받아 그 주변의 신석기 문화가 일어나게 되었다고 생각했고, 청동기 시대에도 중원의 상·주 문화가 동아시아 문화를 선도했던 것으로 생각되었다. 그러나 근래 고고학적 성과가 활발하게 축적됨에 따라, 중원의 앙소 문화와 용산 문화가 꽃피던 시기에 산동의 대문구 문화와 강소(회수 장강 하류 유역)의 청련강 문화, 절강의 하모도 문화, 호북의 굴가령 문화, 황하 상류 유역의 마가요 문화, 요동의 홍산 문화, 오르도스의 세석기 문화 등이 거의 동시다발적으로 전개되고 청동기 시대에도 동아시아 각 지역에 독자적 문화권이 동시에 형성되어 있었음이 입증됨으로써, 중원 문화에 의한 동화, 즉 한화설(漢化說)이 더 이상 설득력을 유지하기 어렵게 되었다. 따라서 각 문화권에는 별개의 국제 사회가 따로 형성되어 있었고 각 국제 사회에는 독자적인 국제질서가 유지되고 있었다고 봄이 합리적이다.

중원에 청동기 문화가 꽃피고 성읍 국가 단계의 국제 사회가 형성되었을 때, 요동 방면은 물론이거니와 한반도에도 독자적 문화권이 형성되고 별개의 국제 사회가 존속하고 있었다. 한반도의 청동기 문화를 대표하는 표지문물은 세형(細形) 청동단검, 즉 한국식 청동단검이지만 남방식 고인돌, 즉 한국형 지석묘와 독립된 언어 체제의 존재는 이 지역이 중원 문화와 구별되는 독자적 문화권을 이루고 있었음을 보여 주기에 부족함이 없다. 특히 『삼국지』「위지」 동이전 한조는 이 지역에 성읍 국가 단계의 국제 사회가 존속한 상황을 전하고 있다. 이 기록에 의하면 한에는 마한(馬韓)과 진한(辰韓), 변한(弁韓) 등 세 종류가 있는데, 마한에는 원양국(爰襄國) 등 50여 개국이 있었다고 한다. 큰 국은 1만여 가이고 작은 국은 수천 가여서 모두 10여만 호(戶)였다고 하고, 각 국에는 우두머리가 있어 큰 것은 신지(臣智)라고 자칭하고 그보다 작은 것은 읍차(邑借)라고 불렀다. 이 국들은 산해의 사이에 흩어져 있었는데 성곽은 없었다고 한다. 진한은 처음에는 6개국만 있었지만 조금씩 나뉘어 12개국이 되었다고 한다. 변한도 12개국으로 구성되었다. 국 외에도 작은 별읍(別邑)이 있어 신지와 험측(險側), 번예(樊濊), 살해(殺奚), 읍차라 부르는 우두머리들이 있었다. 변한과 진한은 합쳐서 모두 24국으로 대국은 4, 5천 가, 소국은 6, 7백 가로, 모두 4, 5만 호로 구성되었다. 모두 7, 80개 국으로 구성된 삼한 국제 사회에는 '진국(辰國)'이라 부르는 중심된 국이 있었고, 그 진국에는 '진왕(辰王)'이라는 군주가 있어 삼한 국제 사회를 통할했다. 진왕은 월(목)지국[月(日)支國]을 다스렸고 마한인만 진왕이 될 수 있었으며, 대대로 세습했기 때문에 스스로 자립하여 왕이 될 수는 없었다고 한다.

『삼국지』가 전하는 이 같은 정보는 한국도 명백히 성읍 국가의 역사적 단계를 경유했음을 확인해 준다. 다만 이러한 성읍 국가 단계가 언제부터 시작되었는지 확인해 주는 기록은 남아 있지 않다. 『삼국지』「위지」동이전 한조의 기사는 동아시아의 성읍 국가 사회를 비교사적으로 이해하는 데 매우 귀중한 사료로 평가된다. 따라서 이 자료에 기재된 내용을 통해 중원의 성읍 국가 사회를 이해하는 데 도움을 받을 수 있고, 중원의 성읍 국가에 대한 고고학적 성과를 원용하여 한국의 성읍 국가 단계를 이해하는 데 도움을 받을 수도 있을 것이다.

3. 영토 국가 단계와 역사공동체

기원전 12세기에서 3세기까지 천여 년간 지속된 주대는 전통적으로 흔히 전반의 서주(西周) 시대와 후반의 동주(東周) 시대로 나누고, 동주 시대는 다시 전반의 춘추(春秋) 시대와 후반의 전국(戰國) 시대로 나눈다. 전통시대에는 상대와 주대를 왕조 기준으로 나누고, 서주 시대와 동주 시대는 주대란 말로 통칭되지만, 유물사관의 영향으로 시대구분의 기준으로 사회경제적 요소가 중시된 뒤부터는 차라리 상대와 주대의 연속성이 주목되어 상·주 시대라 통칭되고 서주 시대와 동주 시대, 즉 춘추전국 시대의 차별성이 강조되었다. 실제로 상대와 서주 시대는 모두 청동기 시대였고 성읍 국가가 존속했으며, 봉건제의 예적 질서가 정치와 사회·문화생활의 근간이 되었다는 점에서 연속적이었다고 할 수 있다. 이에 반해 동주 시대, 즉 춘추전국 시대는 정치와 사회, 경제, 문화 등 역사의 거의 모든 부분에서 전면적이고 본질적인 변화가 일어나서 서주 시대와 동주 시대를 획기하는 시대구분론에 대해 반대하는 역사가를 발견하는 것은 매우 어려운 일이다.

서주 시대 이전과 동주 시대 이후를 나누는 시대구분론의 가장 핵심적 단초는 철기(鐵器)였다. 바로 이 두 시기를 나누는 분기점에서 중원에서는 철기가 사용되기 시작하여 그곳에 살던 사람들의 생활을 모두 바꾸어 버렸다. 철제 농기구가 농민의 손에 쥐어지자 농경의 효율성이 혁명적으로 제고되어 농업혁명이 일어났고 경작과 거주의 공간이 확장되었으며 농민 계급이 분화되었다. 철제 병기가 병사의 손에 잡히자 전투력이 엄청나게 증대되어 대규모의 전쟁이 빈번하게 일어났다. 약육강식의 다툼으로 약소국은 소멸되고 강대국은 고대 국가로 발전하여 성읍 국가 시대가 종결되고 영토 국가 시대가 전개되었다. 철기의 발명이 가져온 역사적 파장과 의미는 너무나 커서 보다 상세한 설명을 아낄 수 없다.

청동기 시대에는 청동기가 병기로는 사용되었지만 농기로 사용되기는 어려웠다. 청동이 값비싼 금속이었을 뿐만 아니라 연질의 금속이었기 때문에 농기구로 사용되기에는 매우 부적절했다. 이로 인해 청동기 시대에도 농민들은 여전히 돌이나 나무로 농기를 만들어 농사지었으며, 당연한 결과로 그 당시에는 농경의 효율성이 매우 낮았다. 성읍 국가와 성읍 국가 사이에는 광활한 산림수택(山林藪澤)이 가로놓여 있었지만, 석기와 목기 농기구를 든 농민들이 농사를 지을 수 있는 농경지는 성읍 주변의 매우 제한된 공간에 국한되었다. 성읍에서 공동체 생활을 영위하던 농민들은 성읍 주변의 제한된 농지에서 일정한 토지를 할당받아 농사지었는데, 『맹자』에 의하면 이때 우물 정(井)자처럼 900무(畝)의 농지가 9조각으로 분할되어 8가의 농민에게 100무씩의 사전(私田)이 할당되고, 나머지 1조각의 100무 땅은 공전(公田)으로 삼아 공동체를 위해 사용되었다고 한다. 고대 중국에서 100무의 농지는 일반적으로 5인 내지 8인으로 구성된 1호의 정남(丁男, 성인 남자에 대한 법제적 칭호) 노동력이 투입되어 가족을 부양하기에 적절한 최소한의 농지 단위로 간주되었다. 흔히 이 정전제(井田制)가 거론될 때는 "우리 공전에 비가 내리고 우리 사전에도 비가 내리소서"라는 『시경』「소아(小雅)」대전편(大田篇)의 구절이 함께 읊조려졌다. 그러나 농민을 토지에 구속시킨 이 정전 체제는 이미 서주 말부터 흔들리기 시작했다. 서주 말에 만들어진 것으로 보이는 『시경』의 시구에서는 농민들이 정전제적 토지로부터 이탈하여 도피하는 상황이 자주 노래되었다. 체제 불안으로 인해 야기된 도호(逃戶) 현상은 철기의 사용으로 인해 극대화되었다. 정전법적 토지를 이탈하여 철제 농기구로 산림수택을 개간하면 개인 토지를 사유할 수 있었기 때문이다.

철제 농기구를 들고 정전제적 토지를 이탈하여 산림수택을 개간한 농민은 농지의 단위 면적당 생산량을 수배나 증가시킬 수 있었다. 철제 농기구는 목제나 석제 농기구가 할 수 없었던 심경(深耕)을 가능하게 했기 때문이다. 강도가 약한 석제나 목제 농기구로는 강우량이 적은 중원의 메마르고 딱딱한 한지(旱地)를 깊이 팔 수 없었으며, 당시에는 비료를 주는 시비법(施肥法)이 개발되지 않았기 때문에 한 해 농사를 지은 다음에는 지력이 떨어진 땅을 포기하고 새 땅에서 농사를 짓는 윤경(輪耕)이 불가피했다. 그러나 철제 농기구는 깊은 땅속의 기름진 흙을 지표로 꺼낼 수 있었기 때문에 연작(連作)을 가능하게 해 단위 면적의 생산량을 엄청나게 증대시켰다. 그뿐만 아니라 철제 농기구는 산림수택의 개간을 가능하게 함으로써 농경지의 범위를 크게 확장시켰다. 종래에는 황하의 범람이 매년 기름지고 촉촉한 새 흙을 가져다주는 혜택을 기대하여 범람의 위험을 무릅쓰고 황화 연변을 떠나지 못했지만, 이제 철제 농기구를 손에 든 농민들은 황하의 곁을 떠나 산을 넘고 숲을 헤치며 늪과 못을 건너 메마르고 거친 땅으로 거침없이 나아가 살 수 있게 되었다. 철제 농기의 사용뿐만 아니라 경우(耕牛)와 비료의 사용법까지 터득한 중원의 농민들은 이제 명실상부한 농업혁명을 이룩할 물적 근거를 확보했다.

철기의 발명은 농민의 계급 분화도 초래했다. 철제 농기구를 갖게 된 농민은 정전법적 토지를 이탈하여 산림수택을 개간함으로써 개인의 땅을 사유할 수 있게 되었고, 경작 효율의 제고로 인해 축적된 잉여 부는 산림수택의 개간 확대와 다른 농민의 토지를 겸병(兼併)하는 데 재투자되었다. 이로 인해 개인이나 한 가호(家戶)의 노동력이 투입되어 경작할 수 있는 범위를 뛰어넘는 대규모의 토지를 소유한 호족(豪族), 즉 대토지 소유자가 출현하게 되었다. 이에 반해 자신의 토지를 겸병 당하여 가족을 부양하는 데 필요한 생산도구를 갖지 못한 농민도 출현했는데, 부족한 농지를 갖고 있는 농민은 대토지 소유자의 토지를 대신 경작해 주는 전호(佃戶)로 전락했고, 농지를 전혀 갖지 못한 농민은 호족에게 인신을 맡겨 전노(佃奴)로 몰락하기도 했다. 그때까지 정전법적 토지에 공동체 단위로 묶여 있던 농민들은 이제 호족과 자유농, 전호, 전노 등으로 분화·재편되어 이에 걸맞은 새로운 사회 및 정치 체제의 등장을 기다리게 되었다.

철기의 출현은 국가 체제의 변혁까지 초래했다. 지배되는 대상이 달라졌으니, 당연히 지배하는 주체가 변화할 수밖에 없었다. 정전법적 토지에서 농민들이 이탈하고 정전 체제가 무너지게 되자, 우선 정전 체제에 권력의 기반을 두고 있었던 기존의 정치 권력들, 즉 주왕과 제후, 대부 등 봉군(封君), 즉 성읍 국가의 군장들 가운데서 새로운 변화에 효과적으로 대응하지 못한 자들은 권력을 상실하여 몰락했다. 이에 반해 새로운 상황에 적절하게 적응한 자들은 새로운 변화에 편승하여 오히려 권력을 강화할 수 있었다. 종래에 정전법적 토지에서 일정한 노동지대를 수취한 군장들 가운데 새로운 토지, 즉 산림수택의 개간을 통해 새로 확보된 경작지에서 정률의 현물 지대를 수취하는 것이 보다 유리하다는 사실을 알게 된 군장들이 세제의 개혁을 통해 신속하고 효율적으로 자기 권력의 새로운 물적 기반을 확보했다. 또한 어떤 군장들은 자신이 직접 산림수택 개간의 주체로 나서서, 정전법적 토지에 묶여 있던 농민이나 몰락 농민들을 대량으로 산림수택의 개간 사업에 투입하여 광대한 농지를 새로 확보한 다음, 개간 농민들에게 일정한 규모의 토지를 균등하게 분할·지급하여 농사를 짓게 하고 일정량의 수확물을 정률제로 수취함으로써 스스로 지주화의 과정을 밟기도 했다.

새로운 성격의 물적 기반을 확보한 국가의 군장들은 자신의 권력을 강화하고 강화된 권력을 효과적으로 실현하기 위해 국가 체제를 전면적으로 개혁했는데, 이를 위해 활용된 새로운 제도가 곧 군현제(郡縣制)와 관료제(官僚

制)였다. 군현은 세 방향에서 변화에 편승하여 자연스럽게 발생했다. 권력 투쟁에서 패배하여 몰락한 귀족의 봉지와 전쟁을 통해 다른 국가에게서 탈취한 영토, 그리고 산림수택의 개간으로 확보된 새로운 경작과 거주 지역 등 세 종류의 토지는 주권자가 따로 없는 공간이기 때문에 군주가 거두어서 직접 지배하게 되었는데, 이를 두고 군 혹은 현이라 했다. 군주가 군현을 통해 인민을 직접 지배하는 수단을 가리켜 관료(官僚)라 불렀다. 그때까지는 군장과 그 가속이 인민을 지배했기 때문에, 인민을 다스리는 사람은 그 자체가 곧 권력이었다. 그러나 관료는 스스로 권력을 갖지 못하고 오로지 군주의 권력을 실현하는 수단으로서만 존재하게 되었다. 군주가 군현에 파견한 관료, 즉 군수(郡守)나 현령(縣令) 등은 군주의 이목과 손발 같은 존재로서 군주의 의지를 있는 그대로 실현할 뿐이었다. 군현을 확대하고 관료를 활용하는 데 성공한 군주는 곧 종래의 간접적이고 집단적인 인민 지배 체제를 극복하고 직접적이고 개별적인 인민 지배 체제를 새로 확립할 수 있었다.

이에 반해 새로운 변화에 대한 대응과 적응에 실패한 군주는 권력을 상실하여 몰락했고, 그 권력에 동참했던 사인(士人)들도 기존 체제로부터 분해되어 유사(游士)로 전락했다. 사(士)는 원래 유사시에 전차를 타고 싸운 전사였으며 평화 시에는 예(禮)를 배우고 실천하는 독서 계급이었다. 그러나 봉건 체제가 붕괴되고 체제로부터 분해되어 나온 사인은 자신의 기능을 팔며 각국을 전전했는데, 예에 능통한 사인은 문학유세지사(文學遊說之士)가 되어 각국을 유세했고 전투에 능한 사인은 유협지사(游俠之士)가 되어 떠돌이 협객이 되었다. 공자는 대표적인 문학유세지사로서 천하를 주유하며 자신의 문학적 역량을 과시하고, 묵자와 그 제자 집단은 유협의 관행을 전형적으로 보여주어 묵협(墨俠)이라 불리기도 했다. 이들 유사 가운데 새로운 체제에 적응한 자들은 관료 체제로 진입하여 정착하기도 했다. 관료층에 진입한 자 가운데에는 몰락 지배층인 유사들이 있었지만, 농민층의 분화로 인해 신분이 상승한 사람들도 포함되어 있었다. 경제적 여유를 갖게 된 지주층 농민들은 독서를 통해 지적 역량을 개발하여 새 관료군에 진입할 수 있었다.

이러한 사인의 몰락과 농민의 상승이 곧 관료제 구축의 인적 기반이 되었지만, 한편으로는 활발한 문화적 활동을 유발하여 이른바 제자백가(諸子百家)의 시대를 열기도 했다. 유사층 가운데서 특히 문학유세지사들과 농민 가운데서 특히 지주 출신의 신지식인들은 새로운 체제에 정착하기 위해 각국의 군주를 만나 군주가 원하는 바, 즉 새로운 변화에 대응하는 효과적인 방법에 대한 의견을 적극적으로 개진했는데, 그 과정에서 새로운 변화의 본질과 그 역사적 의미에 대한 자신의 견해를 밝히기도 했다. 이들은 자신의 견해를 각국의 군주 등 권력자들에게 전달하는 유효한 방법으로 책의 저술을 선택했다. 그때까지는 유일한 독서 계급인 유사는 그 자신이 지배 권력의 소유자였기 때문에 굳이 저술이라는 전달 방법을 찾지 않아도 자신의 생각을 스스로 실현할 수 있었다. 그러나 유사나 신지식인은 권력을 갖지 못했기 때문에 저술이란 수단을 통해 자신의 생각을 권력자에게 전달하지 않을 수 없었다. 이러한 상황에서 스승의 언동을 기록한 『논어(論語)』와 『묵자(墨子)』, 『맹자(孟子)』 등이 출현했고, 자신의 사상을 스스로 기록한 『도덕경(道德經)』과 『장자(莊子)』, 『순자(荀子)』, 『한비자(韓非子)』 등이 나오게 되었다. 생각이 책으로 저술되면서 사상으로 체계화되기에 용이해졌다.

춘추전국 시대에 중원에서 일어난 광범하고 본질적인 변화는 그곳의 지식인들에게 이 변화의 본질이 무엇인지, 이 변화에 어떻게 대응해야 하는지 등의 본질적인 물음을 강요했다. 이 물음에 대해 가장 먼저 적극적으로 대답한 이가 바로 그 유명한 공자[공구(孔丘)]였다. 공자는 전형적인 유사이자 유자(儒者)였다. 그는 이른바 자칭 몰락귀족의 자제로서 기존 체제로부터 일찌감치 이탈해 있었다. 그러나 그는 사인 본연의 임무인 예를 숭상하고 학습했다.

예란 상·주 시대 문화의 총칭으로 체제의 기둥인 사인이 반드시 체득하고 있어야 할 자원이었다. 사인들 가운데는 체제가 붕괴되어 유사가 된 뒤에도 여전히 예를 계승하여 학습·연구하고 후학에게 교육하는 일을 전문적으로 수행한 이들이 있었으니 이들을 가리켜 유자라고 불렀다. 춘추 시대는 예적 질서에 의해 유지된 기존 체제가 붕괴된 뒤였기 때문에, 이 시대에 유자들이 학습하고 연구하며 교육한 예는 이미 생명을 잃은 예였다. 따라서 유자들은 형해화하고 공동화한 예를 배우고 익히는 형식적 일에 종사하면서 생계를 이어 나간 매우 특수한 집단이었다. 이들은 주로 산동의 추노(鄒魯) 지방을 중심으로 활동했는데, 그 까닭은 이 지역이 고래로 중원의 인적 밀집 지역이자 물적 집산 지역이었을 뿐만 아니라, 특히 예를 운용하는 데 사용된 예기(禮器)와 같은 유물이 많이 남아 있었기 때문이다.

공자는 바로 이 추노 지역에서 활동한 수많은 유자들 가운데 한 명이었다. 유자로서 그는 당연히 예를 학습했고, 이로 인해 예의 전문가가 되어 명성을 얻게 되었다. 그 역시 다른 유자들과 마찬가지로 이미 생명을 잃은 예를 학습하고 교육하며 생계를 이어 나갔던 것이다. 그러나 역사에 이름을 남기지 못한 다른 수많은 유자들과 달리 공자가 현대에 이르기까지 수천 년 동안 그 이름을 길이 남기며 동아시아 전통문화의 형성과 발전에 심대한 영향을 미치게 된 까닭은, 그가 연구하고 가르친 예에 새로운 생명이 담겨 있었기 때문이다.

공자는 '극기복례(克己復禮)'를 주장함으로써, 예에 새로운 생명을 부여했다. '극기복례'란 자기를 이기고 예로 돌아간다는 뜻인데, 이 말은 '극기'와 '복례'라는 서로 상충되는 별개의 행위를 조합함으로써 새로운 질서를 창출했음을 의미한다. '복례', 즉 예적 질서로 돌아간다 함은 일견 전통 회귀를 희망하는 보수적 주장으로 이해된다. 이에 반해 '극기'는 자신의 이해를 극복해서 새로운 질서를 받아들인다는 진보적 사고를 반영한다. '극기복례'의 이러한 이중적 의미를 이해하기 위해서는 공자 당시의 시대적 특수 상황을 이해하지 않으면 안 된다.

철기의 도래로 인해 새로운 물적 기반에 기초를 둔 새로운 정치 세력이 등장하는 것이 불가피했다. 이에 반해 정전법적 토지에 권력 기반을 갖고 있던 구세력은 국가에 대한 영향력이 약화될 수밖에 없어, 필연적으로 구 귀족 세력과 신진 정치 세력이 치열한 권력 투쟁을 전개하여 이른바 '하극상(下剋上)' 현상을 초래하게 된다. 하극상, 즉 아래가 위를 이기는 현상은 춘추 시대에 중원의 여러 나라에서 광범하게 전개되었으니, 진(晉)에서는 육경(六卿)이 각축하여 진 후국(侯國)을 멸망시키고 조(趙), 위(魏), 한(韓) 등 삼국으로 분열되었고, 제(齊)에서는 대부가 제후의 지위를 찬탈하여 새로운 제국을 세웠는데, 공자의 고국인 노(魯)에서도 세 대부가 노의 국정을 농단하는 이른바 삼환(三桓)의 난(亂)이 공자 생존 당대에 전개되고 있었다. 조·위·한 삼국의 진국 분점과 같은 하극상은 서주 시대에는 결코 용납될 수 없는 일이었고 예적 질서를 책임진 주왕이 정벌 등의 수단으로 응징했어야 할 사건이었지만, 주왕은 오히려 조·위·한 삼국의 대부를 제후로 책봉함으로써 봉건제의 조종을 스스로 울렸다. 후대의 역사가들은 흔히 이 사건을 춘추 시대와 전국 시대의 분기점으로 삼았으니, 전자는 예적 질서가 실제로는 붕괴되었지만 형식적으로 남아 있던 시대로 규정되고, 후자는 예적 질서가 명실상부하게 소멸된 시기로 이해되었다.

자신의 눈앞에서 생생하게 전개되는 하극상의 현상을 직접 목도한 공자는 명분과 실제가 심각하게 괴리된 현실을 직접 체험했다. "군군(君君) 신신

(臣臣) 부부(父父) 자자(子子)", 즉 임금은 임금답고 신하는 신하다워야 하며 아비는 아비답고 자식은 자식다워야 한다는 이른바 '정명(正名)' 사상은 바로 이러한 시대적 배경을 그대로 반영한 것이었다. 즉 공자는 당시의 변화하는 현실을 임금이 임금답지 않고 신하가 신하답지 않은 상황으로 파악하고, 당시의 변화하는 상황에 대한 바람직한 대응을 임금과 신하라는 '명(名)'과 임금답지 않고 신하답지 않은 '실(實)'이 일치하지 않는 현실을 바로잡는 일, 즉 '정명'에서 찾았다. 이 점에서 그는 거의 모든 제자백가들이 명실의 관계 구명을 일차적 과제를 삼아 논리학을 발전시킨 전통의 선두에 있었다. 그에게 있어 '정명', 즉 명분과 실제를 일치시켜 명분을 바로잡는 일은 곧 '복례', 즉 예적 질서로 되돌아가는 일이었다. 이런 점에서 볼 때 공자는 이미 소멸된 구체제의 예를 계승하며 전통 회귀를 주장한 여느 유자들과 크게 다를 바 없었다. 공자가 다른 유자들과 달랐던 것은 시대적 변화에 대해 정확하게 통찰하고 그 결과로서 '극기'라는 새로운 대응 방안을 제안할 수 있었기 때문이다. '극기'란 곧 기득권자들에게 새로운 정치 세력의 정권 참여를 받아들이도록 요구한 것이며, '극기'의 구체적 방법으로 제시한 것이 곧 '존현(尊賢)'이었다.

'현(賢)'이란 곧 개인의 능력을 의미한다. 그것은 가문의 배경이나 혈통의 특권과 대응하는 상대 개념이었다. 그 이전 시대에는 누구의 손자이고 누구의 아들인가 하는 것이 그 사람의 정치적 특권과 사회적 지위, 경제적 부를 모두 결정했다. 그러나 이제 신분제적 질서가 무너진 새로운 시대에는 그 자신이 개발하여 획득한 정치·사회·문화적 역량을 중시되게 되었다. '현'은 곧 철기 시대의 도래로 인해 혈통적 배경과 무관하게 자신의 힘으로 성장한 신진 세력의 역량을 표현하는 말이기도 했다. 따라서 '현사(賢士)'를 존중하자는 공자의 '존현' 사상은 개인의 역량이 출중한 인물을 구체제의 기득권자들이 인정하고 받아들여 함께 정권을 공유할 것을 주장한 것이었다. 공자의 '존현'은 그의 후배 묵자의 '상현(尙賢)'에 비해서는 훨씬 온건하고 제한적인 것이었지만, 당시로서는 구체제의 붕괴와 신체제의 전개라는 새로운 역사적 변화를 적극적으로 수용한 매우 혁명적인 주장이었다. 그가 돌아가기를 주장한 '예'는 과거에 죽은 예가 아니라 변화의 내용을 적극 수용한 새로운 생명을 담은 예였다. 따라서 '극기'와 '복례'는 일견 서로 모순된 개념인 듯하나 양자의 조화를 통해 새로운 질서를 창출하려는 과정의 하나였다고도 할 수 있다.

'존현'을 통해 '극기복례'를 실현하려 한 공자의 개혁 의지는 그의 새로운 '군자(君子)' 개념에서도 발견된다. 공자 이전 시대는 신분제 사회였기 때문에 '군자' 즉 임금의 아들이 곧 통치자였다. '군자'는 곧 통치자를 의미했고, 피통치자는 '소인(小人)'이라 불렀다. 그러나 공자는 '군자'라는 말에 새로운 의미를 첨가했다. 그것은 부조로부터 물려받은 세습적 특권의 소유자가 아니라 예 등 문학(文學)의 학습과 도덕적 수신(修身)을 통해 자신의 개인적 능력, 즉 '현능(賢能)'을 함양하여 통치자로서의 기본적 자질과 역량을 갖춘 인물을 가리키며, 문학적 역량과 도덕적 자질이 열등한 '소인'과 구별된다. 이처럼 공자는 군자와 소인의 통치자와 피통치자, 지배와 피지배 관계를 통해 예적 질서의 형식은 그대로 계승했지만, 새로운 시대적 변화에 효과적으로 대응할 수 있는 새로운 콘텐츠를 개발하여 내포함으로써 새로운 시대 전개의 방해자, 혹은 저지자가 아니라 적극적 참여자, 혹은 개창자로서의 역사적 위상을 확보할 수 있었다.

공자의 핵심 사상이라 할 수 있는 '인(仁)' 역시 이러한 측면에서 재해석할 수 있다. 흔히 '인'은 두 사람의 이상적 관계, 즉 사랑을 표현하는 말로 해석되어 왔지만, 이를 집단·계급적으로 확장시킨다면 두 집단, 혹은 두 계급의 상호 이해와 타협을 통한 새로운 이상사회의 도래를 희망한 것으로 해석될 수도 있다. 그의 '인정(仁政)' 역시 단순히 통치의 도덕성을 강조한 말이라기보다는 '현사' 계층, 즉 신진 정치 세력의 수용과 '소인' 즉 피통치 계급에 대한 배려를 통해 신구 정치 세력의 타협과 통치·피통치 계급의 조화를 도치하려는 이념 체계로 이해할 수 있을 것이다.

혼히 공자와 그 사상은 전통으로 회귀하려는 전통주의 혹은 복고주의와 옛것을 숭상하는 상고주의, 기존의 체제를 지키려는 보수주의의 화신과 원형처럼 간주되어 왔다. 그러나 이미 공자 시대 직후부터 공자에 대한 평가는 극과 극으로 양분되어 왔으며 지금까지도 상이한 평가의 경향은 지속되고 있다. 공자 사후에 그 후계자들에 의해 그의 저서인 『춘추(春秋)』에 대한 상반된 해석이 다양하게 저술되었는데, 대표적인 것으로 『좌씨춘추(左氏春秋)』라고도 불리는 『춘추좌전(春秋左傳)』은 『춘추』를 '술이부작(述而不作)'의 전통을 있는 그대로 옮겨 적은 단순한 역사적 기술로 보고 그 편찬자인 공자를 일개 역사가로 이해했지만, 『공양춘추(公羊春秋)』 즉 『춘추공양전(春秋公羊傳)』은 『춘추』를 '미언대의(微言大義)', 즉 공자의 위대한 뜻이 작은 말속에 숨겨져 있는 사상서로 이해했다. 공자를 전통주의자로 이해할 것인가, 개혁적 사상가로 이해할 것인가 하는 평가의 대립은 한대 이후 지속적으로 전개된 이른바 금고문(今古文) 논쟁을 통해 더욱 격화되었다. 무제 시대부터 금문경(今文經)이 옳은가, 고문경(古文經)이 옳은가 하는 텍스트 논쟁이 벌어지자, 고문경을 주장하는 『좌씨춘추』 지지자들은 공자의 전통성을 강조하고, 금문경을 주장하는 『공양춘추』 지지자들은 공자의 개혁성을 강조했기 때문이다. 이 논쟁은 고증학(考證學)이 발달하여 고문헌에 대한 엄밀한 고증과 판정이 이루어진 청대에 이르기까지 지속되어 공자의 역사성에 대한 평가는 전통시대 내내 논쟁적으로 이루어졌다. 근현대에 들어와서도 공자에 대한 평가는 격변하는 정치사의 부침에 따라 그네 뛰듯 변화무쌍하게 전개되었다. 청 말의 무술변법(戊戌變法)은 공양춘추 학자인 강유위(康有爲)의 개혁적 공자 해석에 근거하여 진행되었고, 민국혁명(民國革命) 직후의 신문화(新文化) 운동 은 공자 사상의 전통주의에 대한 비판을 통해 개시되었다. 그 뒤 곽말약(郭 沫若)의 『십비판서(十批判書)』에 의해 공자는 전통주의의 가식을 쓴 개혁주의 자로 환생되었으나, 문화혁명(文化革命) 직후의 비림비공(批林批孔) 운동 시에 는 공자 비판이 임표(林彪)의 제거에 활용되었고, 현금에는 공자의 개혁성이 다시 강조되면서 공자의 복권이 진행되고 있다. 그러나 공자에 대한 평가가 정치적 기복에 따라 아무리 달라진다 하더라도, 공자와 그 사상에서 전통성 과 개혁성이 동시에 발견되고 있음은 부인할 수 없는 사실이다. 어떤 점을 어떤 입장에서 더 강조하느냐에 따라 평가가 달라질 뿐이어서, 공자에 대한 이해는 두 가지 측면이 함께 아우러져야 더욱 정곡에 가깝게 다가갈 수 있 을 것이다.

한 예로 공자의 인문주의는 동아시아 문화 전통에 큰 획을 그었다. 공자 이전만 하더라도 인간의 모든 행위와 사고는 천(天)을 중심으로 전개되었다. 『시』와 『서』에는 천이 빈번하게 등장하는데, 이 천은 서주 시대 중원인이 섬 긴 최고의 귀신으로, 인간의 정치와 사회생활이 직접 개입하여 영향을 미쳤 다. 갑골문 시대에는 제(帝)가 만신(萬神)의 으뜸으로, 성읍 국가 공동체의 중 국과 상응했다. 중국 즉 상·주와 사국 즉 그 주변 국가들은 모두 각각 다른 신을 섬기고 있었는데, 지상에서 중국을 중심으로 만국이 일정한 질서를 갖 추고 공동체를 이루고 있었듯이, 천상에서는 제(帝)를 중심으로 만신이 상응 하는 질서를 갖추고서 지상의 군주들, 즉 정인 집단과 제사나 점복(占卜) 등 을 통해 교감했다. 그러나 '상·주혁명'에 의해 지상에서의 중국이 상에서 주 로 바뀜에 따라 천상에서도 만신의 으뜸 자리가 제에서 천으로 바뀌었으니,

이는 주의 신이 천이었기 때문이다. 주인(周人)은 서융(西戎)에서 성장하면서 융인이 섬기는 천을 자신의 신으로 받아들였는데, 이는 천이 융인이나 흉노 등 유목민들의 공통된 신이었기 때문이다. 그런데 『시』나 『서』에는 천과 제가 동시에 출현해서 혼란을 불러일으키지만, 이는 제를 최고신으로 섬기던 오랜 관행이 낳은 결과로, 시서 시대의 천과 제는 다른 개념이 아니라 같은 개념의 다른 이름이었다.

주인(周人)은 상인(商人)과 마찬가지로 제사와 점복을 통해 천(天)과 교감했고, 천은 마치 구약 성경에 나오는 여호와처럼 주인의 생활에 직접 개입하여 일일이 간여했다. 특히 정치에 대한 천의 간섭은 매우 결정적인 영향을 미쳤으니, '상·주혁명'에 대한 개입이 그 대표적인 경우였다. 주인은 군주인 상왕 주(紂)를 죽인 것을 천명(天命)으로 이해했다. 즉 천이 유덕(有德)한 인물에게 천명을 내려 천자(天子)로 삼아 천하(天下)를 대신 다스리게 했는데, 천자가 실덕(失德)하면 천명도 잃게 된다는 것이다. 천명을 잃은 천자는 더 이상 천자가 아니라 일개 필부에 지나지 않고, 일개 필부일지라도 천명을 얻으면 천자가 된다는 것이다. 따라서 상의 마지막 왕 주는 실덕하여 천명을 잃었고, 주(周)의 무왕(武王)은 유덕하여 천명을 얻었기 때문에, 무왕이 주(紂)를 죽인 것은 천자를 죽인 것이 아니라 일개 필부를 죽인 것이라 했다. 이렇게 천명이 바뀌는 것을 혁명(革命)이라 했으니, 상·주의 교체를 천명의 교대, 즉 혁명으로 본 것이다.

그러나 천과 천명에 대한 주인의 인식은 공자에 이르러 본질적인 변화를 겪게 된다. 공자에게도 천과 천명은 여전히 존재하는 실체였다. 애제자 안회(顔回)가 요절했을 때 그는 천과 천명을 부르짖으며 통곡했다. 그러나 공자는 천과 천명을 더 이상 자신의 학문 세계로 끌어들이지 않았다. 그는 천이나 신과 같은 비합리적 존재를 자신의 합리적 논의에서 배제할 것을 선언했다. 그의 학문적 관심은 인간과 신의 관계가 아니라 인간과 인간의 관계에 집중되었다. 이는 동아시아에서 위대한 인문학의 전통이 전개되는 출발점이 되었다.

공자의 인문학은 상·주 시대의 전통적 문화, 즉 예를 체계화하는 것이었으며, 그의 연구 자료는 그 이전에 존재해 온 고문헌들, 예컨대 『시』와 『서』, 『예(禮)』, 『악(樂)』 및 『역(易)』과 같은 것이었다. 공자는 이러한 고문헌을 정리하여 체계화하고 그 결과를 제자들에게 가르쳤는데, 그의 교육 목적은 이상적 '군자'를 양성하는 것, 즉 '내성외왕(內聖外王)'[안으로는 도덕성을 갖춘 성인(聖人)이 되고 밖으로는 인정(仁政)을 베풀 줄 아는 통치자가 된다는 뜻]이란 이상적 인간을 창출하는 것이었다. 공자는 신분제적 '군자'상을 극복하여 '존현'을 구현하려 했기 때문에, 교육의 대상을 개방하여 혈통적 군자, 즉 귀족이 아니더라도 현사(賢士)가 될 수 있는 자질을 갖춘 이는 모두 교육의 대상으로 삼았다. 이로 인해 독서인층의 범주가 크게 확장되어 신흥 지주층도 신지식인으로 포함되었으니, 공자의 교육은 새로운 성격의 독서인층이 정권에 참여하여 관료층을 형성하고 전통적 신분제가 극복되는 주요한 계기를 마련했다고 할 수 있다.

공자의 인문학은 이상주의의 정수였다. 그는 현실과 이상 가운데서 언제나 이상을 선택했다. 그는 이루어질 수 없음을 알고서도 이루려는 노력을 포기하지 않았다. 그가 만년에 연구와 교육을 잠시 중단하고 제자 집단을 이끌고 천하를 13년 동안이나 주유한 것은 자신의 이상을 실현할 기회를 찾기 위해서였다. 그의 가르침과 주장은 너무나 비현실적이고 이상주의적인 것이어서 그가 방문한 각국의 군주 가운데는 그의 이상을 실현하는 데 필요한 현실적 수단, 즉 권력을 제공하려는 자가 아무도 없었다. 흔히 유교(儒敎)라고 표현되는 그의 가르침은 그의 사후에도 한 번도 체제 이론으로 채택되어 실현된 적이 없다. 왜냐하면 그의 가르침은 현실에서 실현될 수 없는 이상이었기 때문이다. 그럼에도 불구하고 공자의 가르침이 이천 수백 년 동안 동아시아 지식인의 의식세계를 지배했던 까닭은 그의 가르침이 바로 이상 그 자체였기 때문이다. 현실에 기초한 학문이라면 그 학문에 부응할 시기나 조건에서만 생명을 가질 수 있을 터이나, 이상에 기초한 공자의 학문은 어떠한 시기나 환경의 차이를 초월해서 놀라울 정도의 높은 탄력과 유연성으로 긴 생명을 유지했다.

공자의 이상주의를 계승하여 체계화하는 유자들도 나타났다. 맹자[맹가(孟軻)]가 그 대표적인 인물이다. 전국 시대 중기를 산 맹자는 예적 질서가 철저하게 파괴되고 약육강식의 무질서한 전쟁의 시대를 극복하기 위해 공자의 인정론(仁政論)을 체계화하여 왕도(王道) 사상을 피력했다. 맹자의 '왕도'는 '선왕지도(先王之道)'의 준말이고 그의 '선왕'은 '후왕(後王)', 즉 근대의 왕자(王者)에 대응하는 말로서 주 문왕과 무왕과 같은 고대의 위대한 왕자들을 가리킨다. 그는 선왕의 치도(治道)를 모범으로 삼기를 강조했는데, 선왕의 치도란 정전제를 통해 백성의 배를 부르게 하고 교육을 통해 백성이 염치를 알게 함으로써 천하의 백성이 심복(心服), 즉 마음으로 복종하게 하는 인정을 말한다. 그는 힘으로써 패업(霸業)을 이룬 근대의 패자(霸者)들, 즉 '후왕'의 치도를 거부하고 덕(德)으로써 인정을 베푼 '선왕'의 치도를 역설한 것이다. 맹자의 선왕 사상은 유자의 복고적 혹은 상고적 역사관에 기초한 것으로 보일 수도 있지만, 정전제가 맹자의 이상적 토지제도를 고대에 가탁한 것으로 해석될 수 있듯이 그의 인정론 역시 자신의 이상적 치도를 고대에 가탁한 것으로 이해될 수도 있다. 맹자는 우물가에서 아기가 노는 것을 보고 그 위험을 경계하지 않는 인간은 없다고 하면서 인간의 본성에 대해 무한한 신뢰를 보여 주었고, 인간의 선한 본성을 잘 키워서 호연지기의 대장부로 기를 수 있다는 이상적 교육관을 피력하기도 했다. 맹자의 극단적 이상주의는 『맹자』의 등문공편(滕文公篇)에 잘 기술되어 있다. 맹자가 등(滕)나라를 유세했을 때, 등의 문공이 "어떻게 하면 우리나라를 이롭게 할 수 있느냐"고 묻자, 맹자는 "왜 의(義)에 대해 묻지 않고 이(利)에 대해 묻느냐"고 반문했다. 『사기』 맹자열전(孟子列傳)의 「태사공왈(太史公日)」에서 태사공 사마천(司馬遷)은 "이 대목을 읽고서 자신도 모르게 탄식하며 책을 내려놓았다"고 술회하고 있다. 사마천이 맹자의 그 지독한 이상론을 읽으면서 탄식하지 않을 수 없었던 까닭은 그의 사상이 너무나 '우원(迂遠)'하기 때문이다. '우원'이란 지름길로 가지 않고 멀리 돌아서 간다는 뜻이다. 이 한심스러운 공맹(孔孟)의 이상주의가 바로 그들의 사상이 수천 년의 긴 생명을 갖게 한 근본적 이유이기도 했다. 맹자는 정전제를 실시해서 백성을 배부르게 하고 학교에서 교육하여 염치를 알게 한다면 백성들은 천 리 먼 곳에서 노인을 업고 아이의 손을 잡고서라도 찾아와 천하는 자연히 통일될 것이라고 예언했지만, 실제로 전국(戰國)은 진시황(秦始皇)의 강압적 무력에 의한 통일로 소멸되었다. 그럼에도 불구하고 공맹의 사상이 긴 생명을 잃지 않은 것은 그들이 설파한 가치가 곧 동아시아인들이 결코 포기할 수 없었던 이상이었기 때문이다.

공자가 새로운 변화에 대응하는 새로운 콘텐츠를 제시하자, 유자들 가운데서 공자보다 더 적극적으로 새로운 시대의 변화에 대응하는 이들이 연이어 출현했다. 묵자[묵적(墨翟)]가 그 대표적인 인물이었다. 공자가 춘추 말기에 산 문학유세지사(文學遊說之士)였다면, 묵자는 전국 초기에 활동한 유자 출신의 유협지사(游俠之士)였다. 춘추 시대가 예적 질서의 실제는 소멸되었지만 형식은 남아 있던 시대였다면, 전국 시대는 예적 질서가 명실상부하게 소멸되고 새로운 질서가 창출된 시대였다. 공자는 새로운 내용을 담은 예의 시대가 회복되기를 기대했지만, 묵자는 예적 질서를 극복한 새로운 질서의 출현이 불가피한 상황으로 판단했다. 공자는 '존현'을 통해 신진 세력의 정권 참여를 허용하도록 촉구했으나, 묵자는 '상현'을 주장하여 전통적 신분제에 의지하는 구 귀족 세력의 존재의미를 철저하게 배제하고 개인적 능력을 보유한 현사가 주도하는 새로운 정치 체제의 창건을 제안했다. 공자는 인(仁)을 통해 대립적인 두 계급의 화해와 타협을 기대했지만, 묵자는 겸애(兼愛)를 주창하여 모든 사람이 균등하게 사랑을 나눌 것을 강조했다. 묵자는 공자의 인, 즉 효(孝)와 제(悌), 충(忠) 등의 사랑이 자기 부모·자기 형제·자기 군주에 대한 사랑만을 강조하는 차별애(差別愛)의 개념이라고 규정하고 모든 전쟁과 갈등은 이러한 차별애에서 비롯되었다고 비판하면서, 남의 부모·남의 형제·남의 임금까지 함께 사랑한다면 현재의 전쟁과 갈등의 참상을 종식시킬 수 있다고 주장했다. 묵자는 자신의 겸애론을 실현하기 위해 스스로 천하를 다니면서 부당하게 남의 침해를 받은 사람이나 나라를 위해 자신의 희생을 감수했다. 묵자의 이러한 겸애 정신은 이른바 '묵협(墨俠)'에 의해 실현되었다. 춘추전국 시대에는 공권력의 합법적 보호를 받지 못한 민간인들이 임협적(任俠的) 역량을 가진 유협(游俠)의 물리력에 의지하는 관행이 유행했는데, 묵자의 제자 집단이나 지지자들도 조직적으로 유협의 역할을 맡아 했기 때문에 '묵협'이라 불렸다. 이들은 부당하게 남의 나라로부터 침략을 받는 나라가 있으면 전 중국적 조직망을 통해 현장에 결집하여 부당한 침략을 방해했다. 적은 수의 묵협이 다수의 침략군과 대항하기 위해 효율성이 높은 기계를 만들어 사용했는데, 『묵자』에는 이러한 기계 제작법과 성을 공격하고 지키는 기술이 기재되어 있어 이채롭다. 다른 학파와 달리 묵자 집단의 활동은 선진 시대에 국한되었는데, 그 까닭은 무리한 겸애의 실천으로 대부분의 묵협들이 전투 과정에서 전사했기 때문이다. 묵자는 절약(節約)과 근검(勤儉)을 주장하기도 했는데, 이는 단순한 절약 근검이 아니라 예의 본래 정신을 추구하자는 주장이었다. 즉 유자들이 예의 형식에 지나치게 집착하여 그 원래 정신을 잊고 형식주의로 빠진 것을 비판하면서, 장례 때 관의 크기를 따지기에 앞서 관을 왜 사용하게 되었는지, 집의 크기를 논하기 전에 집을 왜 짓고 살게 되었는지 등 보다 근본적인 질문을 던졌다. 이는 곧 묵자가 이미 죽은 예를 명실상부하게 폐기하고 새로운 시대에 걸맞은 새로운 질서를 창출할 것을 주장한 것이다.

묵자의 개혁 정신은 묵협에 의해 실천되고 변법(變法)의 주역들에 의해 계승·발전되었다. 철기의 출현은 농민들로 하여금 성읍 국가 주변의 정전법적 토지를 이탈하여 성읍 국가와 성읍 국가 사이에 광범하게 놓여 있던 산림수택을 개간하여 농경지를 확장하게 만들었고, 국가 권력은 이웃 성읍 국가를 전쟁 등의 방법으로 소멸시킴으로써 그 사이에 개재한 산림수택을 확보할 수 있음을 알게 되었다. 이로 인해 전쟁이 빈번하게 일어나 수많은 성읍 국가들이 소멸되면서 국가의 형태가 점의 형태에서 면의 형태로, 즉 성읍 국가에서 영토 국가로 전환되었다. 이로 인해 중원의 국제 사회에서는 봉건제와 같은 예적 질서가 소멸되고 약육강식, 적자생존의 치열한 투쟁이 계속되었다. 종래에는 모든 국가가 중국인 상 혹은 주와 작제(爵制)를 통해 제도적으로 연결되어 있어, 만약 어떤 국가가 이웃 국가를 무단으로 공격하면 국제질서의 최종적 책임이 귀속되어 있는 상왕 혹은 주왕이 작위의 조작이나 '정벌(征伐)', 즉 군사적 징벌을 통해 즉각 응징했다. 그러나 춘추 시대의 주왕은 제후국을 통제할 힘을 갖지 못했고, 그 당연한 결과로서 국제 사회에는 아무런 질서가 존재하지 못했다. 주왕의 권위는 이미 서주 말부터 추락하여, 서융의 침공으로 인해 주 왕실이 낙양(洛陽)으로 동천(東遷)할 수밖에 없었을 때도 제후국들은 번국(藩國), 즉 울타리 국가의 역할을 방기한 채 아무런 도움을 주지 않았다. 따라서 동천 이후의 주, 즉 동주는 형식적으로만 공주(共主)로 존재했을 뿐 실제로는 중국, 즉 국제질서를 주도하는 중심 혹은 구심점의 역할을 전혀 하지 못했다.

춘추 시대에는 중원에 위치한 국가들이 이적(夷狄)의 국가와 스스로 구별하기 위한 자의식의 표현으로 '제하(諸夏)'라고 자칭했다. 춘추 시대의 제하는 무질서한 국제 사회의 전쟁 위협에 노출되어 있었을 뿐만 아니라 제하의 공동체 힘이 약화됨에 따라 이적의 침공에 노출되어 있었다. 이로 인해 제하는 새로운 국제질서의 출현을 대망했는데, 그 대망에 호응하기 위해 출현한 것이 패자(覇者)였다. 이른바 '춘추오패(春秋五覇)'란 철기 시대의 도래와 영토 국가로의 전환에 비교적 성공적으로 적응하여 '부국강병(富國强兵)'을 이룩하고, 타국에 대한 상대적 우위를 확보한 국력을 바탕으로 '존왕양이(尊王攘夷)', 즉 주 왕실을 떠받들어 이적을 중원에서 몰아낸다는 명분을 내세워 '회맹(會盟)', 즉 모여서 맹약하는 방법으로 '구합제후(鳩合諸侯)', 즉 제후국들의 결집을 주도함으로써 패업을 이루는 데 성공한 제(齊) 환공(桓公)과 진(晉) 문공(文公) 등 다섯 국가의 군주들을 일컫는 말이다.

춘추 시대가 패자의 '존왕양이'에 의해 주의 예적 질서가 형식으로는 존재했던 시대였다면, 전국 시대엔 그나마 패자의 힘에 의존한 국제질서조차 없어져서 끊임없이 전쟁을 지속하는 '전국(戰國)'만 존재하게 되었다. 서주 시대에서 춘추 시대로 들어가면서 '만국'이라 불리던 수많은 성읍 국가들이 소멸되어 수백의 영토 국가로 정리되었고, 전국 시대로 넘어가면 이른바 '전국 칠웅(戰國七雄)'이라 불리는 일곱 국가만이 살아남게 된다. 전국칠웅은 단순한 영토 국가에 그친 것이 아니라 하나하나가 모두 제국(帝國)이라 할 수 있을 만큼 고도한 수준의 중앙집권적 국가 체제를 완비하여 고대 국가의 전형을 보여 주었다. 이 폭풍 같은 변화의 시기에 살아남기 위해 모든 국가들이 치열하게 자기 변혁을 도모했는데, 이를 두고 흔히 '변법'이라 불렀다. 당시의 '변법'이란 단순한 법의 변화가 아니라 국가 체제의 전면적 변혁을 의미했다. 서주 시대의 성읍 국가가 춘추 시대의 영토 국가 단계를 거쳐 전국 시대의 고대 국가 단계로 발전하는 과정에서, 변법에 성공하여 시대적 변화에 성공적으로 적응한 국가는 생존했고 실패한 국가는 소멸되었으니, 전국칠웅이란 곧 이러한 변법에 성공한 일곱 국가를 말한다.

춘추전국 시대 변법의 본질은 전국칠웅의 공통점에서 발견할 수 있다. 전국 말까지 살아남은 '칠웅'이란 곧 조(趙), 위(魏), 한(韓), 연(燕), 제(齊), 초(楚), 진(秦) 등 7국을 말하는데, 이 가운데 연, 제, 초, 진 등 4국은 모두 중원의 외곽에 위치한 국가였고, 순수한 '제하'의 국가는 진(晉)을 나누어 가진 조, 위, 한 3국에 불과했다. 장강 유역의 초는 스스로 만이(蠻夷)라 자칭했고, 관서(關西)에서 발전한 진(秦)은 서융의 패자를 자칭했으며, 산동의 제는 동이(東夷)를 포섭하고 동북의 연은 동호(東胡)와 조선의 요동을 탈취했다. 이처럼 중원의 제하 국가들은 대부분 소멸되고 중원 외곽 혹은 이적에서 발전한 나라들이 전국의 강자로 살아남을 수 있었던 까닭은 춘추전국 시대의 변법이 곧 중원, 즉 제하의 전통을 극복하고 새로운 체제를 건설하는 과정이어서 중원 문화인 예의 세례를 받지 않았거나 덜 받은 곳에서 성공할 가능성이 높았기 때문이다.

실제로 변법을 실행한 춘추전국의 각국은 예적 질서의 대안으로 법적(法的) 질서를 선택했다. 예는 '분(分)'의 기능을 갖고 있어서 군신과 부자, 남녀, 장유, 귀천 등을 나눔으로써 일정한 질서를 구축했다. 그러나 법은 본질적으로 '일(一)'의 기능을 가지고 있기 때문에, 공동체 성원의 행위를 판단하는 기준을 하나로 통일시킴으로써 예적 질서와는 전혀 다른 새로운 성격의 질서를 가져다주었다. 법적 질서 안에서 상하 귀천의 구별 없이 모든 사람의 행위가 동일한 법조문에 의해 동등하게 규정된다 함은 곧, 예적 질서 아래에

144

서 특수한 권익을 향유한 구 귀족 세력의 특권을 박탈하고 전통적 신분제를 파괴하는 것을 의미했다. 따라서 변법이 실행된 국가에서는 어디서나 기득권을 향유하고 있던 구 귀족 세력으로부터 완강한 저항을 받았다.

변법은 언제나 변법 실행자와 구 귀족 세력의 치열한 역사논쟁으로 시작되었다. 조의 호복(胡服) 논쟁이 그 대표적인 경우였다. 전국칠웅 가운데서 조와 진, 연 3국은 북방 초원의 유목민 사회와 직접 접촉하면서 길항하고 있었다. 그 과정에서 중국인의 전차(戰車) 전술에 대한 유목민의 기마(騎馬) 전술이 갖는 우월성을 인식하고 기마술을 수용하려 했는데, 기마전을 위해서는 전통적인 중국 복식을 벗고 유목민의 복장, 즉 호복을 착용하는 것이 불가피하다는 사실도 배우게 된다. 조의 무령왕(武靈王)은 전차전에서 기마전으로 넘어가는 시대적 흐름을 간파하고 이를 위해 호복의 착용을 추진하게 되는데, 복식은 문화의 상징이어서 호복을 착용한다는 것은 곧 중국의 전통문화인 예를 포기하는 것을 의미하기도 했다. 이로 인해 예적 질서를 옹위하는 구 귀족 세력의 적극적인 저항은 당연한 일이었다. 호복령(胡服令)에 대한 찬반은 곧 역사에 대한 인식의 차이에서 비롯되었다. 호복령을 반대하는 사람들에게는 예는 폐기될 수 없을 뿐만 아니라 변화할 수도 없는 절대적인 가치였기 때문에 예가 지배하는 시대는 영원불변하게 지속되어야 한다. 그러나 호복령을 시행하려는 사람들에게 역사는 언제나 변화하는 것이어서, 예가 지배하던 시대도 당연히 다른 무엇이 지배하는 시대로 바뀌어야 했다. 변법은 역사의 진보를 확신하는 사람들의 전리품이었다.

역사의 진보성을 가장 잘 보여 준 것은 바로 저 유명한 상앙(商鞅) 변법이었다. 전국의 각국은 앞다투어 변법을 시도했지만, 특히 진의 변법은 진에 의한 중국 통일을 초래한 힘의 원천이 되어 결과적으로 가장 성공적인 사례가 되었을 뿐만 아니라 그 구체적 과정이 『사기』 상군열전(商君列傳)에 비교적 상세하게 기재되어 있어 후대인에게 가장 잘 알려지게 되었다. 상앙은 원래 위(衛)의 공자(公子)였으나, 진(秦) 효공(孝公)의 구현령(求賢令)에 호응하여 진의 변법을 주도했다. 그는 먼저 진의 구 귀족 세력과 치열한 역사논쟁을 벌여 변법의 이론적 당위성을 확보한 다음, 막대기 하나를 옮기면 거금을 준다고 공시하여 실행하고 세자가 마차를 타고 입궁하는 범법 행위를 예외 없이 징치함으로써, 신상필벌(信賞必罰)의 법치(法治) 정신을 확실하게 주지시켰다. 이러한 바탕 위에, 진의 기존 체제를 전면적으로 개혁하는 십여 가지의 주요한 조처를 두 차례에 걸쳐 단행했다. 상앙의 변법 가운데서 가장 주목할 만한 것을 꼽는다면 20등 작제의 실시와 군현제의 확대, 새로운 토지제도의 추진 등 세 가지를 들 수 있다.

먼저 상앙은 군공이 없으면 비록 종실일지라도 정치·경제적 특권을 향유할 수 없도록 조처했는데, 이는 기존의 신분제 사회를 탈신분제 사회로 전환하게 하는 매우 중요한 의미를 지닌다. 상앙이 편찬한 것으로 알려진 『상군서(商君書)』라는 책에서는 적의 수급 하나를 베어 오면 작(爵) 1급을 주고 이에 부수하여 100무(畝)의 토지와 이 토지를 경작할 서인(庶人) 한 명을 주었으며, 작 6급 이상에게는 관리가 될 수 있는 자격을 주었다고 했다. 이는 곧 상앙의 작이 정치적 특권과 사회적 지위, 경제적 부를 함께 가져다주는 제도적 장치였음을 가리킨다. 상앙이 주었다는 작은 모두 20등급으로 나뉘어 있어 흔히 20등 작제라고 부르는데, 이는 상·주 시대의 5등 작제와는 근본적으로 성격을 달리한다. 상·주 시대의 5등 작제는 상, 혹은 주라는 '중국'이 주도하는 국제 사회에 동참한 성읍 국가들의 군장들에게 부여된 칭호로서 중국과 사국의 관계를 제도적으로 규정하여 일정한 국제질서를 창출한 국제 체제였지만, 춘추전국 시대의 변법에 등장하는 20등 작제는 국왕을 정점으로 하여 국가의 모든 구성원을 한 지배 체제 안에 포섭하여 차등적 지위를 부여함으로써 일정한 질서를 창출하는 국가 체제였다. 이 당시에 국가를 구성하는 기본 단위를 가리켜 정남(丁男)이라 했는데, 정남이란 곧 여성과 아이, 노인, 노비 등을 제외한 성인 남자를 말한다. 따라서 모든 정남은 전쟁에 나아가서 적의 수급을 베어 옴으로써 상응하는 작을 받게 되고 이에 부수하여 토지와 경작인, 관직 등을 얻게 됨으로써, 오로지 자신의 능력과 국가에 대한 공헌에 의해 차등적 위상을 부여받았다. 이러한 과정을 통해 새로 구축된 탈신분제적 신질서는 중국사의 전개에 있어 획기적 의미를 지니게 되니, 그 까닭은 바로 이러한 변법을 성공적으로 수행한 진이 중국 통일의 주인공이 되고 중국의 첫 통일 국가인 진과 한도 이 체제를 계승하기 때문이다. 근현대에 이르기까지 철저한 신분제 사회를 유지해 온 이웃 한국이나 일본 같은 나라의 사람들은 이해하기 어려운 일이지만, 중국은 이미 선진 시대부터 신분제 사회에서 벗어나 탈신분제 사회로 이행하고 있었으니, 이러한 역사적 과정에서 상앙의 변법이 수행한 역할은 가히 결정적인 것이었다고 할 수 있다.

그렇다고 해서 20등 작제가 상앙의 창작품이었다는 것은 아니다. 거의 동시에 초와 같은 나라에서도 이와 유사한 작제가 운영되고 있었다는 기록으로 보아, 20등 작제는 춘추전국 시대에 각국에서 진행된 변법에서 역사의 추세에 따라 자연스럽게 발생한 것으로, 다만 상앙이 변법을 추진하면서 이 작제를 변법의 핵심 과제로서 매우 의욕적으로, 또한 성공적으로 실현했을 뿐이다. 이와 마찬가지로 군현제도 상앙의 창작품이 아니라 이미 그 이전부터 각국에서 자연발생적으로 전개되고 있었다. 역사적으로 군현은 대체로 세 가지의 원인에 의해 발생했는데, 그 하나는 춘추전국 시대를 통해 치열하게 전개된 정쟁, 즉 권력 투쟁에서 패배하여 몰락한 구 귀족의 세력 아래에 있던 토지, 즉 정전법적 토지가 국왕의 직할지로 몰수되어 군현화한 경우이다. 그 둘로는 국가 간의 전쟁을 통해 탈취된 변방에 군현이 설치되는 경우가 빈번하게 발생했으며, 그 셋은 산림수택의 개간을 통해 확보된 토지에 군현이 설치되는 경우이다. 전국 진에서도 자연히 이러한 성격의 군현이 발생했으나, 상앙은 변법을 통해 그 군현의 설치를 적극적으로 확장했던 것이다. 『사기』에 의하면, 그는 31개 현을 설치하고 현령을 파견했다고 했는데, 이는 곧 자연적으로 발생되어 온 군현을 국가의 의지에 의해 확장 설치했음을 의미하며, 아울러 군현제가 관료제와 표리 관계를 이루며 전개되었음을 보여 주기도 한다. 군현에 파견된 군수나 현령은 전형적인 지방관으로, 군주가 자신의 의지를 직접적으로 실현하기 위해 동원한 수단이었다. 물론 상앙의 변법으로 인해 진의 전 국토가 군현화되었던 것은 아니고 진의 지배 구조에서 봉건적 구 귀족 계급이 철저하게 배제된 것도 아니지만, 상앙 변법이 추진한 군현화가 진이 주역이 되어 이루어진 통일 중국의 전면적 군현 체제의 기본 바탕이 되고 추동력이 되었음은 의심할 여지가 없다.

『사기』 상군열전은 상앙의 토지제도 개혁에 관해 다음과 같이 기술했다. "爲田開阡陌封疆賦稅平." 이 사료에 대한 해석은 그동안 분분했지만, 대체로 "경작지를 만들어, 천맥(阡陌)을 열고, 구획을 정해, 부세(賦稅)를 공평하게 했다"고 해석하면 큰 잘못은 없을 것이다. 여기서 지적한 경작지를 만드는 일과 천맥을 여는 일, 구획을 정하는 일, 부세를 공평하게 하는 일 등은 모두 별개의 독립된 일이 아니라 서로 원인과 결과로서 유기적 관련을 맺는다. 경작지를 만든다 함은 말할 필요도 없이 산림수택을 개간하는 일을 말하고, 천맥을 연다는 것은 개간을 통해 종횡으로 농로를 개착하는 일을 말하며, 구획을 정한다 함은 농로의 개통을 통해 자연스럽게 일정한 면적의 토지 구획이 이뤄짐을 말하고, 부세를 공평하게 한다 함은 같은 면적의 토지를 경작하게 함으로써 그 소득세도 자연히 균등하게 부가되었음을 뜻한다. 요컨대, 국가가 농민을 동원해서 산림수택을 대규모로 개간하여 토지를 균등하게 구획하고 동일한 크기의 토지를 농민에게 경작하게 하여 동일한 액수의 세금을 거두어들일 수 있었음을 이르는 말이다. 이 기사는 그동안 개인이 산림수택을 개간하여 새로운 지주 계급으로 전환한 상황이 더 발전하여, 이제는 국가가 산림수택에 대규모의 인력을 투입하여 새로운 토지를 생산하고 그 토지를 농민에게 균등하게 분급하여 균등한 세금을 거둠으로써, 국가가 스스로 지주화(대토지 소유자화)하여 새로운 재정적 기반을 확장했음을 말한다. 이 사료는 절대 권력으로 성장하는 전국 시대 군주 권력의 물적 기반을 설명해 줄 뿐만 아니라 전국 이후 토지제도의 특성을 설명할 수 있는 가장 긴요한 자료로 활용되었다. 사실 혹자는 이 사료에 의거해서 고대 중국의 토지 국유제론을 주장하기도 한다. 그러나 토지 국유제론은 동중서(董仲舒)의 한전론(限田論)과 정면으로 충돌한다. 한 무제 시기의 저명한 유학자 동중서는 시무책(時務策) 가운데서 "혹자는 토지를 산과 강을 경계로 하여 소유하고 혹자는 입추(立錐)의 여지(餘地)도 없다"고 한 유명한 말을 남겼는데, 정전제가 무너지고 대토지 소유가 진행되어 개인이 대규모의 토지를 사유하는 상황은 토지가 국유제였다는 주장과 양립하기 어렵다. 그뿐만 아니라 상앙 당대에는 봉건적 토지, 즉 정전법적 토지도 여전히 남아 있었으니, 이는 상앙 자신이 상군(商君)에 봉해졌다는 사실이 단적으로 증명한다. 따라서 전국 시대 및 그 이후의 고대 중국 사회에는 개인이 대규모로 사유하는 토지도 존재하고 국가가 개발한 국유 토지도 있었을 뿐만 아니라 전통적인 봉건제적 토지도 잔류하여 삼자의 이질적 성격의 토지가 공존했으니, 이 시대의 토지제도를 국유제다, 사유제다, 봉건제다 하고 일률적으로 규정할 수는 없다. 다만 상앙의 토지 개혁은 국가 혹은 군주가 직접 토지를 개간하여 경영하면서 동일한 액수의 토지를 분급 받고 동일한 액수의 세금을 부담하는 새로운 성격의 농민, 즉 제민(齊民)이 창출되었다는 점에서 매우 중요한 의미를 가진다고 할 수 있다. 당시의 모든 토지가 다 국유가 아니었기 때문에 모든 국민이 다 제민이 될 수는 없었지만, 이러한 성격의 제민이 출현했다는 사실은 곧 제민을 기초로 하는 고대 국가 체제의 성립을 가능하게 했기 때문이다. 제민의 출현은 이후에 진·한 제국의 출현을 가능하게 했으니, 황제가 지배하는 제국의 기본 체제는 농민에게 일정한 토지를 균등하게 지급하고 농민으로부터 일정한 액수의 소득세와 인두세 및 병역과 노역을 수취함으로써 인민을 직접·개별적으로 지배하는 체제인데, 이러한 체제를 가능하게 하려면 먼저 모든 농민이 제민화, 즉 고르게 되어야 했다.

이 외에도 상앙의 변법 가운데는 후대 역사에 많은 영향을 미친 중요한 조목들이 적지 않게 포함되었다. 한 예로 연좌법(連坐法)의 시행을 들 수 있는데, 그는 모든 국민을 '什'(열 가구) 혹은 '伍'(다섯 가구) 조직으로 묶어 각 조직 안에서 일어난 모든 범죄 행위에 대해 구성원들이 연대하여 책임지게 했다. 철저한 법치의 시행을 위해 선택된 십오 조직과 연좌의 제도는 이후 전통시대 내내 중국 사회를 규제하는 장치로 작동했다. 또한 상앙은 종법적(宗法的) 대가족을 해체하여 정남을 중심으로 한 소가족으로 분해하는 작업을 정력적으로 추구했는데, 이는 전통적 봉건 체제를 철저하게 와해시키고 새로운 제민 체제를 운용하기 위한 기초 작업이었다. 이 역시 역사적 의미가 적지 않았으니, 이후 중국 사회는 8인 내지 5인 단위의 소가족이 국가와 사회의 기본 단위로 작동했다. 또한 상앙은 사투(私鬪)를 엄금했는데, 일견 어느 사회에서나 질서 유지를 위해 요구되는 당연한 조처로 보일 수도 있지만, 이는 사실 춘추전국 시대 중국 사회의 매우 특수한 상황을 반영하는 일이었다. 전통 체제가 와해되면서 분해되어 나온 유사 가운데서 특별히 무(武)의 역량을 팔고 다닌 이들을 유협지사(遊俠之士)라 불렀는데, 이들은 흔히 '연락

(然諾)'이란 신의를 바탕으로 민간질서를 주도했기 때문에 임협(任俠)이라 불리기도 하고 자신의 소신을 실행하기 위해 공권력과의 충돌을 불사했기 때문에 흔히 '망명(亡命)' 혹은 '무뢰(無賴)'라 불리기도 했다. 『사기』 자객열전(刺客列傳)에는 이미 춘추 시대부터 유협적 관행에 통달하여 유명해진 인물들이 다수 기재되어 있으며, 전국 시대와 같이 중국 사회가 수많은 권력에 의해 분화되고 공권력이 일반 인민을 제대로 보호해 주지 못하는 특수한 상황에서는 이들 유협이 '현사(賢士)'로 존중되어 민간질서를 주도하고 있었다. 따라서 법치를 통해 절대 권력을 창출·유지하려는 상앙의 변법 과정에서 이들 유협의 존재는 용인될 수 없었으니, 상앙이 금지한 '사투'란 곧 유협의 활동을 이르는 말이었다. 이후 법가(法家)의 이론을 집대성한 한비(韓非)가 『한비자』 오두편(五蠹篇)에서 국가와 사회를 좀먹는 다섯 가지 해충 가운데 하나로 유협을 지목하여 그 적극적 제거를 주장했고, 한 무제 시기에 대표적 유협인 곽해(郭解)와 같은 인물이 국가에 의해 적극 주살됨으로써, 유협지사들은 문학지사(文學之士)로 '개절(改節)'하여 국가 권력에 동참하게 되었다.

흔히 유가니 묵가니 법가니 하는 것은 실제로 각각 독립된 학파를 가리키는 명칭으로 존재한 것이라기보다는 춘추전국 시대에 전개된 역사적 변화와 이에 대응하는 다양한 사상적 반응을 후대인이 편의에 따라 분류한 이름에 지나지 않는다. 한 무제 초기에 태사령(太史令)을 지낸 사마담(司馬談)이란 인물이 본연의 직분을 수행하는 과정에서 궁중 도서관에 있는 전적(典籍)을 여섯 가지로 분류하고 자의로 명명한 것이 곧 육가(六家)였다. 태사령이란 사관(史官)의 우두머리였는데, 사관은 몇 가지의 기본 임무, 즉 군주의 측근에서 군주의 언동을 기록하고, 천문(天文)을 관찰하여 그 변화를 기록하며, 기록된 문헌을 관리하는 일을 수행했다. 태사령은 이러한 사관의 임무를 책임지고 있었다. 따라서 현대의 관점에서 본다면, 태사령은 대체로 국사편찬위원회

위원장과 국립천문대의 대장 및 국립도서관의 관장이 수행하는 일을 동시에 겸임하고 있었다고 할 수 있다. 사마담은 특히 그 가운데서 세 번째의 일을 수행하면서 궁중에 있는 비서(秘書)들을 정리하여 도덕가(道德家)와 유가(儒家), 묵가(墨家), 법가(法家), 명가(名家), 음양가(陰陽家) 등 6종으로 분류하고 각종 도서의 공통점을 찾아서 그 특징과 장단점을 간략하게 기술했는데, 이때 그가 쓴 이 소논문은 그의 아들 사마천이 편찬한 『사기』의 마지막 책인 「태사공자서(太史公自序)」에 기재됨으로써 후대까지 심대한 영향을 미치게 되었다. 『사기』의 절대적 영향력으로 인해, 사마담의 6가 분류법은 선진 제자백가에 대한 전통시대 동아시아인의 인식 구조의 기본 틀로 고정되었고 선진시대의 학계가 이미 6가로 분파되어 있었던 것처럼 오해하게 만들기도 했다.

무엇보다도 사마담의 6가 분류는 후대의 사람들로 하여금 선진 시대의 도가가 '중국' 학계의 한 유파인 것처럼 오해하도록 유도했지만, 사마담이 도덕가, 즉 도가로 분류해 놓은 사상의 흐름은 원래 중국의 것이 아니라 중국 남방의 초(楚) 지역에서 유행한 사상의 경향을 '도덕가'로 특정화·범주화해 놓은 것에 지나지 않는다. 사마담에 의해 도덕가로 분류된 양자(楊子)와 노자, 장자 등은 모두 초 지역 출신이었고 흔히 비상식적 언동으로 인해 '광인'으로 묘사되는 접여 등 인물들도 모두 초 지역에서 출몰했으며, 그 사상적 내용이 노장(老莊)과 근사한 허행(許行)도 초 지역 출신이었다. 이들에게서 공통으로 발견되는 점은 중국적 체제와 착취 구조를 비난하고 체제나 권력에 의한 구속과 착취를 완강하게 반대한다는 것인데, 이는 지배 체제가 발달한 중국과 달리 착취 구조가 이완된 초 지역의 소박한 사회를 모델로 설정했기 때문이다. 노자 『도덕경』에서 이상사회로 제시된 '소국과민'의 모델은 중국이 아니라 초 지역이었다. 특히 초인 허행은 중국으로 유세하여 등 문공을 만나 몸소 짚신을 짜고 옹기를 구워 사용했으며 등의 국고를 착취의 산물이라 비판함으로써 맹자의 혹독한 비난을 자초했다. 맹자는 치자와 피치자(被治者)의 계급적 구별을 옹호하고 2분의 1 세(稅)는 걸주(桀紂)의 착취이지만 20분의 1 세는 맥인과 같은 이적의 사회에서나 있을 수 있는 일이라고 비난하면서 10분의 1 세의 정당성을 강조하기도 했다. 지나친 착취는 거부했지만, 일정한 수준의 수취는 불가피함을 역설한 것이다. 허행은 맹자로부터 '남만(南蠻)의 격설지인(鴃舌之人)'이라 멸시되었고 그의 제자 진상(陳相)은 스승을 버리고 '중국'에 유학해서 '주공과 중니의 학문'을 배웠다고 칭찬받았다. 『맹자』에서는 '주공과 중니의 학문', 즉 유학(儒學)은 '중국'의 학문이었고 허행과 같이 강고한 지배 체제와 착취 구조 및 계급질서를 비판하는 학문은 '남만'의 학문이었다. 따라서 이른바 도가로 분류된 학문은 원래 중국 밖의 다른 역사공동체, 특히 양자강 유역의 초 지역에서 발전한 비중국적 학문 체계였다. 이에 반해 유가와 묵가, 법가 등으로 분류된 학문은 새로운 변화에 대한 대응 방법에서 일정한 차이를 보여서 따로 분류되었을 뿐, 기본적으로는 전통적 중국 문화의 기초 위에서 정립된 중국의 학문으로 포괄적 '유학'의 다양한 스펙트럼을 표현하고 있었다. 다만 춘추전국 시대, 특히 전국 시대에 빈번하고 광범하게 전개된 전쟁과 정치적 교섭, 인적 접촉과 왕래, 문화적 교류 등을 통해 중국과 비중국이 융합됨에 따라, 초 지역의 학문인 이른바 '도가'적 경향이 중국의 학문 체계 안으로 포섭됨으로써 한대 사마담의 '육가' 안에 '도덕가'도 포함되게 된 것이다.

사마담의 육가에는 이 외에도 명가와 음양가도 포함되어 있는데, 이 역시 자칫 선진 시대 중국의 학문 세계를 오해하게 만들 소지가 있다. 이른바 명가란 명과 실의 논리적 관계를 철저하게 추구한 혜시(惠施)와 공손룡(公孫龍) 등 몇몇 학자들의 저작을 분류한 개념인데, 사실 명실의 관계를 논리적으로 규명하려 한 노력은 공자 이후 묵자, 장자 등 이른바 제자백가의 학문에서 공통적으로 발견되는 일반적 현상이었다. 명실이 현저하게 괴리된 현실을 극복하기 위해서는 가장 먼저 명실의 관계를 규명하는 것이 자연스럽기 때문이다. 따라서 명실의 관계를 논리적으로 규명하려는 학문적 경향이 가장 두드러진다고 해서 특별히 독립된 한 학파를 설정하는 것 자체가 부자연스럽다. '명가'란 '유가' 등과 대응할 수 있는 상대 개념이 될 수 없다.

한편 음양가로 분류된 대표적 인물인 추연(鄒衍)은 오덕종시설(五德終始說)과 대구주설(大九州說)을 제창하여 전국 말기의 정치계에 심대한 영향을 미쳤다. 이 두 가지 학설은 추연이 '추론(推論)'이라는 독특한 방법을 통해 획득한 매우 특이한 세계관으로, 추론을 시간에 적용하여 얻은 것이 오덕종시설이고 추론을 공간에 적용하여 얻은 것은 대구주설이었다. 추연의 방대한 저서는 이미 기원전에 없어졌지만, 『사기』 추연전과 『염철론(鹽鐵論)』에서 축약하여 소개한 바에 의하면, 태초 이래로 오덕(五德), 즉 오행(五行)이 지배하는 각 시대의 추이를 잘 정리해서 이해한다면 미래의 역사가 어떻게 진행될 것인지도 추론하여 알 수 있다 하였다. 또한 중국에 대한 인문, 자연지리적 지식을 잘 정리해서 이해한다면 중국 밖의 다른 세계에 관한 지식도 추론을 통해 알 수 있다는 것이니, 그의 추론에 의하면 중국, 즉 구주 밖에 중국/구주와 같은 것이 여덟 개가 더 있고 그 밖에 또 대구주(大九州)가 여덟 개나 더 있어 진정한 천하는 중국의 81배나 된다고 한다. 그는 중국을 가리켜 "이른바 유자들이 말하는 중국"이라고 하여, 자신이 말하는 진정한 세계는 유자, 즉 중국의 지식인들이 말하는 세계를 벗어난 상식 밖의 세계임을 강조한 바 있었는데, 추연의 이 상식 밖의 세계관은 전국 말 당시 각국의 군주들을 매료시켰다. 그가 유세하러 다닐 때 각국의 군주들은 그의 유세를 적극적으로 환영하며 경청했는데, 이들 군주 가운데에 후에 진시황이 되는 진왕(秦王) 영정(嬴政)이 포함되어 있었다. 추연의 열렬한 추종자가 된 진왕 영정은 6국을 멸하고 중국을 통일한 뒤에 추연의 학설을 따라 새로운 제국(帝國)을 건설했다. 그는 오덕종시설을 따라 진은 수덕(水德)이 지배하고 수덕은 6이라는 수와 흑(黑)이라는 색, 각삭(刻削)의 정신 등으로 나타난다고 생각해서 진의 모든 제도를 6과 흑에 맞추어 제정하고 각삭의 정신에 따라 엄격한 법치를 실행했다. 또한 중국 밖의 공간에 대해서도 관심을 기울여 제국의 공간적 확장을 끊임없이 추구했다. 그렇게 중국의 첫 제국은 유자의 사고를 극복하려한 법가와 음양가에 의해 지도되었다.

춘추전국 시대에 나타난 중요한 변화의 하나로서 역사공동체로서의 '중국(中國)'의 등장을 주목해야 한다. 원래 '중국'은 '사국(四國)'에 대응하는 말로서, 중심된 성읍 국가를 지칭하는 명칭이었다. 그러나 성읍 국가가 소멸되고 영토 국가가 출현한 춘추전국 시대에 이르러서 중심 성읍 국가로서의 '중국' 개념이 사라지는 것은 당연한 일이었다. 그런데 춘추전국 시대에, 특히 전국 시대에 이르러 '중국'이란 말이 문헌에 다시 나타나기 시작했다. 다만 이때 다시 나타난 '중국'은 중심된 성읍 국가를 지칭하는 말이 아니라 특정한 역사공동체의 개념을 포함하고 있었다. 그것은 특정한 국가를 지칭하는 명칭도 아니었고 특정한 족속이나 종족을 지칭하는 명칭도 아니었다. 그것은 황하의 중·하류 유역의 대평원 중원(中原)에서 형성된 역사공동체, 즉 역사적 경험과 역사의식을 공유한 공동체를 가리키는 명칭이었다. 황하의 범람에 대응하는 공동의 치수와 상·주를 중심으로 형성된 국제 사회의 장기적 존속 등 여러 역사적 조건을 통해 서서히 형성된 중원의 역사공동체는 춘추 시대에 이르러 '제하(諸夏)'라는 공동의 자칭어를 사용하기 시작했다. 나아가 전국 시대에 이르러서는 제하라는 말 대신에 중국이라는 말을 보편적으로 사용하게 되었다.

중원의 특정한 역사공동체를 가리키는 명칭으로 '제하' 혹은 '중국'이라는 말이 사용되기 시작했다 함은 곧 중원에서 역사공동체 관념이 춘추전국 시대에 이르러 확립되었음을 의미한다. 그 증거의 하나로서 이 시기에 이르러 '제하' 혹은 '중국'의 상대 개념이라 할 수 있는 '이적(夷狄)' 혹은 '융적(戎狄)', '만맥(蠻貊)', '만월(蠻越)', '사이(四夷)' 등 개념도 동시에 출현하여 전개되고 있음을 들 수 있다. 오방(五方)의 세계관을 보여 주는 고문헌에 의하면, 전 세계는 중방(中方)의 중국과 동방의 이(夷), 남방의 만(蠻), 서방의 융(戎), 북방의 적(狄) 등 5 방(方)으로 구성되었다고 하는데, 이는 곧 전 세계가 다섯 종류의 역사공동체로 구성되었다는 의식의 표현이었다. 그러나 이는 중국의 주위를 사방으로 단순화·도식화한 결과일 뿐, 실제로 당시의 세계에는 수많은 역사공동체가 공존하고 있었다. 중국의 주변에는 이, 만, 융, 적뿐만 아니라 맥(貊), 예(濊), 호(胡), 월(越), 한(韓), 왜(倭), 강(羌), 저(氐) 등 이루 헤아릴 수 없을 정도로 많은 역사공동체들이 분포해 있었는데, 그 가운데서 중국과 가장 밀접하고 가장 대표적인 역사공동체 넷만을 방위에 따라 선택하여 동이, 남만, 서융, 북적이라 표현했을 뿐이다.

이들 여러 역사공동체들은 각각 다른 역사적 경험을 공유하고 있었을 뿐만 아니라, 각각 고유한 문화를 창조하여 향유함으로써 독립된 문화권을 형성하기도 했다. 한 예로 중국의 북부에 있다가 서서히 동북 방면으로 이동해 간 맥 공동체는 '맥적', '맥궁', '맥복' 등 독자적 의식주 생활을 영위했고 '맥도'라 불린 독특한 통치질서를 공유하기도 했다. 맹자가 20분의 1 세를 '맥도'라 지칭하며 비난한 것은 곧, 맥 공동체가 중국과 구별되는 독자적인 통치 원리를 갖고 있었음을 의미한다. 선진 시대의 맥인들은 비파형청동단검이라 불린 독특한 양식의 무기를 갖고 있었고 북방식 지석묘라 불린 독특한 장례 문화를 갖고 있었으며, 중국과 구별되는 언어권을 이루고 있었다. 초인 허행이 '중국'의 착취 구조를 비판하고, 맹자가 허행을 '남만격설지인'

이라 비난한 것도, 중국과 남만이 각각 상이한 문화권을 형성하고 있었음을 증명하는 사례라 할 수 있다. 이처럼 다양한 문화권을 형성한 여러 역사공동체에 대응하여, 춘추 시대의 중국인들은 자신의 정체성을 '제하'로 표현하여 배타적 주체의식을 나타내기 시작했다. 전국 시대에 이르러서 그들은 세계의 중심에 자기 공동체를 설정하여 '중국'이라 자칭했는데, 이들이 말하는 '중국'이란 지리적 중심만 의미하는 것이 아니라 문화적 중심까지 아울러 포함하는 개념을 담고 있었다. 즉 전국 시대의 중국인들은 상·주 이래로 발전시켜 온 중원의 '예' 문화와 '인의(仁義)'의 가치에 대한 무한한 자긍심과 다른 문화에 대한 배타적 경멸감을 '중국'이란 말에 모두 담아 사용하면서, 화이(華夷), 즉 중국과 이적의 구별과 차별의식을 강화해 나갔다.

춘추전국 시대의 '제하' 혹은 '중국'이란 역사공동체에는 복수의 여러 국가들이 포함되어 있었다. '제하'란 말 자체가 '하(夏)' 즉 '중국'이 여러 국가로 구성되었음을 뜻하고, 진(秦)에 의해 '일통중국(一統中國)'이 이뤄졌다 함은 곧 그 이전에는 '중국'이 통일되어 있지 않았음을 뜻한다. 따라서 역사공동체 개념은 국가 개념과 일치하지 않는다. 사실 전국 시대의 조, 위, 한 삼국은 중국의 국가였지만, 그 주변에 분포된 진이나 초, 연, 제 등의 국가들은 중국의 국가임과 동시에 이적의 국가이기도 했다. 진이 6국을 통일한 것은 엄격히 말해서 '일통중국'에 그친 것이 아니라 이적까지 포함한 '일통천하(一統天下)'의 위업이었다고 할 수 있다. 『후한서』 동이전 서문에 의하면, 이때 동이(東夷)도 편호(編戶)되어 그 역사공동체적 정체성이 차츰 소멸되었다고 했다. 역사공동체와 국가는 서로 다른 개념이지만 매우 긴밀한 관계를 갖는 개념이었으니, 한 국가 안에 둘 이상의 역사공동체가 통합되어 포섭되면 상호 융합의 과정이 진행되어 서서히 개별적 역사공동체의 정체성이 희석되었다. 진은 6국을 통일한 뒤에도 계속해서 하남(오르도스)의 흉노를 공격해서 축출하고 강남과 영남의 만월을 침공해서 중국인을 '사민실변(徙民實邊)'(백성을 옮겨 변방을 채움) 함으로써 '중국'의 공간적 범주를 크게 확장했다.

황하 중·하류 유역 중원에서 '중국'이라는 역사공동체가 형성되고 요동에서는 맥과 예라는 역사공동체들이 동아시아 세계 무대에 등장하던 시기에, 한반도에도 독자적 역사공동체가 형성되어 중국인에게 알려지게 되었다. 『삼국지』「위지」동이전 한조에 의하면, 위만의 공격을 받은 조선왕 준(準)이 "바다로 도망쳐 들어가 한(韓) 땅에서 살면서 스스로 한왕(韓王)이라 자칭했다"고 하고, 『위략(魏略)』에 의하면, "진한(辰韓)의 노인들이 스스로 대를 이어가며 말하기를 '옛날에 망인(亡人)이 진(秦)의 역(役)을 피해 한국(韓國)으로 오니, 마한이 그 동쪽 땅을 떼어 주었다'고 했다"고 한다. 이로 봐서 적어도 기원전 3세기 이전부터 '한' 또는 '한국'이라는 이름이 사용되었음을 알 수 있다. 또한 『위략』은 왕망 시기에 "많은 한인(漢人)이 한(韓)의 공격을 받아 포로가 되었다"고 하고, 『후한서』동이전에서는 "건무(建武) 초에 예, 맥, 왜, 한 등이 만 리 떨어진 먼 곳에서 조헌(朝獻)했다"고 한 것으로 보아, 당시의 '한(국)'이란 곧 이웃에 있는 왜나 예, 맥 등과 같이 특정한 역사공동체를 지칭하는 말로 사용되었음을 알 수 있다. 그것은 한반도 중남부 지역에서 70~80여 개성읍 국가를 건립하여 포섭한 독자적 역사공동체로서, 동으로는 왜, 북으로는 맥과 예, 서로는 중국과 병존하면서 독자적인 역사 경험과 역사의식을 공유한 특정 공동체였다.

진대에 한(韓)이라는 역사공동체가 존재한 것으로 보아, 한국은 이미 선진 시대부터 존속해 온 것으로 보인다. 그러나 춘추전국 시대에는 중국과 한국 사이에 조선(朝鮮)이라는 강력한 국가가 가로막고 있어서, 한국이 중국과 직접 교통할 수 없었음은 물론이거니와 한국의 존재가 중국인에게 널리 알려지기 어려웠던 것으로 보인다. 당시 중국과 한국의 사이, 즉 요동에 조선이 개재해 있던 상황에 대해, 『삼국지』 동이전 한조에 인용된 『위략』은 다음과 같이 전하고 있다. "옛날 기자의 후손인 조선후(朝鮮侯)는 주가 쇠퇴하자 연(燕)이 스스로 높여 왕을 자칭하고 동쪽으로 땅을 빼앗으려 함을 보고, 조선후도 왕을 자칭하고 군사를 일으켜 연을 역공하여 주실(周室)을 존중하려 하니, 그 대부(大夫)인 예(禮)가 간했다. (조선후는 이에 연을 공격할 계획을) 중지하고 예를 서쪽으로 보내 연이 공격하지 않도록 설득하게 했다. 그 뒤에 자손들이 점차 교만하고 포학해져 연이 그 장수 진개(秦開)를 보내 (조선의) 서방을 공격하여 2천여 리의 땅을 취하고 만반한(滿潘汗)에 이르러 경계를 삼으니, 조선은 드디어 약해졌다." 『사기』 흉노열전(匈奴列傳)에 의하면 "연에 현장(賢將) 진개가 있어 동호(東胡)에 인질로 가 있으면서 호의 믿음을 얻었다. 귀국한 뒤에 동호를 습격하여 격파하니, 동호는 천여 리 물러났다 … 연도 장성을 쌓아 조양(造陽)에서 양평(襄平)에 이르렀는데, 상곡군(上谷郡)과 어양군(漁陽郡), 우북평군(右北平郡), 요서군(遼西郡), 요동군(遼東郡)을 설치하여 호(胡)를 막았다"고 한다. 이로 보아 전국 중기에 연이 북으로는 동호를 쳐서 1천 리의 땅을 얻고, 동으로는 조선을 쳐서 2천 리의 땅을 확보하여 요동군 등 5개의 군을 설치했음을 알 수 있다. 이는 진개의 공격이 있기 전까지는 조선이 요동의 중심부를 장악하고 있었는데, 진개의 공격으로 인해 이를 상실하고 한반도 서북부로 크게 위축되었음을 의미한다. 고조선의 중심 이동설이 설득력을 얻고 있는 까닭이 여기에 있다.

4. 황제와 제국

기원전 221년에 일어난 진의 6국 통일은 중국의 역사에서 '획기'할 만한 일대 사건이었다. 그전까지만 해도 중국은 성읍 국가 단계를 지나 영토 국가 단계에 이르렀지만, 여전히 수많은 국가들이 병존하여 서로 약육강식의 전쟁을 끊임없이 벌이고 있었는데, 이제 전 중국이 통일되어 하나의 권력에 의해 통일적인 지배를 받게 되었다. 이후 중국은 분열의 시기가 없지 않아 있었지만 기본적으로는 한 권력에 의해 일원적으로 지배받는 통일의 패턴을 2천여 년 동안 유지했기 때문에, 이 사건이 중국사의 기본 모형을 만들었다는 점에서 볼 때 그 의미는 아무리 강조해도 부족하다 할 것이다.

그러나 이에 못지않게 중요한 사건이 바로 그다음 해에 일어났음을 잊어서는 안 된다. 그것은 바로 황제라는 존재가 역사상에 처음으로 출현한 일이다. 전쟁의 승리를 통해 6국을 멸하고 중국을 통일한 진왕(秦王) 영정(嬴政)은 통일 직후에 곧 군주의 칭호를 새로 만들 것을 신료들에게 명했다. 그는 현재 자신이 새로 연 새 시대는 이전의 어떠한 영웅적 군주도 창출하지 못한 상황이기 때문에, 과거의 군주들이 사용한 칭호들, 예컨대 '왕(王)'이나 '천자(天子)' 등의 칭호 대신 새 시대·새 상황에 맞는 새로운 칭호를 만들라고 주문했다. 그가 말한 새로운 상황이란 천하에 오직 하나의 권력만이 존재하고 모든 백성과 온 천하가 하나의 권력에 의해 일원적으로, 직접·개별적으로 지배를 받는 상황을 말한다. 승상(丞相) 이하 박사(博士) 등 관료들이 연구해서 진왕과의 상의를 거쳐 탄생한 새로운 칭호가 바로 '황제(皇帝)'였다. '황제'란 '황황한 제(帝)', 즉 천(天) 그 자체를 지칭한 칭호였다. '제'란 상대 최고의 귀신 이름이었고 주대에는 주인의 최고 신 '천'과 동의어로 사용되었다. 그런데 주왕의 칭호인 '천자'는 '천'으로부터 '천명'을 받아 '천하'를 대리 통치했고 '실덕'하여 민심이 이반하면 '천명'이 바뀌어서, 즉 '혁명(革命)'이 이뤄져서 필부(匹夫)로 전락해야 하는 존재였기 때문에 언제나 '천'이라는 권력의 원천에 의해 그 권력이 제한되어 있었다. 따라서 진왕 정이 '황제'라는 새 칭호를 만들어 사용함을 선포한 것은 곧 자신이 권력의 원천, 즉 절대 권력임을 과시하는 정치 행위였다. 이제 그가 다스리는 국가는 '제국(帝國)', 즉 '황제가 통치하는 국가'이며 절대 권력이 지배하는 국가였다.

'황제' 칭호의 선포를 통해 새로운 국가의 출현을 선포한 진왕 정은 이제 국가의 모든 체제를 '제국'의 개념에 내포된 당위와 이념에 부합하도록 재조정했다. 먼저 그는 스스로 '시황제(始皇帝)'라 칭하고 그 후계자의 칭호도 '2세(世)', '3세' 및 '만세'까지 미리 정해 놓음으로써, 신하가 군주의 묘호(廟號)를 지어 절대 권력의 권위를 훼손시키는 일이 없도록 조처했다. 황제가 자칭할 때는 '짐(朕)'이라 하고, 황제의 명령을 '제(制)' 혹은 '조(詔)'라고 부르게 하여, 이전의 다른 군주들과 구별했다. 또한 추연(鄒衍)의 오덕종시설(五德終始說)을 실천해서 진을 수덕(水德)이 지배하는 왕조로 규정하여 상·주 등 다른 왕조와 구별했고, 육(六)의 수와 흑(黑)의 색을 기본으로 하여 모든 제도를 정비했으며, 엄격한 법치의 시행을 약속했다. 이러한 조처는 제도적 통일과 직접 연관되어서 진행되었다. 진시황은 화폐와 도량형(度量衡), 문자(文字) 등을 통일했을 뿐만 아니라, 수레와 도로의 폭이나 관복의 치수 등 일체의 제도를 오덕종시설에 맞추어 통일했다. 전국의 호족 12만 호를 관중(關中)으로 옮기게 하고 전국의 병기를 거두어 12개 동상(銅像)을 만들어 아방궁(阿房宮)에 배치한다거나 36개 군(郡)을 설치하는 등의 조처도 모두 이러한 정신에서 비롯되었다.

무엇보다도 그는 군현제를 전국적으로 확대 실시하여 군주의 직접·개별적 지배를 관철했다. 진시황제는 전국칠웅의 영토를 자연 지리적 편의에 따라 36개 군으로 재편성하고, 군의 아래에 현(縣)을 두고, 중앙에서 지방관을 파견했다. 중앙정부의 정상에 민정을 담당하는 승상(丞相)과 감찰을 담당하는 어사대부(御史大夫), 군정을 담당하는 태위(太尉)를 두어 서로 견제하게 하는 한편, 지방정부에도 이에 상응하여 군의 최고 장관인 군수(郡守) 아래에 민정을 담당한 군승(郡丞)과 감찰을 담당한 군감(郡監), 군정을 담당한 군위(郡尉)를 두었고, 현에도 현령(縣令)[혹은 현장(縣長)] 아래에 현승(縣丞)과 현감(縣監), 현위(縣尉)를 파견했다. 그는 승상부(丞相府)와 어사대부부(御史大夫府), 태위부(太尉府) 등 삼공부(三公府)뿐만 아니라, 봉상(奉常) 등 구경(九卿)을 비롯한 중앙의 각 기관과 군현 등 지방정부까지 모두 직접 관할하여, 새벽부터 밤늦게까지 수많은 보고서를 책상 위에 쌓아 놓고 직접 살핌으로써, 인민에 대한 직접·개별적 통치를 철저하게 관철시키려 노력했다고 한다.

진시황의 군현제 실시는 유자(儒者)들의 격렬한 반대에 부딪히기도 했다. 전통적 예 질서를 옹호하는 유자들은 기존의 봉건제를 철저하게 폐지하고 오로지 군현제만을 실시하는 것은 황제의 '과욕(過慾)'으로 간주하고, 유사시에 군주를 보호할 수 있는 울타리 국가, 즉 번국(藩國)을 없애면 황실이 위험하다면서 봉건제의 부활을 촉구했다. 그러나 군현제 실시를 주도한 이사(李斯)는 춘추전국 5백 년 동안 끊임없이 진행된 전쟁의 원인은 봉건제가 제공했다고 하면서 군현제의 고수를 강력히 주장했다. 이사는 순자(荀子)의 제자였지만 같은 문생인 한비(韓非)와 같은 법가의 대표적 인물로서, 한비가 이론가였다면 이사는 실천가로서 진시황의 통일 정책을 주도했다. 그는 군현제-봉건제 논쟁을 계기로, 개인의 자유로운 사상 표현이 제국 체제를 위태롭게 한다고 판단하고, 제자백가의 다양한 학습과 백가쟁명(百家爭鳴)의 자유로운 사적 논쟁을 원천적으로 봉쇄하기 위해 개인의 도서 소장을 금지할 것을 건의했다. 실제로 통일 진은 금협서령(禁挾書令)을 발포하여 농사와 점복, 의학 등에 관한 서적을 제외한 일체의 제자백가서를 몰수했는데, 이 조처는 나중에 분서갱유(焚書坑儒) 시비와 금고문(今古文) 논쟁을 야기하기도 했지만, 제국 체제의 철저한 실현을 위한 강력한 의지의 표현으로 이해될 수도 있는 일이었다.

진시황은 중국뿐만 아니라 중국의 밖 이적의 범주까지 포함하여 전 세계를 일원적으로 지배하려 했다. 통일 이전부터 이미 추연의 대구주설(大九州說)에 의해 세례를 받은 그는 6국을 통일한 뒤에도 대규모 군사력을 장성 이북에 투입하여, 하남(河南)을 점유하고 있던 유목민 흉노인을 지평선 너머로 축출하고, 그곳에 34개의 현을 설치하여 중원의 농민들로 채웠다. 역사상 최초의 대규모 '사민실변(徙民實邊)'은 고대 동아시아 역사의 전개 과정에서 매우 획기적인 의미를 갖는다. 왜냐하면 고대 동아시아사는 크게 보아 장성을 기점으로 하여 그 이남의 농경민과 그 이북의 유목민이 서로 길항하는 역학적 관계를 기본 모형으로 전개되었는데, 이 양자의 길항 관계에서 힘의 균형을 결정하는 추와 같은 역할을 한 것이 바로 황하 이남 장성 이북의 하남, 즉 오르도스였기 때문이다. 이곳은 농경과 유목이 모두 가능한 곳이어서 농경민과 유목민이 치열하게 다투는 쟁점이 되어, 유목민이 이곳을 점유하면 유목민 세력이 우위에 서고 농경민이 이곳을 차지하면 농경민 세력이 우위에 섰다. 이 전략적 요충을 진대에 중국인이 점유했음은 곧 세계의 중심이 농경민에게 있었음을 의미했다.

진시황은 강남(江南)과 영남(嶺南)에도 군대를 보내어 점거하고 남해군(南海郡) 등 5, 6개의 군을 설치하여 다시 대규모의 '사민실변'을 단행했는데, 원주민인 만월(蠻越)은 정착민이었기 때문에 중국의 사민들은 토착민과 잡거(雜居)했다. 이 역시 이후에 남월 건국의 역사적 조건이 되었지만, 길게 보아 중국의 공간적 범주가 남쪽으로 크게 확장되어 현재 중국의 남쪽 윤곽이 이때 형성되었으니, 그 역사적 의미는 달리 강조할 필요도 없다. 이 외에도 진시황은 기존의 장성을 수리하고 확대하여 그 동쪽 끝을 요하(遼河) 중류 유역의 양평[襄平, 현재의 요양(遼陽)]까지 확충함으로써 그 동방에 웅거하던 맥인의 조선을 압박하기도 했다.

진이 중국을 통일하고 조선을 압박한 상황에 대해 『삼국지』에 인용된 『위략』에서는 "진이 천하를 병합하고 몽념(蒙恬)을 시켜 장성을 쌓아 요동(遼東)에까지 이르게 하니 당시 조선왕 부(否)가 즉위하여 진이 습격해 올까 두려워하여 진에 '약복속(略服屬)'했으나, 조회(朝會)는 하려 하지 않았다"고 했다. 같은 사건을 두고, 『사기』 조선열전에서는 "진이 연을 멸하고 (진번과 조선을) 요동 외요(外徼)에 속하게 했다"고 하고, 『염철론』 주진(誅秦)편에서는 "진이 천하를 병합하고 동으로 패수(沛水)를 넘어 조선까지 멸했다"고도 했다. 세 가지 기록에 약간의 이동이 있는 것은 사실의 착오라기보다는 해석의 차이인 것으로 보인다. '조회'라는 말이 출현하는 것으로 보아 진과 조선이 맺은 관계는 일종의 책봉-조공 관계였고 이를 관리하는 책임이 '요동군의 외요'에 위임되었는데, 이를 염철논쟁에서 어사대부 상홍양(桑弘羊)은 책봉과 조공을 교환하는 종번 관계를 국제 관계가 아닌 국내 관계로 이해하여 과장했다. 그때 조선이 멸망되었다면 진은 한국과 직접 맞닿게 되어 양자 사이에 모종의 새로운 관계가 발생했을 것이다. 그러나 이때의 상황에 대한 정보는 『위략』에서 "진한(辰韓)의 기로(耆老)들이 스스로 대를 이어가며 말하기를, '옛날에 망인(亡人)이 진(秦)의 역(役)을 피해 한국(韓國)으로 오니, 마한이 그 동계(東界)를 떼어 주었다'고 했다"고 한 기록밖에 없다. 이는 곧 진과 한국이 아무런 제도적 관계를 맺지 않고 있었음을 의미한다. 진인(秦人)이 중국뿐만 아니라 온 천하를 모두 일원적으로 지배하려 노력했음에도 불구하고, 한국은 여전히 그 지배권 혹은 영향권 밖에 놓여 있었다.

진시황은 평생에 다섯 번이나 세계여행을 다녔다. 중국뿐만 아니라 자신이 정복하고 지배하는 공간적 범주를 모두 직접 확인하기 위해 순수(巡狩)라는 고전적 행사를 다섯 번이나 치른 것이다. 통일적 지배를 확인하고 강화하기 위한 이 여행에서, 그는 언제나 여로의 끝에 기념비를 남겨 놓았는데, 지금까지 남아 있는 그 여섯 개의 순수비(巡狩碑)에는 "해와 달이 비추는 곳이면 어느 곳이나, 수레와 배가 닿는 곳이면 어느 곳이든, 모든 세계가 다 황제의 통치를 받게 되었다"는 진대 중국인의 자부심이 가득 담겨 있다. 그는 순수의 과정에서 봉선(封禪)이라는 고전적 행사도 치렀는데, 봉(封)과 선(禪)이란 제왕이 성공(成功)하면, 즉 공을 이루면 이를 땅과 하늘의 신에게 고한다는 제례 의식으로 전해져 내려왔다. 그러나 그의 봉선은 역사에서 실제로 확인할 수 있는 최초의 봉선이었고 새 왕조를 세워 천하를 통일한 제왕들이 관례적으로 행하는 의식의 첫 번째 선례가 되었다.

통일 진대의 중국인은 역사상 처음으로 중국을 통일적으로 지배하는 국가를 건립했을 뿐만 아니라, 절대 권력이 인민과 영토를 직접·개별적으로 지배하고 천하, 즉 전 세계를 일원적으로 지배하는 제국 체제를 확립했다. 이후 역대 왕조를 창건한 중국인들도 예외 없이 제국을 표방했지만, 진인들만큼 철저하게 제국이라는 이상에 현실을 접근시킨 시기는 다시 나타나지 않았다. 중국 역사상에서 진은 제국의 전형이었다. 그러나 진시황이 마지막 순수의 과정에서 당한 객사는 제국의 모든 권력을 직접 장악하여 행사하려 한 과로의 결과였고 제국의 급속한 붕괴와 전면적 해체의 원인이 되기도 했다.

5. 제국의 이상과 현실

'중국'이라는 역사공동체의 별칭으로 'China', 즉 지나(支那)와 'Han', 즉 한(漢)이 오랫동안 사용되었는데, 공교롭게도 이 두 별칭은 모두 중국 역사상의 서장에서 잇따라 출현한 두 통일 국가의 명칭에서 유래했다. 그러나 이 두 국가 사이에는 연속성과 단절성이 동시에 존재했다. 진(秦)을 이어 중국을 지배한 한은 진을 이어 제국을 표방했고 국가의 여러 제도를 진에서 계승했다. 그러나 한대의 국가와 사회를 면밀하게 들여다보면, 진대와 매우 다른 측면과 성격을 확인할 수 있다. 무엇보다도 진은 15년의 단명으로 끝나 버렸지만, 한은 전후 4백여 년이나 존속했다.

진시황의 생물적 소멸과 동시에 진 제국도 즉시 와해되었다. 고도로 정밀하게 조직된 제국 체제를 운전할 수 있는 권력이 더 이상 존재하지 않게 되었기 때문이다. 제국은 절대 권력에 의해 모든 인민이 직접·개별적으로 지배되는 국가 체제였기 때문에 절대 권력이 소멸되면 제국 체제가 뒤따라 붕괴되는 것은 자연스러운 일이었다. 진시황과 이사(李斯)가 전면적 군현화를 강행했을 때, 유자들이 경고한 바가 실현된 것이다.

제국 체제가 와해되면서, 그동안 잠복해 있던 육국(六國)의 후예들과 지방의 호걸(豪傑)들이 기병하여 제국의 심장을 협공했다. 이때 반란의 깃발을 가장 먼저 들어 올린 진승(陳勝)과 오광(吳廣)의 존재는 자못 의미심장한 것이었다. 진승과 오광은 산동(山東)의 일개 농민으로 진 제국의 개병 체제에 의해 징병되어 변방으로 가다가 반란을 일으켰다. 본디 진의 법에 의하여 징병의 영장에 기재된 기일을 어기면 처형되게 되었는데, 그들은 악천후로 인해 부득이하게 지각하게 되었기 때문에 반란을 일으킬 수 밖에 없었다. 진의 체제 자체가 반란을 유도한 셈이다.

반란군 가운데서 가장 큰 세력은 항우(項羽)가 대표했고, 제국의 심장으로 가장 먼저 진입하는 데 성공한 세력은 유방(劉邦)이 이끌었다. 항우와 유방은 진 제국 체제를 무너뜨린 육국의 후예와 지방 호걸들을 양대 진영으로 나누어 지도하며 길항했고, 각각 구체제와 신시대를 상징하기도 했다. 전국 초의 명가 항씨(項氏)의 후예인 항우는 그 신분적 특수성만으로 반군의 지도자가 될 수 있었지만, 일개 농민 출신의 무뢰배(無賴輩) 유방은 전국 변법을 통해 확장된 탈신분제 사회의 기린아였다. 서초패왕(西楚覇王)을 자칭한 항우는 아방궁(阿房宮)을 불태우고 고향으로 되돌아갔지만, 삼진(三秦)의 왕에 만족할 것인가 천하를 가질 것인가라는 장량(張良)의 물음을 들은 유방은 '약법삼장(約法三章)'의 정치 쇼를 벌인 뒤에 천하의 도적(圖籍)을 싸들고 잔도(棧道)를 통해 파촉(巴蜀)에 들어가서 천하를 도모했다. 항우는 유방에게 백전백승했지만, 유방은 최후의 일전에서 승리를 거두었다. 양자의 승패는 역사의 큰 흐름이 만들어 낸 물방울에 지나지 않았다.

한을 건국한 주체 세력, 즉 한 고조(高祖) 공신 집단은 임협(任俠) 집단이었다. 무뢰배 출신의 유방은 다른 임협들과 집단을 형성하여 활동하다가 기병했는데, 이 집단의 중심 역할을 한 유방은 항우와의 경쟁에서 승리한 뒤에 황제의 지위에 오르게 되고 그 집단의 성원들은 열후(列侯)가 되어 천하를 분점(分占)하거나 고급 관료가 되어 국가 권력에 동참했다. 이로 인해 학계에서는 임협 집단의 구조적 특성을 구명하거나 유방과 그 공신 집단의 역학적 관계를 분석하여 한 제국의 권력 구조를 이해하려는 시도가 있었다. 특히 『사기』 공신후자연표(功臣侯者年表)에는 열후로 책봉된 한 고조 공신들의 대부분이 객(客)이나 중연(中涓) 혹은 사인(舍人) 등의 신분으로 초기 집단에 참여했음이 기술되어 있다. 전후에 일본 학계에서는 이 점에 착안하여, 유방과 공신들의 관계가 주종적 관계였는지, 아니면 주객적 관계였는지에 대한 논쟁이 전개되었는데, 이를 흔히 주종주객(主從主客) 논쟁이라고 부른다. 그러나 이 논쟁에 참여한 쌍방이 모두 한 국가의 구조적 특성을 유방과 그 공신의 초기 관계에 대한 이해의 연장 선상에서 파악하려 했기 때문에, 한 초의 국가적 성격과 한의 전형적 국가 성격을 구별하지 않았고 한 국가 권력 구조의 발전적 과정을 간과하고 있었다.

한 고조 유방이 스스로 진시황을 모방하여 황제를 자칭하며 제국의 창건을 선포했을 때, 한 국가는 아직 제국이 아니었다. 유방은 항우와의 경쟁에서 승리한 뒤 자신의 공신들을 혹은 제후왕(諸侯王)으로 책봉하고 혹은 열후[철후(徹侯)]로 책봉했는데, 한인(漢人)들은 이를 두고 이등작(二等爵)라고 불렀다. 그러나 이때 초왕(楚王)으로 책봉된 한신(韓信) 등 7명의 제후왕들은 여러 개의 군(郡)을 영유하면서 독자적으로 정부를 구성하고 조세를 수취하며 독립된 군대를 보유하여 사실상 독립된 왕국을 이루고 있었다. 140여 명의 열후도 규모는 비록 작았지만 자신의 국(國)을 보유하면서 제후왕과 더불어 천하를 분점 혹은 공유하고 있었다. 당시의 '한(漢)'이란 이들을 모두 포함하여 중국 전체를 통치하는 국가의 명칭이 아니라 관중(關中)과 그 주변의 15개 군을 보유한, 수다한 왕국을 대표하는 일개 국가의 명칭에 지나지 않았다. 특히 7개의 제후왕국은 '공신(功臣)'이라기보다는 유방과 연합하여 공동으로 항우에 대항한 독립 세력의 성격을 강하게 띠고 있었기 때문에, 항우라는 공동의 적을 제거한 뒤에는 그들이 유방에게 또 다른 위협적 경쟁 대상이었다. 따라서 유방은 황제를 자칭한 뒤에도 가장 강력한 한신을 필두로 하여 제후왕의 제도적 틀을 쓴 잠재적 위협 세력들을 군사적 수단을 동원하여 하나씩 차례대로 제거했다. 한 고조는 일곱 제후왕 가운데서 장사왕(長沙王) 오예(吳芮)만 남겨 두었는데, 오예가 만월 출신으로 충성했을 뿐만 아니라 위협적인 힘을 갖고 있지 않았기 때문이다.

한 고조 유방은 이성(異姓)의 제후왕들을 모두 제거한 뒤에 부인 여후(呂后)와 주요 공신들을 모아 놓고 이른바 '백마(白馬)의 맹(盟)'을 맺었는데, 백마의 피를 함께 마시며 맹약한 내용은 "유씨(劉氏)가 아닌데도 왕이 된 자나 공이 없는데도 후가 된 자는 천하가 함께 공격한다"는 것이었다. 이는 제후왕은 고조의 자손만 할 수 있고 열후는 공신만 할 수 있다는 천하 분점의 약속이었으니, 이후 한 국가의 헌법 대강과 같은 역할을 하게 된다. 고조 사후에 여후가 자신의 조카들을 제후왕으로 삼았을 때 고조의 공신들은 이 맹약을 들어 여씨를 공격했고, 황제들이 외척에게 열후의 작을 주려고 할 때는 언제나 "천하는 고조의 천하이지 폐하의 천하가 아니다"라는 저항에 부딪히게 되었다.

그러나 한 고조 유방이 이성 제후왕을 제거한 것은 위협적인 정적을 제거하는 임기응변에 지나지 않았다. 이성 제후를 제거하고 그 영역을 군현으로 편입한 것이 아니라 동성(同姓) 제후로 대체했기 때문이다. 유방은 자신의 형제나 아들을 제후왕으로 책봉했지만, 이들 동성 제후왕국도 여전히 여러 개의 군을 포함하는 방대한 영토를 보유하고 독자적인 정부와 군대 및 조세권을 보유하면서 중앙정부를 위협하고 있었다. 황제는 제후왕국에 상(相)을 파견하여 감독하게 했을 뿐, '한'은 여전히 중국의 일부를 지배하는 하나의 국가에 불과했다.

한 고조의 공신들은 열후의 작을 받아 자신의 국을 보유하며 식조(食租)했을 뿐만 아니라, 도성인 장안(長安)에 머무르면서 중앙정부 관료 조직의 상층부를 독점하고 있었다. 이들은 대부분 임협적 관행에 익숙한 무장이었기 때문에 관료로서 필요한 역량을 갖추고 있지 못했다. 관료란 군주의 의지를 실현하는 수단에 지나지 않는 존재를 말하지만, 이들은 스스로 권력을 보유하고 있었을 뿐만 아니라 군주의 의지를 실현할 수단으로서의 기능을 행사하지 못했던 것이다. 3대 황제 문제(文帝)가 그 해의 조세 수입과 형옥(刑獄)에 대해 물었을 때, 상국(相國) 주발(周勃)은 아무런 대답을 할 수 없었다는 일화는 한 초의 관료 조직이 형식과는 달리 실제로는 관료 조직으로서의 역할을 수행할 수 없었음을 보여 주는 사례이다. 한은 진의 삼공구경(三公九卿) 체제와 군현 조직의 형식을 그대로 계승했지만, 그 실질적 내용은 관료가 아니라 임협 출신의 공신으로 채워져 있었던 것이다.

한 초의 제후왕과 열후는 수많은 공전(公田)을 보유하고 있었을 뿐만 아니라 그 자체로서 독립된 권력을 이루고 있었기 때문에, 권력이 분화된 상황의 토양에서 생존할 수 있는 유사들, 즉 유협이나 문학유세지사들이 다시 부활하여 활발하게 활동했다. 이들은 제후왕이나 강력한 열후의 빈객(賓客)으로 기식하며 그 물리적 힘과 집단적 세력을 제공했다. 특히 유협은 망명을 본질적 특성으로 갖고 있는 존재여서 국가 공권력의 실행을 정면으로 저해했다. 이들은 또한 호족들이 대토지를 소유하고 경영하는 과정에도 참여하여 그 물리적 힘을 제공했다. 호족은 이들을 이용하여 토지를 겸병하고 향리에서 무단(武斷)하여 국가 권력이 소농민을 직접 장악하는 것을 방해했다.

한 초에는 국가가 화폐 주조권도 행사하지 못했다. 고대 중국에서는 화폐의 명목 가치와 실질 가치가 사실상 크게 다르지 않았기 때문에 구리를 보유하면 화폐를 주조할 수 있었다. 국가에서는 화폐의 질량과 형식만 규제할 뿐, 실제 주조는 구리를 보유한 민간에서 실행할 수 있었으니, 이를 가리켜 사주전(私鑄錢)이라 불렀다. 그런데 구리를 보유하려면 동산(銅山)을 개발하여 구리를 추출할 수 있어야 하는데, 이는 소농민이 할 수 있는 일이 아니라 대규모의 자본과 노동력을 투입할 능력을 갖고 있는 자만이 가능한 일이었다. 따라서 사주전은 주로 대토지 경영을 통해 부를 축적한 호족이나 방대한 공전과 동산, 그리고 유협을 보유한 제후왕국에서 이루어졌다. 소농민들은 동전의 변과 안을 갈아서 나온 구리 가루를 녹여 새로운 동전을 만들어 사용했는데, 이는 불법적인 주조여서 도주전(盜鑄錢)이라 불렀다. 진대에는 반량전(半兩錢)이 유통되었지만, 한 초의 도주전으로 인해 악화인 유협전(楡莢錢, 모양이 느릅나무 씨 꼬투리처럼 생겼다고 해서 붙여진 이름이다)이 양산되어 인플레이션이 야기되기도 했다.

한 초의 체제 이데올로기 역시 제국에는 전혀 어울리지 않는 것이었다. 진 제국이 붕괴되자 제자백가가 다시 부활했다. 제자백가 역시 권력의 다원화라는 토양을 먹고 살기 때문이다. 그런데 한 초에는 뜻밖에도 제자백가 가운데서 도가 계열의 황로술(黃老術)이 가장 유행했다. 황로술이란 황제(黃帝)와 노자(老子)의 치술이란 말로, 간단히 말해서 노자의 정치 기술인 '무위이치(無爲而治)'를 말한다. 사실 '하는 것이 없는데도 잘 다스려진다'는 것은 전혀 현실적이지 않다. 그럼에도 불구하고 이 비현실적 원리는 한 초의 특수한 상황에서는 매우 유효하게 작동했다. 그 좋은 예로, 조참(曹參)의 황로술을 들 수 있다. 조참은 한신과 장량, 소하(蕭何) 등 한 고조 유방의 3대 공신 다음으로 손꼽힐 만한 공신으로, 소하를 이어 한의 제2대 승상이 되었다. 그런데 그는 승상이 되자마자 승상부에서 유능하고 말 잘하고 민첩한 속관들을 모두 쫓아내고 무능하고 어눌하며 행동이 느릿한 사람들로 대체했다. 그리고 그들과 함께 음주를 즐기면서 '불치사(不治事)'했다. 이에 2대 황제인 혜제(惠帝)가 조참의 아들을 불러, 나라의 초창기에 해야 할 일이 많은데 승상이 일을 보지 않아 걱정이라고 하면서 휴가를 줄 터이니 집에 가서 아버지를 설득해 일을 보게 하라고 부탁했다. 그러나 조참의 아들은 아버지에 혼이 나서 돌아왔다. 어느 날 조회 때 혜제가 조참에게 이 일을 거론하면서 왜 아들을 혼냈는지 물었더니, 조참은 혜제에게 이렇게 반문했다. "폐하께서는 소하가 더 현(賢)하다고 생각하는가, 아니면 저 조참이 더 현하다고 생각하는가." 혜제가 "아무래도 소하가 더 현하지 않겠는가"라고 대답하자 조참은 다시 물었다. "폐하께서는 고조께서 더 현하다고 생각하는가, 아니면 폐하께서 더 현하다고 생각하는가." 혜제가 "물론 고조께서 더 현하시다"고 대답하자 조참은 "그렇다면 폐하와 제가 할 일이 무엇이 있겠는가. 두 분이 해 놓은 일을 지키기만 하면 될 뿐, 새삼스럽게 무슨 일을 벌일 필요가 있겠는가"
라고 답해서 혜제의 입을 다물게 했다. 『사기』 조참세가(曹參世家)를 쓴 사마
천은 조참이 그 뒤에 '여민휴식(與民休息)', 즉 백성과 더불어 휴식을 취함으로
써 '현상(賢相)'으로 칭송되었다는 평가를 첨부했다.

『사기』에 의하면, 당시 조참뿐만 아니라 장량 등 주요 공신들과 문제와
두태후(竇太后) 등 황실의 성원들까지 황로술을 숭상했다고 한다. 어떤 연구
에 의하면 황로술이 임협 집단의 지도 이념이기도 했다고 한다. 이처럼 한
초의 국가와 사회에 황로술이 만연하게 된 가장 큰 까닭은 길게는 춘추전
국의 긴 전쟁의 세월, 짧게는 가혹한 진정(秦政)과 초한지제(楚漢之際)의 혼란
기를 이은 한 초의 특수한 상황 때문이었다. 이 시기에 가장 긴요하게 요구
된 시대정신은 곧 '휴식(休息)'이었다. 백성들은 전쟁이나 성곽과 도로의 건
설 등 국민을 위한다고 벌이는 국가의 활동이 이젠 중지되기를 바랄 뿐이었
다. 국가의 휴식을 가장 적절하게 유도하고 표현할 수 있는 이념이 곧 '무위
이치'의 황로술이었다. 이러한 휴식의 정신, 황로술의 이념이 현실에 구현
될 때는 감세나 방임으로 나타났다. 원래 맹자는 10분의 1 세를 이상적 세
제로 제의했지만, 한은 건국 직후에 15분의 1 세를 채택했고 곧이어 30분의
1 세로 감세했다. 그것도 모자라서 흉년이 든 해나 지방에는 전액을 감면하
기도 했다. 그럼에도 불구하고 한의 국고는 언제나 넘쳐흘렀다. 한은 소득
세는 현물, 즉 곡물로 받고 인두세는 현금, 즉 동전으로 받았는데, 『한서』 식
화지(食貨志)에서는 저 유명한 '문경지치(文景之治)'(즉 한 문제와 경제 치세기의 잘
다스려짐)를 설명하면서 "창고가 넘쳐서 노적한 곡식이 썩어서 먹을 수 없게
되고 전민(錢緡, 돈을 꿰어 꾸러미를 만드는 줄)이 썩어 풀어져서 돈을 셀 수가 없
게 되었다"고 했다. 이런 지경에 이르게 된 까닭은 적게 거둔 세금조차 국가
에서 사용하지 않았기 때문이다. 즉 국가가 전쟁이나 건설 등 국가적 활동

을 중지하거나 최소화했기 때문에 거둔 세금을 사용할 수도 없고 거둘 필요도 없게 되었다는 것이다. 황로술의 경제적 아이디어는 자유방임 정책으로 구현되어 호족의 토지 겸병과 대토지 경영을 방임했을 뿐만 아니라, 민간의 사주전을 허용하는 등 극단적 형태로 나타나기도 했다. 한 초의 경제 상황은 절대 권력이 인민을 직접·개별적으로 지배하는 제국 체제와는 매우 거리가 멀었다.

중국이 이처럼 분열되었으니, 중국의 황제가 화이를 아울러 천하를 일원적으로 지배한 진대적(秦代的) 국제상황은 당연히 사라져 버렸다. 동아시아 세계에는 복수의 여러 독립 국가들이 병존하여 중원의 한을 포위했다. 특히 장성 이북의 흉노(匈奴)와 장강 이남의 남월(南越), 요동 동부의 조선(朝鮮) 등은 중국의 신생 국가 한에게는 매우 위협적인 경쟁자였다.

한 고조 유방이 항우와의 군사적 경쟁에서 승리하여 중국을 형식적으로나마 다시 통일하고 황제를 자칭했을 때, 장성 북쪽 초원의 유목사회에서는 역사상 첫 통일 국가가 출현했다. 진시황에 의해 축출되어 지평선 너머로 사라진 흉노인들이 지평선 위에 나타나서 전략적 요충지인 하남을 다시 탈취했다. 이때 흉노 사회를 통일한 영웅은 묵특(冒頓) 선우(單于)였다. 그는 흉노의 여러 부(部)를 통일한 뒤에 하남, 즉 오르도스를 다시 빼앗아 남방 농경 사회에 대한 전략적 우위를 선점했을 뿐만 아니라, 서쪽으로 월지(月氏)를, 동쪽으로는 동호(東胡)를, 북쪽으로는 정령(丁零)을 쳐서 통합시킴으로써 장성 북쪽의 광대한 초원을 석권하여 거대한 유목 제국을 건설했다. 중국을 통일하고 시계에 새 유목 제국이 들어오자, 유방은 통일의 정예 병력을 직접 이끌고 북상하여 일거에 유목민 군대를 제압하려 했다. 그러나 유방의 한군은 장성 부근 평성(平城)에서 묵특 선우의 기병에 포위되어 심각한 곤경에 빠졌다.

선우의 부인 연지(閼氏)에게 뇌물을 주어 베갯머리송사를 벌이게 하는 구차한 책략으로 간신히 포위망을 벗어나 귀환할 수 있었던 유방은 이후 다시는 흉노와의 전쟁을 꾀하지 못했다. 그 대신 그는 한의 수도를 산동의 낙양(洛陽)에서 관중의 장안으로 옮기도록 건의한 책사 누경(婁敬)[유경(劉敬)]의 건의를 받아들여 흉노와 '화친의 약'을 맺어 평화를 구걸했다. 이 조약에서 첫째 양국의 군주는 형제의 약속을 하고, 둘째 한의 공주(公主)를 흉노의 선우에게 출가 보내며, 셋째 한은 매년 막대한 세폐(歲幣)를 흉노에 보내 주고, 넷째 흉노는 한의 변경을 노략하지 않는다고 약속했다. 이 조약의 실질적 핵심은 한이 세폐를 보내는 대가로 흉노가 한을 침략하지 않는다는 것이었다. 고대에 유목민이 장성을 넘어 중국을 침략하는 까닭은 언제나 물자를 약탈하기 위해서였기 때문에 한 초의 중국인은 물자를 제도적으로 제공하고 약탈을 막을 수 있었으니, 이것이 바로 화친의 본질이었다.

그러나 '화친'이란 단순히 전쟁을 중지시키는 일반적 행사를 가리키는 개념은 아니었다. 이때부터 사용하기 시작한 '화친'이란 말은 매우 특수한 경우에만 적용되었으니, 그것은 바로 공주의 출가를 통해 평화를 획득하는 과정이었기 때문이다. '화친지약(和親之約)'을 구성한 네 가지 조건 가운데서 공주의 출가가 화친의 형식을 규정했다. 누경은 공주와 선우가 낳은 다음 대의 선우는 한 황제의 외손이니 결코 외조부를 공격하지 않을 것이라는 이유를 들어 공주의 출가를 주장했다. 그러나 한은 언제나 종실의 여아나 평민을 공주라고 꾸며서 출가 보냈고 흉노는 공주와 선우의 소생을 선우로 세운 적이 한 번도 없었으니, 누경의 기대와 달리 공주의 출가는 아무런 실질적 의미를 갖지 못했다. 그럼에도 불구하고 역사상의 '화친'은 언제나 공주의 출가라는 형식을 전제로 하여 성립된 매우 특수한 국제 관계였다. '화친'은 중국의 국가가 독립적이고 대등한 관계의 다른 이적(夷狄)의 국가에 공주를 출가 보내어 의제적(擬制的) 가족 관계를 맺음으로써 평화적 수교를 창출하는 독특한 외교적 행사였다. 한은 고조가 공주를 묵특 선우에게 출가 보내어 '화친'을 성립시킨 뒤로 새 선우가 즉위할 때마다 '화친의 약'을 갱신하여 평화를 지속하려 했다. 무제(武帝) 시기에 일시 중단된 적도 있었지만, 한이 멸망할 때까지 4백여 년 동안 한과 흉노의 화친 관계는 지속되었고 한대 이후에도 전통시대가 끝날 때까지 화친이 중국적 세계질서를 구성하는 기본 양식의 하나로서 끊임없이 작용했으니, 한 고조와 묵특 선우가 맺은 '화친의 약'이 갖는 역사적 의미는 아무리 강조해서 부족하다 할 것이다.

혹자는 한 초의 화친을 일종의 조공(朝貢)으로 보기도 한다. 흔히 조공이라 하면 이적이 중국에 물자를 바치는 행위로 이해하지만 실제로는 중국의 국가가 이적의 흉노에게 평화를 구걸하기 위해 '조공'한 이 사건이 조공의 효시였다는 것이다. 그러나 이는 조공 개념의 본질을 잘못 판단한 결과일 뿐이다. 동아시아 역사상에서 조공의 기원은 상·주 성읍 국가 시대에 중국의 책봉에 대응하여 사국이 중국에 대해 행한 정치적 행위에 있었으니, 본질적으로 조공이란 책봉과 짝하여 공동의 국제 사회를 형성하는 요소였기 때문에 조공은 책봉을 배제하여 성립될 수 없는 개념이었다. 책봉이 없으면 조공도 없는 것이고 조공이 없으면 책봉은 아무런 의미를 갖지 못했다. 따라서 한 초의 화친에는 책봉의 과정이 발견되지 않기 때문에 조공의 과정도 존재하지 않았다. 그럼에도 불구하고 '화친'이 한 초의 중국인에게 엄청난 굴욕감을 안겨 준 사건이었음은 분명하다. 세폐를 가져다주고 평화를 구걸한 행위였음은 의심할 여지가 없기 때문이다. 여후 시기에 묵특 선우가 국서를 보내 과부가 된 여후를 농락하자 번쾌(樊噲) 같은 공신들이 분기탱천하여 10만의 병력만 주면 선우정(單于庭)을 짓밟고 오겠다고 호언했지만, 여후는 굴욕을 참으며 화친을 유지했고 문제 시기에도 흉노가 약속을 어기며 빈번하게 변경을 약탈해도 반복해서 인내하며 화친의 약을 갱신했다. 이로 인해 문제 시기의 문학지사 가의(賈誼)는 발에 갓이 밟히고 머리에 신발이 얹힌 것처럼 천하가 '도현(倒懸)'되었다고 개탄했다.

흉노뿐만 아니라 남월과 조선은 한 초의 중국을 포위하여 압박한 가장 위협적인 '인적국(隣敵國)'이었기 때문에 이미 건국 초부터 그 대응 방안을 놓고 고심했다. 남월은 진대에 남해군(南海郡) 군위(郡尉)였던 조타(趙佗)가 진 제국이 와해되는 상황에 편승하여 중국과 통하는 길을 끊고 영남(嶺南)에서 자립하여 세운 국가였는데, 진시황이 이주시킨 중국인 사민(徙民) 집단을 권력 기반으로 삼는 왕권과 토착 월인을 지지 기반으로 하는 상권(相權)의 느슨한 결합이라는 구조적 특성을 갖고 있었다. 이와 마찬가지로 조선 역시 고조 말기에 이성 제후왕 숙청이라는 압박에 의해 연왕(燕王) 노관(盧綰)이 흉노로 도주한 상황에서 유망민 집단을 이끌고 요동을 경유하여 한반도로 이동해 온 위만(衛滿)이 한반도 서북에서 연명하고 있던 조선을 멸망시키고 건국한 국가였으니, 이 역시 중국인 유망민 집단을 권력 기반으로 삼는 왕권과 토착 조선민을 지배하고 있던 복수의 '조선상(朝鮮相)'들이 연합하여 건립했다는 독특한 권력 구조를 갖고 있었다.

한국의 중고등 역사교과서에는 위만이 조선인이었다는 이병도(李丙燾)의 학설을 그대로 인용하고 있는데, 이 학설의 근거로 제시한 몇 가지 논거는 모두 취약하기 그지없다. 모두 『사기』 조선열전에 근거한 '위만=조선인' 설의 한 가지 논거는 위만이 요동을 경유하여 왔는데, 당시 요동은 조선인이 살던 곳이었기 때문에 위만이 조선인이었을 가능성이 높다는 것이다. 그러나 당시의 요동은 이미 연국(燕國)에 의해 점유된 지 2백여 년이 지난 뒤여서, 그가 연(지금의 북경 일원)에서 요동을 경유하여 조선으로 왔다는 사실이 위만인이 조선인이었다는 사실을 입증하기는 어렵다. 위만이 조선으로 이동하면서 '추계만이복(椎結蠻夷服)', 즉 상투를 틀고 만이의 옷을 입었다는 사실과 위만의 조선이 한군에 포위되었을 때 '조선상'들이 투항했다는 사실도 위만이 조선이었음을 증명하는 중요한 논거로 제시되었는데, 그 까닭은 상투와 '만이복(蠻夷服)'이 곧 조선인 고유의 복식이었고, 상(相)이란 부여의 '상가(相加)' 등에서 보듯이 조선 고유의 직책이었기 때문이라는 것이다. 또한 위만이 조선을 멸망시킨 뒤에도 '조선'이라는 '조선식' 국호를 계속 사용한 사실도 위만이 조선인이었음을 확신케 했다. 그러나 이러한 논거들은 모두 『사기』 남월열전을 읽지 않았기 때문에 생긴 오해의 결과일 뿐이다. 『사기』 남월열전에 의하면 한의 사신 육가(陸賈)가 고제의 명으로 남월에 이르렀을 때, 남월왕 조타 역시 '추계만이복'하고 있었다고 하며, 남월에도 월인의 추종을 받던 '남월상' 여가(呂嘉)란 인물이 있었다. 당시 '상투 등 만이 복식'과 '상'이란 관직은 조선과 남월 외에도 흉노 등 동아시아 각국에서 보편적으로 발견되기 때문에, 위만의 복식과 위만 조선의 '상'을 조선 고유의 것으로 해석해서 '위만=조선인' 설을 입증하려 하는 노력은 전형적인 견강부회라 하지 않을 수 없다. 또한 조타 역시 자신이 중국인이었음이 분명했는데도 중국식 국호를 사용하지 않고 '남월'이라는 '만월식' 국호를 사용했음도 간과할 수 없다. 무엇보다도 이 시기에 위만 개인이 중국인이었는가 조선인이었는가를 확인하는 일은 위만이 세운 조선이라는 새 국가의 성격과 역사적 존재 의미를 이해하는 데는 아무런 도움이 되지 않는다. 이 시기에는 중국의 중심부에서 왕조 교체와 같은 중요한 사변이 발생하면 중국의 동북부 거주민들이 집단적으로 요동을 경유하여 조선 방면으로 이동해 왔는데, 그 대표적인 경우의 하나가 은주 교체기에 은의 유민을 대표한 기자가 그 추종 집단을 이끌고 요동 방면으로 유망한 일이었으니, 위만 역시 진·한 교체기에 중국의 동북 거주민이 요동을 경유하여 조선 방면으로 대거 이동한 상황을 대표한 존재였을 뿐이다. 『사기』 등 사서의 도처에서 이때 연, 제, 조 등 중국 동북의 거주민 수만 명이 요동을 경유하여 조선 방면으로 '유망(流亡)'했음을 기술하고 있으니, 위만은 이들 유망민을 대표할 뿐, 그가 중국인인지 조선인 이었는지는 전혀 중요한 문제가 아니었다. 그것을 중요시하는 것은 오직 '민족' 개념을 우선시하는 현대 한국인의 관점일 뿐이다.

베트남과 한국의 역사는 동아시아사 안에서 매우 유사한 지위를 점했기 때문에 비교사적 연구에 매우 적합한 소재가 될 수 있다. 양자의 첫 장이 라 할 수 있는 남월사와 고조선사 역시 비교사적 검토를 통해 부족한 사료 를 여러 방면에서 보충할 수 있다. 남월과 조선은 그 건국 시기와 과정 및 국 가적 성격과 권력 구조 등이 근사했을 뿐만 아니라, 중국과의 관계와 그 발 전과 패망의 과정 및 존속 시기까지도 흡사하다. 양국은 건국 초에 중국을 통일한 한과 '외신(外臣)의 약(約)'을 맺어 정권의 안정을 기하고 국가적 발전 의 기초를 확보했다. 남월은 한과 맺은 '외신의 약'을 통해 한과 수교하여 책 봉-조공 관계를 맺고, "백월(百越)을 화집(和集)하여 남쪽 변경의 해가 되지 않도록 할 것"을 약속하여 장강 이남에 광범하게 분포한 월인 계통의 여러 정치체에 대한 지배적 지위를 공인받았으며, 철기, 즉 철제 병기와 철제 농 기구를 공급받아 만월 사회가 청동기 단계에서 철기 단계로 획기적으로 발 전할 수 있는 기회를 얻게 되었다. 마찬가지로 조선 역시 한과 '외신의 약'을 맺고 "새외(塞外) 만이(蠻夷)를 지켜서 변경을 침략하여 노략질하지 못하게 할 것"을 약속하여 요동 방면의 예맥 계통의 여러 정치체에 대한 지배적 지위 를 승인받고 "병위(兵威)와 재물을 얻었다"고 하는데, 남월의 경우와 비교하 면 여기서 말하는 '병위와 재물'이 철기였음을 추론할 수 있다. 양국은 한과 맺은 '외신의 약'을 통해 영남과 요동의 국제 사회에 대한 주도적 지위를 인 정받고 철기를 도입하여 산업 국가, 정복 국가로 비약적으로 발전할 수 있었다. 관시(關市)를 통해 철기를 얻은 남월은 "군대로 (한의) 변경을 위협하고 재물을 민월(閩越)과 서구락(西甌駱)에 주어 역속(役屬)시켜 동서가 만여 리에 달하게 되었고, 황옥(黃屋)과 좌독(左纛)을 타고 칭제(稱帝)하여 중국과 가지런하게 되었다"고 한다. 조선도 "병위와 재물을 얻어 그 이웃의 소읍(小邑)을 침략하여 항복 받아, 진번(眞番)과 임둔(臨屯) 등이 모두 와서 복속하고 사방이 수천 리가 되었다." 이에 문제 시기에 진무(陳武)란 장군이 "남월과 조선은 진의 전성기에는 내속(內屬)하여 신자(臣子)가 되었는데, 그 뒤에 병력을 옹유하고 험한 지세에 의지하여 반란을 꾀하기 위해 관망하고 있다"고 하면서 정벌론을 제기했으니[『사기』 율서(律書)], 이미 문제 시기에 이르면 두 국가가 중국을 위협하는 국력을 갖추게 되었음을 알 수 있다.

6. 무제와 왕망의 꿈과 좌절

가의(賈誼)는 한(漢) 국가의 제국적 질서를 이론적으로 기초한 문학지사(文學之士)였다. 그는 약관에 박사(博士)가 된 천재로, 문제의 신임을 받아 진의 체제와 구별되는 한 특유의 국가 체제를 기획했다. 그러나 곧 황로술을 신봉하는 공신 집단에 의해 축출되어 장사국(長沙國)의 태부(太傅)로 좌천되었는데, 이때 상수(湘水)를 건너면서 예전에 상수에서 빠져 죽었다는 굴원(屈原)을 회상하며 「조굴원부(弔屈原賦)」(굴원을 조문하는 글)라는 부(賦)를 지었고, 책상 위에 앉은 복조(服鳥)를 보고 생사 무상의 회의에 빠져 「복조부(服鳥賦)」를 지었다. 이 두 편의 부는 중국의 문학지사들에 의해 최초의 부로 기억되었다. 『사기』의 찬자 사마천은 열전을 쓸 때 한 명으로 한 열전을 쓰기도 하고 여러 명을 모아 한 열전을 쓰기도 했는데, 모두 그 나름의 의미를 갖고 있었다. 『사기』의 가의열전은 「굴원가생열전(屈原賈生列傳)」으로 되어 있다. 굴원과 가의가 수백 년이나 떨어진 시대에서 살았는데도 같은 열전에 실린 이유는 양자의 사이에 깊은 연관성이 있다고 판단되었기 때문이다. 사마천에게는 공신들의 집단적 압력으로 쫓겨나 장사를 가로지르는 상수로 좌천된 가의의 역정이 초(楚)의 귀족들에 의해 조정에서 쫓겨나 방랑하다가 상수에서 빠져 죽은 굴원을 연상시켰을 것이다. 사실 가의가 처음으로 지은 '부(賦)'란 굴원의 초사(楚辭)에 기원을 둔 문학 양식이었다. 아마도 가의는 「조굴원부」를 지으면서 굴원이 지은 초사의 전통을 잇는 '부'의 양식을 의도적으로 선택했을 것이다. 그가 「복조부」를 지은 것도 굴원이 감수한 비애를 시대를 뛰어넘어 공감했기 때문일 것이다. 복조란 올빼미를 말한다. 중국인들은 올빼미가 어미를 잡아먹는 새라고 해서 흉조로 여긴다. 어느 날 창문을 통해 방 안으로 날아든 올빼미가 책상 귀퉁이에 앉아 있는 것을 보고, 가의는 어쩌면 자신이 곧 죽을지도 모른다는 비감에 빠지게 되는데, 그 까닭은 동정호(洞庭湖) 남쪽의 장사 지방은 원래 만월 지역으로 무덥고 습기가 많아 중국인들이 풍토병에 걸려서 죽는 경우가 많았기 때문이다. 갖가지 도가적 용어와 염세적 감수성으로 가득 차 있는 「복조부」는 불우한 역경에 놓인 젊은 천재가 중국문학사에 남겨 준 이정표적 유산이었다. 그 뒤 가의는 장안으로 다시 불려가서 황자 양회왕(梁懷王)의 태부가 되었지만, 어린 제자가 낙마해서 죽자 식음을 전폐하고 괴로워하다가 33세에 요절했다. 중국 역사상에는 왕왕 천재라 부를 만한 인물들이 등장하는데, 『논형(論衡)』의 저자 왕충(王充)이나 『노자주(老子注)』를 쓴 왕필(王弼), 당대(唐代)의 시인 이하(李賀), 『분서(焚書)』의 찬자 이지(李贄) 등이 바로 그런 사람들로, 모두 당대의 상식을 뛰어넘어 수백 년을 앞서 살았다는 공통점을 갖고 있다. 가의 역시 이들 천재의 대열에 포함될 만한 인물이라 할 수도 있지만, 그의 글은 불과 수십 년 뒤, 심지어는 이미 당대의 중국인들에게 심대하고 결정적인 영향을 미쳤다. 가의의 영향력 있는 글들은 주로 양회왕 태부 시절에 문제에게 올린 시무책(時務策)의 형식으로 이뤄졌는데, 이 글들은 대부분 『한서』의 도처에 수록, 혹은 인용되었고, 제자들에 의해 『신서(新書)』라는 제목의 책으로 묶여 전해지고 있다.

가의의 시무책은 한 초 문제 시기의 중국이 처한 어려운 상황을 여러 방면에서 지적·분석하여 그 극복 혹은 해결 방책을 제시하고 있다. 먼저 그는 고제 시기에 이성 제후왕들의 '반란'을 분석하여 강대한 자가 먼저 '반란'을 일으키고 약소한 자가 뒤에 '반란'을 일으켰음을 적시하고, 제후왕국 문제를 해결하기 위해서는 제후국을 작고 약하게 만들어야 한다고 주장했는데, 그의 '중건제후(衆建諸侯)'책은 문제 당대에 즉시 채택되어 실현되었다. 문제의 친동생 회남왕(淮南王) 유장(劉長)은 평소에 황제를 가형이라 부르고 스스로 동제(東帝)라고 칭하면서 황제만 사용하는 제도를 참월(僭越)하다가 파촉으로 유배 가던 중에 자결해서 문제를 정치적 곤경에 빠뜨렸다. 이때 문제는 유장의 아들 셋을 모두 제후왕으로 책봉함으로써 정치적 곤경에서 빠져나올 수 있었을 뿐 아니라 강대한 회남국을 세 조각으로 쪼개어서 약소한 세 제후국으로 만들 수 있었다. 불행하게도 제국(齊國)에는 아들이 여섯이나 있어 6개국으로 나뉘어졌다. 원래 봉건제의 기본 원리는 적장자 계승에 있었음에도 불구하고, 별자(別子)에게도 계승권을 인정함으로써, 명분상으로는 '추은(推恩)', 즉 은혜를 확대한 것처럼 보이면서 실제로는 제후국을 작게 쪼개는 실익을 거둘 수 있었던 것이다. 한 문제는 흔히 '유덕'한 군주의 대표적 사례로 칭송되어 왔지만, 그의 '덕(德)'은 바로 이런 통치 기술로 구현되었다.

가의는 권력 구조에 있어서도 군주와 신료 간의 엄격한 계급질서를 요구했다. 그는 군주와 인민을 집과 대지의 관계에 비유하면서 관료에게는 양자를 연결하는 계단과 같은 역할을 기대했다. 그러나 현실은 공신 집단이 관료 조직을 장악하고 있어 관료 조직이 사실상 제 기능을 수행하지 못했다. 이러한 상황을 극복하기 위해 가의는 '문학지사'와 '대책(對策)'이라는 두 가지의 새로운 키를 제시했다. 가의 자신이 전형적인 '문학지사'였고 문학지사로서 관료의 기능을 수행하기 위해 '대책'이라는 수단을 활용했다. 문제는 대책이라는 수단과 통로를 통해 가의와 같은 문학지사를 관료로 기용하여 관료 조직의 내용을 혁신했다. 그는 군국(郡國)의 장관, 즉 군수와 제후왕들이 천거(薦擧)한 '현량방정문학직언극간지사(賢良方正文學直言極諫之士)'들을 '책시(策試)'하여, 국가의 현안을 해결할 수 있는 '대책'을 제시한 '현량하고 방정하며 문학의 능력으로 직언하고 극간할 수 있는 사'를 발탁하여 관료 조직의 상층부로 진입시켰다.

사회경제적 측면에서도, 가의는 자유방임적 경제 정책을 지양하고 중앙집권적 통제경제를 제안했다. 그는 국가가 구리를 독점함으로써 화폐 주조를 장악하고 나아가서는 국가의 의지에 따라 물가를 자유자재로 조절하는 방안을 제시했다. 가의는 인플레이션과 디플레이션 개념을 설명하면서 통화 정책의 집권적 운용을 강조했다. 중국은 이미 선진 시대부터 각국에서 다양한 화폐를 주조하여 발행·유통했고 한대에는 엄청난 수량의 동전을 주조하여 유통시켰는데, 특히 인두세를 화폐로 징수하도록 강제되었기 때문이다. 중국은 이미 고도한 수준의 화폐경제 단계에 진입해 있었기 때문에, 가의는 동산과 구리 원료를 독점하고 화폐 주조권을 국가가 회수·장악함으로써 경제와 사회를 확고하게 통제할 수 있을 것으로 기대했다. 실제로 무제 시대에 이르러 사주전을 금지하고 국가 기관에서 화폐를 독점적으로 주조했을 뿐만 아니라, 소금과 철기, 술 등을 전매하여 국가의 기간산업을 독점하고, 균수(均輸)와 평준(平準) 정책을 시행하여 자원의 시공간적 유통을 통제했다. 이러한 통제경제 정책을 통해 한 초에 동산을 개발하여 화폐를 주조하고 소금과 철기, 술 등을 제조하여 유통시키면서 막대한 이익을 모리한 호족의 세력을 억제하고 호족에 빼앗겼던 소농민에 대한 지배 권력을 되찾을 수 있었다.

가의는 세계적 상황에 대해서도 독특한 진단과 해결책을 제시했다. 특히 흉노와의 화친에 대해, 그는 신발과 모자가 거꾸로 놓인 것과 같은 '도현(倒懸)'의 현상으로 규정하고 중국과 이적의 상하질서를 확립하기 위해 다섯 가지 미끼 대책, 즉 '오이책(五餌策)'을 제시했다. 그는 인간의 다섯 가지 감각을 이용하여, 비단을 보내어 촉각을 마비시키고 음악을 보내어 청각을, 곡물을 보내어 미각을, 미녀를 보내어 시각을, 음식물을 보내어 후각을 마비시기기를 제안했다. 중국에서 남는 것을 흉노로 보내어 그들의 오감을 마비시킴으로써 흉노 사회의 본질을 파괴해야 한다고 주장한 것이다. 문화적 공세라 할 만한 가의의 '오이책'은 그 위험성이 즉각적으로 상대에 의해 간파되었다. 예로부터 중국의 군주들은 자신의 측근을 사신으로 파견했는데, 이로 인해 내조(內朝)의 알자(謁者)나 환관(宦官)들이 사신으로 선발되는 경우가 적지 않았다. 문제 때 사신으로 선발된 환관 중행열(中行說)은 흉노에 도착하자마자 선우에게 투항하여 한의 정보를 제공하고 그 효과적 대응책까지 가르쳐 주었다. 그는 선우에게 비단옷을 입고 거친 황야를 말로 달려 옷이 다 찢어지는 모습을 국민들에게 보이라고 충고함으로써 중국인의 문화적 공세를 경고했다.

무엇보다도 가의는 새로운 제국에 걸맞은 새로운 통치이념을 제시했다. 황로술은 휴식을 요구하는 한 초의 특수한 상황에는 적합할지 몰라도 전 중국을 통일적으로 지배하는 제국에는 적절하지 않은 이념 체계였다. 가의가 문제의 지시로 새 국가 체제를 준비했을 때 공신들이 "낙양의 소년이 제멋대로 모든 것을 바꾸려 한다"는 이유로 지방으로 좌천시켰기 때문에, 가의는 황로술의 한계를 몸으로 체험한 바 있었다. 그가 한 국가의 새로운 통치 이념으로 제시한 것은 유가도 아니었고 법가도 아니었다. 그것은 유법(儒法)을 함께 아우른 제3의 이념이었다. 그는 기본적으로는 유자였지만, 그의 스승 오공(吳公)은 정위(廷尉)를 지낸 법가적 인물이었다. 그에게는 유가나 법가의 고정된 교조가 중요한 것이 아니라 새로운 국가에 적합한 새로운 이념 체계를 찾는 일이 중요했다. 한 초의 문학지사들은 진의 급속한 붕괴에 심한 충격을 받고 진의 과오를 논했는데, 이러한 '과진론(過秦論)'은 한이 진의 '전철(前轍)'을 밟지 않기 위한 지적 노력이었으니, 한 국가가 초기에 선택한 군국제(郡國制)도 이러한 반성의 토대 위에서 출현한 것이었다. 가의 역시 「과진론」을 저술하여 진 제국의 급속한 와해 원인을 분석하고, 나아가서는 새로운 시대의 중국인이 선택해야 할 제3의 길을 제시했다. 그의 제언에 따라 무제 시대 이후 중국인들이 선택한 제3의 길은 곧 '이유식법(以儒飾法)'(유술로써 법치를 꾸밈)이었다. 진 제국이 급속하게 붕괴된 이유는 지나치게 가혹한 법치였지만, 법에 의한 통치 그 자체가 원인은 아니었다. 성읍 국가 시대를 모델로 하여 체계화된 유술(儒術)이 제국 시대까지 그 생명을 유지할 수는 없는 일이었다. 따라서 한대의 중국인이 선택할 수 있는 길은 유술에 의해 그 가혹함이 포장될 수 있는 '따뜻한 법치'였다.

가의의 이와 같은 시무책은 문제 시기 당시에 실현된 것도 있었지만, 주로 무제(武帝) 시기에 이르러 제국적 질서를 창출하는 이론적 기초로서 광범하게 채택되어 구현되었다. 무제 시기란 이른바 '문경지치'의 뒤를 이어 제국을 건립할 준비가 이뤄져 있던 시기였다. 중국 역사상에서 위대한 치세의 하나로 흔히 손꼽히는 '문경지치'는 한 초 이래로 중국인들이 선택한 황로술의 '백성과 함께 휴식을 취함'으로 인해 국부가 축적되고 국력에 여유가 생긴 상황을 이르는 말이니, 『한서』 식화지에서는 당시에 오랫동안 세금을 사용하지 않아 "곡식이 창고에 차고 넘쳐 노적되는 바람에 썩어서 먹을 수가 없게 되고 동전 꾸러미를 꿰는 끈이 썩어 풀어져서 돈을 헤아릴 수가 없게 되었다"는 유명한 말로써 "문제와 경제 치세기의 극치(極治)"를 표현하고 있다. '문경지치'의 유산을 물려받은 무제 시기의 중국인들은 제국의 명분과 실제가 일치되지 않는 종래의 상황을 극복하여 명실상부한 제국 체제와 질서를 확립하려 노력했다.

먼저 한 초 이래로 중국을 사실상 분할 점유하고 있었던 제후국 문제를 해결하기 위해, 무제 시기의 중국인은 제후왕국과 열후국을 압박할 갖가지 제도적 장치를 마련했다. 이미 문제 시기부터 실현되기 시작한 '중건제후' 책, 즉 제후를 많이 세우는 대책은 그다음 대인 경제 시기에도 계승되어 제후국을 압박했고, 이로 인해 유발된 오초칠국난(吳楚七國亂)이 한에 의해 진압됨으로써 제후국을 제압할 제도적 환경이 조성되었다. 무제는 은혜를 미루어 확대시킨다는 이름의 '추은령(推恩令)'을 제정하여 '중건제후'를 제도화함으로써 강대한 제후국을 약소한 제후국으로 지속적으로 분쇄할 수 있었다. 또한 '부익률(附益律)'을 만들어 제후왕은 왕국에서 거두는 세금의 일부만 사용할 수 있도록 제한했고, '좌관률(左官律)'을 만들어 제후왕은 하급의 속관만 임명할 수 있을 뿐 기타 주요 관료는 모두 중앙정부에서 임명하여 파견하게 함으로써 제후왕을 재위하되 통치하지는 못하는 유명무실의 존재로 만들었다. 그뿐만 아니라 '주금률(酎金律)'을 제정하여 '천하일가(天下一家)'의 정신에 따라 제후왕과 열후가 황실 제사에 동참하기 위해 내는 주금의 함량과 순도를 정확하게 준수할 것을 강요하여, 이를 위반한 제후의 작위와 영토를 삭감 혹은 몰수함으로써 그 운신의 폭을 크게 제한했다. 흔히 한의 지배 체제를 군국제라 부르고 실제로 군현과 봉건적 제후국이 공존하고 있었지만, 무제 이후의 모든 제후왕국은 중앙에서 파견한 내사(內史)에 의해 통치되고 열후의 국들도 중앙에서 임용한 상(相)에 의해 관리되어 제후왕국은 일개 군, 열후국은 일개 현과 다를 바 없게 되었고 제후왕과 열후는 다만 식읍(食邑)의 조(租)만 받아먹을 뿐 통치권은 갖고 있지 못했기 때문에, 명목은 군국제였으나 실제로는 군현제였다고 봐야 한다. 군국제의 이러한 모순된 체제는 전통시대 중국 국가의 기본 모형으로 정착되어 청 말까지 지속되었다.

또한 문제 시기 때부터 시작된 '향거리선(鄕擧里選)', 즉 선거제(選擧制)는 무제 시기에 이르러 '효렴(孝廉)'과 '무재(茂才)'의 제도로 발전하여, 관료 조직의 상층부 내용을 임협지사(任俠之士) 출신의 공신과 그 자제를 문학지사 출신의 관료로 교체하는 제도적 통로가 되고, 황제 권력이 관료를 통해 인민을 직접·개별적으로 지배하는 제국 체제의 핵심적 장치가 되었다. 원래 '현량방정(賢良方正)' 등은 일식이 있거나 황태자가 책봉되는 등 중요한 일이 있을 때 황제의 특별 '구현(求賢)' 조칙(詔勅)으로 천거되었고, 그 가운데서 대책을 통해 극소수의 인물이 발탁되었기 때문에, 횟수나 인원수가 제한되어 방대한 관료 조직의 내용을 바꾸기에는 턱없이 부족했다. 이로 인해 무제 시기에 이르러 동중서(董仲舒)의 대책으로 효렴과 무재가 첨가되었다. 그 자신이 현량으로 천거되어 대책으로 발탁되었던 동중서는 수많은 시무책으로 제국의 이론적 기초를 제공한 또 한 명의 대표적 문학지사였는데, 그의 건의에 따라 특별 구현 조칙이 없어도 매년 정기적으로 군국에서는 효렴을, 주(州)에서는 무재를 한 명씩 천거하여 중앙에서 시험 삼아 보임케 하고, 그 상중하의 성적에 따라 상급자는 중앙의 고급 관료로 발탁되고 중급자는 지방의 장리(長吏)로 선임되었으며, 하급자를 천거한 군수나 자사는 고과(考課)에서 문책되었다. 또한 무제 사후에는 '현량방정문학직언극간지사'의 천거 제도도 분화되어 '현량'과 '방정', '문학', '직언', '극간' 등이 각각 따로 선거되었고, 효렴도 큰 군국에서는 매년 2명, 작은 군국에서는 2년에 1명을 천거하는 등 제도적으로 정비되었다. 이후 한 국가의 고급 관료는 대부분 현량, 방정이나 효렴, 무재 등의 통로를 통해 공급되었는데, 여러 향거리선의 과정으로 선거된 이들의 공통점은 모두 당대 최고 수준의 문학지사였다는 것이다. 이제 출중한 문학의 역량을 가져야 고급 관료의 역할을 수행할 수 있는 것으로 평가되게 되었으니, 그 이유는 임협 출신의 공신이나 그 자제와 달리, 문학지사들은 사회·정치적 배경 없이 개인의 문학적 역량만으로 군주가 인민을 직접·개별적으로 지배하는 효과적인 수단이 될 수 있을 것으로 기대되었기 때문이다.

무제 시대에 일어난 일들 가운데 가장 주목할 만한 일로 임협의 제거와 호족의 해체를 들 수 있다. 무제는 호족이 '향곡(鄕曲)에서 무단(武斷)하는' 물리적 수단으로 임협을 활용하고 제후왕이나 열후들이 임협을 빈객으로 유인하여 집단적 세력을 형성하는 상황에 대해 언제나 절치하여 제후를 억압하고 호족을 해체하는 과정에서 먼저 임협을 제거하려 했다. 그 대표적인 예로서 당대에 가장 저명한 임협으로 명성이 높았던 곽해(郭解)가 '현사(賢士)'로 칭송되면서 민간질서를 주도하자 장안 근교의 두릉(杜陵)으로 강제 이주시켰고, 대장군(大將軍) 위청(衛靑)이 그를 사민(徙民) 명단에서 빼 줄 것을 청탁하자 "제국의 이인자인 대장군이 청탁할 인물이면 당연히 명단에 포함시켜야 한다"고 하면서 이를 강행했다. 무제는 끝내 곽해를 문죄하여 처형했는데, 이를 계기로 많은 임협지사들이 문학지사로 '개절(改節)'했다. 특히 선거제의 확장을 통해 문학지사들이 대거 관료 조직의 상층부로 진입하는 상황에서 임협지사의 개절은 자연스러운 추세를 이루어, 이후 중국뿐만 아니라 동아시아 각국의 관료 제도에서 문관 위주의 특징적 측면을 형성했다.

『사기』와 『한서』에는 순리(循吏) 열전과 혹리(酷吏) 열전이 있는데, 종래에 순리는 도덕적으로 좋은 평가를 받은 관리로, 혹리는 도덕적으로 나쁜 평가를 받은 관리로 이해되었다. 그러나 혹리 열전에 기재된 인물들은 한결같이 호족 집단을 적극적으로 해체하는 데 기여했으며 대부분 무제 시기의 관리였다는 공통점이 있다. 무제는 이들 혹리를 이용하여 율령(律令)의 엄격한 집행을 강행함으로써 호족(豪族)의 완강한 저항을 돌파해서 호족 집단을 해체하려고 노력했다. 동중서의 중요한 시무책 가운데는 한전제(限田制)의 시행, 즉 토지 소유의 제한을 제안한 대책도 포함되어 있다. 여기에서 그는 전국 시대의 상앙 변법으로 인해 종래의 정전제적 토지제도가 무너지고 토지의 매매와 겸병이 진행되어 "혹자는 산과 강을 경계로 토지를 소유하고, 혹자는 송곳 하나 꽂을 땅도 없게 되었다"고 개탄했다. 그의 표현에 다소 과장이 있었다 하더라도 이미 무제 당시에 호족의 대토지 경영이 광범하게 진행되고 있었음을 알 수 있다. 호족이 대토지를 보유하여 경영하는 방법은 주로 가내 노예를 사용하거나 생산수단이 부족한 소농민을 전호로 사역하는 경우가 많았다. 이는 곧 황제가 직접·개별적으로 지배해야 할 대상을 호족과 다투었음을 뜻하니, 기본적으로 한대의 호족은 황제 권력, 혹은 국가 권력과 모순된 위치에 존재하고 있었다. 따라서 제국 체제를 명실상부하게 확립하려 한 무제 시기의 한(漢) 국가가 호족 집단을 약화시켜 해체하려 노력한 것은 자연스러운 일이었다. 무제는 임협을 탄압하여 호족의 물리적 수단을 제거하려 했을 뿐만 아니라, 호족들을 장안 부근으로 이주시켜 자신의 능묘인 두릉을 지키게 함으로써 호족과 그 세력 근거를 단절시키려고도 했다. 특히 그는 상인 출신인 재무장관 상홍양(桑弘羊)의 건책에 따라 소금과 철기, 술 등의 국가 전매를 단행하고 균수책과 평준책을 실시하여 물자의 유통 과정을 국가가 직접 장악하게 했다. 이러한 국가의 통제경제 정책은 흉노와의 장기 전쟁으로 인해 소모된 재정을 보충하기 위한 조처의 하나이기도 했지만, 근본적으로는 대토지 경영을 통해 축적된 자본을 국가 기간 제조 산업과

물류 산업에 재투자하여 막대한 이익을 축적하고 있던 호족들의 모리수단을 근원적으로 차단하는 데 목적이 있었다. 호족의 세력을 억제함으로써 호족 세력에 빼앗겼던 지배의 대상, 즉 소농민층을 되찾아 제국적 질서를 확립하려는 노력의 일환이었다.

한편 중행열 등 투항자들의 충고와 경고에도 불구하고 중국 물자의 흉노 공급은 화친의 갱신을 통해 지속되었고 관시, 즉 호시(互市)에 의해 더욱 확대되었다. 흉노 선우는 화친을 통해 공급되는 중국 물자에 만족하지 못하고 관시의 설치를 요구해서 직접 장성 부근의 관시에 습관적으로 출입하기도 했다. 결국 흉노 사회가 무제 시대 이후에 스스로 분열되어 오선우(五單于) 시대를 맞게 된 까닭의 하나는 장기적으로 지속된 중국인의 문화 공세에서 발견되어야 할 것이다. 흉노 제국을 붕괴시키는 데 직접적으로 작용한 외적 요인의 하나가 무제 시대에 장기적으로 지속된 중국의 무력 공세에 있었음은 말할 필요도 없다. 군사적 수단을 포기한 채 화친의 굴욕을 선택한 선조들과는 달리, '문경지치'를 통해 자신감을 되찾은 무제 시기의 중국인들은 흉노에 대해 선제공격을 감행하여 장기적 세계 대전의 문을 열었다. 그들은 선우가 마읍(馬邑)의 관시에 출몰한다는 정보를 얻어 잠복했다가 선우를 공격하려 했다. 정보의 누설로 실패한 이 전략의 기도를 기점으로, 한군은 장성을 넘어 고비 사막의 북쪽, 즉 막북(漠北)의 흉노 심장부까지 노리며 원정하기 시작했다. 위청과 곽거병(霍去病)은 이 전쟁이 낳은 역사적 영웅이었다. 이들은 여러 차례 무제가 직접 기획한 전략과 전술에 따라 대장군 혹은 표기장군(驃騎將軍)의 직함으로 대규모 본진을 이끌고 전후좌우의 네 장군이 이끄는 여러 부대를 지휘하여 막북의 선우를 그물 치듯 포위하여 공격함으로써 엄청난 수의 가축을 포획하여 흉노에 심각한 타격을 안겨 주었다. 무제가 정력적이고 지속적으로 파견한 한의 원정군은 하남 오르도스라는 전략적 공간을 탈취하는 데 그치지 않고 황하를 건너 하북(河北)에 군현을 세우기도 하고, 돈황(敦煌) 등 이른바 '하서사군(河西四郡)'을 설치하여 서역(西域)으로 진출할 통로를 확보하기도 했다. 그러나 무제 치세기의 대부분 기간에 지속된 흉노에 대한 군사적 공세는 흉노의 항복이라는 결과를 얻지 못했을 뿐만 아니라 오히려 막대한 재정적 소모와 국력의 낭비를 가져와서 한 국가를 절체절명의 위기에 빠뜨렸다. 무제는 엄청난 전비를 마련하기 위해 염철주(鹽鐵酒) 전매와 균수, 평준책을 실시하여 호족의 저항을 불러일으켰고 그래도 부족한 전비를 마련하기 위해 동전과 녹피(鹿皮) 화폐의 발행을 남발하여 살인적인 인플레이션을 유발했다. 그는 황실 재정의 재원을 국가 재정으로 넘겨 부호들의 성금을 유도했는데, 부호들의 호응이 부족하자 고민령(告緡令)을 발포하여 재산의 신고를 의무화하고 감춘 재산을 고발하는 자에게 포상하여 수많은 부호를 파산하게 했다. 이로 인해 무제 치세의 말기에는 토지에서 유리된 농민들이 유민화(流民化)하고 유민들은 유적화(流賊化)하여 제국이 거의 붕괴되기 직전의 위기로 내몰리기도 했는데, 이 위기는 무제의 마지막 정치력의 소산인 '윤대(輪臺)의 조(詔)'에 의해 간신히 넘길 수 있었다. 서역의 윤대에 둔전(屯田)을 설치하여 흉노와의 장기전에 대비하자는 상홍양의 건의에 대한 응답으로 내려진 이 '윤대의 조'는 오랜 전쟁에 대한 후회와 반성이 담긴 종전 선언문이었다. 따라서 무제 사후에 5선우 분열 시기를 맞은 흉노가 선제(宣帝) 시기에 자진해서 한에 '칭신입조(稱臣入朝)'한 것은 무제 시기에 지속된 대규모 군사 공세의 결과일 수도 있지만, 보다 근본적 원인은 가의가 예견한 바와 같이 오랫동안 중국 문화의 공세에 의해 흉노 고유의 질박 강건한 사회적 기풍이 무너진 것에서 찾을 수도 있다.

무제 시대의 중국인들이 군사적 선제공격을 통해 강력한 '인적국' 흉노를 굴복시키려 노력한 것은 말할 필요도 없이 명실상부한 제국 체제를 확립하려는 기도의 일환이었다. 이러한 성격의 노력은 북방의 흉노뿐만 아니라 남방의 남월과 동북의 조선, 서남방의 서남이(西南夷), 서북방의 서역 제국 등에 대해서도 전방위로 전개되었다. '문경지치'에 의해 축적된 국력을 바탕으로 흉노를 선제공격한 한 무제는 남월과 조선의 위협적 웅거도 방치하지 않았다. 무제 시기의 중국인은 먼저 남월왕의 입조를 강요하여 중국 내의 제후왕국과 같게 되기를 기대했고, 이 일이 실패한 뒤에는 바닷길로 군대를 보내 남월국의 도읍인 번우[番禺, 현재의 광주(廣州) 일원]를 점령하여 남월을 멸망시켰다. 그리고 그 영토에 9개의 군을 설치함으로써 현재 중국의 남쪽 경계선을 확보했다. 그리고 남월을 공격한 군대를 돌려 그다음 해에 조선을 공격해서 멸망시키고, 4개의 군을 설치했다. 양국의 패망은 모두 그 국가적 모순에 기인했다. 두 국가는 모두 적전 내홍, 즉 왕권과 상권(相權)의 이반을 통해 패망했는데, 이는 양국이 모두 왕권과 상권이 느슨하게 결합한 국가적 구조를 갖고 있었기 때문이다. 『한서』후자연표(侯者年表)는 왕을 죽이고 항복한 '조선상(朝鮮相)'들이 군현이 설치된 뒤에 또 한에 이반하여 저항했음을 전해 주는데, 이는 조선의 군현화가 이들의 기득권을 심각하게 침해함을 뒤늦게 깨달았기 때문이다.

이처럼 군사적 공세를 통해 기존의 국가를 멸망시키고 군현으로 편입하여 진시황 시대의 제국을 재현하려는 무제 시대 중국인의 독특한 노력은 중국의 서남에 위치한 서남이에서도 전개되었다. 서남이는 중국의 서남부, 즉 지금의 운남(雲南)과 사천(四川) 등에 분포한 역사공동체로, 일찍부터 그 지리적 위치와 조건으로 인해 중국과 분리되어 오랫동안 중국인의 시선과 관심을 모으지 못하고 있었다. 그러나 한 무제 시기에 이르러 서남이의 존재는 한의 전략적 가치로 인해 두 차례나 중국인의 집중적 관심을 받게 되었다. 먼저 서남이는 남월 때문에 중국인의 시선을 받았다. 남월의 도성 번우에서 서남이 특산의 장(醬)이 한의 사신에 의해 발견되었기 때문이다. 무제는 서남이를 공략한 다음, 그곳에서 장가강(牂柯江)을 타고 내려가 번우를 공략하는 전략을 수립했다. 그 뒤에 무제 시기의 중국인이 서역과 교통하고 경영하기 위해 서남이의 경영이 다시 중시되었다. 서역에 파견된 장건(張騫)이 인도 북부에서 공죽장(筇竹杖)을 발견하고 서남이의 공(筇) 지방에서 신독국(身毒國) 즉 인도로 직접 통할 수 있다는 가능성을 제시했기 때문이다. 무제는 위험한 하서회랑(河西回廊)을 통하지 않고 서남이 지역을 통해 서역으로 갈 수 있는 새 통로를 찾기 위해 대규모의 군대를 서남이로 파견했다. 이처럼 서남이는 그 자체의 가치보다는 다른 지역을 경략하기 위한 전략적 가치로 인해 중국인의 시선과 관심을 받았고, 그 결과 이들의 거주 지역에는 한군(漢郡) 7개가 설치되어 한의 황제에 의해 직접적으로 지배받게 되었다.

전략적 가치로 인해 무제 시대 중국인의 시선과 관심을 받게 되었다는 점에서 서역(西域)도 서남이와 근사한 존재의미와 운명을 지니고 있었다. 서역 역시 서남이와 마찬가지로 중국인의 인식세계 밖에 놓여 있었지만, 무제 시기에 이르러 그 존재가 인식됨과 동시에 전략적 가치가 주목되기 시작했다. 흉노와의 전쟁을 감행한 무제는 흉노를 제압하는 전략의 하나로 흉노에 의해 패망하여 서역으로 옮겨 간 월지(月氏)와 손을 잡고 흉노를 협공하는 전략을 기획하고 장건을 서역으로 파견했는데, 장건은 월지와의 협공을 성공시키지는 못했지만 서역에 대한 일반적 정보를 역사상 처음으로 중국인에게 전해 주어 동서양 교류의 문을 열었을 뿐만 아니라, 서역이 흉노의 전투력을 담보하는 후방 기지라는 사실을 알려줌으로써 서역 경영의 기제를 제공했다. 무제 시기의 중국인은 처음에는 중국의 경제력과 외교력을 수단으로 삼아 옥문관(玉門關) 이서의 오아시스 국가들과 총령(蔥嶺) 즉 파미르 고원 이서의 영토 국가들을 유인하여 흉노의 세력권에서 이탈시키려 노력하다가 종국에는 군사력을 사용해서 서역 제국을 굴복시켰는데, 그 하이라이트가 대완(大宛) 정벌이었다. 무제는 두 차례에 걸쳐 대규모의 군대를 서역에 보내 대완을 굴복시키고 천마(天馬)로 불리던 대완의 명마들을 거두어 흉노에 대항할 기마군사력을 보강했을 뿐만 아니라, 서역 제국을 흉노의 영향권에서 떼어 내어 흉노의 후방 기지를 약화시키는 데 성공했다. 무제는 흉노가 굴복하는 장면을 보지 못하고 죽었지만, 그의 사후에 일어난 흉노의 굴복은 무제의 서역 경영으로 인한 후방의 삭약이 크게 작용했을 것임이 분명하다.

유철(劉徹)이 죽은 뒤에 무제(武帝)라는 묘호(廟號)를 얻은 까닭은 이처럼 그가 제국적 질서를 확립하기 위해 군사적 수단을 주로 사용했기 때문이다. 그러나 무제 시기의 중국인들이 군사적 활동에만 관심을 갖고 있었던 것은 아니다. 그들은 황로술이라는 비문화적, 심지어는 반문화적이기까지 한 정서가 지배하던 한 초의 상황을 극복하고 본질적으로 문화적인, 더 정확히 말한다면 중국적 문화의 전통 그 자체라 할 수 있는 유교(儒敎)에 대해 다시 관심을 갖기 시작했다. 황로술의 마지막 황실 보루였던 두태후가 사망한 뒤, 소년 황제 무제는 유자를 비롯한 문학지사들을 대거 기용해서 측근에 배치하여 제국적 질서를 회복하기 위한 이론적 기초를 확보하려 노력했다. 그러나 흔히 잘못 알려진 상식 가운데 하나는 무제가 유교를 국교로 삼아 사상을 통일했다는 것이다. 이러한 오해는 동중서(董仲舒)가 "백가(百家)를 물리쳐야 한다"는 대책을 올렸고 무제가 "그렇게 하겠다"고 응답했다고 한 『한서』 동중서전의 기사에 근거한 것이었지만, 실제로 무제가 유교와 관련하여 취한 구체적인 행동은 동중서의 대책에 따라 태학(太學)을 설치하고 오경박사(五經博士)를 두어 박사제자원(博士弟子員)을 양성했다는 것뿐이다. 이들 박사제자원들은 3년간 유교의 경전을 학습했고 졸업시험의 성적에 따라 관료로 임용되었다. 국가가 관료양성 교육 기관을 설치하여 그 교과목으로 유교적 경전을 채택했다 함은 곧 유교적 지식과 자질을 함양한 관료가 국가를 운영하게 되었음을 공식적으로 선언한 행위였기 때문에 그 의미가 결코 적지 않았다고 하겠다. 다만 박사제자원 제도는 관료 기구를 구성하는 제도적 통로로서 현량, 방정이나 효렴, 무재와 같은 선거 제도와 비교한다면, 그 중요성이나 규모 면에서 매우 제한적이라는 한계를 갖고 있었다. 실제로 무제 시기의 한조(漢朝)에는 유가적 관료가 삼공구경(三公九卿)과 같은 중핵적 고위 관료직에 오른 경우가 거의 없었다. 유가적 성향의 유자 출신의 고급 관료로서는 공손홍(公孫弘)이 유일하게 발견되지만, 그는 당대에도 순유(純儒)가 아니라 잡유(雜儒)로 평가되었던 인물이다. 이 시기에 관료 기구의 상층부로 진출한 유자들 가운데는 오히려 가의(賈誼)와 같이 법가적 성향을 가진 문학 지사들이 다수 포함되어 있었으니, 염, 철, 주 전매 정책과 균수, 평준 등 통제경제 정책을 입안하고 실행한 상홍양(桑弘羊)이 그 대표적인 경우라 할 수 있다. 실제로 무제 시대에 모색된 제국 체제의 확립을 위한 각 방면의 정책들은 대부분 유가적이라기보다는 차라리 법가적이었으니, 무제 시기의 '견지법(見知法)'(즉 보고 알고서도 고발하지 않으면 같은 처벌을 받는다는 법) 실행은 이 시기의 중국이 법가적 분위기에 의해 지배되고 있었음을 잘 보여 주는 한 사례라 할 수 있다. 사실 한 고조 유방이 관중에 들어가서 '약법삼장(約法三章)'했다고 선전되었지만, 실제로 한 제국이 '삼장으로 축약한 법'에 의해 통치된 적은 한 번도 없다. 한 국가는 언제나 전국 시대부터 축적되어 온 방대한 규모의 율령에 의해 통치되었다. 근래에 선진 시대 진국(秦國)의 어느 법리의 무덤에서 발견된 운몽진간(雲夢秦簡)은 중국의 법률 체계가 이미 선진 시대부터 얼마나 고도한 수준으로 발달되고 있었는지 잘 보여 준다. 다만 한대의 중국인들은 법치의 진 제국이 단명으로 끝나는 장면을 목도했기 때문에 유술로써 법치를 적절하게 포장하여 융통성 있는 제3의 이념 체계를 창출할 수 길을 모색했을 뿐이었다.

이 시기에 한국은 여전히 중국인의 관심을 끌지 못했다. 한 무제는 대규모의 군대를 동원해서 조선을 멸망시키고 그 고지에 4개의 군을 설치했지만, 그 이남의 한국으로는 군대를 보내지도 않았고 군현을 설치하지도 않았다. 조선이 한군의 침략을 초래한 것은 중국인 유망민을 계속 유인하고 국왕이 입조하지 않았으며 중국과 통하려 해도 '진번(眞番) 옆의 중국(衆國)'이 이를 가로막아서 통하지 못하게 했기 때문이다. 그러나 한국과 중국의 '한(漢)' 사이에는 아무런 외교적 현안이 존재하지 않았고 한국은 중국인에게 위협적 존재로 인식되지 않았으며, 한국의 전략적 가치가 평가되지도 않았다. 한국의 존재와 가치는 왕망 시기에 이르러서야 비로소 중국인에 의해 인식되기 시작했다.

『삼국지』에 인용된 『위략(魏略)』은 중국이 왕망(王莽)의 신조(新朝)에 의해 지배될 때 한국이 어떠한 상황에 놓여 있었고 중국과 어떠한 관계를 맺고 있었는지를 흥미롭게 전하고 있다. 이 기록에 의하면, 왕망 지황(地皇) 연간(기원후 20~22년)에 진한(辰韓)의 우거수(右渠帥)였던 염사착(廉斯鑡)이란 자가 낙랑군(樂浪郡)의 토지가 비옥하여 인민의 생활이 풍요롭고 안락하다는 말을 듣고는 도망하여 낙랑군에 내항했는데, 이때 그는 읍락을 나와 밭에서 참새를 쫓는 남자 한 명을 만났다. '한인(韓人)'의 말을 쓰지 않은 그는 "우리는 한인(漢人)이고 이름은 호래(戶來)라고 한다. 우리 천오백 명은 재목을 벌채하다가 한(韓)의 습격을 받아 붙잡혀 모두 머리카락을 깎고 노예가 된 지 3년이 되었다"고 했다. 염사착이 "나는 한(漢)의 낙랑에 항복하려 하는데, 너도 가지 않겠느냐"고 물었더니, 호래가 "좋다"고 해서 함께 낙랑군의 함자현(含資縣)으로 갔다. 함자현에서 낙랑군에 보고하니, 군에서 곧 염사착을 통역으로 삼아 잠중현(岑中縣)에서 큰 배를 타고 진한(辰韓)으로 들어가 호래의 무리

1천여 명을 맞이하여 데려왔는데, 함께 항복한 무리 가운데 5백 명은 이미 죽은 뒤였다. 이에 염사착이 진한에 따져 말하기를 "너희가 5백 명을 돌려보내지 않으면, 낙랑군이 만 명의 병력을 보내 배를 타고 와서 너희를 공격할 것이라"고 하니, 진한이 "5백 명은 이미 죽었으니, 우리는 그 값을 마땅히 치를 것이라"고 하면서 진한인 1만 5천 명과 변한(弁韓)의 포(布) 1만 5천 필을 내놓았다. 염사착이 그 속치(贖値)를 거두어 가지고 돌아오니, 낙랑군은 염사착의 공로와 의로움을 표창하고 관책(冠幘)과 전택(田宅)을 주었다고 한다. 『위략』에 담긴 이 같은 이야기는 왕망 시대 당시의 낙랑군과 한국은 별개의 영역으로 엄연히 구별되어 있었고, 양자는 어떠한 제도적 관계도 갖지 못했을 뿐만 아니라, 통상적 교통로까지 존재하지 않았음을 전하고 있다. 다만 한이 조선을 멸하고 요동에 4개의 군을 설치함으로 인해 그 남방에 있는 한국의 존재를 인지하고 경제적 가치를 인식하여 대규모의 벌목과 같은 행동을 직접 전개하고 있었음을 알 수 있을 뿐이다. 한국이 중국의 국가와 제도적 관계를 맺는 것은 한국의 존재와 가치에 대한 중국인의 인식이라는 바탕 위에서 후한 시대부터 비로소 시작되었다.

7. 염철논쟁과 변군 체제

무제 시기에 시도된 제국 체제의 부활은 중국인 자신들에 의해 검증되어야만 했다. 왜냐하면 무제 말기에 중국인들은 심각한 국가적 위기를 경험했기 때문이다. '윤대의 조' 자체가 무제 시기에 대한 깊은 회의를 나타낸 것이었고, 무제 사후에도 '윤대의 조'에 담겨진 정신을 계승해야 한다는 분위기가 팽배했다. 소제(昭帝) 시기에 이뤄진 이른바 '염철논쟁(鹽鐵論爭)'은 바로 이러한 '윤대의 정신'이 제기한 무제 시기에 대한 평가와 검증의 과정이었다. '염철논쟁'이란 사건은 권력 투쟁이라는 정치적 동기에 의해 유발되었기 때문에 흔히 정치사적으로 접근해 왔지만, 보정(輔政) 체제와 막부(幕府) 체제의 결과임과 동시에 원인으로 작용하기도 했기 때문에 제도사적으로 이해할 수도 있으며, 이 논쟁에 참여한 현량(賢良)과 문학(文學)의 사회경제적 배경이 논쟁의 특성을 결정지은 요인의 하나이자 결과이기도 하기 때문에 사회경제사적으로 이해할 수도 있다. 또한 유법(儒法) 투쟁의 양상으로 전개된 논쟁이어서 사상사적인 성격도 강하게 띠고 있어, 이 논쟁의 다원적 측면이 서로 어떻게 관련되어 진행되었는지 총합적으로 이해하지 않을 수 없다.

무제는 어린 아들을 자신의 후계자로 지목하고 가장 신임하는 곽광(霍光)과 김일제(金日磾), 상관걸(上官傑) 등 세 명의 신료들에게 '보정'을 유촉했는데, 어린 나이로 제위에 오른 소제는 즉위한 지 6년 된 해에 '뜬금없이' "현량 문학을 천거해서 백성의 질고(疾苦)를 논의하게 하라"는 조칙을 발표하게 된다. 여기서 '뜬금없이'라고 표현하는 까닭은 이를 계기로 진행된 일련의 정치적 과정이 전례가 없는 일이었기 때문이다. 그때까지만 해도 황제가 '구현(求賢)' 조칙을 발표하면, 군수와 제후왕들이 관내의 인사들 가운데서 '현량하고 방정하며 문학의 자질이 있어 직언 극간할 수 있는 사(士)'를 '선거(選擧)'하고, 이들에 의해 '천거(薦擧)'된 사인(士人)들에게 황제가 '책문(策問)' 혹은 '책시(策試)'하여 그 '대책(對策)'을 평가해서 가장 뛰어난 '책문(策文)'을 쓴 자를 고급 관료로 일약 '발탁(拔擢)'하는 것이 관행이었다. 그러나 소제 시원(始元) 6년의 선거에서는 천거된 '현량' 30여 명과 '문학' 30여 명이 한 자리에 모여 조정의 책임자를 상대로 국정을 평가하고 논의했다. 지금까지 '구현'의 대상을 수식한 형용사에 지나지 않던 '현량'과 '문학'이 처음으로 두 선거 과목(科目)의 이름으로 분화된 것도 낯설거니와, 천거된 인사들이 한 자리에 모여 정부 책임자를 상대로 국정을 논란한 것은 전무후무한 일이었다. 이 이례적인 사건이 발생하게 된 이유를 이해하려면 길게는 '문경지치'와 무제 시기를 관통하는 역사적 흐름을 파악해야 하고 짧게는 무제의 보정 유촉 이후에 전개된 권력 투쟁의 양상을 확인해야 한다. 세 명의 보정 대신 가운데 흉노 출신의 거기 장군(車騎將軍) 김일제가 병사한 뒤에 일찍부터 대장군(大將軍) 곽광과 좌장군 (左將軍) 상관걸 사이에 권력 투쟁이 발생했다. 곽광은 상서(尙書)의 일을 통령하여 내조(內朝)를 장악하고 상관걸은 어사대부(御史大夫) 상홍양(桑弘羊)을 앞장세워 외조(外朝)를 장악하고 있었기 때문에, 이 권력 투쟁은 내조와 외조의 다툼에 상응하여 전개되었다. 외조란 승상(丞相) 등 삼공(三公)과 구경(九卿) 등이 관장하는 행정 기관을 말하고, 내조란 궁중에서 황제가 그 측근인 상서, 중서(中書), 시중(侍中), 알자(謁者), 급사중(給事中) 등 비서진과 정책을 논의한 시스템을 말하는데, 특히 제국 체제를 확립하려 한 무제 시대에 후자가 부상하여 전자를 압도하기 시작했다. 시원 6년의 구현 조칙 발포는 바로 현량과 문학이 외조의 책임자인 상홍양을 공격하게 함으로써 그 배후에 있는 상관걸의 권력 기반을 약화시키려는 곽광 측에 의해 기획된 사건이었다. 상홍양은 상인 출신으로 무제 시기에 일련의 통제경제 정책을 입안하고 시행한 책임자로서 소제 시기에는 사실상 외조를 대표하고 있었다. 상홍양을 비판하여 상관걸을 공격하기 위해서는 당연히 상홍양이 주도한 소금과 철기, 술 등의 전매 정책과 균수, 평준 등 국가의 통제경제 정책에 대한 비판에서 개시되었다. 따라서 역사에서는 이 논의를 흔히 '염철논쟁'이라 부르고 이 논쟁의 전모를 기술한 문헌의 제목도 『염철론(鹽鐵論)』이라 정해졌다.

환관(桓寬)이란 관료에 의해 저술된 것으로 알려진 『염철론』은 현량, 문학 60여 명과 어사대부 상홍양의 논쟁 과정을 직접 화법 그대로 묘사하여, 당시의 논쟁 상황을 생동감 있게 전달하고 있다. 『염철론』에 의하면 염, 철, 주

전매 정책에 대한 논의에서 시작된 이 논쟁은 외교, 군사, 사회, 경제, 정치 등 당시 중국이 당면한 전반적인 문제에 대한 논쟁으로 확대되어 마침내 사상 논쟁으로 종결되었다. 먼저 현량과 문학은 소금과 철기, 술 등의 제조와 판매를 국가가 독점하여 "백성과 이익을 다툼"을 비판했고, 이에 대해 어사대부 상홍양은 그것이 흉노와의 전쟁 비용을 조달하기 위해 불가피한 조처였다고 방어했다. 다시 현량과 문학은 흉노와의 전쟁을 비난했고, 어사대부는 흉노를 군사력으로 제압하여 제국적 세계질서를 확립하는 일이 긴요함을 설명했다. 장기적 전쟁에 대한 현량과 문학의 집요한 공격을 피하기 위해 어사대부가 염철 전매 정책이 호족을 억제하기 위해서도 필요한 조처였다고 변명하자 이 논쟁의 불길은 사회경제 분야로 확산되었다. 현량과 문학은 국가가 "백성과 이익을 다투는 것"을 비판함으로써 호족의 기득권익을 옹호했는데, 이는 전한 후기에 급속히 확산되는 대토지 경영의 추세를 반영하고 현량, 문학의 사회적 성격을 시사하는 것이기도 했다.

현량과 문학의 주장은 대체로 유가적 논리에 충실한 데 반해, 어사대부의 견해는 법가적 경향이 농후하여, 이 논쟁은 결국 유법 논쟁으로 귀착되었다. 이른바 유가의 사상은 이때까지 한 번도 실천적 체제 이론으로 채택되어 구현된 적이 없었는데, 법가와의 이 염철논쟁을 통해 유가가 체제 이념으로 채택되면 구체적으로 어떠한 형태의 정책으로 구현될 것인지 그 정체를 노출했다. 예컨대 법가적 성향의 대부는 법이란 악인을 제거하여 선량한 백성을 보호해야 하기 때문에 향곡에서 무단하는 호족이나 임협을 제거해야 하며, 법은 만인에게 평등하게 적용되어야 하기 때문에 흉노와 같은 범법 행위를 저지르는 세력을 징치하는 형벌의 하나로 정벌이 불가피하다고 주장했다. 이에 반해 유가적 성향의 현량과 문학은 중국이 안정되지 못했는데 이적을 일삼을 수 없다고 비판하면서, 차별애인 인(仁) 개념에 기초하여 중국에 덕화가 충만하게 이뤄진 다음에 그릇에 물이 넘치듯 중국 밖에까지 황제의 덕(德)이 넘쳐 들어가야 한다고 주장했다.

염철논쟁은 한마디로 말해서 무제 시기를 어떻게 평가할 것인가에 관한 논쟁이었다. 어사대부 상홍양은 무제 시대를 대표하는 인물로서 당연히 무제 시기의 정책을 옹호하고 변명했고, 현량과 문학은 무제 시대를 전면적으로 비판하면서 '문경지치(文景之治)'를 칭송했다. 무제 시기는 명실상부한 제국을 지향하여 제국적 질서를 확립하려 한 시기였지만, 무제 말기에 국가적 위기를 경험한 중국인들은 제국이라는 이상을 실현할 만한 정치력이나 경제력·군사력 등을 갖추고 있지 못하다는 현실을 직시하면서 자신감을 크게 상실했다. 무제 말에 나온 '윤대의 조'는 바로 제국 실현이라는 이상의 포기를 선언한 것이었고 '윤대의 정신'은 곧 중국인의 자신감 상실과 다름없었다. 현량과 문학은 염철 전매 정책을 비판함으로써 무제 시기의 연장을 거부하고 '문경지치'로의 회귀를 기대했던 것이다.

그러면 염철논쟁의 결과는 어떠했나. 짧게 본다면 이 논쟁을 통해 곽광은 상관걸과의 권력 투쟁에서 승리했다. 곽광은 현량과 문학의 국정 비판이라는 수단을 동원하여 상홍양과 상관걸 세력을 성공적으로 제거하고 외조에 대한 내조의 우위를 확립할 수 있었다. 비록 부분적으로나마 염철 전매 정책도 수정되어 일부 폐지되었다. 그러나 염철논쟁은 단순한 권력 투쟁이나 정책 논의에 그친 것이 아니어서 그 역사적 의미는 실로 심대하다 할 수 있다. 무제 사후의 중국인들은 제국적 질서의 확립을 위한 자신들의 노력을 뒤돌아보고 재평가할 기회를 얻게 되었고 정치외교 체제와 사회경제 질서 및 이념 체계를 조절하여 재정비할 수 있게 되었다. 염철논쟁은 일종의 역사적 반성과 전망의 과정과 같은 것이어서, 중국의 역사는 이 정화 과정을 통과하면서 이전과는 매우 판이한 새로운 체제의 문을 열었다. 한이 건국된 뒤 '문경지치'를 경유하여 무제 시기를 경험한 과정은 한의 국가 체제가 확립되는 하나의 과정이었을 뿐이었고, 한대 중국인들이 선택한 한 국가 체제의 전형적 모델은 바로 염철논쟁을 통해 확립된 제3의 체제였다. 길게 본다면 염철논쟁은 어느 일방의 승리나 패배로 귀결된 것이 아니라, 논쟁 쌍방의 의견이 서로 융합하여 새로운 단계로 승화되는 과정이었다고 할 수 있다.

무엇보다도 중국인은 염철논쟁을 통해 유가와 법가의 융합에 의한 새로운 제3의 이념 체계를 창출할 수 있었다. 흔히 한대에 유교가 체제 이념으로 채택되었다고 일컬어져 왔지만, 그것은 형식일 뿐 실제와는 달랐다. 한 예로 소제 다음 대인 선제 시기에 태자가 유학자들을 초치하여 중용하자고 건의하자, 선제는 "우리 한가(漢家)는 유법(儒法)을 함께 잡아 왔는데, 이제 한가를 망하게 할 자가 태자구나"라고 분노하면서 태자의 교체까지 논의한 적이 있었다. 이른바 '이유식법(以儒飾法)'의 논리가 염철논쟁 이후에 체제 이념의 형식으로 정착된 것이다. 한이란 국가는 기본적으로 방대한 규모의 율령에 의한 법치로 운영되었지만, 왕왕 법을 초월하는 '춘추지의(春秋之義)'의 초법적 경의(經義)로써 정치적 문제를 해결할 수 있었다. 예컨대, 황제의 동복 친동생이 불법을 저질렀을 때 법률을 적용하여 처벌하지 않고 '춘추의 뜻'을 적용하여 정치적으로 해결하기도 했으니, 순수한 법치를 완고하게 고집하여 단명으로 끝난 진과는 달리, 한이 4백여 년의 장수를 향유한 이유의 하나도 유법의 융합이라는 융통성에서 찾을 수 있다.

유가와 법가의 공존과 융합은 관료 기구의 구성 원리에서도 발견된다. 한대 중국인은 유학 등을 학습한 유자(儒者)들을 흔히 문학지사(文學之士)라 불렀고, 법률을 공부해서 실무를 담당한 '도필지리(刀筆之吏)'들을 문법리(文法吏) 혹은 문리(文吏)라고 불렀는데, 전자는 '대체(大體)'에 밝고 후자는 '세무(細務)'에 능했던 것으로 평가되었다. 이로 인해 염철논쟁 이후부터 관료 기구의 상층부는 문학지사가 차지하고 중·하층부는 문리들이 점거하여 서로 공존하는 구조가 정립되었다. 관료 기구의 이러한 구조적 특성은 비단 중국의 국가에서만 발견되는 것이 아니라 한국 등 동아시아 여러 나라의 일반적 특성이었으니, 이는 염철논쟁 이후에 유법의 공존, 혹은 융합의 한 구체적 형식으로 나타난 것이다.

한인이 선택한 제3의 길은 사회경제 분야에서도 확인된다. 황제 권력은 소농민에 그 권력 기반을 두고 있어, 소농민을 침탈하여 인신적으로 지배하는 호족 집단과 모순 관계에 있었다. 이로 인해 어사대부는 호족을 억제하는 수단으로 염철 전매 정책을 유지해야 한다고 주장했고, 지주 출신인 현량, 문학은 염철주 등 국가의 기간산업을 지배해 온 호족의 기득권익을 옹호했다. 그러나 염철논쟁 이후에는 국가와 호족이 공존하고 협력하는 방향이 선택되었다. 호족의 대토지 경영을 제도적으로 제한하려는 시도는 성공하지 못했고, 호족은 현량, 문학 등 선거 제도와 군현의 벽소(辟召) 제도 등을 통해 중앙정부와 지방정부에 진출하여 국가 권력에 동참했으며, 국가는 호족을 관료 조직으로 끌어들임으로써 호족의 사회경제적 역량을 활용하여 소농민을 지배했다.

염철논쟁 이후에 현저하게 나타나는 이러한 현상들은 모두 이상과 현실을 일치시키려는 무제 시대의 노력을 포기하는 대신, 이상과 현실의 거리를 자신의 역량에 맞추어 조절, 접근하려는 노력의 표현이었다. 이상과 현실을 공존케 하려 한 한인의 노력은 중국과 이적의 관계 설정, 특히 중국이 이적을 지배하는 변군(邊郡) 체제에 가장 잘 드러나 있다. 무제 시기의 중국인은 왕성한 군사 활동을 통해 빼앗은 흉노의 영토와 남월과 조선의 고지 및 서남이 등 중국 주변의 여러 이적의 거주지에 수많은 군현을 설치하여 한의 영토를 크게 확장했는데, 한대에는 이처럼 이적이 군현화를 통해 중국 국가의 영토 안으로 편입되는 과정을 '내속(內屬)'이라 불렀다. 그러나 염철논쟁 이후 중국인들은 원래 중국에 설치되었던 군현을 내군(內郡)이라 부르고 중국 밖 이적의 영역에 설치된 이 새로운 군현을 외군(外郡) 혹은 변군이라고 부르며 각각 다르게 인식했다. 특히 염철논쟁에 참여한 현량과 문학들은 내군을 '중국(中國)'이라 부르고 변군은 '이적(夷狄)'으로 간주하여, 같은 한의 군현인데도 '중국'과 '이적'으로 분별했다. 한의 영토 범위와 '중국'의 범주가 일치하지 않아, '한(漢)' 국가와 '중국'은 별개의 개념으로 구별된 것이다. 무엇보다도 염철논쟁 이후의 한인은 내군과 변군의 운영 체계를 철저하게 분별했다. 군현이란 군주가 관료를 파견하여 인두세와 요역, 병역 등을 수취함으로써 인민을 직접·개별적으로 통치하는 제도적 수단을 말하는데, 원래 중국에 설치된 내군에서는 이러한 원칙이 관철되었다. 그러나 염철논쟁 이후 변군에서는 인두세와 요역의 수취 대신에 집단적 조공이 이뤄지고 병역의 징발 대신에 집단적 군사 협조만 가능했다. 무엇보다도 변군의 원주민은 한의 황제가 임명하여 파견한 지방관에 의해 통치되지 않고 사실상 한의 황제에 의해 '책봉'된 군장에 의해 지배되었으며, 한의 법률이 일률적으로 적용되지 못하고 고유한 습속에 의한 질서가 유지됨으로써, 이른바 '고속(故俗)'에 의한 '자치(自治)'가 전개되었다. 즉 한대의 변군이란 형식적으로는 직접·개별적 지배가 관철되는 지역이었으나 실질적으로는 간접·집단적 지배가 불가피했던 곳이었으니, 제국 지향적인 이상과 비제국적인 현실이 공존하는 모순의 공간이었다. 변군 체제, 즉 염철논쟁 이후에 한인이 선택한 변군 지배 체제는 이후 한대 일대를 통해, 나아가서는 전통시대를 관통하면서 내내 중국인들이 선택할 수밖에 없었던 제3의 길이었다.

변군 체제를 구성하는 기본 원리는 이른바 '기미부절이이(羈縻不絶而已)'의 정신이었다. 가의(賈誼)가 제의한 오이책(五餌策), 즉 문화적 공세와 무제 시기의 군사적 공격 등이 장기적 효험을 드러내면서 흉노 제국이 분열되자, 흉노 선우가 한의 황제에게 '칭신입조(稱臣入朝)'하는 놀라운 사건이 소제 다음 선제 시기에 일어났는데, 이때 선우에 대한 예우를 논의하는 과정에서 소망지(蕭望之)라는 저명한 문학지사가 한 말이 바로 '기미부절이이'였다. 소망지는 예로부터 중국이 이적을 대하는 최선의 방법은 '소나 말에게 굴레를 씌우고 고삐를 잡듯이 그 관계를 끊지만 않을 뿐', 그 이상의 간섭이나 통제를 하지 않는 것이라고 하면서, 비록 흉노의 선우가 자진해서 '신하를 칭하면서 입조한다'고 하더라도 흉노를 신하로 삼지 말고 여전히 '인적국'으로 인정해야 한다고 주장했다. 결국 소망지의 의견을 참작한 한인은 '외객신(外客臣)'이라는 타협적인 새 개념을 창출하여 흉노 선우에게 부여하기로 했다. 외객신이란 손님과 같은 외신이란 뜻이다. 한인들은 중국 안에 있는 신하를 '내신(內臣)'이라 부르고 중국 밖에 있는 신하를 '외신(外臣)'이라 불렀다. 고조 시기의 한인은 한과 책봉-조공 관계를 맺게 된 남월과 조선에 이 '외신'이라는 국제적 지위를 부여한 바 있었다. 그런데 자진해서 '칭신입조'한 흉노의 호한야(呼韓邪) 선우도 당연히 '외신'의 지위를 부여받아야 마땅했지만, 소망지에게서 '기미부절이이'의 강의를 받은 선제 시기의 한인들은 스스로 한발 물러서서 선우에게 '외객신'이라는 특수한 지위를 부여하기로 한 것이다. 사실 수평·독립적 의미의 '객'과 수직·종속적 의미의 '신'은 서로 병립할 수 없는 개념이지만, 모순된 두 개념을 통합하여 하나의 새로운 개념을 창출해 낸 한인의 아이디어는 염철논쟁 이후 중국인들이 선택한 제3의 길과 부합할 뿐만 아니라, 소망지가 제시한 '기미부절이이'의 정신, 즉 '기미지의(羈縻之義)'와도 일치했다.

소망지의 '기미부절이이'론은 후한 초에 반고(班固)에 의해 친절하게 설명되었다. 『한서』의 찬자 반고는 흉노전의 찬문(贊文)에서 중국이 이적에 대응하는 최선의 방책은 정벌이나 화친이 아니라 '기미부절이이'라고 하면서 '기미부절이이'란 곧 '사곡재피(使曲在彼)', 즉 '허물이 저쪽에 있게 함'이라 했다. 고삐를 강하게 당겨 군사적 압력을 가하거나 군현에 편입하여 내속케 하는 것은 상대의 강한 저항을 불러일으키고 관계 파탄의 책임을 이쪽에서 떠안게 된다. 그러나 고삐를 느슨하게 하면 상대가 고삐의 존재를 의식하지 않게 하여 저항을 불러일으키지 않으면서 상대가 통제권 밖으로 나가서 이쪽에 피해를 입히는 일도 예방할 수가 있다. 서구 학계에서는 이를 두고 흔히 'loose rein policy', 즉 '느슨한 고삐 정책'이라고 부르는데, 이러한 해석은 '기미부절이이'에 내포된 '이이(而已)', 즉 '할 뿐이다'의 미묘한 의미를 강조하고 있다. 즉 관계의 단절을 포기하지 않는 것 이상의 적극적이고 능동적인 작용을 가하지 않는다는 것이니, 이러한 정신에 가장 적합한 국제 관계가 곧 책봉(册封)과 조공(朝貢)의 예(禮)를 교환하는 관계였다. 상·주 시대 이래로 국제 사회의 중심 국가와 주변 국가가 서로 상대의 국제적 위치와 역할을 승인하는 예적 절차가 책봉과 조공이었으니, 책봉–조공 관계는 매우 호혜적이고 비강제적이며 비일방적인 관계였기 때문이다. 한대 변군에서 책봉–조공 체제가 운용된 까닭도 바로 염철논쟁 이후 변군 체제가 기미의 정신, 즉 '기미지의'에 의해 운용되었기 때문이다. 이후 전통시대를 관통하여 내내 변군이 '기미의 뜻'에 의해 운영되고 중국의 대외 관계가 '기미의 뜻'에 의해 조절되었으니, 염철논쟁의 세계사적 의미가 여기서 확인된다고 할 수 있다.

결국 염철논쟁을 계기로 중국인이 선택한 제3의 길이란 이상과 현실이 타협하여 적절하게 조화를 이루는 것이었다. 무제 시기를 통해 이상을 온전하게 실현할 수 있는 실력, 즉 정치·경제·군사·외교적 역량을 갖추지 못했음을 확인한 중국인은 현실을 이상에 접근시키려 노력한 무제 시기와는 달리, 이상을 현실에 접근시킴으로써 이상과 현실이 모순된 상태로 공존하는 절충안을 선택한 것이다. 따라서 엄격히 말한다면 염철논쟁 이후의 한 국가는 제국(帝國), 즉 황제라는 절대 권력이 지배하는 국가라고 할 수는 없었다. 명목상으로는 제국이었지만, 실제로는 직접·개별적 지배 체제와 간접·집단적 지배 체제가 공존하는 국가였다. 그러나 이러한 국가 체제는 일견 모순된 체제로 보이지만, 모순된 두 가지의 지배 체제가 교묘하게 유기적으로 결합되어 강력한 융통성을 갖추고 있었기 때문에 한이라는 국가를 400여 년이나 장기간 존속게 한 원동력으로 작용했다. 염철논쟁 이후에 확립된 국가 체제야말로 한대 국가 체제의 전형이었다고 할 수 있으니, 한 초이래 무제 시기까지 시험된 국가 체제는 염철논쟁 이후에 확립된 국가 체제를 형성케 한 과정이었을 뿐이다.

염철논쟁 이후에 확립된 한(漢) 국가 체제는 후한 말까지 장기간 존속했지만, 이상을 현실에 접근시킨 체제였기 때문에 당연히 이상에 의한 반동적 저항은 피할 수 없는 일이었으니, 왕망(王莽)의 신(新)은 그 구체적인 표현이었다. 전통시대에는 흔히 중국사가 순환적으로 전개되었던 것으로 이해되었고, 현대의 역외 관찰자들도 중국의 왕조 순환이 일정한 패턴으로 진행되었음을 지적했다. 이들은 왕조 초기와 중기, 중흥기, 말기에서 각각 공통된 현상을 발견했는데, 특히 왕조 말기에는 중앙정치의 혼란, 연이은 흉년과 기아, 유민의 발생과 민란의 폭발, 이적의 중국 침략 등의 현상이 되풀이되었음을 지적했다. 그러나 특이하게도 전한이 멸망하기 직전에는 이러한 일들이 거의 발견되지 않았다. 중앙의 정치 무대에서는 심각한 정변이나 권력투쟁이 발생하지 않았고, 기후의 변화나 수확의 감소도 보고되지 않았으며, 민란이나 외침도 거의 일어나지 않았다. 그럼에도 불구하고 전한은 갑자기 멸망하고 신이라는 새로운 왕조로 교체되었으니, 이는 곧 전한의 멸망이나 신의 건국 같은 사건은 다른 왕조 교체와 같은 성격의 사건으로 이해할 수 없음을 의미한다. 전한 말과 후한 초는 단절된 것이 아니라 신이라는 고리로 서로 연결되어 있었으며, 신은 다만 염철논쟁 이후에 중국인들이 선택한 제3의 길에 대한 반동적 저항으로 이해될 수 있다.

신은 역사상 처음으로 선양(禪讓)의 형식으로 건국된 왕조로 기록된다. 요(堯)가 순(舜)에게 선양했다는 전설이 있지만, 그것은 어디까지나 전설일 뿐, 역사상 최초의 선양으로 확인되는 사건은 왕망이 전한의 마지막 황제인 유자(儒子) 영(嬰)으로부터 제위를 물려받은 것이다. 물론 왕망이 선양 받아 신조를 건립한 일은 요순의 선양 전설을 역사에서 실현한 것이었고, 이후 역대 선대(禪代)의 문을 연 첫 선례가 되었으니, 그 역사적 의미는 아무리 강조해도 부족하다 하겠다. 왕망이 역사상 처음으로 선양을 받을 수 있었던 것은 바로 무제 사후부터 전개된 보정 체제와 막부 체제에 힘입은 바가 컸다.

보정(輔政)이란 국가 권력이 일시적으로 황제를 떠나 일개 신료에게 이동하는 과정을 말한다. 흔히 보정이라 하면 신료가 군주를 보필하는 것을 뜻하는 일반 명사로 이해하고 있지만, 실제 정사(正史) 등 역사 문헌에서는 '보정'이란 말은 매우 특수한 경우에만 사용되었다. 역사적으로 이 말은 바로 무제가 임종할 때 곽광과 김일제, 상관걸 등 그의 세 측근 신료에게 '보정'을 부탁하면서 처음으로 사용되었는데, 이 유촉으로 인해 세 명의 보정 대신들은 소제 대신 국가 군력을 장악하게 되었다. 무제는 보정을 유촉하면서 곽광에게는 대장군으로서 '영상서사(領尙書事)'하도록 위임했는데, '상서(尙書)의 일을 통령한다' 함은 곧 황제에게 올려지는 상서(上書)의 과정을 장악함을 의미한다. 한대에는 황제에게 상서문을 올릴 때 반드시 정본(正本)과 부본(副本) 등 두 가지를 올렸으니, 그중 부본을 상서가 먼저 읽어 보고 골라서 정본을 황제에게 올렸고, 이렇게 올린 상서문은 황제의 결재를 거쳐 황제의 명령이나 율령으로 확정되었기 때문에, 보정 대신이 상서의 일을 통령한다 함은 사실상 황제가 국가 권력을 장악하고 행사하는 과정을 장악함을 의미했다. 따라서 곽광 이후 보정을 통해 황제 대신 국가 권력을 행사한 대신들은 반드시 '영상서사'의 특권을 부여받았다.

　곽광과 함께 보정에 참여한 김일제와 상관걸은 대장군 곽광처럼 장군의 직책을 부여받았는데, 김일제에게는 거기장군, 상관걸에게는 좌장군의 직책이 각각 부여되었다. 그 이전에 군사적 활동을 보인 적도 없었고 그 이후에도 군사적 활동을 보이지 않는 이들 세 보정 대신이 모두 장군직을 부여받은 까닭은 일차적으로는 보정이 병권에 의해 뒷받침되도록 기대되었기 때문이기도 하지만, 무엇보다도 장군(將軍)이 되면 개부(開府), 즉 막부를 열 수 있었기 때문이다. 전국 시대에 장군의 제도가 처음 생길 때부터 장군에게는 '편의종사(便宜從事)', 즉 편의에 따라 자율적으로 종사할 수 있는 특권이 부여되었고, 이를 실행하는 과정에서 장군은 막료(幕僚)를 스스로 임용하여 야전군 사령부, 즉 막부(幕府)를 개설하여 전략과 전술을 제공받고 포상과 형벌, 재정 등 갖가지 행정 업무를 수행하게 했다. 특히 장군이 막료를 스스로 임용하는 과정을 벽소(辟召)라 했는데, 이는 군주가 관료를 징소(徵召)하는 것과 구별되어 장군 권력을 구성하는 중요한 원리로 작용했다. 장군은 원래 유사시에만 임용되는 상치(常置)되지 않는 관직이었으나, 대규모의 잦은 군사 활동이 장기화했던 무제 시기를 거치면서 상치의 관직으로 발전했고 무제 사후에 이르러서는 마침내 보정이라는 정치적 기능까지 수행하게 되었다. 보정 장군은 이제 상당한 규모의 군사력을 보유하고 운용하게 되었을 뿐만 아니라, 막부를 개설해서 자신이 직접 벽소한 충성스러운 막료들로부터 정치적 참모로서 행정적 보좌를 받을 수 있게 되었으니, 보정 장군의 막부는 황제의 조정과 대응하는 별개의 권력 기구로서 존재하게 되었다. 따라서 곽광 등 이후에 보정하는 신료들은 대부분 장군이라는 직책을 맡고 자신의 막부를 보유하여 운용했다.

막부에 의한 지배 체제, 즉 막부 체제는 보정에 의한 지배 체제, 즉 보정 체제와 교묘하게 결합되어 전한 후기 이후에 전개된 독특한 제3의 정치 체제를 탄생시켰다. 제국 체제, 즉 황제가 국가를 지배하는 체제는 국가의 모든 권력이 절대 권력인 황제에게 집중되게 되어 있어, 진시황 시기에 볼 수 있듯이 유능한 황제가 재위할 때는 매우 효과적인 체제로 가동될 수 있었지만 무능하거나 나이가 어린 황제가 재위할 때는 매우 위험한 체제로 기억되었다. 보정 체제란 곧 소제와 같이 나이 어린 황제가 즉위했을 때, 그 위험성을 소거하고 제국 체제의 약점을 보완해 줄 수 있도록 고안된 한인의 독특한 발명품이었다. 그러나 이 보정 체제도 생겨날 때부터 매우 치명적인 약점을 내포하고 있었다. 보정에 의해 국가 권력은 일시적으로 황제를 떠나 보정 장군에게로 이동했지만, 황제가 성인이 되면 다시 국가 권력을 되찾아서 친정(親政)을 하게 된다. 황제에게서 보정 장군으로 이동했던 국가 권력이 다시 황제에게로 되돌아오는 것을 '귀정(歸政)'이라 했는데, 이 귀정의 과정이 순조롭게 진행되지 못하면 왕조의 절멸이라는 치명적인 결과를 맞게 된다. 전한의 멸망과 왕망의 선대는 보정 체제의 바로 이 치명적 결함에 의해 발생했다.

왕망은 전한 말에 국가 권력을 독점적으로 운영했던 보정 대신이었다. 그의 고모 왕태후(王太后)는 성제(成帝)의 부인으로, 애제(哀帝) 시기에 그 형제 4명에게 차례로 보정을 위임했고 마지막으로 조카인 왕망에게까지 보정을 맡겼던 것이다. 그는 장군의 칭호를 가진 적은 없었지만 대신 대사마(大司馬)라는 최고위 군정직을 맡아 막부를 개설하고 '영상서사'했다. 그는 네 명의 숙부를 이어 애제와 평제(平帝), 유자 영 등 3대에 걸쳐 보정하다가, 끝내 황제에게 국가 권력을 돌려주는 귀정을 거부하고 '선양'의 형식을 빌려 자신이 스스로 제위에 올라 신조를 열었던 것이다. 따라서 왕망은 보정 체제가 안고 있었던 치명적 결함을 스스로 입증한 최초의 인물이 됐으며, 보정 체제의 모순을 이용하여 선양의 형식으로 선대를 감행한 역대 보정 장군들의 모범이 되었다. 이후 조위(曹魏)를 개국한 조조(曹操) 부자와 서진(西晉)을 개국한 사마의(司馬懿) 부자, 유송(劉宋)을 개국한 유유(劉裕) 등 위진남북조의 역대 창건자들은 모두 보정 장군으로 왕망의 선례를 따라 귀정을 거부하고 선양을 강요하여 개국했다.

왕망 등 선양 받은 역대 보정 장군들은 요순이 친자에게 군주의 지위를 물려주지 않고 자신과 혈연은 없지만 현능한 인사에게 천하를 맡겼다는 전설을 재현한다는 명분으로 선대를 추진했다. 그러나 요순의 선양 전설은 어디까지나 전설일 뿐, 실제로 실현된 선양은 한 번도 자의에 의해 이뤄진 적은 없다. 다만 선양이 자의에 의해 평화적으로 이뤄졌음을 보이기 위한 포장이 준비되었을 뿐이다. 왕망도 왕태후에게서 강제로 황제의 새불(璽紱)을 탈취했지만, 대외적으로는 마치 오늘날의 대통령 이취임식과 같은 평화적 정권 교체의 형식을 갖추었으며 그의 후배들도 이를 그대로 모방했다. 왕망은 선양의 형식과 내용이 일치된 것처럼 꾸미기 위해 대단히 교묘한, 그 당시로서는 매우 창의적인 정치 과정을 진행했는데, 바로 고도한 수준의 여론 조작 행위가 그것이었다.

고대 중국의 천명(天命) 사상은 『서경』의 '은주혁명(殷周革命)' 전설에 의해 개발되고, 『시경』에 의해 발전했으며, 『맹자』에 의해 완성되었고, 왕망에 의해 변조되었다. 시서(詩書) 시대의 중국인은 상·주 교체를 혁명의 과정으로 설명하려 했으니, 상의 탕왕(湯王)은 유덕하여 천(天)으로부터 천명을 받아 천하(天下)를 다스리는 천자(天子)가 되었지만, 그 자손인 주(紂)는 부덕한 탓에 천명이 바뀌어 혁명이 이뤄졌고, 이로 인해 새로 천명을 받은 주(周)의 문왕(文王)과 무왕(武王)이 주(紂)를 죽인 것은 신하가 군주를 죽인 것이 아니라 천명을 받은 천자가 일개 필부를 죽인 것에 지나지 않았다고 변명한 것이다. 『맹자』는 『시』 『서』의 천명론에 '민의' 혹은 '민심'이라는 요소를 첨가함으로써 혁명론을 완성했다. 즉 천명이 옮겨져서 혁명이 이뤄졌음은 곧 민심의 소재가 어디에 있는가를 가지고 알 수 있다는 것이니, 민심이 이미 주를 떠나 문왕과 무왕에게로 옮겨 가 있었기 때문에 천명은 문왕과 무왕에게 있었고 은주혁명은 정당했다는 것이다. 맹자는 이러한 혁명론을 전국(戰國)의 군주들에게 민의 혹은 민심의 가치를 강조하기 위해 거론했지만, 왕망은 천명의 소재를 다른 방법으로 입증하려 했다. 그는 자신에게 천명이 옮겨 와 있음을 증명하기 위해 부명(符命)의 조작을 선택했다. 그가 섭정(攝政)의 과정을 거쳐 선양을 받을 때까지 부명이 천하의 도처에서 지속적으로 보고되었는데, 이들 부명은 한결같이 천명이 한조를 떠나 왕망에게로 옮겨 왔음을 시사했다. 이들 부명이 모두 왕망에 의해 조작된 것이었는지는 확인하기 어렵지만, 부명의 출현이 그의 뜻과 다르지 않는 것이었음은 의심할 여지가 없다. 그는 집권 이후 언제나 '풍(風)', 즉 '풍(諷)'하여 자신의 의지와 의사를 추종자들에게 간접적으로 시사하여 실행하게 하는 수법을 자주 구사했기 때문에 부명의 보고나 헌납 역시 '풍'의 결과라 하지 않을 수 없다. 수많은 민중이 대궐 앞에서 왕망의 즉위를 청원하고 심지어 이적의 군장들까지 관제 데모에 참여한 것도 '풍'에 의한 여론 조작의 한 결과였던 것으로 보인다.

왕망은 부명을 개발하여 천명을 받은 것으로 여론을 조작하는 등 고도한 수준의 정치 행위를 통해 선양을 받아 신(新)이라는 새로운 왕조를 창건하는 데 성공했지만, 신 왕조의 수명은 진과 마찬가지로 불과 15년(기원후 8~23년)에 지나지 않았다. 왕망 정권의 신속한 패망은 오로지 신 국가의 전개 과정이 역사의 흐름에 대한 반동이었다는 사실에 기인하였다. 역사의 대세는 곧 염철논쟁 이후 이상을 현실로 접근시켜 제3의 길을 모색하는 것이었다. 그러나 왕망 정권은 진시황이나 한 무제 시기의 중국인이 추구했던 제국의 이상을 다시 찾아 시간을 되밟아 나갔다. 중국 안에서는 호족의 대토지 경영을 저지했고, 중국 밖에서는 흉노와의 화친이나 변군 체제의 모순을 극복하려 노력했다. 이러한 노력을 통해 왕망은 황제에 의한 직접적 중국 지배와 일원적 세계 지배라는 한인의 이상을 실현하려 했지만, 오히려 역사의 흐름과 현실의 완강한 저항에 부딪혀 허망하게 무너져버린 것이다.

호족의 대토지 경영에 대한 왕망의 대응은 정전제(井田制)로의 회귀였다. 그는 "옛날에는 정전을 실시해서 1부(夫) 1부(婦)가 100무(畝)씩 밭 갈아서 10분의 1을 세로 내었는데, 진이 정전을 철폐하여 겸병이 일어나서 강자는 전지를 1000경(頃)이나 점유하고 약자는 송곳을 세울 자리도 없게 되었으며, 노비가 소나 말처럼 시장에서 거래되어 그 생명이 제멋대로 결정되고 그 처자는 노략되어 팔려가기도 했다"고 하면서, 천하의 전지를 '왕전(王田)'이라 하고 노비는 '사속(私屬)'이라 하여 모두 사고팔 수 없게 했으며, 남자의 수가 여덟을 채우지 않는데도 전지가 1정(井)을 넘는 자는 나머지 전지를 나누어 구족(九族)과 향리의 이웃에 주도록 했다. 왕망의 왕전책은 명분상으로는 "보천지하(普天之下)에 왕전이 아닌 곳이 없다"는 『시경』의 정신에 기초한 것이었지만, 본질적으로는 무제 시기에 거론된 한전책을 실현하여 황제의 직접·개별적 인민 지배를 관철하려는 의지의 표현이었다. 그는 육관령(六筦令)을 반포하여 정부가 술과 소금 및 철기를 전매하고 주전(鑄錢)하게 했고, 명산(名山)과 대택(大澤)의 많은 물자를 채취하는 자에게는 세금을 징수하게 하는 한편, 무제 시기의 염철주 전매와 균수, 평준 등 국가의 통제경제 정책을 재현하려 시도했다. 무제 시기의 국가의 통제경제 정책이 염철논쟁에서 집중적으로 비판되어 새로운 길이 모색되었다는 역사적 경험이 있었음에도 불구하고 왕망 정권이 이를 되풀이함으로써, 이해 당사자인 호족의 저항을 불러일으켜 결국은 호족 연합 세력의 공격으로 패망한 것은 자연스러운 일이었다.

흉노와의 화친 관계와 변군 체제에 대한 왕망의 대응은 중국과 이적의 수직적 관계 정립이라는 방향으로 전개되었다. 흉노는 선제(宣帝) 감로(甘露) 3년에 호한야 선우가 직접 '칭신입조'하여 '외객신'의 대우를 받았지만, 이후 한과 흉노의 실질적 관계는 대등하고 독립적인 '인적국'의 화친 관계였으니, 이는 한의 황제가 선우에게 준 금새(金璽)에 '흉노선우지새(匈奴單于之璽)'라는 글이 새겨진 사실이나 한이 선우에게 공주를 계속 출가시키고 막대한 세폐를 제공한 것을 보아도 알 수 있다. 한대에는 제후왕 이하에게 수여하는 관인의 인문에는 반드시 모두에 '漢' 자를 넣어 한 국가에 소속되었음을 명기했지만, 선우의 새에는 '漢' 자가 들어 있지 않아 흉노가 한과는 독립적 관계의 국가임을 분명히 했다. 또한 고구려나 부여 등 다른 이적의 국가들은 적어도 형식적으로는 한의 변군 체제 안에 내포되어 있었으나, 실제로는 독립적인 국가를 운영하고 있었고 그 군주는 한으로부터 '왕호(王號)'를 인정받고 있었다. 따라서 왕망은 흉노와의 수평·독립적 관계를 청산하고 변군 체제의 모순을 극복하기 위해, 제위에 오르자마자 12명의 오위장(五威將)을 사신으로 파견하여 중외(中外)에 부명(符命)을 반포하면서 제후왕과 각국 군주의 인수(印綬)를 교체했는데, 밖으로는 흉노와 서역 및 요외(徼外)의 만이(蠻夷)에까지 모두 신실(新室)의 인수를 주고 옛 한의 인수를 거두었다. 왕망은 "보천지하의 사표(四表)에 이르기까지 이르지 않는 곳이 없게 하라"고 하여, 그중 동쪽으로 나간 자는 현도(玄菟)와 낙랑, 고구려, 부여까지 이르고, 남쪽으로 나간 자는 요외를 넘고 익주(益州)를 거쳐 구정왕(句町王)을 낮추어 후(侯)로 삼았으며, 서쪽으로 나간 자는 서역에 이르러 그 왕을 모두 바꾸어 후로 삼았고, 북으로 나간 자는 흉노의 선우정에 이르러 선우의 인수를 주었는데, 한의 인문(印文)을 고쳐 모두에 '新' 자를 새로 넣고 '璽' 자를 지우고 '章'이라 했다. '章'은 '璽'보다 낮은 등급이었다. 선우는 뒤늦게야 인문이 개조된 사실을 알고는 옛 인수를 구하려 했으나, 신의 사신이 망치로 그것을 깨뜨려 버렸다. 이로 인해 선우가 크게 노하여 변군을 침략했고, 구정과 서역, 고구려 등도 그 뒤를 이어 변군을 침략함으로써 마침내 이 전쟁은 세계 대전으로 확대되었다. 왕망은 호족과의 전쟁과 더불어 이적과의 전쟁 등 전선이 이중으로 확장되었으니, 신 국가의 패망은 순간적으로 이루어졌다.

역사의 어느 대목에서나 이상과 현실의 관계는 풀 수 없는 과제로 남겨진다. 한 국가의 경우, 처음에는 이상과 현실이 너무나 괴리되어 이상을 포기했으나, 무제 시기에 이르러 이상을 다시 주목하고 그 실현을 위해 적극적으로 노력했다. 그러나 결과는 참혹한 실패로 나타나서 한인은 다시 이상을 현실의 방향으로 조정했으니, 염철논쟁 이후에 선택한 제3의 길이 그것이었다. 그것은 역사의 커다란 흐름이었지만, 이상을 추구하는 힘이 아직도 남아 있어 왕망의 반동적 움직임으로 표현되었다. 왕망 시대의 중국인들이 고대 중국인의 꿈이었던 정전제의 실현을 선언하고 중국과 이적의 수직적 관계를 선포한 것은 현실에 대한 이상의 마지막 도발이었다. 왕망은 아마도 심리역사학적 접근이 가장 절실히 요구되는 연구 과제가 아닐까 싶을 정도로 그의 극단적인 이상주의적 사고와 행태는 복고적 제도의 제정에 대한 집착에서 가장 잘 드러난다. 그는 제위에 오르자마자 곧 『주례(周禮)』등 고전에 근거한 제도의 제정에 착수하여 한조의 관제와 갖가지 제도의 명칭을 모두 바꾸었는데, 이는 『주례』등 고전에 기재된 제도는 성인(聖人)의 이상이 표현된 것이었던 데 반해, 진한(秦漢)의 관제 등 국가 제도가 대부분 선진 시대부터 자연발생적으로 현실의 조건과 상황에 대응하여 출현해서 발전해 온 것으로 간주되었기 때문이다. 패망 직전까지 집요하게 추구된 제도의 개혁은 왕망이 얼마나 이상에 집착한 인물이었는가를 잘 보여 주지만, 정전제의 회복과 더불어 복고적 이상주의가 드러낼 수밖에 없는 본질적 한계를 노출하기도 했다.

왕망의 이상주의적 저항이 실패함에 따라, 전한 말에서 잠시 끊어졌던 역사의 물길은 후한 초에 다시 이어져 대하를 이루며 도도하게 흘러갔다. 염철논쟁 이후에 한인이 채택한 제3의 길은 이제 움직일 수 없는 대도로 정립되어 후한의 국가와 사회를 주도했다. 중앙정부에서는 보정 체제가 정치의 기본 틀로 확립되어, 후한 초의 광무제(光武帝)와 명제(明帝), 장제(章帝) 등 3대 이후에는 연속적으로 보정이 실행되었다. 장제 이후 화제(和帝) 때부터 역대 황제들이 모두 연소한 나이에 즉위하여 친정이 물리적으로 불가능했기 때문에, 황제의 모후, 즉 태후의 생부나 형제, 조카 등이 보정 장군이 되어 막부를 개설하고 '영상서사'하여 황제 대신 국가 권력을 장악·행사했다. 흔히 이를 두고 '외척정치'라고 불러 왔지만, '외척정치'란 비제도적 개념일 뿐만 아니라 외척이 아니라도 보정하는 경우가 적지 않았기 때문에 '보정 체제' 혹은 '막부 체제'라는 제도적 관점에서 이해하는 것이 적절하다.

한편 지방에서는 호족의 대토지 경영이 아무런 제도적 장애 없이 자연스럽게 확장되었다. 후한 정권 자체가 호족 연합 정권의 성격을 띠고 있었다. 전한 고제 유방의 공신 집단은 대부분 임협으로 구성되었지만, 후한 광무제 유수(劉秀)의 공신 집단은 대부분 남양(南陽)의 호족으로 구성되어 있었다. 당연히 후한의 열후와 관료 조직의 상층부는 호족 출신의 공신으로 충원되었고, 막부의 막료와 삼공부의 요속(僚屬)은 물론이거니와 주군현 등 지방정부의 속관들도 호족의 자제들로 충당되었으니, 후한 국가는 호족과 협조하여 소농민을 지배하는 절충적 체제를 갖추게 되었다. 원래 한 제국은 저수지나

제방 등 수리 시설을 건설하여 직접 운영함으로써 소농민의 효과적 지배를 지향했는데, 후한에 이르러서는 호족도 수리 시설의 건설과 운영에 참여하여 황제가 직접 지배하는 소농민의 범주를 더욱 축소시켰다. 전국의 농경지는 여전히 국가와 황실 재정의 수입원이 되는 공전과 봉건 제후왕과 열후의 식읍 및 호족이 점유한 대규모 농지로 구성되어 있었지만, 그 가운데서도 호족의 대토지가 점유하는 비중이 점차 확대됨에 따라 국가와 황제의 재정적 기반은 크게 약화되었다. 또한 후한 시대에는 막부 체제의 외연 역시 크게 확장되어, 장군의 막부뿐만 아니라 사도(司徒), 태위(太尉), 사공(司空) 등 삼공의 요속과 주부(州府)와 군부(郡府) 등 지방정부의 속관도 장군의 막부처럼 부주(府主)에 의해 벽소되어 막부화하는 경향이 짙어져 갔고, 호족의 자제들은 주군 장관의 벽소를 통해 지방정부로 진입했기 때문에, 황제가 직접 지배하는 영역은 더욱 축소되었다. 현량, 방정과 효렴, 무재 등 향거리선(鄕擧里選) 제도가 더욱 발전함에 따라 향곡에서 무단하며 향리에서 명성을 얻는 호족의 자제가 선거되어 고급 관료로 진출하는 과정이 일반화되었다. 황태자비나 황후는 명가에서 간택되어 자연히 외척으로서 보정한 장군들은 호족 세력을 대표하여 황제 권력을 제한했다.

후한 시대의 중국인이 선택하여 계승한 제3의 길은 세계질서의 운영에서도 잘 나타난다. 먼저 흉노와 같은 인적국과의 관계는 왕망 이전의 관계, 즉 호한야 선우가 '칭신입조'한 이후의 화친 관계로 되돌아갔다. 후한(後漢)이 건국되자 흉노의 선우는 스스로 이름을 '호한야(呼韓邪)'라고 칭하며 자신의 조부 호한야 선우의 고사(故事)를 회복할 것을 선언했는데, 그 이유는 당시 흉노의 상황이 호한야 선우 때의 상황과 흡사했기 때문이다. 즉 흉노가 '호한야' 선우의 남흉노와 북흉노로 분열되어 경쟁하고 있었고, 열세에 놓인 남흉노의 호한야 선우는 자기 할아버지가 그러했던 것처럼 중국의 한에 '칭신입조'했으며, 후한의 지원을 받은 남흉노는 북흉노와의 경쟁에서 승리하여 흉노를 다시 통일할 수 있었던 것이다. 이로써 한과 흉노는 왕망 이전의 화친 관계로 되돌아갔지만, 후한의 한-흉노 관계가 전한의 그것과 꼭 같았던 것은 아니다. 흉노를 통일한 호한야 선우는 한의 북변 8개 변군으로 들어와서 살 수 있게 해달라고 한에 요청했고, 한인들은 격론 끝에 이를 허락했기 때문이다. 이를 반대한 측에서는 이것이 사실상 흉노의 8군 점령과 다를 바 없다고 해석했지만, 이는 염철논쟁 이후에 선택한 제3의 길, 즉 변군 체제의 연장 선상에서 이해될 수도 있었다. 한은 선우정에 사흉노중랑장(使匈奴中郎將)을 파견해서 상주하면서 흉노의 동정을 살피고 반한(反漢) 세력으로부터 친한적 선우를 보호하게 했는데, 이러한 조처와 대응은 다른 지역에서도 동시에 이뤄졌다.

서역에는 도호(都護)가 파견되어 서역 제국(諸國)에 대한 한의 간접·집단적 지배가 전개되었다. 원래 서역도호란 전한 선제 시기에 처음으로 설치되었다. 무제 시기에 처음으로 서역을 경영해서 흉노의 후방 기지를 빼앗고 흉노를 약화시키는 전기를 마련했다. 선제 시기에는 옥문관(玉門關)에서 파미르 고원까지 곤륜(崑崙) 산맥과 사막 사이에 줄지어 있던 남로(南路)의 오아시스 국가들뿐만 아니라 흉노에 강하게 기속(羈屬)되었던 사막과 천산(天山) 산맥 사이에 줄지어 있던 북로(北路)의 오아시스 국가들까지 모두 흉노의 영향권에서 떼어 낼 수 있었기 때문에, '모두 보호한다'는 이름의 '도호'를 서역에 파견해서 남로와 북로의 서역 제국을 모두 관리하게 했다. 서역 한가운데에 막부를 세운 도호는 무기교위(戊己校尉)의 군사적 지원을 받으면서 서역 제국이 흉노와 연계하지 못하도록 외교·군사적으로 '보호'하고 제국과 한의 책봉-조공 관계를 행정적으로 관리했으니, 그것은 중국의 한이 서역인을 직접·개별적으로 지배하는 수단이 아니라 서역 제국의 기존 질서와 체제를 통해 간접·집단적으로 지배하는 제도적 장치였다고 할 수 있다. 왕망 시기에 서역은 다시 흉노의 세력권 안으로 들어가고 중국과의 제도적 관계는 일시 단절되었지만, 후한이 건립된 뒤에는 서역 제국이 다시 사신을 보내와서 도호의 설치를 스스로 요청했다. 흥미로운 것은 서역의 요청에도 불구하고 한은 도호의 파견을 사양했다는 사실인데, 이는 흉노가 스스로 '칭신입조'하여 화친 관계를 복구하고 중국의 통일이 아직 완료되지 못한 상황에서 굳이 멀고 먼 서역에 관리와 군대를 보낼 필요도, 여유도 없었기 때문이다. 그 뒤 장제 시기에 반초(班超)라는 불세출의 영웅이 출현하여 아무런 국가적 지원과 명령 없이 홀로 남로와 북로의 서역 제국을 모두 제압하고 흉노의 세력을 축출하는 데 성공하여, 한은 비용을 들이지 않고 서역과의 제도적 관계를 복구할 수 있게 되었다. 서역도호로 임명된 반초는 서역 한가운데에 자신의 막부를 열고 그 막료를 대하(大夏), 즉 페르시아와 대진(大秦), 즉 로마까지 보내 교통함으로써 중국의 위명을 서방에까지 알리고 서방의 문물을 중국에 전달하여 동서 문화 교류에 일대 전기를 마련했다. 반초의 퇴임 이후에 서역은 다시 붕괴되었다가 반초의 아들 반용(班勇)에 의해 다시 이어지는 등, 후한과의 제도적 관계가 '세 번 통하고 세 번 끊어졌다'고 했는데, 이처럼 서역과 한의 관계가 변화무쌍했던 것은 서역의 존재의미가 그 자체에 있지 않고 흉노 등 북방 유목민과 장성 이남의 남방 농경민 사이의 역학적 관계에 의해 이용되었기 때문이니, 이러한 서역의 존재의미는 전통시대 내내 유지되었다. 반초의 영웅적 일대기는 이후 중국의 문학과 연극 등 예술 작품의 소재로 빈번하게 채택되었지만, 반초의 집안에는 반초 못지않은 인물들이 줄지어 서 있었다. 그의 형 반고(班固)는 『한서(漢書)』라는 명저를 편찬하여 사마천에 버금가는 역사가이자 문장가로 이름을 길이 남겼고, 누이 반소(班昭)는 『한서』의 편찬과 해석에 동참하는 등 태후의 스승으로 당대 일류의 학자들을 지도하여 중국 최고의 여류 학자로 명성을 떨쳤다. 이들 형제들의 아버지 반표(班彪) 역시 후한 초의 저명한 문학지사로서 수많은 시무책으로 후한 국가의 이론적 기초를 제공했는데, 그 가운데서도 특히 서강(西羌)의 문제를 분석한 문장은 오랫동안 주목을 받아 왔다.

강(羌)은 저(氐)와 더불어 중국 서방의 티베트 고원 기슭에 산재하여 양 등을 목축하던 역사공동체로 일찍이 갑골문자 시대부터 중국인의 관심을 모아 중국 측 문헌에 기재되었는데, 전한 후기부터 후한 일대를 통해 끊임없이 중국의 한과 모순 관계를 유지했다. 무제 시대부터 서남이와 서역을 경영하면서 그 사이에 개재된 강과 저도 압박을 받아 일부는 변군에 내속하고 일부는 요외(徼外), 즉 국경 밖에서 산재해 있으면서 혹은 반란을 일으키고 혹은 변경을 침략하며 한의 변방을 불안하게 했다. 『후한서』서강전에 수록된 문장에서 반표는 서강 문제가 이른바 민족모순과 계급모순이 혼재하여 더욱 악화되었다는 탁월한 진단을 내렸다. 즉 중국에서 만연한 호족의 대토지 경영이 서강의 거주 지역에까지 확장되어 강인의 토지를 빼앗고 강인을 노동수단으로 강제하여 중국과 서강의 갈등이 더욱 심화되었다는 것인데, 문제는 중국에서도 호족의 대토지 소유와 경영을 통제하지 못했기 때문에 중국과 서강의 갈등은 영원히 풀 수 없는 문제가 되었다는 것이다. 한 국가는 서강에 대한 한의 지배를 관철하기 위해 호강교위(護羌校尉)를 파견하여 새내강(塞內羌)과 새외강(塞外羌)을 아울러 관리하게 했는데, 그 존재의미나 기능은 서역도호나 사흉노중랑장의 그것과 근사했다. 그러나 호강교위의 설치는 서강 문제의 해결책이 되지 못했다. 『후한서』서강전은 역대 호강교위의 치적을 순서대로 나열하는 형식으로 기재되었는데, 이들 호강교위들은 대부분 전사하거나 문책되어 정상적으로 퇴임하거나 승진한 경우는 거의 발견되지 않으니, 이는 그만큼 서강 문제의 무게가 호강교위의 역할을 압도했음을 의미한다. 강인은 삼투하듯 서서히 중국을 압박하여 장안 근교까지 근접했고, 전선의 장기화로 인해 한 말에는 동탁(董卓)과 같은 군벌을 출현시키기도 했다.

　서방의 서강 지역에 호강교위를 설치하여 강인을 간접·집단적으로 관리했듯이, 한은 동북방의 동호(東胡) 지역에 호오환교위(護烏桓校尉)를 설치하여 동호의 별종인 오환과 선비(鮮卑)를 간접·집단적으로 지배하려 노력했다. 동호는 선진 시대부터 대흥안령(大興安嶺) 기슭에 분포하여 수렵과 유목 생활을 영위한 역사공동체로 흉노 제국이 건립될 때 묵특 선우에 의해 통합되었는데, 전한 후기부터 그 '별종(別種)'으로 오환과 선비 공동체가 대흥안령 남쪽 기슭과 북쪽 기슭에서 각각 출현하여 중국인의 관심을 모으기 시작했다. 한은 그 거주 지역에 호오환교위를 설치하여 오환과 선비의 책봉과 조공 및 호시 등을 관리하게 했다. 그러나 후한 말에 이르면 오환이 교위 체제의 기속을 벗어나 강성해져서 중국을 위협하며 중국으로 진입했고, 선비는 그 뒤를 이어 남하하여 이른바 오호십육국(五胡十六國)과 남북조(南北朝) 시대의 한 주역을 담당하게 된다.

　이처럼 전한 후기부터 서역도호와 호강교위 및 호오환교위가 차례로 설치되고 후한 초에는 사흉노중랑장이 설치되어 중국 밖 외이(外夷)에 대한 집단·간접적 지배 체제가 완성되었다. 이는 군현의 형식을 갖춘 변군의 내속 체제와는 달리 요새(徼塞) 밖, 즉 한 국가의 영역 밖에 위치한 외이와의 책봉–조공 관계를 관리하여 간접·집단적으로 지배하는 국제적 체제로서, 염철논쟁 이후 중국인이 선택한 제3의 길인 '기미지의', 즉 '기미부절이이'의 정신을 구현한 한대 특유의 방법이었다. 변군 체제가 서로 모순되는 군현의 형식과 책봉–조공의 내용, 즉 직접·개별적 지배 체제의 형식과 간접·집단적 지배 체제의 내용이 공존하며 융합된 절충적 지배 체제였듯이 도호 혹은 교위, 중랑장 체제 역시 형식적으로는 한의 관리가 파견되어 지배하는 체제였지만, 실제로는 '고속'에 의한 '자치', 즉 고유한 습속과 정치질서에 의해 군장이 통치하는 것이 허용되는 체제였다. 제국의 이상과 비제국(非帝國)의 현실이 공존하는 중국과 마찬가지로 중국인에 의해 주도된 한대 중국적 세계질서 역시 명분과 실제가 적절한 거리를 유지하면서 교묘하게 조화를 이루는 특성을 지니고 있었다.

염철논쟁을 통해 확립된 변군 체제는 요동 방면에서도 운용되었다. 요동에는 조선을 멸망시킨 뒤에 설치한 4개의 군, 이른바 '한사군(漢四郡)'이 있었지만, 모두 직접·개별적 지배 체제가 관철되는 내군과 달리 간접·집단적 지배 체제로 운영되었다. 『사기』 평준서(平準書)에 의하면, "한이 강(羌)을 정벌하고 남월을 멸망시켜, 번우에서 서쪽으로 촉남(蜀南)까지 초군(初郡)을 17개 설치했으나, 고속(故俗)으로 다스렸으며 부세를 거두지도 않았다. 남양(南陽)과 한중(漢中) 이남의 군들은 각각 그 땅의 원근에 따라 초군에 관리와 병졸, 식량, 폐물, 수레와 말의 장비 등을 공급했다"고 한다. 그런데 『한서』 지리지에 의하면, "현도와 낙랑은 무제 때에 설치했는데, 모두 조선, 예맥, 구려(句麗) 만이(蠻夷)다. 은의 도가 쇠퇴하여 기자가 조선으로 가서 그 백성에게 예의와 전잠(田蠶), 직작(織作)을 가르쳤다. 낙랑 조선민의 법금은 8조(條)인데 … 이로 인해 그 백성은 아무도 남의 물건을 훔치지 않기 때문에 문을 닫지 않으며 부녀자는 정숙하여 음란하지 않다. 그 농민은 음식을 먹을 때 변두(籩豆)를 사용한다. 도읍에서는 관리와 내군의 상인을 본받아 왕왕 배기(杯器)를 사용하여 음식을 먹는다. 군은 처음에 요동군(遼東郡)에서 관리를 취했는데, 관리가 보기에 민이 문을 닫거나 물건을 감추지 않아 상인들이 그곳에 가서 밤에 물건을 훔치니 풍속이 차츰 각박해졌다. 지금은 법금이 차츰 많아져서 60여 조목에 이르게 되었다"고 한다. 이로 보아 만월 지역에 설치된 초군들처럼 요동에 설치된 변군에서도 한의 법률이 관철되지 못하고 '고속', 즉 고유한 토착 질서에 의한 자치가 이루어졌음을 알 수 있다. 그뿐만 아니라 요동의 변군에서도 인두세와 요역 및 병역 등의 수취가 이루어지지 못하고 이웃 요동군에 의지하여 운영되었다. 이는 요동 변군의 인구 변동을 통해서도 확인할 수 있다. 『한서』 지리지에 의하면 낙랑군의 호구 수가 6만이 넘었으나, 『진서(晉書)』 지리지에서는 낙랑군의 호수(戶數)를 3,700이라 했다. 현도군의 경우, 『한서』 지리지에서는 45,000호라 했지만, 『후한서』 군국지에서는 1,594호라 했다. 이처럼 호구 수의 급격한 변화는 국가가 변군을 통해 호구를 파악할 수 있는 능력이 현저히 떨어졌음을 의미하고 토착 주민이 세역(稅役)의 징세 대상에서 이탈했음을 의미하기도 한다. 요동의 변군은 형식만 군현의 형식을 취했을 뿐, 실제로는 전략적 요충지에서 성(城)의 형태로 존재하는 군진(軍鎭)과 다름없었다.

한사군이 설치될 때부터 고구려(高句麗)는 현도군의 일개 속현(屬縣)으로 편성되었다. 그러나 현도군에 의한 고구려 지배는 전형적인 변군(邊郡) 체제의 형태를 취했으니, 『삼국지』 고구려전에 의하면 "한대에 고취기인(鼓吹技人)을 내려 주었는데 항상 현도군(玄菟郡)에서 조복(朝服)과 의책(衣幘)을 받았으며, 고구려령(高句麗令)이 그 명적(名籍)을 주관했다. 그 뒤에 차츰 교만하고 방자해져서 다시는 군에 가지 않고 동쪽 변경에 작은 성을 쌓아 조복과 의책을 그 가운데에 두었다가 매년 와서 가져갔다"고 한다. 이는 곧 한대 현도군과 고구려의 관계는 형식적으로는 군현적 지배–피지배 관계였지만, 실제로는 책봉과 조공을 교환하는 관계였음을 의미한다. 『한서』와 『후한서』에 의하면 고구려는 현도군에 '속(屬)'했다가, 혹은 요동군에 바꾸어 '속'하기도 하고, 혹은 다시 낙랑군에 '속'하기도 했다 하는데, 이는 고구려인의 집단적 이동을 뜻하는 것이 아님은 물론이거니와 현도군과 요동군, 혹은 낙랑군이 번갈아 가면서 고구려를 군현적으로 지배했음을 뜻하는 것도 아니다. 그것은 고구려와의 관계, 즉 책봉-조공 관계를 관리하는 책임이 현도군에 속했다가 요동군으로 바뀌기도 하고 다시 낙랑군에 속하기도 했다는 것을 의미할 뿐이다. 고구려뿐만 아니라 부여와 옥저, 동예 등과 같이 요동에 병존한 여러 나라들과 한 군현의 관계도 모두 이와 근사했다.

한국이 중국의 국가와 제도적 관계를 맺게 된 것은 후한 초부터였다. "건무(建武) 20년(44)에 '한인(韓人)' 염사(廉斯) 사람 소마시(蘇馬諟) 등이 낙랑에 가서 공헌하니, 광무제가 소마시를 한염사읍군(漢廉斯邑君)에 봉하고 낙랑군에 속하여 사시(四時)에 조알(朝謁)하게 했다"(『후한서』 동이전 한조)고 했으니, 후한과 한국이 책봉과 조공의 예를 교환하는 관계를 처음으로 맺게 된 것이다. 읍군(邑君)이란 한이 이웃 소국의 군장에게 수여한 특수 작위였으니, 후한은 대국의 군장에게는 왕의 칭호를 주고 그보다 작은 소국의 군장에게는 귀의후(歸義侯)나 읍군, 읍장(邑長) 등의 칭호와 인수를 주어 중국 중심의 세계질서를 유지했다. 이 이후에도 한은 "여러 한국(韓國)의 신지에게 읍군의 인수를 더해 주고 그다음의 (군장들에게는) 읍장을 주었다. 그 풍속에 의책을 좋아해서 하호(下戶)들까지 군에 가서 조알하고 모두 의책을 가수(假授) 받으니, 스스로 인수와 의책을 착용한 자가 천여 명이나 되었다"(『삼국지』 동이전)고 한다. 이로 보아 한(漢)과 한(韓)의 책봉-조공 관계는 일방적이고 강제적인 것이 아니라 호혜적이고 임의적인 것이었음을 알 수 있으니, 이를 통해 한은 복수의 한국을 개별적으로 파악하여 그 정치적 성장을 통제할 수 있기를 기대했을 것이고, 한인(韓人)은 중국의 권위를 정치적으로 이용하고 조공의 반대급부인 회사(回賜)에 대한 욕구를 충족시킬 수 있었을 것이다. 양자의 책봉-조공 관계는 주로 낙랑군에 의해 관리되었으니, 이는 "마한이 한시(漢時)에 낙랑군에 '속'하여 사시 조알했다"(『삼국지』 동이전)고 한 것으로 보아서도 알 수 있다. 이 경우의 '속'이란 곧 실질적 복속을 의미하는 것이 아니라 행정적 관할의 소재를 가리키는 말이다. 공손씨(公孫氏)가 요동을 장악했을 때는 낙랑군의 남쪽에 대방군(帶方郡)을 증설하여 한국과의 관계를 관리하게 하기도 했다.

8. 제국의 붕괴와 중국의 분열

기원을 전후하여 서구에는 로마 제국이 있었고 동아시아에는 한 제국이 있었다. '팍스 로마나'라는 말이 있듯이, '한의 평화'가 있었다. 로마 제국의 멸망이 분열과 혼란을 가져왔듯이, 한 제국의 멸망 역시 긴 분열과 엄청난 혼란의 시대를 열었다. 로마 제국과 마찬가지로 한 제국의 멸망은 이미 매우 오래전부터 시작되었고 매우 복잡하고 구조적인 모순에서 배태되었다. 따라서 한 제국의 멸망을 이해하기 위해서는 다양한 원인을 찾아 다방면에서 접근해야 한다. 소설 『삼국지연의(三國志演義)』는 많은 대중에게 한 제국이 붕괴되는 장면을 적나라하게 보여 주었다. 궁중에서는 부패하고 부정한 환관들이 당고(黨錮) 사건을 일으켜 정치를 어지럽히고, 조정과 지방정부는 군벌들이 장악하여 어지럽게 서로 다투었으며, 해를 잇는 흉년으로 기아에 허덕이던 사람이 급기야 인육을 먹고 부부가 서로 바뀌는 등 참혹한 정경이 펼쳐졌다. 호족의 착취와 겸병으로 농민들은 토지에서 유리되어 황건적(黃巾賊)이 횡행하게 되고, 외적이 침범하여 노략한 변경은 사람이 살지 않는 황무지로 변해 갔다. 그러나 환관이니 군벌이니 흉년이니 황건적이니 외적이니 하는 것들은 칼을 들고 한 제국을 찔러 죽인 하수인에 지나지 않았다. 한 제국을 무너뜨린 장본인은 바로 한 국가의 모순 그 자체였고 한 제국을 죽이는 살인극은 이미 수백 년 전부터 시작되었다.

　한 국가의 구조적 모순은 이미 염철논쟁 이후에 중국인이 선택한 제3의 길에 배태되어 있었다. 그때부터 한인은 황제 지배 체제를 변형시킨 보정(輔政) 체제를 채택하여 한 말까지 존속시켰는데, 보정 체제란 필연적으로 외척과 환관이라는 특수한 존재를 정치 무대에 등장시킬 수밖에 없는 것이었다. 연소한 황제가 즉위하면 자연히 황제의 모후, 즉 황태후에게 국가 권력의 향방을 결정할, 즉 보정을 위임할 권위가 주어지고, 황태후는 가장 신임할 수 있는 친정 형제나 조카, 즉 황제의 외척에게 보정을 위탁하게 되는 경우가 많아진다. 황제가 성인이 되면 국가 권력을 되찾아 친정(親政)하려 하는데, 보정 장군이 쉽게 귀정(歸政), 즉 국가 권력을 이양하려 하지 않으면 황제는 자신의 최측근인 환관을 이용하여 국가 권력을 되찾게 된다. 새 황제가 다시 어린 나이로 즉위하면 외척이 보정하는 경우가 반복되고 환관은 배척되었지만, 황제가 성년이 되면 환관이 다시 귀정에 참여한다. 귀정에 공을 세운 환관은 황제 권력에 동참하여 국정을 농단하는 경우가 잦아지는데, 특히 그 부도덕성으로 인해 사대부(士大夫)의 비난을 받게 된다. 환관은 주로 극빈한 소농민의 자제 출신이 많아, 교육을 받지 못해 탐욕의 인간적 본성을 절제하거나 포장하지 못하는 경우가 적지 않았다. 특히 한 말에 이르러 환관의 부패가 극에 이르자, 수많은 태학생(太學生)들이 환관을 규탄하는 시위를 벌였고, 이들의 배후에는 사대부, 특히 전국적 명성을 얻고 있던 '명사(名士)'들이 있었다. 환관들은 이들 명사 수천 명을 '당인(黨人)'으로 규정하여 체포하고 '금고(禁錮)'의 처분을 받게 했는데, 금고란 피선거권을 박탈하는 형벌이었다. 한대에는 황제의 직접·개별적 인민 지배를 위해 집단행동을 원천적으로 봉쇄했기 때문에, '당(黨)'이라는 집단을 구성하는 일 자체가 배척되고 규탄되어야 할 범법 행위로 간주되었다. 또한 한대 사대부의 존재의미는 선거(選擧)를 통해 국가 권력의 인민 지배에 동참하는 것, 그 자체였기 때문에, 피선거권을 빼앗는 금고는 당시 사인(士人)에게는 가혹한 조처로 받아들여졌다. 특히 명사들에게는 금고가 치명적인 의미를 갖고 있었다. 한대에는 선거가 국가 권력에 동참하는 가장 중요한 제도적 통로로 일반화되었고, 선거는 사인의 명성을 기준으로 천거하는 과정이어서, 한대에는 '명(名)' 개념이 매우 중시되고 있었다. '명사'란 곧 광범한 명성을 얻은 사인으로, 선거될 가능성이 매우 높았기 때문에 금고형은 그들에게 치명적이었던 것이다. 두 차례에 걸쳐 수천 명의 명사를 당인으로 몰아 금고형에 처한 이 '당고' 사건은 한 국가와 사회의 가장 기본적 골격을 뒤흔들어 놓은 자해 행위였다.

제3의 길을 선택한 무제 사후의 중국인은 국가 권력과 모순 관계에 놓여 있던 호족까지 포용했다. 애제 시기에 토지 소유의 한계를 법률로 정하려 시도한 적도 있었고, 왕망 시기에는 전국의 토지를 왕전이라 선언하고 정전제를 실시함과 동시에 토지와 노비의 매매를 금지한 적도 있었지만, 한 국가는 토지 국유제와 더불어 대토지 사유제도 함께 수용했다. 호족의 토지 겸병과 대토지 경영은 시간이 흐를수록 더욱 심화하고 확장되어 거대한 대세를 이루었다. 호족으로부터 토지를 겸병당한 소농민은 토지에서 유리되었고, 호족의 전호로서 대토지 경영에 참여한 소농민은 토지를 매개로 하여 호족에게서 인신적 지배를 당할 수밖에 없었으며, 극단적 빈곤에 허덕이는 소농민은 자신과 가족의 몸을 호족에게 팔아서 농노나 노비로 전락했다. 농민이 토지에서 유리되면 유민이 되고, 유민이 생계를 위해 호족이나 관가를 약탈하면 유적이 된다. 한 말의 '황건적'은 바로 이러한 역사적 배경과 과정을 거쳐 유적화한 소농민 집단이었다. 소농민은 원래 황제의 권력 기반이었으나, 그들이 유적화하여 호족과 관가를 공격해서 체제를 전복하려는 세력으로 성장하자, 서로 모순 관계에 있었던 국가와 호족은 서로 연합하여 황건적에 대항했다. 당고 사건을 일으켜 호족 세력을 공격했던 한 국가가 황건적이 위협적인 세력으로 등장하자 금고를 해제하고 호족과 손을 잡았던 것이다. 조조(曹操)와 원소(袁紹), 유비(劉備), 손권(孫權) 등 『삼국지연의』의 주인공들은 모두 호족으로, 국가와 손을 잡고 공동의 적인 황건적을 공격했다. 한 국가가 모순 관계의 호족과 연합하여 자신의 당위적 권력 기반인 소농민 집단을 공격한 것 역시 한 국가의 숨통을 끊는 치명적 자해 행위의 하나였다.

조조와 원소, 유비, 손권 등은 모두 호족 출신의 군벌(軍閥)이었다. 중국 역사상의 군벌이란 대규모의 군대가 특정 지역에 포진해서 군사 활동이 장기화함에 따라 장군과 사병 사이에 사적 관계가 발생하면, 장군이 사병화한 군대를 이용하여 그 지역의 군사권은 물론 행정권과 재정권까지 장악하고, 국가가 장군의 임명권을 행사하지 못하고 장군의 지위가 세습되어 사실상 독립적 왕국의 형세를 이룬 것을 말한다. 한 말과 당 후기 및 민국 초기에 지방에서 할거한 군사 세력들이 그 대표적인 경우라 할 수 있다. 이러한 군벌이 출현하게 되는 첫 번째 조건은 전선의 장기적 유지였으니, 짧게는 황건 농민 반란의 장기화가 그 배경이 되었고, 길게는 전한 후기부터 수백 년간 지속된 서강(西羌)과의 군사적 갈등 같은 것이 역사적 배경으로 작용하기도 했다. 사실 조조나 유비 등은 황건 농민 반란을 평정하는 과정에서 성장했고, 한 말의 첫 군벌인 동탁은 마지막 호강교위로서 서강 전선에서 성장했다. 따라서 한 국가를 직접 살해한 군벌도 사실 한 국가의 내적 모순이 낳은 사생아였다.

군벌이 한 국가의 명맥을 끊을 수 있었던 것도 한 국가의 기본 체제인 보정 체제와 막부 체제를 흉기로 사용할 수 있었기 때문이다. 보정 체제가 왕조의 명을 끊는 흉기가 될 수 있음은 앞서 왕망이 증명해 보인 바 있거니와, 후한 역시 보정 장군에게 선양하는 형식으로 멸망되었다. 후한의 마지막 보정 장군은 조조 부자였다. 조조는 대장군의 칭호를 원소에게 부득이 양보한 뒤 사공(司空) 혹은 승상(丞相)의 신분으로 보정했지만, 장군과 다름없이 막부(幕府)를 열었다. 그는 조정(朝廷)의 인재를 막부로 이동시키고 막부에서 소외된 자는 조정으로 축출함으로써 황제를 정점으로 한 조정을 공동화하고 막부로 하여금 사실상 조정의 역할을 대행하게 했다. 조조의 지위와 막부를 그대로 계승한 조비(曹丕)는 한의 마지막 황제 헌제(獻帝)에게 귀정, 즉 국가 권력을 돌려주는 것을 거부하고 오히려 선양을 강요하여, 이미 형해화한 조정을 소멸시켜 버리고 자신의 막부를 새로운 국가의 조정으로 승격시킴으로써 선대(禪代)의 과정을 완료했다.

보정 체제하의 막부는 무력화한 조정을 대신하여 국가 권력을 장악했기 때문에 국가를 하나의 권력으로 통일시키는 구심력으로 작용할 수 있었다. 그러나 장군(將軍)의 수가 늘어나는 상황에서는 막부 역시 다원화하여 오히려 국가를 분열시키는 원심력으로 작용할 수도 있었으니, 한 말의 군벌들이 이를 증명했다. 한 말의 군벌들은 제각기 장군을 자칭했고, 그 당연한 결과로서 각자 막부를 열어 보유하고 있었다. 한 말의 군벌이 막부를 보유함으로써, 더 이상 군사 세력에 머무르지 않고 독립적인 정치·사회적 세력의 성격을 띠게 되었다. 장군이 막부를 보유한다 함은 곧 막료(幕僚)를 벽소(辟召)하는 '편의종사(便宜從事)'의 특권을 인정받는다는 뜻이다. 장군의 벽소는 군주의 징소(徵召)와 달리 강제성이 없기 때문에 '불응(不應)'할 수 있었고 이로 인해 만약 벽소에 '응'하여 막료가 된다는 것은 곧 장군과 막료 사이에 심정적 결합이 이뤄졌음을 의미한다. 심정적 결합 관계는 제도를 초월하기 때문에 장군과 막료의 관계는 장군의 승진이나 좌천과 같은 사건으로 막부가 해산된 뒤에도 여전히 유지되어, 이전의 막료를 장군은 '고리(故吏)'라고 불렀다. 고리 관계는 장군과 전임 막료 사이에만 존재한 것이 아니라 막부화한 삼공부(三公府)나 주부(州府), 군부(郡府)와 같은 기관의 장관과 속료들 사이에서도 의제화되었다. 부주(府主)와 고리의 관계는 죽음까지 초월하여 2세에까지 계승되었다. 대표적인 예로서 원소와 같은 명문의 경우, 4대에 걸쳐 삼공과 장군을 역임하여 그 고리가 대대로 계승되었기 때문에 원소 당대에 이르러서는 방대한 규모의 고리 집단이 형성되었다. 이러한 사적 집단은 유교적 관료 방면에서도 형성되었다. 유학이 국가와 사회의 체제 교학의 지위를 점한 뒤로 고위 관료직에 오른 유학자들이 잇따라 등장하여 후한 시대에는 하나의 대세를 이루었는데, 이들은 많은 경우 수천 명에 이르는 방대한 규모의 제자들, 즉 문생(門生)을 양성하여 정치와 사회, 문화 등 여러 방면에서 거대한 사권(私權) 집단을 형성했다. 후한 말에 이르러 이들 '문생고리(門生故吏)' 집단은 군벌의 인적 기반을 이루어 국가를 분열시키는 원심력으로 작용했다.

한 제국이 붕괴된 뒤를 이어 전개된 60여 년의 삼국 시대는 군벌이 중국의 도처에 할거했던 한 말 상황의 연장에 지나지 않았다. 비록 군벌들과 달리 삼국은 모두 제국을 자칭했지만, 실제로는 장군의 복수화와 막부의 다원화로 인해 나타난 수많은 군벌이 서로 경쟁하다가 결국 3개의 군벌로 정리된 것일 뿐이었다. 그럼에도 불구하고 한 제국을 이은 위(魏), 오(吳), 촉한(蜀漢) 삼국의 시대는 중국사뿐 아니라 동아시아 역사상에서 특별한 의미를 갖는 역사적 무대였다. 그 시대에 역사상 두 번째로 '중국'의 범위가 획기적으로 확장되었기 때문이다. 중국의 제1차 확장은 진의 통일을 거치며 이루어졌다. 전국 7국 가운데 진, 초, 연, 제 4국은 중국과 이적을 모두 포함하고 있었는데, 진의 7국 통일로 인해 중국과 이적이 함께 하나의 국가 안에 내포되었고, 이러한 상황이 한대까지 이어져서 점차 중국의 범위가 7국의 범위로 확장된 것이다. 그런데 삼국 시대에 이르러 '중국'의 범주가 한 번 더 확장되는 계기가 마련되었다. 삼국 가운데 오와 촉한이 이적의 공간에 건립되었던 것이다. 손오(孫吳)가 건립된 장강 중·하류 유역과 그 이남의 영남 지역은 원래 중국이 아니라 이적, 특히 만월 역사공동체의 공간이었다. 촉한이 건립된 파촉 지역은 잔도로 중국과 단절된 강저와 서남이 등 이적의 공간이었다. 『삼국지』에 의하면, 손오의 군신들은 조위를 가리켜 '중국'이라고 불렀다. 그러나 중국인인 손권 집단이 강남으로 내려가서 만월을 지배하고 유비 집단이 파촉으로 들어가서 강저와 서남이를 지배하면서, 이들 지역은 '중국'의 일부로 인식되기 시작했다. 특히 손오를 이어 동진(東晉)과 송(宋), 제(齊), 양(梁), 진(陳) 등 육조(六朝)가 연달아 강남에 자리 잡고 파촉이 조위와 서진(西晉)의 영역으로 들어가 강남과 파촉이 중국인 국가에 지배되는 상황이 장기화되자, 중국인의 세계관 안에서 '중국'의 범위가 점차 확장된 것이다. 현재 중국의 남쪽 윤곽이 이때부터 형성되기 시작했으니, 그 역사적 의미가 결코 적지 않다고 할 수 있다.

삼국의 정립이 막부 체제의 원심력적 역할에 기인했다면, 위진남북조가 국가적 통일성을 외형적으로나마 유지할 수 있었던 것은 막부 체제의 구심력적 기능에 의지했다. 삼국 시대 이후 중국의 분열은 더욱 심화되어, 지역에 권력 기반을 둔 세력들은 한편으로는 주군 등 지방정부를 장악하고 한편으로는 장군의 칭호를 겸대(兼帶)하여 주부 혹은 군부와 막부를 겸유(兼有)했다. 『송서(宋書)』 백관지에는 위로는 대장군에서 아래로는 잡호장군(雜號將軍)까지 360종의 장군 칭호가 순서대로 나열되어, 유송(劉宋)의 영역 안에 수없이 많은 지방 세력들이 질서정연하게 공존하고 있었음을 보여 준다. 이 수많은 장군들은 막부를 통해 서로 유기적 관계를 맺고 있었으니, 하급 장군들은 상급 장군 막부의 고위 막료직을 겸하고 있었기 때문이다. 이들은 군사력과 행정력, 경제력 등을 함께 갖춘 독립적 지방 세력이었지만, 막부 체제

안에서 일정한 위계질서를 갖추면서 황제를 정점으로 한 통일적 국가의 외형을 유지하고 있었던 것이다.

그러나 막부 체제는 한편으로는 국가의 구심력 역할도 했지만, 다른 한편으로는 원심력 역할도 동시에 수행했다. 한 국가 안에서 공존하고 있던 수많은 장군들은 막부를 통해 자신의 정치력을 확장하면서 서로 경쟁했다. 장군들은 다수의 명사를 벽소하여 자신의 막부를 명부(名府)로 만들었으니, 명사의 정치·사회·경제·문화적 역량과 명성을 취합하여 막부의 역량과 명성을 높일 수 있었던 것이다. 명부는 다시 패부(覇府)가 되기 위해 경쟁했는데 패부란 패업을 이룬 막부란 뜻이다. 수많은 막부 가운데 최종 경쟁에서 승리한 패부에게는 선대를 통해 새 국가의 조정으로 승격하는 과정만 남아 있었다. 패부의 부주에게는 보정 장군의 중임과 함께 전국의 군사지휘권을 보장하는 중외제군사(中外諸軍事)라는 직임이 주어졌으며, 구석(九錫)이라는 특수한 예의로 예우되고 황제의 동성 자제에게만 허락된 제후왕의 지위가 부여되었다. 패부의 부주에게 주어진 이러한 예우는 선대가 이뤄지는 관행적인 절차로 되풀이되었으니, 한 국가 안에서 새 국가가 배태되어 기존의 국가를 소멸시키는 이러한 과정은 이미 전한에서 왕망의 신으로, 후한에서 조위로 선대되는 과정에서 경험한 바 있거니와, 그 뒤에도 조위에서 서진으로, 남조의 동진에서 유송으로, 유송에서 남제(南齊)로, 남제에서 양(梁)으로, 양에서 진(陳)으로 선대되는 과정에서 되풀이되었고, 북조에서도 동위(東魏)에서 북제(北齊)로, 서위(西魏)에서 북주(北周)로, 북주에서 수(隋)로 선대되는 과정에서도 되풀이되었다. 위진남북조 시대 정치사의 두드러진 특징 중 하나인 잦은 왕조 교체와 왕조의 단명은 보정 체제가 안고 있던 원천적 모순에 기인했다. 그러나 위진남북조 시대의 막부 체제는 단순한 정치 체제에 그치지 않고 이념 체계의 동향과 사회 질서의 특수성과도 깊은 유기적 관련 아래에 놓여 있었다.

위진남북조 시대를 풍미한 학문을 흔히 현학(玄學)이라고 부른다. '현학'이란 검은 학문, 즉 오묘한 학문이란 뜻이다. 검다는 것은 깊은 우물 속처럼 쉽게 들여다볼 수 없어 인식하거나 이해하기 어렵다는 의미를 내포한다. 당시 중국인은 고전적 지혜가 담겨진 문헌 가운데서 노자『도덕경』과『장자』및 『주역(周易)』을 가장 심오하여 이해하기 어려운 것으로 간주하여 흔히 '삼현 (三玄)'이라고 불렀고, 이들 삼현을 주로 연구하여 논리적으로 형이상학에 접근한 학풍을 일러 '현학'이라고 불렀던 것이다. 삼현에 대한 관심과 연구가 널리 유행한 것은 후한 말부터였지만, 그 단초와 계기는 이미 전한 말부터 준비되어 있었다. 초자연에 대한 관심과 비합리적 사고가 만연하여 재이설 (災異說)과 참위(讖緯) 등이 유행하고 금고문(今古文) 논쟁으로 인해 사람들이 훈고학(訓詁學)과 장구학(章句學)에만 매몰되어 유학이 변질되자, 한대 유학의 비합리적이고 형식주의적인 측면에 대한 실망과 비판이 고조되었고, 마침내 유학자들의 관심이 형이상학적인 내용으로 가득 찬 삼현에 대한 논리적 탐색으로 전환하게 된 것이다.

한대 중국인은 자신의 역사적 경험과 조건에 맞추어 이상과 현실의 거리를 조절하고 국가와 사회를 재구성했다. 그러나 한인이 자기들의 입맛에 맞게 바꾸어 놓은 것 가운데서 유학만큼 심각하게 바뀐 것은 없었다. 유학은 한 무제 시기에 이르러서야 비로소 국가의 적극적인 관심을 받게 되었지만, 유학이 국가의 관심을 받게 된 바로 그 시기부터 정치와 현실에 복무하기 위해 그 본질적 성격이 심각하게 굴절되기 시작했다. 유학의 자기 변모는 금고문 논쟁에서 시작되어 유교의 탄생으로 완성되었다.

금고문 논쟁이란 진시황의 '분서갱유(焚書坑儒)'로 인해 야기된 경전의 진위 논쟁을 말하는데, 무제 시기부터 시작되어 청 말까지 지속된 이 논쟁은 한대 유학의 성격을 굴절시켰을 뿐만 아니라 전통시대 동아시아 유학의 특성을 규정했다. 『사기』 진시황 본기에 의하면, 진시황은 사사로운 학문과 개인의 정치 비판을 원천적으로 봉쇄해야 한다는 이사의 건책을 따라 개인이 책을 소지하지 못하게 하는 '금협서령(禁挾書令)'을 발포하여 농서와 의서, 점복서를 제외한 일체의 서적을 전국에서 수거했다고 하는데, 한 혜제 시기에 이르러 '금협서령'을 해제한 뒤에도 경전이 발견되지 않아 조조(晁錯) 등 문학지사를 시켜 경전 전문가들에게 그 내용을 암송하게 하여 오경(五經) 등을 복원했다. 그런데 무제 시기에 노왕(魯王)이 궁전을 넓히기 위해 이웃의 공자 가택 일부를 허무는 과정에 벽에 숨겨 둔 경전들이 발견되어 황제에게 보고되었는데, 공벽(孔壁)에서 나온 경전과 구술로 복원한 경전 사이에 일치하지 않는 부분이 적지 않아 어느 것이 진본인지 확인하는 논쟁이 발생했다. 구술을 받아 복원한 경전은 한 초 당대의 문자, 즉 금문으로 쓰여 있어 흔히 금문경(今文經)이라 불렸고, 공벽에서 발견된 경전은 선진 시대의 문자로 쓰여 있어 흔히 고문경(古文經)이라 불렸으니, 양자 가운데 어느 것이 진본인지를 따지는 논쟁이라고 해서 이 논쟁을 금고문 논쟁이라고 불렀다.

금고문 논쟁의 심각성은 금문경과 고문경의 사이에 심각한 차이가 발견된다는 데 있었다. 금문경과 고문경 사이에 별다른 차이가 발견되지 않는 경우도 있었으니, 『논어』나 『시경』과 같은 것이 그러했다. 그러나 『상서(尙書)』와 같은 경우는 고문경의 절반 정도가 금문경에는 없는 것이어서, 진위 여부를 가리는 것이 불가피한 일이 되었다. 『예경(禮經)』이나 『춘추전(春秋傳)』과 같은 것은 아예 책 전체가 송두리째 금문경과 고문경으로 나뉘었다. 예컨대 『예경』 가운데서 『주례(周禮)』는 모두 고문경이고 『예기(禮記)』는 전체가 금문경이었다. 또한 『춘추전』 가운데서 『좌전(左傳)』, 즉 『좌씨춘추』는 전체가 고문경이었고 『공양전(公羊傳)』, 즉 『공양춘추』는 전체가 금문경이었

다. 따라서 한대의 유학자라면 누구나 『고문상서』와 『주례』 및 『좌전』 등 고
문경이나 『금문상서』와 『예기』, 『공양전』 등 금문경 가운데 한 종류를 선택
하지 않으면 아니 되었다.

금고문 논쟁의 또 다른 심각성은 금문경과 고문경에 담긴 사상성의 차이
가 심각하다는 데도 있었다. 특히 『좌전』과 『공양전』은 공자와 『춘추』에 대
한 인식과 역사에 대한 이해가 극단적으로 상반되어, 어느 것을 선택하느냐
에 따라 유학자로서의 인생관과 세계관이 모두 결정적 영향을 받게 되었다.
『좌전』은 기본적으로 『춘추』를 노(魯)나라의 역사를 편년체로 간략하게 서
술한 하나의 역사서로 간주하고, 공자를 『춘추』의 편찬을 통해 '술이부작(述
而不作)'하려 한 역사가로 해석했다. '술이부작'이란 곧 원래 있는 그대로 옮
겨 놓을 뿐 창작하지는 않는다는 뜻으로 전통의 계승을 강조하는 상고적·
복고적·보수적 입장을 표현한 말이다. 이에 반해 『공양전』은 『춘추』를 역
사서의 형식을 빌려 공자의 개혁 정신과 의지를 숨겨 둔 사상서로 이해하고
공자를 '미언대의(微言大義)'의 위대한 개혁적 사상가로 해석했다. '미언대의'
란 아주 작은 말에 큰 뜻을 숨겨 놓았다는 뜻으로 전통의 변화를 강조하는
개혁적·진보적 입장을 표현한 말이다. 따라서 『좌전』을 선택하는 유학자는
보수적 역사관을 지니게 될 것이고 『공양전』을 선택하는 유학자는 진보적
인 역사관을 취하게 될 것이다. 역사관이란 흔히 실천적 이정표로 작용하기
때문에 양자의 선택은 정치적으로도 심각한 의미를 갖게 된다. 청 말의 개
혁가 강유위(康有爲)가 『공양전』을 근거로 하여 무술변법(戊戌變法)을 단행한
것이 이를 실증한 예가 될 것이다.

금고문 논쟁의 심각성은 한대 유학을 크게 굴절시켰다는 결과에서도 확
인된다. 한대의 유학자들은 금문경과 고문경 가운데 어느 것이 진경(眞經)인
지를 가리기 위해 경전의 자구를 해석하고 음운을 풀이하는 등 훈고(訓詁)에

학문적 역량을 집중했기 때문에, 한대에는 이른바 훈고학 혹은 문자학이 크게 발전했다. 그러나 막상 경전에 내포된 사상적 의미를 이해하여 진리를 탐구하고 실제 생활에 도움을 줄 수 있는 경세치용(經世致用)과 실사구시(實事求是)의 실용적 학문은 발달하지 못했다. 문자의 형식만 탐색하고 내용은 간과했던 것이다. 이러한 한대 유학의 형식주의적 경향은 금고문 논쟁이라는 한대 유학의 태생적 한계에 기인한 운명적인 것이었다 하더라도, 전통문화를 포괄하는 학문으로서의 유학의 범주를 문자학 분야에만 한정함으로써 유학의 본질을 훼손하고 그 발전 과정을 굴절시켰음은 부인할 수 없는 사실이다.

한대 유학의 또 하나의 특성은 신비주의적 경향을 띠어 종교로서의 유교(儒敎)를 성립하게 했다는 것이다. 유학의 신비화는 이미 동중서(董仲舒)에서 그 단서가 발견된다. 무제 시기에 『춘추』 연구에 천착하여 '유종(儒宗)'으로 존중되었던 동중서는 한평생 연구에만 몰두하여 3년간 방문을 열지 않았다거나 수천의 제자 가운데 스승의 모습을 본 자가 거의 없었다는 전설적인 일화를 남긴 대표적 유자였다. 그는 특히 『공양전』을 연구한 성과로 『춘추번로(春秋繁露)』를 저술하여 독특한 이론을 제기했는데, '번로'란 면류관(冕旒冠)의 앞뒤에 늘어뜨린 구슬 꿰미를 가리키는 말이다. 동중서는 공자의 『춘추』를 '번로'처럼 꾸며서 그 '미언대의'를 해석했으니, 특히 『춘추』에 기재된 일식이나 유성, 지진, 메뚜기 피해 등 천재지변의 기록에 주목하여 그 전후 사건과 자연현상의 유기적 상관관계를 규명하고 특정한 의미를 부여했다. 그의 이론에 의하면 천(天), 즉 자연은 인간과 항상 유기적 관계를 맺고 있어, 『춘추』에 기재된 역사적 사건은 언제나 특정한 자연현상의 결과이자 또 다른 자연현상의 원인이 되기도 했다고 한다. 『한서』 동중서전은 그가 지방관을 역임하며 비가 오게 하기도 하고 비를 그치게 하기도 했음을 전하는데,

이는 그가 『춘추번로』에서 제기한 이론을 현실에서 입증하려 했음을 뜻한다. 동중서의 '천인상관(天人相關)'설은 선진 시대 중국인의 의식을 지배했던 '천인상관' 의식과는 일정한 차이가 있었다. 시서 시대의 천은 그리스도교의 여호와처럼 인간에게 간섭하는 인격신이었으나, 공자 이후부터 이성이 강조되면서 점차 인격신의 개념이 희석되기 시작했고, 특히 자연을 지칭하는 노장(老莊)의 천 개념에 영향을 받아 한대의 유자들 가운데는 천을 자연으로 이해하는 경향이 일반화되었으니, 동중서의 천이 그 대표적인 경우라 할 수 있다. 따라서 동중서의 이론은 사이비(似而非) 과학으로 비판받기도 하지만, 인간을 자연의 일부로 이해하는 사고의 틀은 과학적이라 평가할 수도 있다.

동중서는 수많은 제자를 양성하며 유종으로 숭앙되었던 만큼, 자연히 그의 천인상관 이론은 이후 한대 학계와 사회에 심대한 영향을 미쳤다. 그 단적인 표현이 바로 재이설의 유행이었다. '재이(災異)'란 자연재해나 자연계의 이상 현상을 말하는데, 이러한 재이를 천이 인간에게 보이는 일종의 경계로 해석하는 것을 재이설이라 했다. 특히 전한 후기에 재이설이 크게 유행하여 웬만한 유자들은 모두 재이를 거론하며 현실의 정치와 사회를 논평하려 했다. 재이설의 원조라 할 만한 동중서의 천인상관설은 자연과 인간의 유기적 관계를 강조한 것이지만, 재이설이 지나치게 정치에 복무하는 길을 걷다 보면 자연히 유학이 신비주의적 경향을 띠면서 천을 인격신으로 이해하는 시서 시대의 천인상관 관념이 부활하기도 했다. 왕망이 선양을 받기 위해 활용한 부명(符命)이란 것도 바로 이처럼 변질된 재이설을 정치적으로 이용하는 과정에서 출현한 것이다.

유학의 본질적 변화는 이른바 석거각(石渠閣) 회의와 백호관(白虎觀) 회의를 통해 이루어졌다. 석거각이란 미앙궁(未央宮)의 북쪽에 있었던 한 황실의 장서각이었고 백호관 역시 미앙궁 안에 있었던 궁전의 이름이다. 그런데 감로

(甘露) 3년(기원전 51)에 선제가 박사(博士)와 의관(議官)들을 석거각에 모아 놓고 오경의 같고 다름에 대해 강의하고 황제가 친히 칭제(稱帝)하며 결정했다고 한다. 이처럼 국가 권력이 직접 학문의 영역에 개입하여 황제의 권위로써 그 자구의 같고 다름에 대해 유권 해석을 내린 것은 처음 있는 일이었고, 이 자리에서 구체적으로 어떠한 논의가 이루어졌는지는 확인할 자료가 없다. 다만 흥미롭게도 이러한 일이 후한 초에 되풀이되고 구체적인 자료가 남았기 때문에 석거각 회의의 내용까지 유추할 수 있게 되었다. 『후한서』장제(章帝) 본기에 의하면, 장제 건초(建初) 4년(79)에 태상(太常)의 대부(大夫)와 박사, 의랑(議郞) 및 여러 유생(儒生)들을 백호관에 모아 오경의 같고 다름에 대해 강의하게 하고, 황제가 친히 칭제하여 결정해서 석거각 고사(故事)와 같게 했다고 한다. 이때 의논해서 정한 내용을 반고(班固)가 정리하여 4권의 책으로 편찬했으니, 『백호통의(白虎通義)』가 그것이다. 그런데 현전하는 『백호통의』를 들여다보면 온통 제사나 천문, 영성(靈星), 명당(明堂) 등 초자연적 세계와 깊이 관련된 것을 주제로 삼고 있어, 석거각 회의와 백호관 회의의 분위기를 대체로 짐작할 수 있다. 인간과 인간의 관계를 다루는 사회학이라 할 유학의 종사자들이 초자연적 세계를 광범하게 논의하고, 이러한 논의의 과정에 국가 권력이 적극적으로 개입하여 의결했다는 사실은 전한 말 후한 초라는 특수한 시기에 유학이라는 학문이 유교라는 종교로 이행되는 과정을 밟고 있었음을 시사한다.

특히 석거각 회의와 백호관 회의의 사이에 부명으로 왕망이 신조를 세웠고 곧 그 뒤를 이어 한을 재건한 광무제(光武帝)가 "도참(圖讖)을 선포"한 것은 곧 유교 성립과 관련하여 의미가 깊은 일이었다고 할 수 있다. 도참이란 제왕이 천명을 받는 징험을 엮어 예언한 글을 말하는데, 광무제가 도참을 선포했다 함은 곧 유씨(劉氏)가 다시 일어나 한조(漢朝)가 부흥될 징험이 있었음을 선포한 것이다. 도참은 이른바 하도낙서(河圖洛書)의 전설에 기원을 둔 것으로 부명과 다를 바 없는 것이었으니, 광무제 역시 왕망과 마찬가지로 천명을 받았음을 증명하는 자료로 부명을 활용했음을 알 수 있다. 도참이 주로 방술(方術)의 방사(方士)들이 앞날의 길흉화복을 예언하는 데 사용한 것이라면, 유가의 경전에 맞추어 길흉화복의 조짐이나 예언을 편집한 위서(緯書)가 출현하여 이 시기에 유행했다. 위서는 유가의 경서(經書)에 대응하여 천문과 역법, 지리, 전설 등을 부회해서 길흉화복과 치란흥망 등을 예언한 책으로, 전한 말부터 나타나서 후한 일대를 통해 크게 유행했다. 경서에 대응하여 위서가 나타나 유행했다 함은 곧 유학이 유교로 변질되는 과정에서 나타난 가장 뚜렷한 변화의 표현이었다고 할 수 있다.

전한 말 후한 초를 즈음하여 유학이 심각하게 변질되고 초자연에 대한 관심이 만연해진 상황에서 시세에 저항한 이성이 전혀 없었던 것은 아니다. 후한 초의 왕충(王充)과 같은 문학지사가 그 대표적인 경우였다. 왕충은 태학(太學) 출신의 유자였으나 제자백가의 책을 광범하게 탐독한 뒤에 『논형(論衡)』을 저술하여, 당시에 만연한 초자연 세계에 대한 관심이 미신으로 흐르고 있음을 신랄하게 비판했다. 『논형』은 변질된 유학에 대한 합리적 비판 논리가 너무나 정연하여 오늘날 가장 인기 있는 사상사 연구 주제로 주목받고 있지만, 오랜 기간 금서(禁書) 종목에 들어 있었기 때문에 역사의 흐름을 바꾸는 데는 별다른 영향을 미치지 못했다. 한대 유학은 한편으로는 금고문 논쟁으로 인해 문자학의 범주에 머물러 형식화하고, 다른 한편으로는 참위(讖緯) 등 초자연 세계의 영역을 침범하여 신비화했으니, 이러한 경향은 후한 말까지 지속되어 마침내 현학의 도전을 받게 된다.

그럼에도 불구하고 한대의 유학은 중국의 전통적 정통 학문으로 독보적 지위를 확보하게 되었고 정치와 사회, 문화, 외교 등 각 분야에 심대한 영향을 미쳤다. 한 예를 들어, 무제 시기에 편찬된 역사서 『사기(史記)』와 후한 초에 저술된 『한서(漢書)』를 비교해서 살펴보면, 유학이 중국인의 역사의식에 어떠한 영향을 미쳤는가를 여실히 알 수 있다. 널리 알려진 바와 같이, 『사기』는 본기(本紀)와 세가(世家), 열전(列傳) 및 서(書)와 표(表) 등 5가지 양식으로 구성된 기전체(紀傳體) 역사서로, 본기와 세가는 역대 제왕과 제후의 치적을 편년체로 기술한 것이고, 열전은 개인의 역사를 한 명 단위로, 혹은 여러 명을 묶어 기술한 것이며, 서는 분야별, 주제별로 서술한 역사 기술이고, 표는 중요한 역사적 사실을 도표로 간략하게 정리한 것이다. 흔히 서양에서는 역사 철학이 발달하고 동양에서는 역사 서술이 발달했다고 하지만, 『사기』는 매우 특수한 역사 서술 체계 그 자체를 통해 역사 철학을 효과적으로 표현하고 있어, 『한서』 등 역대 정사가 그 체재를 모방·계승했다. 『사기』는 오제(五帝) 시대 이후 무제 시대까지 전체 역사를 아울러 통사를 서술하고 중국과 이적을 포함한 온 천하를 서술의 대상으로 포섭함으로써 역사의 단절성을 거부하고 총합적, 보편적 역사를 지향했다. 『사기』는 군장과 장군, 대신, 외교관의 역사만 서술하지 않고 상인과 점쟁이, 유협, 심지어는 영행(侫幸)의 열전까지 세움으로써 정치사 중심의 역사 서술과 영웅 사관을 극복하여 사회경제사와 문화사 등의 중요성을 제기하고 역사 주체로서 민중의 중요성을 강조했다. 『사기』는 신화를 역사에서 배제하여 일찍이 인문주의적 사관을 확립했고, 사료의 엄격한 검정과 객관적 논거의 제시를 통해 역사의 합리적 이해를 모색했다. 『사기』 진시황 본기에서 진시황이 순수(巡狩) 중에 객사하자 동행한 승상 이사(李斯)와 환관 조고(趙高), 막내아들 호해(胡亥) 등이 음모를 꾸며 호해가 제위를 잇는 과정이 매우 설득력 있게 서술되었는데, 이는 『사기』 역시 현대 사학과 마찬가지로 철학적 논리나 문학적 직관이 아닌 역사적 통찰(洞察)이라는 수단을 활용했음을 보여 준다. 또한 『사기』는 각

열전의 말미에 '태사공왈(太史公曰)'을 설정하여 편찬자의 주관적 해석을 따로 기술함으로써 역사의 객관적 서술과 주관적 이해가 모순되는 문제를 해결하려 했다. 『사기』 열전 권1 백이숙제(伯夷叔齊)열전에는 본문보다 긴 '태사공왈'이 기재되었는데, 여기서 찬자는 백이, 숙제와 같은 현인이 수양산에서 고사리를 캐먹다가 굶어 죽은 이유를 합리적으로는 이해할 수 없었기 때문에 '천도(天道)', 즉 역사를 관통하는 법칙성 같은 것을 추적하여 역사를 합리적으로 이해하려 하는 것이 『사기』 저작의 이유임을 시사하고 있다. 『사기』 열전의 마지막 장에도 「태사공자서(太史公自序)」를 설정하여 역사상의 위대한 인물들이 불우한 삶을 산 불합리함을 이해하기 위해 역사를 연구하고 『사기』를 편찬하게 되었음을 밝히고 있는데, 이는 『사기』의 찬자 사마천 자신이 친구 이릉(李陵)을 옹호하다가 궁형(宮刑)을 당하게 된, 도저히 이해할 수도 받아들일 수도 없는 운명을 겪었기 때문이다. 집안 대대로 사관(史官)의 직임을 계승한 사마천은 인간의 역사를 종관하고 인간과 천의 관계를 통찰함으로써 역사를 이해할 수 있다는 신념을 가졌는데, 이는 군주의 측근에서 군주와 관련된 사건을 기록하고 천문을 살펴 기록하는 사관 본래의 역할에서 얻은 지혜였다. 따라서 『사기』는 역사를 구성하는 모든 성분들에게 역사를 추동하는 주체로서의 존재의미를 부여하고 전 시대의 역사와 전 세계의 역사를 총합적으로 이해하며 자연 변화와 인간 역사의 유기적 관계를 통찰함으로써 역사 깊숙이 숨어 있는 '천도', 즉 역사를 움직이는 기본 원리에 접근하려 한 사마천의 노력을 담고 있다고 할 수 있다. 사마천은 여태자(戾太子) 사건에 연루되어 처형을 기다리고 있던 친구 임안(任安)에게 보낸 「임안에게 답하는 편지」에서 자신이 아버지 태사령 사마담(司馬談)의 유촉을 받아 태사령을 계승해서 궁중의 문헌 기록들을 수집 정리하여 역사를 편찬하던 중에 '이릉의 화(禍)'를 입어 처형되게 되었는데, 사대부로서 수치스럽게 궁형을 선택하여 처형을 모면하려 한 까닭은 자신이 죽으면 그동안 준비한 역사가 사라지게 될까 걱정했기 때문이라고 밝힌 바 있다. 과연 그의 『사기』는 궁형을 감수할 만큼 지켰어야 할 가치가 있지 않았는가.

그러나 『한서』에 이르면 『사기』의 기전체 형식만 계승되고 그 자유로운 정신과 장대한 역사 철학은 잘 발견되지 않는다. 사실 『한서』의 문장도 문학사 방면에서는 높이 평가되어 왔지만, 그 내용과 정신은 유교적 교조에 의해 경직되었다. 한 예로 『사기』와 마찬가지로 『한서』에도 유협전(游俠傳)이 설정되어 있지만, 유협에 대한 평가는 『사기』와 크게 달랐다. 『사기』에서는 당시 민간질서를 주도한 유협도 역사의 한 측면을 담당한 주체로 인정하고 일정한 존재의미를 부여했으나, 『한서』에서는 유협이 공권력을 무시하고 '망명'이라는 범법 행위를 태생적 본질로 삼는 점을 들어 매우 비판적 입장을 취했다. 『사기』에서는 심지어 역대 황제의 동성애 상대인 영행도 입전(立傳)해서 그 존재의미를 인정했지만, 『한서』에서는 아예 영행 열전을 제거해 버렸다. 그 외에도 『한서』에서는 『사기』에서 입전한 여러 종류의 인물들을 열전에서 배제하여 정치사 중심의 역사 서술 체계를 갖추었고, 유학자 출신 관료를 대거 입전하여 유학자 관료에 의해 국가와 사회가 주도되어야 할 당위성을 강조했다. 단정한 유학자의 이미지를 연상케 하는 『한서』의 이러한 역사 서술 체계는 찬자인 반고가 후한 초의 저명한 유학자였기 때문에 자연스러운 결과였다고 할 수도 있다. 『사기』의 찬자인 사마천도 『좌전』을 공부했지만, 그의 아버지 사마담은 도가에 경도된 문학지사였고 사마천 당대의 문화계에서 유가가 점한 위상은 제자백가의 하나에 지나지 않았다. 이에 반해 『한서』의 찬자인 반고는 그 자신이 저명한 유학자였을 뿐만 아니라 그의 아버지 반표와 누이 반소가 모두 유학의 대가였으며, 반고 당대의 문화계는 이미 유학에 의해 지배되고 있었다. 『사기』에서 『한서』로의 이행은 단순한 서술 대상의 변화에 그치지 않고 유학의 발전에 의한 역사의식의 변화까지 동반했다 할 것이다.

현학은 후한 말에 일어나서 위진남북조 시대를 통해 시종 유행했지만, 특히 조위와 서진 시대에 가장 고조되어 명리승부(名理勝負)라는 독특한 방법론까지 정립되었다. 특히 정시(正始) 연간에 있었던 하안(何晏)과 왕필(王弼)의 현학 논쟁은 '정시지음(正始之音)'이라 불리며 역사에서 두고두고 회자되었다. 하안은 『논어집주(論語集注)』를 저술하여 당대 최고의 유학자로 명성을 얻고 있었고, 왕필은 청년에 『노자주(老子注)』를 남겨 천재로 칭송받았던 인물이다. 현학은 논리를 중시하여 주로 토론의 형식으로 탐구되었는데, 토론을 주도하는 자를 주담(主談)이라 하고 주담과 상대하여 논쟁하는 자를 객담(客談)이라 했으며 토론에 배석하여 그 과정과 결과를 입증하는 자를 배담(陪談)이라 했다. 주담은 대부분 주미(塵尾)를 들고서 토론을 이끌었으니, 주미란 방향성이 높다는 고라니의 꼬리로 만든 총채 모양의 물건이었다. 토론은 시종일관 철저하게 논리적으로 진행되어 논리력이 떨어진 자가 '절도(絶倒)'할 때까지 '명리(名理)'에 대한 승부'가 이어졌다. '정시지음'의 주담은 하안이었고 객담은 왕필이었는데, 이 '명리승부'가 끝난 뒤에 젊은 왕필의 학문이 저명한 유학자 하안에 조금도 뒤떨어지지 않았음이 널리 알려져서 왕필은 일약 '명사(名士)'가 되었다. 이처럼 현학의 명리승부는 단순한 학문적 탐구에 그친 것이 아니라 전국적 명성을 얻어 명사가 되는 데 매우 중요한 수단과 과정으로 이용될 수 있었다.

한대 이래로 중국 사회를 지배한 가장 핵심적 개념은 '명(名)', 즉 명성이었다. 그 까닭은 사(士)는 선거를 통해 국가 권력에 동참하여 지배적 지위를 얻을 수 있었으며 선거는 바로 명성을 기준으로 이루어졌기 때문이다. 명사가 되어야 국가 권력에 참여할 수 있었음은 향거리선 제도가 구품중정제(九品

中正制)로 바뀐 뒤에도 계속되었다. 조조에 의해 처음으로 실시된 구품중정제는 짧게는 조정의 인재를 정리하여 자신의 막부를 강화하기 위한 수단으로 강구되었고, 길게는 목민관인 주(州) 자사와 군(郡) 태수에게 선거의 중임까지 겸하게 하는 향거리선제의 문제점을 보완해서 주와 군에 대소 중정관을 따로 설치하여 선거를 전담하게 한 조처였다. 이 제도에 의하면, 중앙정부의 고위 관직을 역임한 중정관은 관할 구역의 인재를 방문하여 그 자질을 상상(上上)에서 하하(下下)까지 아홉 등급으로 정하고 그 결과를 중앙정부에 보고하고, 관리의 인사를 담당하는 이부상서(吏部尙書)는 중정관이 올린 아홉 등급의 향품(鄕品)에 근거해서 관리를 등용하고 관품(官品)을 정했다. 그러나 이 제도는 실시된 지 불과 십여 년이 지나지 않아 "상품(上品)에는 한문(寒門)이 없고 하품(下品)에는 세족(世族)이 없다"는 비판에 직면했다. 중정관이 향품을 정할 때 언제나 세족의 자제에게 높은 품급을 주고 한문의 자제에게는 낮은 품급만 주었다는 것이다. 이러한 비판은 한대의 향거리선제와 마찬가지로 구품중정제가 안고 있던 원천적 한계에 기인한 것이니, 중정관의 인재 평가는 '명'에 근거할 수밖에 없었고, 명성이란 언제나 세족, 즉 명문세가의 편에 있었기 때문이다. 구품중정제가 조기에 이러한 비판에 직면했으면서도 위진남북조 시대를 관통하며 시종 유지되었던 것은 이 제도가 명사가 명사를 위해 만든 제도였기 때문이다.

한대와 위진남북조 시대는 명사가 지배한 시대였다. 당시의 사인들은 누구나 명사가 되기 위해 노력했고, 당시의 장군들은 명사를 초치해서 자신의 막부를 명부로 만들려고 노력했다. 특히 장군이 막부를 구성하는 원리인 벽소는 명사를 만들어 내는 수단의 하나로 기능했다. 벽소는 강제성이 없는 초청이었기 때문에 벽소에 대한 응소 여부는 그 주체의 명성을 결정했다. 권력이 강대하나 도덕성에 결함이 있어 여론이 좋지 못한 장군의 막부에 참여하는 사인은 명성의 손상을 감수해야 하지만 불응하면 명성을 얻을 수 있었으며, 이로 인해 혹자는 12번이나 불응하여 명성을 쌓기도 했다. 『삼국지연의』에 나오는 '삼고초려(三顧草廬)'는 좌장군 유비가 제갈량(諸葛亮)을 자기의 막부에 벽소하면서 세 번 만에 성공하는 장면이었다. 따라서 유비처럼 비록 힘은 없지만 좋은 평판을 받는 장군의 벽소에 호응한 제갈량 같은 사인은 명성을 얻어 명사가 될 수 있었고, 제갈량 같은 명사를 많이 초치한 유비의 막부 같은 막부들은 명부가 될 수 있었다.

위진남북조 시대에는 '명'과 유사한 개념으로 '청(清)'이 크게 유행했다. '명사'를 많이 배출한 집안을 '청류(清流)'라 불렀고, 청류 출신 명사들의 여론을 '청의(清議)'라 했으며, 청류 출신 명사들의 논의를 '청담(清談)'이라고 했고, 청류 출신의 명사들이 점하는 요직을 '청관(清官)'이라고 불렀다. 이처럼 명사와 관련한 용어를 '청'으로 표현하게 된 것은 한 말의 당고(黨錮) 사건과 깊은 관계가 있다. 환관들에 의해 당인으로 규정되어 금고에 처해지거나 처형된 사인들은 대부분 전국적 명성을 얻고 있던 명사들이었는데, 이들은 부도덕한 환관 권력에 목숨을 걸고 저항했다고 해서 명절(名節)의 '기절지사(氣節之士)'로 칭송되었으며, 위진남북조 시대에 청류로 분류된 가문의 상당수가 그 연원을 한 말의 '기절지사'에 두고 있었던 것으로 보아, 이 시기부터 불의에 저항하는 청렴한 기개도 명사가 되는 중요한 조건의 하나가 되었음을 알 수 있다.

개인의 방정한 품행이나 불우한 이웃을 돕는 자선과 같은 행위도 명성을 높여 명사가 되게 하는 조건이 되기도 했다. 이 시기의 지주들 가운데는 흉년이 들거나 외침이 있어 농민들이 기아에 빠지면 집안의 곡식을 풀어 구제하는 일이 자주 발견되는데, 이는 물론 개인적 도덕성에서 출발한 경우도 있었지만 자신의 명성을 얻기 위한 조처였던 경우도 적지 않았다. 심한 경우

이웃집 감나무 줄기가 담장을 넘어와서 부인이 감을 따 먹었다며 그 부인을 축출하여 자신의 명예를 지키려 한 경우도 있었다.

한대와 위진남북조 시대의 사인들은 구품중정제를 통해 국가 권력에 동참하거나, 현학의 명리승부에서 이겨 명사가 되기도 하고, 혹은 벽소에 응소하거나 불응하여 명사가 될 수도 있었으며, 혹은 이웃을 돕거나 품행을 방정하게 함으로써 명사가 될 수도 있었다. 물론 이에 못지않게 명사가 되는 데 중요하게 작용하는 조건은 한대 호족의 전통을 이어 대토지를 경영하여 정치·사회적으로 지배적인 역량을 축적하는 일이었다. 한 제국이 멸망하고 중국이 분열된 뒤에도 당연히 호족의 대토지 경영은 여전히 지속되었을 뿐만 아니라 오히려 더욱 심화되고 확대되었다. 대토지 소유자들은 많은 경우 수천 명의 가내 노예와 전호들을 동원하여 대토지를 경영했고, 노예는 물론 전호 등 소농민들에게 인신적 지배를 관철시켰으며, 이를 위해 부곡(部曲)이라 불린 사병 집단을 양성하여 보유하기도 했다. 서진 국가가 전복되고 화북에서 오호십육국의 동란이 발생하자, 호족들은 뒤따르는 소농민과 노비를 대동하여 대거 강남 등지로 이동했는데, 이때 오주(塢主)를 자처하며 일단의 군사 세력을 형성하여 활동하기도 했다. 이들 중원의 호족들은 강남에 내려와서도 자기 고향의 이름을 따서 교주(僑州) 혹은 교군(僑郡)을 세워 지배적 지위를 계속 유지했다. 따라서 이들 호족이 자신의 경제·사회적 영향력을 이용하여 명성을 독점하고 명사를 연속 배출하는 것은 자연스러운 일이었다.

다양한 과정으로 명사를 많이 배출한 집안, 즉 청류는 지역 사회와 국가의 여론을 주도했는데, 이들의 주장, 즉 청의는 각급 각종의 여론 가운데서도 가장 영향력이 컸다. 청의는 주로 청담을 통해 형성되었고, 청담은 주로 현학 토론과 인물 평가로 이뤄졌다. 흔히 위진남북조 시대의 지배적 학문

경향을 가리켜 '청담사상'이라고 하는데, 이는 잘못 선정된 개념이다. 청담을 집대성한 유송(劉宋)의 유의경(劉義慶)이 지은 『세설신어(世說新語)』에는 현학에 관한 고담준론만 있는 것이 아니라, 뜻밖에도 인물에 관한 평가로 가득 차 있는데, 이는 '청담'이 문자 그대로 세속을 초탈한 깨끗한 담론이라기보다는 향품을 정하는 자료를 제공하여 명사를 만들어 내고 청의를 형성하여 여론을 장악하는 과정이었음을 의미한다. 흔히 청담과 관련하여 이른바 '죽림칠현(竹林七賢)'을 거론하지만, 죽림칠현으로 지목된 완적(阮籍) 등 일곱 명의 인사는 모두 당대 최고급 청류 출신의 명사로서 7인 모두 『진서(晉書)』 열전에 입전될 정도로 현실 정치와 사회에서 중요한 위상을 지니고 있었다. 따라서 보다 정확히 말한다면, 청담이란 '깨끗한 담론'이라기보다는 '청류의 담론'이었다. 청담에서 흔히 논의된 현학의 명리승부와 인물 평가는 모두 명사를 배출하여 청류의 가격(家格)을 높이기 위한 수단이 되었다.

학계에서는 오래전부터 위진남북조 시대의 성격을 놓고 치열하게 논쟁을 벌여 왔다. 특히 일본의 도쿄학파(東京學派)와 교토학파(京都學派) 사이에 전개된 시대구분 논쟁은 주로 이 시기에 대한 성격 규정에 집중되었다. 주로 도쿄대 출신 학자들로 구성된 도쿄학파는 이 시대와 수·당 시대를 고대의 연장으로 이해했으나, 교토대 출신 학자들로 구성된 교토학파는 중세적 시대로 파악했다. 이 논쟁의 핵심은 이 시대를 주도한 명문세족, 즉 청류를 귀족적 존재로 볼 것인가 하는 문제에 있었다. 도쿄학파는 청류를 국가 권력에 의존하지 않으면 자생할 수 없는 기생(寄生) 관료로 보지만, 교토학파는 청류가 스스로 명사를 양산하여 귀족적 존재로 자립한 점을 주목했다. 사실 남조의 양(梁)에서 실시한 족문제(族門制)는 사족(士族)을 갑족(甲族)과 차문(次門), 삼오문(三五門), 한문(寒門) 등으로 나누어 기가(起家)와 달관(達官)을 제도로 규정하고 심지어는 통혼까지 규제하여 엄격한 신분제인 신라의 골품제(骨品制)

를 연상케 하기도 하고, 수천 경의 대토지를 보유한 세족들이 거대한 장원(莊園)을 세워 농민들을 농노처럼 사역하고 사병 집단인 부곡을 보유하여 마치 서구의 중세 사회를 연상케 하기도 했다. 그러나 한편으로 위진남북조 시대의 청류는 대부분 장군이나 지방관의 형식으로 존재하여 막부 체제 안에 기속되어 있었고, 끊임없이 구품중정제 등의 통로를 통해 국가 권력에 동참함으로써 지배적 사회 지위를 유지하려 했음도 사실이다. 무엇보다도 유물사관의 시대구분 논법은 생산관계와 생산 양식, 즉 농민의 존재 형태를 기준으로 시대를 구분했는데, 중국사를 비롯한 동아시아 역사상에서는 고대적 노예나 중세적 농노, 근세적 자유농이 정도의 차이만 있을 뿐 어느 시대에서나 발견되기 때문에 이러한 구분법을 적용하기가 쉽지 않다. 다만 청류의 존재는 변법과 20등 작제를 통해 중국 사회에서 극복되었던 것으로 보였던 신분제가 위진남북조 시대에 이르러 어느 정도 다시 부활했고 제국의 이상이 크게 퇴색했음을 보여 주는 증거의 하나가 될 것이다.

언제나 그러했듯이 중국이 분열되고 힘이 다원화한 상황은 다시 동아시아 세계의 분열과 세계질서의 다원화까지 불러왔다. 중국은 삼국정립 시기가 60여 년 만에 종식되고 서진에 의해 다시 통일되었지만, 통일 중국은 불과 20여 년을 가지 못하고 다시 무너졌는데, 그 직접적 원인의 하나는 국가적 모순에 의해 야기된 '팔왕(八王)의 난'에서 발견되고 다른 하나는 중국적 모순이 야기한 '영가(永嘉)의 난'에서 찾을 수 있다. 이른바 '팔왕의 난'이란 조위로부터 선양을 받아 진조(晉朝)를 일으킨 서진 무제(武帝)의 사후에 여덟 명의 제후왕들이 번갈아 병란을 일으켜 제위를 다툰 사건으로, 그 화근은 무제가 진조를 건립한 뒤에 선택한 봉건제의 부활이었다. 한 무제 이후 봉건제는 형식적으로만 잔존했을 뿐, 실제 제후왕들은 군림은 하되 식조(食租)할 뿐 통치는 하지 못했다. 그러나 서진의 제후왕들은 한 초의 제후왕처럼 정부를 구성해서 독자적으로 운영하고 강력한 군사력을 보유하여 운용했으며 조세 수취권을 독점적으로 행사하여 사실상 독립된 왕국으로 존재했다. 서진의 제후왕국은 한 초의 그것과 흡사했으니, 한 초의 정치적 혼란이 재현된 것은 오히려 당연한 일이었다.

영가의 난은 팔왕의 난에 의해 직접적으로 자극을 받은 측면이 없지 않아 있었지만, 보다 근본적 원인은 멀리 전한 후기까지 거슬러 올라가야 확인할 수 있다. 한은 이적(夷狄)의 거주 지역을 침공하여 변군을 설치하기도 하고, 요외 이적의 내속을 받아들여 변군에 편입시키기도 했으며, 혹은 변군의 이적을 내군으로 이주시켜 대토지 경영 체제 안으로 끌어들이기도 했다. 이적이 중국의 내군으로 이주하는 것을 가리켜 '내사(內徙)'라고 불렀는데, 가장 먼저 내사가 이뤄진 이적은 서방의 강저(羌氐)였다. 특히 서강은 한인의 대토지 경영에 사역되거나 군사적 갈등을 일으키며 점차 장안 부근까지 내사하여 한인과 섞여 살았다. 북방의 흉노도 후한 초에 북변 8개 변군으로 들어와 사흉노중랑장 체제에 편입된 뒤로 점차 중국의 내군까지 들어와서 내사했다. 장안과 그 인근 지역에 들어와 산 흉노인이 수만 명에 달했고, 한 말에는 선우까지 장안에서 장기 거주했다. 동북방에서는 호오환교위 체제하에 있던 오환이 점차 남하하여 내군으로 내사했고, 선비도 오환을 뒤따라 남하했다. 심지어는 고구려인들도 중국의 동북 내군에 내사하여 거주한 경우가 적지 않았다고 한다. 이러한 상황은 전한 후기 이후 수백 년에 걸쳐 점차적으로 진행되었고, 서진 시대에 이르러서는 중국이 이적에 포위된 형국이 아니라 중국의 대부분이 이적에 의해 사실상 점거된 상태에 놓이게 되었다. 그리하여 일부 지식인 가운데서는 이러한 상황의 위험성을 직시하고 그 해결책으로 중국에서 살고 있는 이적을 본고장으로 돌아가게 하자는 주장, 즉 '사융론(徙戎論)'을 강력하게 개진하기도 했는데, 강통(江統)과 같은 인물이 그 대표적인 경우였다. 강통은 혜제(惠帝) 원강(元康) 9년(299)에 올린 상소문에서 서강과 흉노, 오환 등 이적이 중국으로 내사해 온 역사적 내력과 그 위험성을 설명하면서, 국가에서 이들에게 이주 비용을 제공하여 본래의 고향으로 돌아가게 해야 한다는 '사융론'을 간곡하게 설파했다. 그러나 이적의 내사는 이미 수백 년 동안 이뤄져 온 일이었고 국가적 모순과 내적으로 연계된 일이었기 때문에, 서진 국가는 이를 해결할 능력을 갖고 있지 못했다. 그결과, 강통이 사융론을 개진한 지 불과 10년도 지나지 않아 그가 경고한 상황이 폭발하여 이른바 '영가의 난'이 일어나게 되었던 것이다.

강통이 경고한 바와 같은 위험한 상황이란 곧 중국에 내사해서 살고 있던 이적이 바로 그 곳에서 반국가·반중국의 동란을 일으키는 것이었다. 원래 중국과 이적은 생활 공간이 나뉘어 있었으니, 흉노인과 중국인이 만리장성을 경계로 하여 북방 초원 지역과 남방 농경 지역에 나뉘어 살았던 것이 그 대표적인 예라 할 수 있다. 이렇게 생활 공간이 나뉘어 있었을 때는 중국과 이적의 갈등이 언제나 침입과 방어의 양상으로 이뤄졌고, 방어에 실패하면 약탈이 이뤄졌다. 그러나 이적이 중국인과 잡거하던 서진 시대에는 양자의 군사적 갈등이 내란과 진압의 양상으로 전개되고, 진압에 성공하지 못하면 중국 국가가 전복되고 이적 국가가 건립될 수밖에 없었다. 실제로 이때 병란을 일으킨 흉노와 강, 저, 갈(羯), 선비 등 이적은 중국계 진조(晉朝)를 복멸하고 16개 이상의 이적 국가들을 이곳저곳에 번갈아 건립했으니, 이를 일러 역사에서는 '오호십육국(五胡十六國)'이라고 불렀다.

오호십육국 시대는 혼란의 시대였다. 다섯 종류의 이적이 중국을 종횡하며 어지럽게 수십 개의 국가를 난립했기 때문에 도무지 질서를 발견하여 정리하는 것이 불가능할 정도였다. 잘 알려진 바와 같이 중국에서는 한 왕조가 멸망하면 그 뒤를 잇는 왕조에서 전 왕조의 역사를 써 주어 25사(史)가 축적되었지만, 오호십육국 시대의 역사는 너무나 어지러워서 어느 왕조에서도 그 정사를 편찬하지 못했다. 오호십육국 시대는 또한 파괴의 시대였다. 140여 년이나 지속된 이 시기에 수를 헤아릴 수도 없이 많은 인명 등 생명체가 파괴되었을 뿐만 아니라 건축물과 제도, 질서, 문화, 전통 등 중국의 모든 것이 철저하게 파괴되었다. 그러나 혼란과 분열의 시기는 선비가 세운 북위(北魏)에 의해 종식되고, 파괴의 공간에서는 새로운 것들이 건설되었다. 파괴는 건설의 조건이 되어 주었다. 북위 시대의 가장 위대한 건설물인 균전제와 조용조 세제 및 부병제 등도 파괴의 조건 위에서 건설된 것으로, 이후 서위, 동위 및 북주, 북제와 수 등 북조의 여러 국가들과 당 국가의 가장 기본적인 골격을 이루었다.

춘추전국 시대 이래로 중국인에게는 국가가 농민에게 생산수단을 공평하게 나눠 준다는 정전(井田)의 꿈이 있었다. 그러나 토지가 사유화되면서 토지 소유의 집중화가 진행되자 정전의 꿈은 점점 더 실현되기가 어려워졌다. 전한 시대에는 토지 소유를 제한하는 한전(限田)이 시도되기도 했지만 토지 소유를 등록하게 하는 명전제(名田制)의 실행에 그쳤을 뿐이었고, 왕망 시기에 왕전(王田)을 선언하면서 정전의 부활을 호언하기도 했지만 국가의 단명만 재촉했을 뿐이었다. 조조 시기에 손오와의 전선 부근에 주인 없는 황무지가 대량으로 발생한 특수한 조건을 이용하여 농민들에게 일정한 액수의 토지를 공평하게 분급해 주고 정액의 소득세를 징수하는 둔전(屯田)을 시행한 적이 있었지만, 제한된 지역에 단기간 시험 되는 데 그쳤다. 그러나 조조의 둔전제는 그와 같은 조건이 발생하면 언제든지 정전제적 토지 분급이 가능하다는 역사적 경험을 남겨 주었는데, 오호십육국 시대라는 긴 파괴의 시대가 엄청난 양의 주인 없는 토지를 제공했다. 파괴의 공간이 중원 전체로 확대되고 파괴의 시간이 장기화되어 수많은 중국인이 강남 등지로 피난하자, 중원은 무주공산의 '쑥대밭'으로 변했다. 이 놀라운 유산을 물려받은 북위 국가는 농민들에게 황무지를 공평하게 나누어 주고 개간을 독려하여 재정적 기반을 다시 확립할 수 있었다. 균전령(均田令)으로 법제화된 북위의 토지제도는 두 가지 중요한 정신을 담고 있다. 그 하나는 급전(給田), 즉 국가가 성년이 된 농민, 즉 정남(丁男)에게 생산수단인 농경지를 지급한다는 것이고, 다른 하나는 균전(均田), 즉 농경지를 균등하게 나누어 준다는 것이다. 이는 이미 정전제의 전설에 담겨 있었던 고대 중국인의 꿈으로, 중원 농경지의 황무지화라는 특수한 역사적 조건 아래에서 선비인에 의해 실현된 것이다. 균전령에는 토지의 비옥도에 따라 지급 액수를 다르게 하는 윤경(輪耕)의 규정과 정남의 나이가 넘어 노인이 되거나 사망하면 농경지를 국가에 반납한다는 환수(還收)의 규정도 포함되어 있었고, 1년생 작물을 심는 노전(露田)과 다년생 과수를 심어 환전하지 않아도 되는 영업전(永業田)을 구별하여 지급하기도 했다.

북위의 균전제는 세제로서의 조용조와 병제로서의 부병제의 물적 기반으로, 3자는 서로 유기적 관련을 맺고 작동했다. 국가는 농민에게 농경지를 지급했기 때문에, 그 당연한 대가로서 조세와 병역 등의 반대급부를 요구할 수 있었다. 중국인들은 이미 선진 시대부터 소득세와 노역세 및 호구세(혹은 인두세) 등을 수취했는데, 이제 이러한 전통이 조(租)와 용(庸), 조(調) 등으로 정리된 것이다. 북위 조용조 세제의 특징은 정율제(定率制)가 아니라 정액제(定額制)였다는 것인데, 이는 세금을 내는 주체가 국가로부터 균등한 액수의 토지를 지급받았기 때문에 가능한 일이었다. 마찬가지의 이치로 병역의 징발 역시 균전을 지급받은 모든 정남에게 균등하게 부과되었다. 북위의 부병제(府兵制)는 원래 전투와 생활이 일치되었던 선비의 부락 조직에 기원을 둔 제도였으나, 이후 농업사회에 정착하면서 점차 병농일치의 중국적 제도로 발전하여, 균전을 지급받은 정남이 그 반대급부로 일정한 기간 병역에 복무하게 되었다. 이처럼 북위의 조용조 세제와 부병제는 모두 균전제라는 기초 위에 성립되었으니, 국가가 농민에게 토지를 균등하게 지급하여 제민(齊民)을 창출하고 그 대가로서 세금을 균등하게 수취하고 병역을 균등하게 징발하여 군주에 의한 인민의 개별·직접적 지배 체제를 확립한다는 고대 중국인의 오랜 꿈이 북위의 건국이라는 특수한 역사적 조건에서 이뤄진 듯이 보였다.

그러나 균전제는 오랜 꿈이 실현된 한 형태이기는 하나, 태생적인 한계와 본질적 모순을 안고 있던 제도였다. 북위의 균전제는 기존의 토지 소유권을 박탈하여 농민들에게 분급해 준 것이 아니라 주인 없이 황폐화한 농경지를 나누어 주었기 때문에 전국적 제도가 아니라 일정하게 제한된 공간에서만 이뤄진 제도였다. 또한 지급할 수 있는 토지의 액수는 제한되어 있었던 데 반해 지급받아야 할 농민의 수는 증가하기 때문에 시간이 흐를수록 균전의 액수는 점점 줄어들고 마침내는 더 이상 지급할 수 없는 지경에 이를 수밖에 없는 본질적 모순을 갖고 있었다. 더구나 토지와 인구를 정확하게 파악하여 지급과 환수를 적절하게 실행하기 위해서는 고도로 발달된 관료 조직이 효율적으로 작동해야 한다는 전제 조건도 필요했다. 무엇보다도 정전의 이상이 원래 고대 중국인의 꿈이었음에도 불구하고, 이 꿈을 실현한 당사자는 중국인이 아니라 선비인이었다는 사실은 이 제도의 또 다른 특징이라 할 수 있다. 균전제는 중국이 선비화하고 선비가 중국화한 과정의 한 산물이기도 했다.

북위의 효문제(孝文帝) 시기에 선비인은 도읍을 평성(平城)에서 낙양(洛陽)으로 옮김으로써 스스로 한화(漢化), 즉 중국화의 길로 들어섰다. 평성은 한 고조가 묵특 선우와 일대 회전을 벌인 곳으로, 중국과 흉노의 접경인 장성 부근에 위치해 있었다. 그러나 선비는 오환을 뒤따라 남하하여 북위 건국 당시에는 평성을 중심으로 분포해 있었는데, 이제 다시 더 남하하여 중국의 심장부인 낙양으로 옮기게 된 것이다. 천도(遷都)는 당연히 보수적 선비인들의 완강한 저항을 받았으니, 선비인 황제는 남정(南征)을 핑계 삼아 천도를 강행했고, 보수적 선비 귀족들은 태자를 유인하여 귀향을 기도하기도 했다. 효문제는 황실의 성씨를 중국식으로 바꾸고 한인 귀족과 선비인 귀족의 통혼을 장려했으며, 중국어를 공용어로 채택하여 강요했다. 균전제와 조용조, 부병제의 실시는 이러한 한화 과정에서 이뤄진 것이다.

그렇다고 해서 선비의 중국화만 있었고 중국의 선비화가 없었던 것은 아니다. 동위의 대장군 고환(高歡)은 스스로 중국인을 자칭했지만, 선비인 사회에서 성장하여 이름도 선비 이름을 쓰고 있었고, 보정 장군이 된 뒤에도 일부러 막부를 평성과 낙양의 중간 지점인 태원(太原)에 설치하고 황제를 멀리서 조정했으며, 그의 아들은 선양을 받아 북제를 건립했다. 북주의 선양을 받아 수조(隋朝)를 세운 문제(文帝) 양견(楊堅) 역시 중국인을 자칭했지만, 5대 조상부터 대대로 무천진(武川鎭)에서 살았는데, 무천진은 장성 부근에 있는 군진으로 선비인의 집거지였다. 양견과 그 조상들은 선비인과 섞여 선비인 여자와 결혼하며 살았기 때문에 혈통적으로 선비인에 훨씬 더 가까웠을 뿐만 아니라 습속 등 문화적으로도 이미 선비에 동화되어 있었다. 이는 당조(唐朝)의 창건자 이연(李淵)도 마찬가지여서, 수·당 두 왕조는 혈통적으로나 문화적으로나 선비의 세례를 풍부하게 받았다고 할 수 있다. 특히 당조는 선비 문화의 세례를 듬뿍 받은 덕분에 여성이 정치 무대에 등장해서 주역을 담당하기도 하고 대외적으로도 개방적 자세를 취하여 문화의 교류와 융합에 남다른 역할을 수행했다. 이처럼 위진남북조 시대는 중국이 이적화하고 이적은 중국화하여 서로 융합함으로써 새로운 제3의 국가와 사회를 창출한 시기였다.

한편 오호십육국 시대에 장기간 진행된 파괴로 인해, 장강의 남쪽에서도 새로운 건설이 있게 되었다. 이적, 특히 만월의 거주 지역이었던 강남과 영남 지역에 중국인이 국가를 연속으로 건립한 것이다. 오호십육국 이전에도 삼국 시대에 손오가 강남에서 국가를 세운 바 있었지만, 그 이후 오호십육국의 혼란과 파괴로 인해 더 이상 중원에서 살기 어렵게 된 중국인들이 대거 피난하여 집단으로 남하해서 강남과 영남에 정착하며 자신의 국가를 세우게 되었다. 처음에는 진조(晉朝)의 후예를 중심으로 중원의 호족들이 남행하여 임안(臨安)[항주(杭州)]에서 진조를 다시 부활시켰는데, 역사가들은 중원의 진을 서진(西晉)이라 하고 강남의 진은 동진(東晉)이라 불렀다. 동진의 주역들은 강남의 호족들과 손을 잡고 일종의 연합 정권을 수립했고, 이러한 연합 정권을 구성하고 유지하는 데 막부 체제가 적절한 역할을 수행했다. 그러나 막부 체제의 다른 일면인 보정 체제의 모순으로 인해 동진은 긴 수명을 누리지 못하고 유송으로 선대되었고, 이러한 과정은 계속 반복되어 남제와 양, 진 등으로 거듭 선대되었다. 그러나 삼국의 손오와 동진 및 송, 제, 양, 진 등 강남의 여섯 왕조는 비록 공간은 이적이었으나 주체 세력은 중국인이었기 때문에, 북조에서 '호한(胡漢)' 융합의 과정을 통해 선비 등 북방 이적의 문화가 중국 문화를 물들였던 데 반해, 남조에서는 후한과 조위, 서진으로 이어진 중국 문화를 온전히 계승·보전하고 발전시켜 이른바 '육조문화(六朝文化)'를 꽃피웠다.

송, 제, 양, 진 등 일련의 남조 국가들은 중국인이 만월의 지역에 건립한 국가라는 공통점을 갖고서, 동시대의 북조를 '북노(北虜)'라고 경멸하며 대립했다. 남조 국가들과 병존해 있었던 북위와 동위, 서위, 북제, 북주, 수 등 일련의 북조 국가들은 모두 선비인 혹은 선비화한 중국인이 중국에 건립한 국가라는 공통점을 갖고서, 병존하고 있던 남조를 '도이(島夷)'라고 멸시하며 대립했다. 서로 '북로' 혹은 '도이'라고 이적시(夷狄視)했지만 그 까닭은 달랐으니, 북조는 남조의 공간이 이적이었기 때문에 '도이'라 한 것이고, 남조는 북조의 사람이 이적이었기 때문에 '북로'라 한 것이다. 이처럼 위진남북조 시대는 정치질서만 혼란했던 것이 아니라 세계관에서도 큰 혼란을 경험한 시기였다. 그러나 이 시기에 세계질서는 남조와 북조의 구분 없이 막부 체제의 원리와 시스템에 의해 운영되었다.

한대의 중국인들은 중국을 운영한 원리와 시스템으로 세계를 경영하려 했다. 중국에서 군현제를 관철한 무제 이후의 중국인들은 변군 체제를 운영해서 세계질서를 관리했던 것이다. 이와 마찬가지로 위진남북조 시대의 중국인들은 중국의 지배 체제인 막부 체제를 세계사적으로 확연하여 세계질서의 운영 체제로도 활용했다. 한대의 중국인들은 중국 내의 여러 세력들을 장군으로 책봉하고 막부를 개설하게 하고 막부를 통해 여러 세력들을 유기적으로 연결하여 국가의 통일성을 확보했으며, 나아가서는 여러 세력들에게 제도적 위계를 부여하여 일정한 질서를 창출했다. 위진남북조 시대의 중국인들도 이와 같이 중국 밖의 여러 국가나 정치체의 군장들을 장군으로 책봉하고 막부라는 연결고리를 통해 중국 내의 여러 세력들과 함께 위계적 질서를 형성케 함으로써 중국 국가의 군장을 중심으로 한 세계질서를 확립하려 했던 것이다. 한 예로서 고구려와 백제의 군주가 남조나 북조에 사신을 파견할 때는 언제나 장사(長史)와 사마(司馬) 및 참군(參軍)의 직분을 띠고 가게 했는데, 장사 등은 양국의 고유한 관직이 아니라 한대 이래로 중국의 장군들이 설치한 막부의 막료(幕僚) 직명이었다.

한대의 장군 막부는 장사와 사마, 종사중랑(從事中郎) 등 상층부와 연(掾), 속(屬), 사(史) 등 하층부로 구성되어 있었는데, 한 말에 군사 활동이 활발해진 뒤부터 참군이라는 중층부가 첨가되었다. 참군은 원래 '참모군사(參某軍事)'의 약칭으로 장군의 군사 활동에 참여한다는 뜻이었으나, 점차 막료직의 중요한 성분으로 정착하여 제도화되었는데, 특히 참군은 다른 막료직과 달리 정원의 제한이 없어 막부를 확장·강화하는 수단으로 활용되었고 여러 부서로 나뉘어 전문화되기도 했다. 이와 같은 직분을 고구려와 백제의 사신들이 띠게 되었다 함은 곧 적어도 이론적으로는 양국에 장군의 막부가 개설되어 있었음을 의미한다. 실제로 고구려와 백제의 군주들은 남북조와 수교할 때는 으레 정동대장군(征東大將軍)과 진동대장군(鎭東大將軍)으로 책봉되었기 때문에 남북조에 사신을 파견할 때는 정동대장군의 막료 혹은 진동대장군의 막료를 파견하는 형식을 갖추었던 것이다. 고구려와 백제에 실제로 장군 막부가 개설되어 있었는지는 확인할 수도 없고 확인할 필요도 없다. 다만 막부 체제의 원리와 형식을 빌려 중외의 외교가 이루어졌다는 것이 중요하기 때문이다. 이러한 외교 체제는 고구려나 백제와 남북조 사이에서만 있었던 것이 아니다. 왜(倭)의 왕도 안동대장군(安東大將軍)으로 책봉되고 '사마(司馬)' 등의 막료를 남조에 파견했다는 기록이 있고, 중국 밖의 다른 국가들도 남북조와 수교할 때는 그 군장이 장군의 칭호를 받고 사신을 보낼 때는 막료의 직분을 띠어 보냈으니, 막부 체제는 남북조 시대의 국가 체제였을 뿐만 아니라 세계질서를 운영하는 보편적 국제 체제이기도 했던 것이다.

국가 체제를 국제 체제로 확연하여 사용한 것에 대해, 그 실효성이나 실질적 의미를 의심할 수도 있다. 그러나 외국의 군장에게 부여된 장군의 칭호가 국내의 장군 칭호와 같은 의미를 가질 수는 없었을 것임이 분명하지만, 그렇다고 해서 장군 칭호의 부여가 아무런 의미를 갖지 못했던 것은 아니다. 남북조는 외국의 군장에게 장군의 칭호를 부여할 때, 그 국가의 국력과 국제적 위상, 남북조와의 관계 등을 고려했고 동일한 칭호를 국내 장군과 중복해서 부여한 적도 없었다. 장군 칭호뿐만 아니라 외국의 군장에게 부여하는 다른 책봉의 내용도 일정한 의미를 갖고 있었다. 한 예로 고구려왕에게는 대체로 '사지절(使持節), 평주영주자사(平州營州刺史), 도독요해제군사(都督遼海諸軍事), 호동이교위(護東夷校尉), 정동대장군(征東大將軍), 요동군공(遼東郡公), 고구려왕(高句麗王)' 등의 칭호가 부여되었는데, 이 가운데서 '도독요해제군사'란 요해에 대한 군사지휘권을 전면적으로 부여함을 의미하고 '호동이교위'란 동이와의 외교적 관계를 관리하는 책임과 권한을 부여함을 의미했는데, 여기서 말하는 '요해'란 곧 요동을 말하고 '동이'란 요동과 한국, 왜 등 중국 동북방의 여러 정치 세력을 총괄하여 이르는 말이었다. 이러한 직명이 고구려왕의 책봉 내용에 포함된 것은 요동을 고구려가 점유하고 있는 당시의 상황을 국제적으로 인정하고 승인함을 제도적으로 표현한 것이다. 또 다른 한 예로서 일본의 다섯 명 군주, 즉 이른바 '왜오왕(倭五王)'이 잇따라 남조에 사신을 보내 '사지절 도독왜백제신라가라임나진한모한등칠국제군사(都督倭百濟新羅伽羅任那秦韓慕韓等七國諸軍事) 안동대장군 왜국왕'으로 책봉해 줄 것을 요청하자, 남조에서는 다른 것은 다 인정하되 '백제'만은 제외하여 '사지절 도독왜신라가라임나진한모한등육국제군사 안동대장군 왜국왕'으로 책봉해 주었다. 이는 백제왕에게 이미 '사지절 도독백제제군사(都督百濟諸軍事) 진동대장군 백제왕'으로 책봉해 주었기 때문이다. '신라' 등을 요청한 대로 포함해 준 것은 당시에 신라 등은 남조와 외교 관계를 맺고 있지 않았기 때문이지만, 백제는 이미 수교한 상태이고 '도독백제제군사'를 책봉 내용에 포함시켰기 때문에 왜왕의 '도독백제제군사'는 인정할 수 없었던 것이다. 이처럼 남북조는 책봉의 내용을 통해 세계질서를 주도하려 했으니, 장군 칭호도 그 예외가 아니었던 것이다. 책봉과 조공이란 상대방의 국제적 위상을 서로 인정하고 승인하는 국제적 절차였으니, 위진남북조 시대에 외국의 군장에게 장군의 칭호를 주고 막부 체제에 포섭한 것도 각국의 차등적 국제 위상을 승인하여 국제질서를 창출·유지하는 책봉-조공 체제의 특수한 양식이었다고 할 수 있다.

이 시기에 한국은 책봉-조공 체제라는 도관을 통해 중국의 고급한 물자를 대량으로 수입하고 이에 편승해서 당시 세계 초일류의 문화를 적극 수용하여 고대 국가와 사회의 기본 체제를 갖추는 데 큰 도움을 받았다. 먼저 『사기』와 『한서』 등 역사서와 『문선(文選)』 등 문집류를 수입하여, 독자적인 역사서를 편찬하고 문학 작품을 생산하는 등 한국의 한문학 수준이 크게 제고되었으니, 중국 정사에 수록되어 있는 국서나 비문(碑文) 등 금석문 등을 통해 이를 확인할 수 있다. 오경(五經)이 수입되어 유학이 진흥되고, 태학(太學) 제도가 수용되어 유교적 소양을 갖춘 관료가 배출되었다. 중국의 율령(律令) 체계도 수입되어 중국식 율령제 국가가 건설되었다. 중국의 관복도 수입되어 의복의 형식에 변화가 일어났고, 중국식 성씨 제도도 받아들여 가족 제도에도 적지 않은 영향을 받게 되었다. 중국화한 불교가 요동을 통해 한국에 유입되어 한국인의 정신세계에 획기적 변화가 일어났을 뿐만 아니라, 정치와 사회, 경제, 문화 등 여러 방면에 심대한 영향을 미쳤다. 이 외에도 중국의 농경 기술을 도입하여 벼농사를 본격적으로 개시했고, 중국의 천문학을 받아들여 중국식 역법을 사용하기 시작했다. 중국의 의약 체계와 목판인쇄술을 수입하고 미술과 서예, 공예, 건축, 음악, 묘제 등 여러 방면에서 심대한 영향을 받음으로써, 한국인의 문화생활이 획기적으로 향상되었다. 위진남북조와 삼국이 병존한 시기의 한중관계는 책봉과 조공의 예를 교환한 관계가 문화 교류에 얼마나 깊고 큰 영향을 미치는가를 가장 무겁게 보여준 대표적 사례라 할 수 있다.

9. 고대의 완성

수·당 시대는 일견 진·한 시대의 재현처럼 보인다. 진이 중국을 통일하고 한이 통일 체제를 확립했듯이, 수도 오랜 분열 시대를 극복하고 중국을 통일했고 당은 수가 이뤄 놓은 통일을 안정적인 체제로 굳혀 놓았다. 그러나 수·당이 진·한의 재판일 수는 없다. 역사의 발전이 있었기 때문이다. 아무리 중국사 등 동아시아사에서는 유럽사에서 볼 수 있는 역동적 변화가 발견되지 않는다 하더라도, 위진남북조 시대라는 장기적인 파괴와 변화의 시대를 거쳤기 때문에 수·당의 국가와 사회에서는 진·한의 것을 계승하면서 동시에 새로운 변화를 더하여 또 다른 차원의 것으로 승화시킨 측면들을 적지 않게 발견할 수 있다. 과거(科擧) 제도에 의한 신분제의 극복이나, 삼공구경에서 삼성육부(三省六部)로의 전환, 균전제와 조용조 세제 및 병농일치의 부병제 확립 등이 그 대표적 사례가 될 것이다. 이러한 것들은 모두 원래 진·한 시대에 기원을 둔 것이지만 위진남북조 시대의 변화를 겪으면서 새로운 요소를 첨가하여 완성된 체제를 갖추었으니, 수·당 시대는 한마디로 말해서 고대가 완성된 시기였다고 할 수 있다.

과거제는 중국뿐만 아니라 동아시아 전체의 전통적 정치 체제와 사회 질서를 특징적으로 규정한 매우 의미 있는 제도였다. 가문의 배경이 아니라 개인의 능력을 공개적으로 시험해서 관료를 선발하는 제도의 실시는 서양에서는 현대에 이르러서야 겨우 가능했지만, 중국에서는 수대에 실시되어 당대에 확립되었을 뿐만 아니라 한국이나 월남 등 동아시아의 주요 나라들에도 수출되어 관료제 사회를 이뤄 내는 데 결정적으로 기여했다. 수는 문제 때에 수재과(秀才科)와 명경과(明經科), 진사과(進士科) 등 세 과목으로 인재를 선거하는 과거제를 처음으로 실시하여, 수재과에서는 시무책(時務策) 등을 시험하고 명경과에서는 유교의 경전을 시험했으며, 진사과에서는 시부 (詩賦) 등 문학적 재능을 시험하여, 우수한 성적을 얻은 인재를 일약 발탁해서 고급 관료로 임용했다. 이러한 과거의 중요한 특징은 가문적 배경을 고려하지 않고 개인의 역량만을 시험하여 관료로 임용한다는 것이었다. 그러나 이러한 정신과 방법은 이미 한대의 향거리선과 위진남북조 시대의 구품중정제에서도 확인한 바 있으니, 과거제가 향거리선제나 구품중정제와 구별되는 까닭은 바로 공개시험 방식에 있었다. 향거리선제나 구품중정제는 모두 향리의 여론을 살펴 인재를 선거하는 방법이었으나, 향리의 여론이 호족이나 청류 등 지방 세력에 의해 장악되어 있었기 때문에 개인 능력 외의 다른 요소를 철저하게 배제하고 엄정하게 개인의 역량만을 살펴서 선발할 수는 없다는 한계를 지니고 있었다. 과거는 이러한 문제점을 보완하기 위해 관료 지망생들을 일시에 한자리에 모아 놓고 엄정한 감독하에서 공개적으로 관료에게 요구되는 국가 정책의 분석과 입안 능력, 유교적 원리에 대한 이해, 문학적 능력 등을 시험하는 제도였으니, 한 초 이래의 구현(求賢) 제도가 과거를 통해 완성되었다고 할 수 있을 것이다.

국가가 절대 권력인 황제에 의해 통치되고 관료가 오로지 개인 능력에 의해 선거되어 황제 권력에 동참할 수 있다면, 혈통에 의해 정치적 권력과 사회적 지위가 세습되는 신분제 사회는 극복될 수 있을 것이다. 향거리선제나 구품중정제도 신분제 사회를 극복하는 데 상당한 역할을 수행했음이 분명하지만 향론, 즉 향리의 여론에 지배된 선거제의 한계까지 극복한 과거제는 이제 중국 사회를 신분제에서 완전히 벗어나게 하는 제도적 장치로 작동하게 되었다. 당 초만 하더라도 관롱(關隴) 집단이라 불린 관중과 농서(隴西) 출신의 문벌 귀족들이 국가와 사회를 지배하고 있었지만, 당 국가는 끊임없이 과거를 활용하여 문벌 배경이 없거나 약소한 관료를 배출함으로써 당 국가와 사회를 문벌이 지배하는 신분제 사회에서 벗어나게 했다. 한 예로 고종(高宗) 시기에 갑족(甲族) 문벌 출신의 왕후(王后)가 축출되고 한문(寒門) 출신의 무조(武曌)가 황후가 된 사건은 당 국가와 사회의 지배적 세력을 교체하는 매우 의미심장한 사건이었는데, 무후(武后)는 과거를 활용하여 신진 사인 집단을 자기의 정치적 지지 기반으로 삼음으로써 무주혁명(武周革命)을 단행하여 황제의 지위에까지 올랐다. 과거는 그 자체가 개인의 현능(賢能)을 가장 효과적으로 시험할 수 있는 방법으로 개발되었지만, 그 가운데서도 특히 시부를 시험하는 진사과는 시무책과 경전을 시험하는 수재과와 명경과에 비해 출신 배경을 보다 철저하게 배제할 수 있는 과목이었기 때문에, 무후는 특히 진사과를 우대하여 관료 기구의 상층 구조를 더욱 철저하게 교체할 수 있었다. 물론 과거로 선발되는 인원수가 매우 제한되어 있어 과거를 통해 관료 기구의 인적 성분을 교체하는 데는 적지 않은 시간이 소요되었지만, 과거가 중국 사회를 탈신분제적 사회로 정착게 하는 데 결정적 역할을 했음은 의심할 여지가 없다.

문벌이 지배하는 위진남북조적 상황을 극복하려는 당(唐) 국가의 의지는 『씨족지(氏族志)』의 편찬을 통해 적극적으로 표현되었다. 당 국가는 세 차례에 걸쳐 『씨족지』를 직접 편찬했는데, 모두 문벌 가문의 서열을 국가의 의지에 따라 재편성하려는 의도에서 이루어졌다. 원래 위진남북조 시대에는 명사를 많이 배출하여 명성을 얻은 가문이 명류(名流)가 되었고, 명류의 문벌 가문들이 가격(家格)을 높이기 위해 다투어 족보(族譜)를 만드는 것이 유행했는데, 당은 이들 족보를 모아 국가에 대한 기여도에 따라 명류의 서열을 재배치함으로써, 자연발생적인 명류도 국가에 의지하지 않으면 자립할 수 없음을 과시했다. 과거를 통해 관료 기구의 인적 성분을 교체하는 데는 많은 시간이 걸렸지만, 『씨족지』의 편찬에 국가가 개입하여 명류의 서열을 재배치함으로써 당은 명류의 자립성을 훼손시켜 기생 관료화하고 과거제의 한계를 보완했다.

수·당 시대 국가의 권력 구조에서도 이 시대의 특징이 잘 드러나 있다. 수·당 시대에 중앙정부는 이른바 삼성육부 체제를 갖추고 지방정부는 도독부와 주현 등 3급 체제를 이루고 있었는데, 이러한 권력 구조는 사실 진·한 시대의 삼공구경 체제와 군현 2급 체제가 위진남북조 시대를 거치면서 시대적 상황에 영향을 받으면서 보완되고 조정된 것이었다. 진·한 시대의 삼공구경이란 백관을 총괄하는 승상과 관료의 감찰과 탄핵을 담당한 어사대부, 군정을 책임진 태위 등 삼공과 황실을 담당한 종정(宗正)과 국가 제례와 교육을 담당한 봉상(奉常), 황실의 수레와 무기를 책임진 태복(太僕), 외교를 맡은 전객(典客)[혹은 대홍려(大鴻臚)], 수도의 방위를 맡은 위위(衛尉), 궁중을 수위한 낭중령(郎中令)[혹은 광록훈(光祿勳)], 국가 재정을 맡은 치속내사(治粟內史)[혹은 대사농(大司農)], 황실의 재정을 맡은 소부(少府), 형법을 담당한 정위(廷尉) 등 9경을 말한다. 이들 관직들은 선진 시대부터 자연 발생한 것으로, 한대에 이르러 한인이 좋아한 3과 9 자와 결부지어 '3공, 9경'이라 부르게 된 것일 뿐, 9경보다 더 많은 중앙 기관이 있었다. 또한 3공과 9경 사이에는 품질(品秩), 즉 연봉의 차이가 있었을 뿐, 상하 종속 관계는 존재하지 않았으니, 3공과 9경 등 중앙의 기관들이 모두 황제에게 직속되어 있었다. 한편 수·당의 삼성육부란 황제의 조칙(詔勅)을 기초하는 중서성(中書省)과 기초된 조칙을 심의하는 문하성(門下省), 심의된 조칙을 실행하는 상서성(尙書省) 등 삼성과 이부(吏部)와 호부(戶部), 예부(禮部), 병부(兵部), 형부(刑部), 공부(工部) 등 6부를 말한다. 진·한의 삼공구경과 수·당의 삼성육부 사이는 일견 매우 다른 체제처럼 보일 수도 있지만, 실제로는 서로 매우 깊은 관련성을 갖고 있었으니, 삼공구경에서 삼성육부로의 전환은 한 무제 시대부터 시작되어 수백 년이나 진행된 긴 변화의 과정을 경유한 것이었다.

삼공구경제에서 삼성육부제로의 추이는 삼성의 이름에서 그 단서가 발견된다. 삼성의 이름이 된 중서와 상서 그리고 문하의 시중 등은 모두 진·한 시대 황제의 비서직 명칭이었다. 중국의 관직에서 '中' 자가 포함되어 있으면 궁중과 깊은 관련이 있음을 뜻한다. 진·한 시대의 중서와 상서는 모두 궁중에서 문서를 관장하는 하급 비서직이었고, 시중은 『한서』 백관공경표(百官公卿表)에서 "임금의 침을 뱉는 그릇을 들고 있었다"고 할 정도로 황제의 옆에서 '시중'든 하급의 관직이었다. 이들 외에도 급사중(給事中)이나 알자(謁者)와 같은 비서직도 있었으니, 급사중은 궁중에서 허드렛일을 하는 '급사'였으며 알자는 신료의 알현(謁見)을 주선했다. 그러나 이들 관직들은 황제의 가장 측근에 위치하고 있었다는 바로 그 이유로 인해 황제 권력의 추이에 쉽게 편승할 수 있었으니, 황제 권력이 강화됨에 따라 이들 비서직의 권한도 증대되었다. 특히 한 초의 상황을 극복하고 황제가 지배하는 제국 체제를 확립하려 적극 노력한 무제 시대에 이르러서는 이들 비서관들이 국가의 주요 정책을 협의하여 결정하는 사례들이 빈번해졌다. 이에 황제를 정점으로 하여 비서관들로 구성된 사실상 별개의 조정이 형성되어 '내조(內朝)'라 불리게 되었고, 궁중 밖에 존재한 승상을 정점으로 한 기존의 정부 조직, 즉 조정을 '외조(外朝)'라고 부르게 되었는데, 내조에서 국가 정책이 결정되고 외조에서는 내조에서 결정한 정책을 집행하는 역할만 수행하게 되었기 때문에, 국가 권력은 자연히 외조에서 내조로 이동하게 되었다.

내조 가운데서도 중서는 황제의 조칙을 기초하면서 국가의 기무(機務)를 장악했기 때문에 국가의 핵심적 권력 기관으로 발전했다. 중서는 중서사인(中書舍人)이라고도 불렸는데, 위진 시대에 이르러 궁중, 즉 성중(省中)에 별도의 관청을 갖게 되었다. 상서는 원래 상서(上書)를 관장했고, 곽광이 보정을 유촉받아 '영상서사(領尙書事)'함으로써 황제를 대신하여 국가 권력을 행사할 수 있었기 때문에 그 중요성이 주목되었다. 그러나 중서성에서 조칙을 기초함에 따라 상서는 이를 받들어 행정적으로 실행하게 되었다. 그 역할도 점차 다양하게 분화되어, 문관의 인사를 담당한 이부상서와 재정을 담당한 호부상서, 교육과 제례를 담당한 예부상서, 무관의 인사와 군정을 담당한 병부상서, 형법을 담당한 형부상서, 건설을 담당한 공부상서 등 육부 상서가 성립되었고, 이들 상서들도 성중에 별도의 관청을 갖고 독립 기관으로 발전했다. 위진남북조 시대에는 명류 혹은 청류의 명사들이 주로 시중 혹은 상시(常侍), 급사중 등으로 초빙되어 황제의 문하에서 문객(門客)과 같이 대접받으며 국정의 논의에 참여했는데, 이러한 전통으로 인해 시중과 상시, 급사중 등은 문하성이라는 별도의 관청을 갖고서 조칙을 심의하여, 혹은 봉박(封駁)함으로써 황제 권력을 견제하기도 했다. 이러한 긴 과정을 통해 황제의 일개 하급 비서관이었던 중서와 상서, 시중 등은 각각 독립된 기관을 구성했을 뿐만 아니라 제국의 최고 권력 기관으로 정립하여, 상호 견제하며 유기적으로 조직화하는 독특한 권력 시스템으로 작동했다.

위진남북조 시대라는 격변의 시대를 경유하면서 중앙정부의 권력 구조가 삼공구경제에서 삼성육부제로 이행했듯이, 지방정부의 권력 구조 역시 위진남북조 시대의 특수한 상황에 부딪혀 군현제가 도독부, 주현 등 삼급제(三級制)로 이행했다. 진대의 지방정부는 원래 36개의 군과 그 산하의 10여 개씩의 현으로 구성되어 있었다. 그러나 한 초에 군국제가 실시되어 군현 외에도 수십 개의 제후왕국과 수백 개의 열후국이 병존하게 되자, 무제 시대에 이르러 1백여 개에 달하는 군과 국을 몇 개의 구역으로 나누어 감찰하게 하기 위해 자사(刺史)를 파견하고 그 관할 구역을 주(州)라고 불렀다. 이는 『서경』「우공(禹貢)」의 구주(九州)를 모방한 것이지만, 행정구역인 「우공」의 구주와는 달리, 무제의 '구주'는 감찰 구역으로 출발했다. 그 뒤 9주는 12주로 증가하고, 자사의 품질이 6백 석(石)에서 2천 석으로 증액되었으며, 그 역할도 점차 군국의 감찰에서 감독으로 바뀌었다. 한 말에 이르면 주의 장관이 중이천석(中二千石)의 목(牧)으로 승격되어, 지방행정 체계가 마치 주, 군, 현 3급 체계로 변화된 것처럼 보였다. 그러나 위진남북조 시대의 대 혼란과 파괴, 변화는 지방행정 체계도 크게 흔들어 놓았다. 중국이 분열되어 복수의 국가가 병존하게 되고 화북의 인구가 대거 강남 등으로 이동하게 되자, 교주와 교군이 다수 발생해서 주의 수가 과거 군국의 수만큼 많아지고 군국의 수가 과거 현의 수만큼 증가했다. 이와 동시에 끊임없는 전쟁이 한 지역에서 이어지는 사례가 빈번하게 발생하여, 도독부라는 상급 기관이 주군 위에 증설되는 상황이 일어나게 되었다. 도독부란 '도독모모주제군사(都督某某州諸軍事)'의 역할을 수행한 장군의 막부라는 뜻이고, '도독모모주제군사'란 특정한 모주(某州)와 모주 지역에 군사 활동이 지속적으로 전개될 경우에 그 지역을 작전구역으로 설정하여 특정한 장군에게 그 지역의 군사 활동을 '도독'할 수 있는 권한을 주는 것을 말한다. 따라서 도독부란 원래는 군사적 역할에 국한되어 있었지만, 도독부의 설치가 장기화되면 장군이 군 지휘권뿐만 아니라 그 지역의 민정권과 재정권까지 감독하게 됨에 따라, 도독부가 점차 주의 상급 행정 기관으로 발전하게 된 것이다. 다만 도독부의 새로운 설정으로 지방행정 체계가 도독부, 주, 군, 현 4급 체계로 지나치게 번잡하게 되었기 때문에, 수·당 국가는 이를 정리하여 혹은 도독부, 주, 군 3급 체계, 혹은 도독부, 주, 현 3급 체계를 갖추었다. 따라서 수·당 시대의 지방정부 체계도 중앙정부 체계와 마찬가지로 진·한 시대의 것에 기반을 두고 위진남북조 시대의 특수한 상황에 의해 변화를 겪으면서 수·당대적인 제도로 정착하게 되었다고 할 수 있다.

수·당 국가의 지배 체제 가운데서 특징적 측면이 가장 두드러지게 나타난 것은 바로 균전제라는 토지제도와 조용조 수취제도 및 부병제라는 병제라 할 수 있다. 진·한 시대에도 이와 같은 제도가 전혀 없었던 것은 아니었으니, 상앙 변법 이래로 국가가 산림수택을 대규모로 개간하여 농민에게 분급해 주었고, 정률의 조세와 정액의 인두세를 수취했으며, 정남이 되면 누구나 일정한 기간 병역에 복무해야 했다. 그러나 국가가 경영한 토지가 전체 농경지에서 점하는 비율을 매우 제한되어 있었고 소유 농경지의 크기가 일정하지 않아 소득세를 정액제로 실시할 수 없었으며, 병역의 의무는 토지의 분급에 대한 대가로 이뤄진 것이 아니어서, 모든 국민을 고르게 지배한다는 제민 체제의 이상이 명실상부하게 실현되지는 못했다. 특히 한 제국이 붕괴되고 장기간의 분열과 혼란이 지속되는 상황에서 한대의 체제조차 무너져서, 국가의 인구 파악 능력이 현저히 떨어져 과세 범위가 크게 축소되었고, 군대는 모병제로 전환되고 부곡 같은 사병 집단에 의존하기도 했다. 그럼에도 불구하고 중원에서는 오호십육국의 동란으로 대토지 소유자들이 대거 소멸되고 주인 없는 황무지가 광범하게 방치되는 특수한 상황에서 선비계 통일 국가가 건립되는 역사적 조건이 조성됨에 따라, 국가가 농경지를 농민에게 공평하게 분급해 주는 균전제가 실시됨과 동시에, 토지 분급의 반대급부로 정남에게 조용조를 수취하고 병역의 의무를 부과할 수 있게 되었다. 북위에 의해 정립된 이러한 지배 체제는 동위, 서위, 북제, 북주를 이어 수·당까지 계승되어 통일 국가의 가장 기본적 지배 체제로 확립되었던 것이다. 토지제도와 수취제도, 병제 등도 위진남북조 시대의 특수한 환경을 경유하면서 고대의 이상이 수·당 시대에서 실현되었다.

위진남북조 시대는 혼란과 분열, 그리고 파괴와 건설의 시대였다. 이 시기에 이뤄진 파괴와 건설 가운데 가장 주목할 만한 것 중의 하나는 유교의 독보적 지위가 무너지고 유교, 도교, 불교 등 삼교가 나란히 정립(鼎立)하게 되었다는 것이다. 유교는 한 무제 시대부터 점차 국가의 관심과 기대를 모으기 시작해서 전후 한의 교체기 즈음해서는 마침내 국가의 주도하에 지배적 이데올로기의 지위에 올랐을 뿐만 아니라 참위(讖緯)를 수용하여 종교적 성격까지 내포하게 되었다. 그 뒤 후한 일대를 통해 유교를 가르쳐 고급 관료를 배출하는 태학(太學)은 그 정원이 수만의 규모로 성장했고, 유학으로 명성을 얻은 명사들에게는 언제나 관료 기구의 상층부로 진입하게 해 줄 현량, 문학이나 효렴, 무재 등 선거의 통로가 준비되어 있었다. 그러나 위진남북조 시대에 이르러서는 체제 교학으로서의 유교의 독보적 지위에 상당한 변화가 일어나게 되었으니, 도교와 불교라는 새로운 이념 체계가 형성·발전했기 때문이다.

도교(道敎)란 무엇인가. 이 질문에 대한 적절한 답을 찾아 밝히기는 쉽지 않다. 사실 도교에 대한 수많은 연구 서적이 출간되어 있지만, 이 질문에 대한 답을 적시한 논저는 찾아보기 어렵다. 아마도 도교란 것이 그만큼 복잡하고 난해한 실체이기 때문일 것이다. 따라서 도교란 무엇인가를 이해하기 위해서는 역사적 방법, 즉 도교가 어떻게 형성되었고 어떻게 발전해서 오늘에까지 이르게 되었는가를 살펴보는 과정을 통해 도교의 본질에 접근하는 방법이 가장 유효하리라 생각된다. 이를 위해서는 도교가 형성·발전한 시기의 역사적 상황에 대한 적절한 이해가 동반되어야 함은 물론이다.

도교의 기원은 선진 시대부터 유행한 방술(方術), 그중에서도 신선술(神仙術)에서 찾을 수 있다. 『후한서』 방술전에는 점성(占星)과 풍각(風角) 등 천문(天文)과 점복(占卜), 상명(相命), 의술(醫術), 방중술(房中術), 둔갑(遁甲), 풍수지리(風水地理) 등의 술법에 능통한 이들이 수록되어 있는데, 방술은 혹 방기(方技)라고도 불렸다. 신선술은 방술의 한 종류로, 신선이 되는 술법을 말하고,

신선이란 인간 세계를 떠나 불로장수하는 사람을 가리킨다. 즉 신선술이란 모든 인간의 공통된 소망인 질병과 죽음의 고통에서 벗어나는 기술을 말하는데, 이를 위해 노력하는 사람들을 흔히 방사(方士)라고 불렀다. 흥미로운 사실은 이러한 신선술은 발해만 연안 지역과 사천(四川) 분지의 파촉(巴蜀) 지역에서 주로 유행했다는 점인데, 그 까닭은 발해만 연안에서는 신기루가 흔히 발견되고 파촉 지역에서는 단사(丹沙)가 많이 생산되었기 때문이다. 연해 지역에서 자주 발생하는 신기루 현상은 바다 저쪽에 별세계가 있다는 상상을 불러일으키기에 충분하여 발해만과 산동반도 연해에서는 일찍부터 신선이 되고자 하는 열망이 만연해 있었다. 또한 단사는 불로장생을 위해 외복(外服)하는 약물의 항목에 빠지지 않는 물질로서 고체와 액체, 기체 사이를 쉽게 변화했기 때문에, 그 생산 지역인 파촉은 방사들이 불로장생약을 만들기 위해 드나드는 방술의 메카와 같은 곳이 되었다. 한 말이라는 특수한 시기에 이 두 지역이 도교의 모태 역할을 하게 된 것은 결코 우연이 아니었다.

한 제국 붕괴의 직접적 계기가 된 황건(黃巾) 농민 반란은 장각(張角)이 이끈 비밀결사에 의해 조직적으로 전개되었는데, 이 비밀결사는 태평도(太平道)라는 이념적 배경을 갖고 있었고 태평도는 신선술과 깊이 관련되어 있었다. 태평도에 관한 구체적 자료는 많이 남아 있지 않지만, 대체로 주술적 치병(治病)을 주된 내용으로 한 것임은 분명하다. 삶이 극한적 상황에 내몰린 농민들에게 치병이 가장 유효한 유인 요소로 작용했음은 당연한 일이었다. 이러한 태평도가 만연한 지역이 신선술이 유행한 지역과 대체로 일치했음은 양자 사이에 깊은 인과 관계가 존재하고 있었음을 유추하게 한다. 태평도가 유행했던 시기와 거의 같은 시기에 파촉 지역에서는 장노(張魯) 등 삼대가 조직한 정교일치의 정권이 형성되었는데, 이 정권은 장도릉(張道陵)에 의해 창시된 천사도(天師道)에 의해 지도되었다. 다섯 말의 미곡을 바치게 했다고 해서 오두미도(五斗米道)라고도 불린 이 초기 종교의 핵심적 교리 역시 주술적 치병이었다. 이 종교의 조직은 곧 정치적 조직으로도 활용되어, 그 종교 지도자들이 정치 조직의 지도자를 겸임함으로써 독특한 정교일치의 정권을 형성해서 파촉 지방을 지배했다.

산동 지방에서 만연한 태평도와 파촉 지역에서 유행한 천사도는 조위에 의해 중원에서 조우했다. 조위가 파촉을 침공하여 오두미도 지도자들의 항복을 받고 그 수만 호를 중원으로 강제 이주시켰기 때문이다. 중원에서 만난 태평도와 오두미도는 곧 융합하여 신천사도(新天師道)라 불린 제3의 초기 종교로 승화되었다. 특히 신천사도에는 신선술에 관심을 갖고 있던 중원의 지식인들이 다수 참여하여 그 이론적 기초를 제공했으니, 서진의 갈홍(葛洪)과 같은 인물이 그 대표적인 경우였다. 갈홍은 『포박자(抱朴子)』를 저술하여 신선이 되는 방법을 구체적으로 정리하고 신선술의 정치·사회적 가치를 제시하기도 했다. 신천사도는 북위 시대에 이르러 구겸지(寇謙之)라는 위대한 이론가를 만남으로써 새로운 차원으로 업그레이드되어 마침내 고급 종교로서의 도교가 성립되었다. 구겸지는 천사도에 내포된 방중술이나 오두미의 착취와 같이 도덕적으로 비난받을 만한 요소들을 제거하고, 불교를 본받아서 종교적 면모를 갖추게 했는데, 사찰 제도를 흉내 내어 도관(道觀)을 만들고 승려 제도를 본 따서 도사(道士)를 두었으며 불경을 모방해서 도장(道藏)을 만들었다. 그는 북위의 도무제(道武帝)를 유인하여 도교를 국교로 받들게 함으로써 도교가 국가적 지원을 받아 비약적으로 발전할 수 있도록 발판을 마련했다. 당대에도 당 황실의 성이 노자와 같은 이씨(李氏)라 하여 도교는 국가의 적극적 관심과 지원을 받아 크게 발전함으로써, 마침내 유교 및 불교와 더불어 중국의 3대 종교의 지위를 얻게 되었다.

이처럼 도교의 성립 과정을 역사적으로 살펴보면, 도교의 가장 큰 특징은 신선이 되려는 노력이 제도화한 것임을 알 수 있다. 신선이란 신이 아니다. 그것은 늙지 않고 오래도록 죽지 않는 인간일 뿐이다. 따라서 도교는 신을 닮도록 스스로 성화(聖化)하려 노력하는 기독교나 부처와 같이 깨달음의 경지에 오르려 노력하는 불교와는 목적이 매우 다른 종교다. 이에 못지않게 확인되는 도교의 또 다른 특징은 중국의 종교로 발전했음에도 불구하고 그 시원이 중국에 있지 않았다는 것이다. 역사적으로 도교를 형성케 한 네 가지의 핵심적 요소가 있었으니, 하나는 신선술이고, 또 하나는 샤머니즘이며, 다른 하나는 도가(道家) 사상이었고, 마지막 하나는 음양오행(陰陽五行) 사상이다. 이 가운데서 신선술은 발해만과 산동 연해 지역에서 만연했다 했는데, 이 지역은 원래 중국이 아니라 동이(東夷)의 거주 지역이었다. 또한 도교에서 광범하게 발견되는 주술과 도록(圖籙), 부적(符籍), 재초(齋醮, 재단에서 복을 비는 행사) 등은 대부분 파촉 지역에서 유행했던 샤머니즘적 요소들로, 장도릉이 파촉에 들어가서 기존의 샤머니즘과 접촉·투쟁하면서 자신의 천사도에 대거 수용한 것이었다. 도가 사상이 원래 양자강 유역과 강남에 기원을 둔 초 문화의 한 가지였음은 앞서 살펴본 바 있거니와, 도교에서 시조로 숭앙하는 노자와 장자 등은 모두 초인이었다. 도교의 네 가지 요소 가운데서 유일하게 중국적인 것은 음양오행 사상뿐이고 도교의 네 가지 요소 가운데서 가장 핵심적인 것은 신선술과 파촉의 샤머니즘이었기 때문에, 도교의 뿌리는 중국이 아니라 차라리 이적에 있었다고 할 수 있다. 중국의 문화 가운데 상당 부분이 비중국적인, 이적의 것을 수용하여 중국의 문화와 융합시킨 것이었으니, 도교가 그 대표적인 사례라 할 수 있다.

근대 중국의 저명한 철학자 풍우란(馮友蘭)은 그의 대표적 저작인 『중국철학사(中國哲學史)』에서 중국인의 사고는 논리적이고 합리적이어서 중국의 전통에는 종교가 없었다고 단언했다. 그의 종교 개념을 기준으로 판단한다면,

도교는 종교가 아니라는 뜻이다. 사실 도교는 신선이 되려는 노력의 제도적 표현이기 때문에 기독교나 불교와 같은 전형적 종교와 같은 차원에서 비교할 수는 없다. 그럼에도 불구하고 도교에는 종교적 요소가 적지 않게 포함되어 있다. 중국을 여행하며 도관과 사찰을 동시에 참관해 보면 적어도 외형상으로는 양자가 도무지 구별되지 않는다. 이처럼 도교가 종교적 외피를 입고 종교 행세를 하게 된 데에는 외래 종교인 불교의 영향이 결정적으로 작용했다. 불교는 이미 도교가 성립되기 이전에 중국으로 진입하여 중국인의 의식세계를 압도적으로 지배했을 뿐만 아니라, 도교의 성립을 자극하고 유교의 역사적 전개에도 심각한 영향을 미쳤다.

불교의 중국 진입은 기록상으로 보아 적어도 후한 초에는 이루어졌다. 『후한서』에 의하면, 서역의 승려가 백마에 경전을 싣고 와서 낙양에 백마사(白馬寺)를 세웠다고 한다. 그러나 한대 중국인들에게 불교는 고등 종교라기보다는 차라리 방술, 즉 방기(方技)의 일종에 지나지 않았다. 한대 이후에도 상당 기간 동안 불교는 일종의 고급 학문, 즉 선학(禪學)으로 존재했다. 특히 위진남북조 시대에는 논리학적 현학(玄學)이 유행하여 선학과 깊은 내적 교류 관계를 맺고 있었다. 선승(禪僧)들의 영정에서 현학자들의 주미(塵尾)가 흔히 발견되는 것도 현학과 선학의 계승 관계를 나타내는 것으로 해석되기도 한다. 불교의 공(空) 개념이 현학의 무(無) 개념을 보다 효과적으로 설득력 있게 설명해 줄 수 있을 것으로 기대되었고, 이러한 기대는 중국의 지식인들이 불교에 관심을 갖게 하는 데 크게 기여했다. 뛰어난 역량을 가진 사인들이 대거 학승으로 불교에 참여함으로써 불교의 교리 역시 중국적인 것으로 재해석될 수 있었다.

그러나 불교가 중국인 다중의 의식과 생활을 지배하게 된 것은 역시 방기나 학문의 외피에 감추어진 종교 본연의 모습을 드러내었을 때 비로소 가능해졌다. 위진남북조 시대에는 현학자들 사이에 벌어진 명리승부의 전장(戰場) 외에도, 이적의 내침으로 인한 전장, 중국의 분열로 인한 내전의 전장, 소농민이 호족과 청류의 착취에 저항하는 계급모순의 전장 등이 끊임없이 펼쳐졌다. 이러한 갖가지 전장이 수백 년간 만들어 낸 혼란과 파괴, 살육과 착취로 인해 농민의 삶은 극한의 상황에 내몰려 있었고, 종교로서의 불교는 이러한 농민들의 피폐해진 삶을 어루만져 위로해 주기에 적절한 역량을 갖추고 있었다. 특히 불교는 남조에서 양(梁) 무제(武帝)와 같은 적극적 지지자를 만나 국가적 지원을 획득했고, 당대에는 대규모의 역경(譯經) 사업이 여러 차례 진행되어 격의불교(格義佛敎)의 단계로 승화되었다.

불교는 원래 인도에서 발생한 종교였지만 중국으로 들어와서는 '중국 불교'로 전환되었다. 불교의 중국화는 뛰어난 학승들이 중국에서 많이 배출되어 경전을 중국적으로 재해석한 데에 기인하기도 했지만, 무엇보다도 경전의 번역, 즉 역경의 과정이 결정적 역할을 했다고 할 수 있다. 경전의 번역을 위해 중국어를 선택하는 과정에서 중국의 정신적 전통과 풍토가 사려 깊게 배려되어 불교의 교의에 새로운 의미가 부여되었던 것이다. 범어(梵語)의 불경이 한문으로 번역되는 역장(譯場)에는 범어와 한문에 두루 통달한 고승, 명승들이 대거 참여했는데, 신라에서 건너온 학승들도 역장의 책임자로 다수 참여함으로써 불교는 단순한 중국화에 그치지 않고 동아시아의 불교로 한 단계 더 업그레이드되었다. 오호십육국 시대에 중국을 통해 불교를 받아들인 한국인들은 수·당 시대에는 이미 자기 것으로 소화시킨 불교를 중국으로 역수출했으니, 역경의 참여 외에도 원효(元曉)의 저서가 중국으로 수출되고 김교각(金喬覺)은 구화산(九華山)을 근거지로 삼아 불법을 전하여 구화산을 중국 불교의 4대 명산으로 만들기도 했다. 중국 불교는 대규모의 토지 소유나 정남의 입산 등 국가와의 모순으로 인해 국가에 의해 여러 차례 억압되기도 했지만, 한편으로는 측천무후(則天武后)가 불교를 정치적으로 이용하는 등 국가적 비호를 받으면서 대중 종교로 발전했다.

위진남북조 시대와 수·당 시대에 도교와 불교가 창립되거나 수입되어 크게 융성했으나, 유교 역시 이 시기에 체제 이념으로서 여전히 그 역할과 지위를 유지하고 있었다. 흔히 현학의 유행으로 인해 유교가 쇠퇴한 것처럼 이해하기도 하지만, 엄격히 말해서 현학은 유학의 한 시대의 특징적 단계에 지나지 않았다. 서구의 학계에서는 현학을 번역해서 'Neo Taoism'이라 한다. 그러나 이는 현학이 마치 도가의 한 단계인 양 오해를 유도할 가능성이 있는 오역이다. 하안이나 왕필 등 현학으로 이름난 명사들, 심지어는 완적 등 청담으로 유명한 죽림칠현과 『세설신어(世說新語)』에 등장하는 저명한 청담가들조차도 모두 기본적으로 유학자였다. 다만 이들은 한대 유학의 형식주의적, 신비주의적 한계를 극복하기 위해 형이상학에 논리적으로 접근한 『도덕경』이나 『장자』 등을 연구하여 유학을 보완하려 했을 뿐, 유교가 국가와 사회의 기본 원리로서 작동되어야 함을 거부했던 것은 아니다. 유교의 경전은 여전히 국가와 사회의 기본 원리를 담고 있는 성전(聖典)으로 간주되었고 예의에 어긋난 행동은 국가와 사회에 의해 허용되지 않았다. 청류의 담론인 청의의 가장 중요한 기준은 여전히 유교적 예절이었고, 청의에 의해 배척되거나 비난받은 행위는 주로 유교적 예절에 어긋난 행위였다. 국가는 여전히 유교를 체제 교학으로 인정했으니, 남조의 양 무제는 불교를 숭앙하면서도 동시에 유학관(儒學館)을 설치하여 유자들을 적극적으로 수용했다. 수·당 시대에 이르러서는 과거에 명경과를 설치하여 유학에 능통한 유자들을 대거 고급 관료로 기용하고 『오경정의(五經正義)』를 편찬하여 기왕의 경전 연구를 집대성하고 국가가 유교 경전의 해석을 주도하는 한대 이래의 전통을 계승했다.

흔히 위진남북조 시대와 수·당 시대에 유·불·선 삼교가 정립되었다고 말한다. 실제로 유교와 불교, 도교 삼교는 서로 병존하면서 각각 융성했다. 그러나 삼교의 정립이란 삼교가 인구의 3분의 1씩을 각각 지배했다는 뜻이 아니다. 그것은 한 사람의 의식세계 안에 삼교가 동시에 병존하고 있었음을 뜻한다. 따라서 그것을 현재 한국에 천주교와 개신교 혹은 불교 등이 동시에 병존하는 상황으로 연상해서는 안 된다. 명 말 청 초에 유행한 소설『홍루몽(紅樓夢)』에 나오는 사람들이 아침에 사찰과 도관에 들렀다가 귀가하는 길에 공자를 모신 사당인 문묘(文廟)에까지 참배하듯이, 이 시대의 중국인에게는 부처를 섬기고 공자를 존중하면서 동시에 신선이 되기 위해 노력하는 것이 전혀 어색한 일이 되지 않았다. 이 시대 사대부에게는 유송의 장융(張融)처럼 죽을 때 왼손에는『도덕경』과『효경(孝經)』을 들고 오른손에는『법화경(法華經)』을 잡고 묻히는 것이 아주 흔한 일이 된 것이다. 불교를 믿는 것은 부처처럼 인생의 깨달음을 얻는 과정이었고, 도교를 신봉함은 신선처럼 불로장생하려는 욕구의 표현이었으며, 유교를 옹호함은 사회와 국가의 질서를 유지하고 도덕적 삶을 추구하려는 노력일 뿐이니, 삼자가 충돌하지 않고 한 인간의 의식 속에서 공존함이 불가능한 일이 아니었다. 물론 도교나 불교적 가치를 주목하여 강조하는 사람도 있고 유교적 가치를 더 강조하는 사람이 있어, 삼자 사이에 서로 비판하고 배척하는 경우가 없었던 것은 아니다. 그러나 기회가 있으면 출사하여 세상을 경륜하다가 상황이 여의치 않으면 죽림으로 물러나서 자연과 함께 유유자적하는 지식인상이 자연스럽게 일반화되었다.

중국에서 고대를 완성시킨 수·당 국가는 세계질서를 확립하는 과정에서도 고대의 이상을 실현한 듯이 보인다. 수가 중국을 재통일하고 당이 다시 통일 체제를 계승한 초기에는 중국의 밖에 돌궐과 토번(吐蕃), 남조(南詔),

거란(契丹), 고구려, 백제, 신라, 왜 등 강력한 이웃 국가들이 출현하여 중국을 사방에서 에워싸고 위협하고 있었다. 심지어 당 초에는 중국의 여러 지방 세력들이 돌궐에 칭신하며 책봉을 받고 조공한 적도 있었다. 그러나 당이 중국을 통일하고 국가 체제를 안정적으로 운영하게 된 태종(太宗) 시기에 이르러서는 군사·외교·경제적 역량을 동원하여 주변 이적의 국가들을 제압하고, 돌궐 등지에 다수의 도독부와 주현을 설치했고, 고종(高宗) 시기에는 고구려 등 인적국을 멸망시키고 그 고지에 도호부와 도독부 등을 설치했으니, 현종(玄宗) 시기에 이르면 돌궐과 고구려 고지뿐만 아니라 서역과 베트남 등 중국의 사방에 모두 8개의 도호부를 설치함으로써 전 세계를 중국의 황제가 일원적으로 지배한다는 고대적 이상을 실현할 수 있게 되었다.

그러나 수·당 시대 중국인의 고대적 이상의 실현에는 일정한 한계도 있었다. 과거를 통해 위진남북조 시대적 신분제의 구속에서 탈출할 수 있었다고 하지만, 수·당 전 시기를 통해 신분제의 잔재는 완강하게 남아서 저항하고 있었다. 명류 혹은 청류라 불린 문벌 귀족들은 여전히 잔존하여 국가와 사회에 지배적 영향력을 행사하고 있었으니, 삼성 체제하에서 문하성의 존재와 기능이 이를 제도적으로 표현하고 있었다. 주로 문벌 출신의 명사들로 충원된 문하성은 중서성에서 기초된 황제의 조칙을 심의하여 봉박함으로써 황제 권력을 견제할 수 있는 제도적 장치로 작동했다. 황제에게 간쟁하는 임무를 수행한 습유(拾遺)와 보궐(補闕) 등의 관직이 문하성에 예속되어 있었던 것도 황제 권력의 대척점에 서 있던 수·당 시대 문하성의 성격과 존재 의미를 확인하게 해 준다. 수·당 국가의 지배 체제 가운데서도 가장 기본적 요소라 할 수 있는 균전제 토지제도에서도 신분제의 잔재와 저항을 엿볼 수 있다. 수·당의 균전령은 소농민에게 일정한 액수의 농지를 균등하게 지급하도록 규정했지만 관료와 노비, 심지어는 경우(耕牛)에도 토지를 지급하도록 규정하고 영업전(永業田)의 세습을 허용하여 문벌 귀족들의 대토지 소유를 법적으로 수용했다.

수·당 국가는 국가와 사회의 모든 질서를 율령격식(律令格式)으로 규정하여, 이른바 율령 국가를 완성했다. 방대한 규모의 정밀한 율령이 이미 선진 시대부터 존재했음은 근래에 발견된 이른바 '운몽진간(雲夢秦簡)'을 통해 확인되었고 한 초에 '약법삼장(約法三章)'했다고 하지만, 실제로는 방대한 규모의 율령으로 한 제국이 통치되었는데, 수·당 시대에 이르면 각 방면의 율령이 격식으로 보완되어 율령격식에 의해 규정되지 않은 부분이 없게 되었으니, 이런 점에서도 수·당 시대는 고대의 완성이라 할 수 있다. 그런데 수·당 시대에는 신분까지 율령에 의해 규정되어 천민을 율령으로 규정하여 양민을 보호하는 양천제(良賤制)가 제도적으로 운영되고 있었다. 수·당 국가는 국가 권력의 실현을 방해하는 부곡(部曲)이나 노비(奴婢) 등을 천민으로 규정하여 국가의 권력 기반인 양민을 제도적으로 보호하려 했지만, 이들 부곡이나 노비에게까지 균전법상의 토지를 지급함으로써 부곡이나 노비의 존재와 소유를 사실상 인정했던 것이다. 과거제 등을 활용하여 신분제를 극복하는 데 기여한 무주혁명조차도 정권이 다만 관롱 갑족 집단에서 산동 한문 집단으로 이동했을 뿐, 문벌 귀족이 해체되어 신분제가 극복된 과정으로 이해될 수도 있다. 『씨족지』의 편찬도 문벌 사회의 질서에 국가 권력이 개입된 사건일 뿐 문벌 사회를 부정한 조처는 아니었던 만큼, 절대 권력인 황제의 직접·개별적 인민 지배라는 고대적 이상이 수·당 시대에 실현되는 과정에도 상당한 수준의 한계가 노출되었음을 알 수 있다.

수·당 국가가 일원적 세계질서를 구축했다고 하지만, 실제로는 이 방면에서도 많은 한계를 노출했다. 특히 당인이 구축한 도호부(都護府) 체제란 외형상으로는 당 국가의 지배 체제로 보일 수도 있지만, 실제로는 고속(故俗)에 의한 자치를 허용한 국제적 책봉–조공 체제에 지나지 않았다. 도호란 원래 전한 후기에 서역에 처음으로 설치한 관직으로, 서역 제국과 한 국가의 책봉조공 관계를 조절·관리하면서 제국이 외교·군사적으로 한 국가의 이익과 상반된 행동을 하지 않도록 통제하는 출장 기관이었다. 따라서 도호란 처음부터 국가적 지배 체제를 위해 설치된 것이 아니라 국제적 외교 체제를 위해 존속한 것이었다. 당이 중국의 밖에 도호부를 설치한 것도 한대 도호의 이러한 기능과 존재의미를 차용한 것이었으니, 실제로 당대 도호부 체제의 내용을 들여다보면 이를 확인할 수 있다. 당대 도호부 체제란 중국 바깥 이적의 지역에 복수의 도독부(都督府)를 설치하고 도독부 산하에는 복수의 주(州)와 현(縣)을 설치하면서, 도독부의 장관인 도독과 주의 장관인 자사, 현의 장관인 현령으로 그 지역의 군장이나 토착의 유력 인사를 임명하여 고속, 즉 고유한 습속에 의한 자치를 허용하되, 다만 중국인 관리가 임용된 도호가 각 방면에 파견되어 산하의 도독부들을 통솔·관리하는 것이었다. 이 체제는 한대에 중국의 지배 체제인 군현제의 형식을 이적의 지역에까지 외연적으로 확장한 변군 체제와 유사했다. 당대 중국의 지배 체제인 도독부, 주현 삼급제의 형식을 중국 밖에까지 확대 적용했지만, 중국의 법률까지는 적용하지 못하고 인두세나 요역, 병역 등의 착취를 통한 인신적 지배도 불가능했던 한대의 변군 체제처럼 중국의 지배 체제를 실제로는 이적에 적용하지 못했다. 형식은 군현적 지배 체제였으나 실제로는 책봉과 조공이 교환된 간접·집단적 지배 체제였으니, 형식과 내용, 이상과 현실이 매우 괴리된 체제였던 것이다.

당대 도호부 체제의 이러한 모순은 『당서(唐書)』 군국지(郡國志)에서 적나라하게 노출되어 있다. 군국지에는 당 국가의 도호부와 도독부, 주현 등 지방정부가 모두 열거되어 있는데, 이 가운데서 중국 안의 도독부나 주현과 달리, 중국 밖 도호부 산하에 있는 것은 모두 '기미(羈縻)'란 말을 앞에 붙여 '기미도독부' 혹은 '기미주' 등으로 적시해 놓았다. '기미'란 '기미부절이이(羈縻不絶而已)'의 준말로, 한대 이래로 중국이 이적을 직접 지배하거나 통제하지 않고 다만 중국과의 관계를 끊지만 않도록 유도하는 정책을 이르는 말로 사용되었다. 따라서 이미 당인들도 중국 밖에 설치한 도독부나 주현 등이 중국 안의 그것과는 달리 진정한 의미의 도독부나 주현이 아니라 다만 '기미'의 대상이었을 뿐임을 잘 인지하고 있었음을 알 수 있다. 지금 중국 학계에서는 이들 '기미부주'가 설치된 지역까지 모두 당 국가의 영토였다고 주장하고 있지만, 이는 형식만 보고 실제는 간과한 결과라 할 수 있다. 그 한 예로, 발해(渤海)에 설치한 홀한주도독부(忽汗州都督府)라는 기미도독부를 당의 일개 지방정부로 간주하여 발해를 당 영토의 일부로 주장하고 있지만, 이와 동시에 역시 기미도독부인 계림주도독부(鷄林州都督府)가 설치된 신라는 당의 영토로 주장하지 않는 자가당착을 범하고 있는 것이다. 당대의 도호부 체제, 즉 기미부주(羈縻府州) 체제는 당대 중국인이 고대적 이상을 실현하는 과정에서 봉착한 한계를 가장 적나라하게 보여 준 사례의 하나였다고 할 수 있다.

그럼에도 불구하고 당 국가는 한 국가에 비해 세계제국의 면모에 보다 가깝게 다가가 있었다. 단순히 당 국가의 지배력이 미치는 범위가 한 국가의 그것보다 더 넓어졌기 때문이라기보다는, 한대에 비해 중국과 이적의 융합이 더 높은 수준으로 진행되었기 때문이다. 사실 당 국가 그 자체가 중외의 융합에 의해 성립되었으니, 수 황실뿐만 아니라 당 황실도 선비의 피를 수입하여 선비화가 고도한 수준으로 이뤄져 있었다. 수 문제 양견이 5대조부터 무천진에서 거주했듯이 당 고조 이연 역시 수대에 걸쳐 무천진에서 거주하면서 대대로 선비 여자를 취하여 혼인했으니, 당 황실은 생물학적으로 선비의 피를 더 많이 받았을 뿐만 아니라 사회·문화적으로도 고도한 수준으로 선비화되어 있었다. 이연은 태원유수(太原留守)로 재직하다가 대장군부(大將軍府)를 조직하여 기병했는데, 태원은 동위를 건국한 고환이 대장군 막부를 세웠던 곳으로 선비와 중국이 교접하는 전략적 요충지였고 선비와 중국의 융합이 이뤄진 중심지였다. 당대에는 화이의 구별이 희석되어 외이에서 귀부해 온 무인이나 상인, 유학생들을 적극적으로 수용하여, 특히 수도인 장안 일대의 관중 지역은 화이가 섞여 사는 융합의 공간이 되었고, 황실 외에도 국가의 요직에는 자연스럽게 이적 출신이 다수 포진했으니, 흑치상지(黑齒常之)나 안록산(安祿山) 등이 그 대표적인 사례가 될 것이다. 그러나 당대의 중외 융합은 여성의 정치 참여와 개방적인 문화 교류 방면에서 가장 극적으로 잘 표현되었다. 직접 황제가 되어 새 왕조를 창건한 무조(측천무후)나 궁중 여성으로 정치에 적극 간여한 위후(韋后)와 태평공주(太平公主), 양귀비(楊貴妃) 외에도 당대에는 정치에 직접 개입한 여성들이 적지 않았지만, 여성이 정치에 간여한다는 사실 자체로써 적극적으로 비난받지는 않았는데, 이는 중국에 비해 상대적으로 여성의 지위가 높고 역할이 컸던 선비 사회와 문화의 영향이 컸다고 할 수 있다.

당대에는 외국에 중국의 문물을 대거 수출하기도 했지만, 외국의 문물 역시 적극적으로 수용하여 그 어느 때보다도 빈번하고 광범하게 중외의 문화 교류가 이루어졌다. 비단과 도자기, 종이, 인쇄술 등 중국의 중요한 문화적 지표가 서방으로 수출되었고, 중국 불교와 유교문화, 한문학, 예술, 율령제 등은 한국이나 일본, 월남 등으로 수출되었으며, 인도 불교와 서양의 여러 기독교 종파들과 회교(回敎), 즉 이슬람교 외에도 의학 등 서방의 갖가지 문물이 대거 수입되었는데, 이러한 문화 교류가 별다른 저항을 받지 않고 진행되었다는 것이 다른 시대와 구별되는 당대의 특징이라 할 수 있다. 이처럼 각 방면에서 광범하게 진행된 중외 융합은 수·당 시대에 이르러서 비로소 이뤄진 것이 아니라 이미 위진남북조 시대를 통해 장기간 진행되었던 것이었으니, 진·한 시대에 1차 구축된 제국 체제는 위진남북조 시대를 경유하면서 새로운 요소를 첨가하여 수·당 시대에 이르러 이른바 '고대의 완성'이라 할 만한 국면을 맞게 된 것이다.

수 국가가 중국을 다시 통일하고 당 국가가 통일 체제를 계승하여 확립했을 때, 중국의 밖에는 수·당과 겨룰 만한 돌궐과 토번, 고구려 등 다수의 인적국들이 중국을 에워싸고 있었다. 이는 마치 진이 처음으로 중국을 통일하고 한이 그 뒤를 이어 통일 중국의 주인이 되었을 때 중국의 주변에 흉노와 남월, 조선 등 인적국들이 에워싸고 있었던 상황과 흡사했다. 초기의 한 국가가 그러했듯이, 초기의 당 국가도 동아시아 국제 사회의 중심 역할을 할수 없었다. 수·당 시대의 동아시아 세계가 진·한 시대의 그것과 달랐던 것은 위진남북조 시대의 광범한 중외 접촉과 융합을 통해 중국의 이적화가 이뤄짐과 동시에 이적의 중국화도 고도한 수준으로 진행되어 이적의 국가들도 중국과 마찬가지로 '고대의 완성' 단계를 경험하게 되었다는 것이다.

수·당과 시대를 함께한 이적 가운데서 가장 먼저 고대 국가의 체제를 갖추고 동아시아 세계의 강력한 주역으로 등장한 국가는 장성 북쪽 초원지대의 유목사회를 다시 통일한 돌궐(突厥)이었다. 돌궐은 흉노의 별종이 세운 유목 국가로, 흉노와 마찬가지로 중국의 서북방 초원에서 발원하여 역시 오르도스를 사이에 놓고 장성 이남의 중국과 치열하게 경쟁했다. 북위 시대부터 중국의 문헌에서 출현하기 시작한 돌궐에 대해, 『수서(隋書)』 돌궐전에 의하면, 초기 거주지였던 금산(金山), 즉 알타이 산이 투구처럼 생겼는데, 투구를 '돌궐'이라고 불렀기 때문에 나라 이름을 '돌궐'이라 했다고 한다. 돌궐은 한때 남시베리아에서 발원한 유연(柔然)에 복속해 있었지만, 독자적 문자를 사용하고 정교한 철공 기술을 갖고 있었으며 발달된 통치 조직을 갖추고 있었다고 한다. 돌궐은 북위가 분열될 때 유연으로부터 독립해서 왕성한 정복 활동을 전개했고, 유연을 공격해서 멸망시키고 중국의 북제와 북주를 농락하면서 초원 지역의 왕자로 성장했다. 수가 중국을 재통일했을 때는 수의 이간책으로 동돌궐과 서돌궐로 양분되기도 했지만, 수조는 돌궐의 가한(可汗)에게 공주를 출가시키며 화친을 재현하지 않을 수 없었다. 수가 멸망한 뒤에는 돌궐의 기세가 더욱 치성하여, 거란과 토욕혼, 서역 제국 등을 복속시켰을 뿐만 아니라 이연을 포함한 중국의 지방 세력들이 칭신, 납공(納貢)하게 하기도 했다. 막북의 돌궐과 중국의 당 사이의 상하 관계는 중국인들이 불세출의 영웅으로 칭송하는 태종 이세민(李世民)의 시기에 이르러서야 비로소 역전되었다. 중국의 통일을 완성하고 정치적 형세를 안정시킨 당 태종은 대규모 군대를 막북으로 보내 돌궐에 대해 성공적으로 타격을 가하고, 돌궐을 기미부주 체제 안으로 편입시켜, 천가한(天可汗)의 칭호를 받았다. 고종 시기에는 동서 돌궐을 완전히 제압하여 다수의 도호부를 설치했고, 현종 시기에는 돌궐에 대한 도호부 지배 체제를 완비했다. 돌궐은 안록산(安祿山)의 난으로 인해 중국의 기속력이 현저히 저하된 상황에서 회흘(回紇)에 의해 멸망되었다.

회흘은 철륵(鐵勒)의 별부(別部)로, 그 기원은 멀리 한 초의 정영(丁零)에까지 거슬러 올라간다. 정영은 원래 남시베리아 방면에 분포하여 동아시아 세계의 성분 가운데서 가장 북쪽에 위치해 있었는데, 한 초에 묵특 선우에 의해 통합되어 흉노 제국의 일부를 구성하고 있다가, 흉노가 쇠약해져 장성 이남으로 남하한 이후에는 막북을 지배한 동호계 오환과 선비에 복속되었다. 그러나 선비가 다시 장성 이남으로 남하하여 막북이 비게 되자, 위진남북조 시대에는 정영계의 여러 부가 막북을 차지하여 장성 이남을 압박했다. 유연은 이 시기에 막북의 새 주인이 된 정영계의 국가로, 북위가 장성 일대에 군사력을 집중하여 무천진 등 수많은 북진(北鎭)을 설치한 것은 바로 유연의 압박에 대응하기 위한 조처였다. 돌궐이 유연을 멸망시키고 막북을 차지했을 때, 남시베리아의 거주민들을 철륵이라 불렀는데, 회흘은 바로 철륵을 구성한 여러 부의 하나였다. 회흘은 돌궐의 쇠퇴와 반비례하면서 철륵의 제부를 통일하여 막북의 새 주인으로 등극했고, 마침내 돌궐의 명맥을 끊은 주인공이 되기도 했다. 회흘은 다른 유목 제국들과는 달리 남방의 중국과 비교적 우호적인 관계를 유지했다. 그 까닭은 회흘이 막북의 강자로 등장한 시기가 중국에서 안록산의 난이 일어나고 당 국가가 쇠망의 길로 들어선 시점과 대체로 일치했기 때문이다. 안록산의 반란으로 막다른 골목에 내몰린 당조는 화근의 하나였던 양귀비(楊貴妃)를 죽이고 현종을 퇴위시킨 뒤, 회흘의 원병을 청하여 왕조의 수명을 연장시킬 수 있었다. 안록산 이전의 회흘은 당의 도호부 체제하에 있기도 했지만, 이후의 회흘 가한(可汗)들은 당 황제의 화번공주(和蕃公主)들과 막대한 세폐를 취하며 화친(和親) 관계를 지속하면서 당과 연합하여 토번을 견제하며 당조와 운명을 함께했다. 회흘은 회골(回鶻)이라고도 불렀는데, 강성할 때는 막북뿐만 아니라 서역까지도 모두 지배했기 때문에 지금까지도 '위구르(회골)인' 혹은 '유오이(維吾爾) 자치구' 등의 이름으로 기억되고 있다.

회흘과 달리, 당조와 시종일관 인적국 관계를 유지한 나라도 있었으니, 토번(吐蕃)이 그랬다. 토번은 티베트 고원에 건립된 고대 국가로, 건립 시기와 패망 시기가 당의 그것과 비슷했으니, 당과 동서로 병존했다고 할 수 있다. 토번의 기원에 대해서는 여러 학설이 있지만, 대체로 얄루장포 강변의 원주민이 동진하고 티베트 고원 동쪽 기슭의 강인(羌人)이 서진하여 서로 융합해서 세운 국가가 토번이었다고 이해하는 것이 합리적이다. 티베트 고원 사람들은 그때까지만 해도 험준한 자연환경으로 인해 부락 단위로 분산되어 목축 생활을 영위하고 있었으나, 중국이 재통일될 무렵에 티베트 고원에도 통일의 기운이 일어났다. 중국 통일의 주인공은 이세민이었지만, 티베트 고원을 통일한 주역은 송찬간포(松贊干布)였다. 송찬간포는 현대에 이르기까지 티베트인들이 영원히 잊지 못하는 영웅적 인물이다. 그는 불세출의 중국 영웅 이세민과 같은 시대를 살면서 이세민의 영웅담을 적지 않게 훼손시켰다. 티베트 고원을 통일하여 토번 왕국을 건립한 송찬간포는 중국과의 사이에 끼어 있던 토욕혼(吐谷渾)과 당항강(黨項羌)을 두고 이세민의 당과 치열하게 경쟁했는데, 군사적 압력을 통해 화친을 강요하여 문성공주(文成公主)와 결혼했다. 이때 이뤄진 송찬간포와 문성공주의 결혼은 단순한 화친의 사례를 넘어, 티베트와 중국의 광범한 문화 교류를 야기했고 티베트인과 중국인들이 영원히 되새기는 추억의 이야깃거리가 되었다. 송찬간포는 중국의 문성공주와 결혼함과 동시에 네팔의 공주와도 결혼했는데, 두 나라의 공주는 시집오면서 불상을 모시고 왔다. 이 사건은 인도 불교와 중국 불교가 티베트 고원에서 만나 독특한 티베트 불교 형성의 기원을 이루었다.

토번 왕국와 당 국가는 그 뒤에 한 번 더 화친을 이루었지만, 양국의 기본 관계는 전쟁 관계였고, 전쟁의 결과는 언제나 토번의 승전으로 인해 화맹(和盟)으로 매듭지어졌다. 십여 차례나 거듭된 토번과 당의 화맹은 대등한 관계에서 전쟁을 종식시키고 국경의 획정을 약속했으니, 대부분 양국의 대표가 단 위에서 가축의 피를 마시며 약속하는 저맹(詛盟)이라는 티베트 의식을 채택했다. 토번의 존재는 당의 일원적 세계 지배를 불가능하게 했을 뿐만 아니라, 당 국가의 존재 자체를 치명적 위험에 빠뜨리기도 했다. 티베트군은 670년에 황화 상류 대비천(大非川)에서 당군을 대패시켜 당의 서쪽 방어벽인 토욕혼과 당항강을 정복하고 한때는 당의 수도인 장안(長安)을 일시 점령하기도 했으며, 안서도호부(安西都護府)를 함락하여 서역을 차지하기도 했다.

토번은 내분으로 인해 자멸하여 당과 운명을 같이했지만, 토번과 당이 병존했던 시기의 동아시아 세계는 적어도 두 개의 중심축으로 양분되어 있었다고 말할 수도 있다.

토욕혼과 당항강은 모두 토번과 당 사이에 아래위로 끼어 있던 강인의 나라였다. 그러나 청해(青海)와 사천 서부 및 서장자치구(西藏自治區) 동부의 강인 거주 지역에 자리 잡은 두 나라는, 국가적 성격이 조금 달랐다. 서강의 한 부인 당항부(黨項部)가 세운 당항강과는 달리, 토욕혼은 인구의 대부분이 강인이지만, 왕족 등 지배층은 선비인이었다. 요동 선비인 토욕혼이 아우인 모용외(慕容廆)를 피해 부의 무리를 이끌고 청해로 넘어와서 나라를 세웠다. 이처럼 지배층과 피지배층이 상위한 경우는 예맥인이 남하하여 한인을 지배한 백제처럼 고대 동아시아에서 귀하지 않게 볼 수 있는 일이었다. 당항강은 험준한 산곡에서 거주하여 쉽게 통일되지 못하다가 당 태종 시기에 기미부주 체제 안으로 편입되어 당과 책봉-조공 관계를 유지했으나, 토욕혼은 수대에 이미 대국을 형성하여 당 태종 시기에는 화번공주를 취하여 당과 화친 관계를 맺기도 했다. 양국의 공통점은 토번과 당의 사이에 개재하여 두 강대국의 쟁탈 대상이 되었다는 것으로, 대비천 전쟁 이후 멸망되어 그 인구가 중국으로 내사(內徙)하고 영토는 토번으로 편입되었다.

토번과 당의 또 다른 쟁탈 대상으로 당항강 남쪽의 남조(南詔)가 있었다. 남조는 서남이(西南夷) 6부의 하나로, '조(詔)'는 이인(夷人)이 왕을 지칭하는 말이었으니, 남조는 육조(六詔)의 가장 남쪽에 위치한 '남방 왕국'을 의미했다. 남조는 당 현종 시기에 강성해져서 다른 5조를 병합하고 중국과 교통하여 당으로부터 운남왕(雲南王)으로 책봉되었는데, '운남성'의 '운남'이란 말은 이때부터 사용되었다. 남조는 한때 칭제하고 대례(大禮)란 국호를 사용하며 자립하기도 했지만, 대부분의 존속 기간에 혹은 토번에 신속하고 혹은 당과 책봉-조공 관계를 맺기도 했으니, 담장 위에 두 다리를 걸터앉는 일종의 기장(騎牆) 정책을 펴 강대국 사이에서 생존했다고 할 수 있다. 남조도 토번처럼 내란에 의해 멸망되어 당과 명운을 함께했다.

중국의 동북방, 즉 요동 방면에서도 독자적인 국제 사회가 형성되어 있었는데, 그 중심에는 고구려(高句麗)가 있었다. 『삼국사기(三國史記)』에 의하면, 고구려는 일부 부여인(夫餘人)에 의해 기원전에 맥(貊) 땅에서 건립되었다고 하는데, 부여는 예인(濊人)이 세운 국가였다. 고구려는 초기에는 한의 변군 체제에 편입되어 『한서』 군국지에서 현도군(玄菟郡)의 속현으로 등장했지만, 왕망 시대에 중국의 기속에서 벗어나 현도군의 요외로 출새(出塞)했고, 요동군이나 현토군, 낙랑군 등 요동의 다른 한군과 혹은 군사적으로 길항하고 혹은 외교적으로 책봉-조공 관계를 맺기도 했다. 고구려는 한이 멸망한 뒤에는 공손씨(公孫氏)의 요동국(遼東國)이나 선비의 전연(前燕), 북연(北燕), 후연(後燕) 등과 치열하게 경쟁하다가 4세기 초에 끝내 요동의 중심부인 요동성(遼東城)을 탈취하여 요동국을 자처하면서 독자적인 국제 사회를 주도했다. 고구려가 강성할 때는 서북의 거란과 동북의 말갈(靺鞨), 한국의 백제와 신라, 바다 건너 왜 등의 영토를 탈취하여 거대한 통합 국가를 형성하기도 하고, 혹은 이들 국가들과 일종의 책봉-조공 관계를 맺어 '중국'의 역할을 수행하기도 하면서 당이 중심이 된 서방의 국제 사회와 길항하기도 했다. 그러나 수와 당이 중국을 다시 통일하여 중국의 힘이 재결집되고 중국 중심의 거대한 국제 사회가 출현하자, 고구려와 수·당 사이에는 피할 수 없는 전선이 형성되었다. 마침내 수 양제(煬帝)는 역사상 전무후무한 대군을 직접 이끌고 고구려를 침공했고, 이 침공이 철저하게 실패하여 수 국가 자체가 전복되었음에도 불구하고 당 태종(太宗) 역시 대군을 이끌고 직접 고구려를 침공했다. 수 양제와 당 태종의 고구려 침공은 '잃어버린 요동'을 되찾는다는 명분으로 일으킨 전쟁이어서 흔히 '정요(征遼)'라고 자칭했는데, 당 태종의 침공으로 고구려를 굴복시킬 수는 없었지만 요동의 중심인 요동성을 탈취하는 데는 성공했기 때문에 절반의 성공이었다고 할 수는 있다. 수 양제와 당 태종이 성취하지 못한 '정요' 즉 '요동 정벌'은 그 후계자 고종(高宗)에 의해 다시 시도되어, 한국의 백제를 먼저 침공해서 요동과 한국 방면에서 협공하는 전략으로 끝내 고구려가 멸망되었다. 수와 당이 이토록 집요하게 국운을 걸고 고구려를 여러 차례 침공한 까닭은 한국의 백제나 신라와 달리 고구려가 중국 중심의 세계질서에 편입되는 것을 거부하고 독자적인 국제 사회를 구성하여 중국 국가의 안보를 위협했기 때문이다.

고종 시기에 고구려와 함께 동시에 당군의 공격을 받은 백제(百濟)는, 『삼국사기』에 의하면 고구려를 건국한 집단의 일부가 남하하여 한(韓) 땅에서 세운 국가였다. 따라서 백제 역시 선비인이 강인을 지배한 토욕혼과 마찬가지로 지배층과 피지배층이 소속 역사공동체를 달리했으니, 지배층은 예맥인이었으나 피지배층은 한인(韓人)이었다. 백제와 고구려는 고대 국가로 성장하는 과정에서 치열하게 경쟁했으나 그 마지막 운명은 함께했다. 백제는 삼한(三韓)의 7, 80여 개 성읍 국가 가운데 하나로 출발했지만, 주변의 여러 성읍 국가를 통합하여 한반도 서남부에서 강력한 영토 국가로 발전했다. 백제는 그 지리적 특성으로 인해 북조(北朝)와 주로 내왕한 고구려와 달리 중국의 남조(南朝)와 주로 교통하며 책봉과 조공의 예를 교환하여 완강한 국제적 안보 체제를 확보했고, 요서(遼西)와 산동(山東) 및 일본 열도를 내왕하며 강력한 해상 세력을 구축하기도 했다. 그러나 중국이 수와 당에 의해 통일되는 새로운 상황에는 적절하게 대응하지 못하고 신라와 당의 연합 전략을 격파하지 못하여 당군의 내침을 자초했다.

당은 백제를 멸망시킨 뒤에 웅진도독부(熊津都督府) 등 5개의 도독부를 백제의 고지에 설치하여 기미부주 체제로 편입시켰다. 또한 고구려를 패망시킨 뒤에는 그 고지에 9개의 기미도독부와 42개의 기미주, 100개의 기미현을 설치하고, 이를 총괄적으로 관할하기 위해 평양에 안동도호부(安東都護府)를 설치했다. 그러나 668년에 고구려의 멸망과 동시에 설치된 안동도호부는 불과 3년 만에 요동으로 철수했다. 한국사에서는 당이 고구려를 멸망시킨 뒤에 그 수도인 평양에 설치한 안동도호부가 고구려 유민과 신라인의 강력한 저항에 밀려 퇴각한 것처럼 서술되었다. 그러나 실제 안동도호부가 요동으로 퇴각한 가장 큰 이유는 토욕혼을 사이에 두고 토번과 당이 벌인 대비천 전쟁에 안동도후부를 지키던 당군이 차출되었기 때문이다. 7세기 후반의 동아시아 세계사 전체 구조를 보지 않으면 안동도호부의 퇴각이라는 개별 사건을 이해할 수 없다. 마찬가지로 안동도호부의 퇴각과 같은 개별적 사건의 조각을 모두 모아서 짜 맞추지 않으면, 7세기 후반의 동아시아 세계의 구조적 특성이라는 전체상을 그려 낼 수가 없다. 안동도호부를 지키던 군사력은 모두 670년의 대비천 전쟁에 투입되었고, 대비천 전쟁에서 토번에 참패한 당은 더 이상 안동도호부를 평양에 둘 수 없었을 뿐만 아니라 요동을 지킬 여력도 상실했다. 안동도호부는 중국 안으로 퇴각하기도 하고 혹은 도독부로 강등되기도 하는 등 도호부로서의 역할을 거의 수행하지 못하다가 설치된 지 90년 만인 758년에 끝내 철폐되었으니, 형식적으로는 백여 년 가까이 존속했지만 거의 전 기간에 실질적 역할을 수행하지 못했다. 도호부나 기미도독부가 설치된 지역에는 그 형식과 달리 실제로는 당 국가의 통치가 관철되지 못했다. 사실상 도호부의 역할도 수행하지 못한 안동도호부는 유명무실 그 자체였으니, 안동도호부의 명목상 관할 지역 안에 신라와 발해라는 독립 국가들이 엄연히 존속한 것을 보아서도 알 수 있다.

발해(渤海)는 안동도호부의 요동 장악력이 현저히 약화된 상황에서, 패망한 고구려 통합 국가에 참여했던 일부 말갈 세력과 고구려의 유민들이 연합하여 요동의 고구려 고지에 건립한 국가였다. 당시 중국인들은 발해를 일러 흔히 '말갈발해'라고 불렀는데, 이는 발해 국민의 대부분이 말갈인으로 구성되었고, 역대 발해 국왕들이 중국의 당조로부터 '발해군왕(渤海郡王)' 혹은 '발해왕'으로 책봉되었기 때문이다. 말갈이란 이른바 숙신계 역사공동체의 명칭으로, 선진 시대에는 숙신(肅愼)이라 불리고 한대에는 읍루(挹婁), 위진남북조 시대에는 물길(勿吉), 수·당 시대에는 말갈(靺鞨), 송명 시대에는 여진(女眞), 청대 이후에는 만주(滿洲)라고 불렀다. 수·당 시대의 말갈은 7개 부(部)로 구성되었고, 말갈 7부 가운데 고구려와 가장 인접해 있던 송화강 유역의 속말말갈부(粟末靺鞨部)는 고구려 국가 형성에 참여했다가 고구려가 멸망한 뒤에는 발해를 건립한 주체가 되었다. 발해는 비록 당과 수교하면서 '발해(군)왕 홀한주도독(忽汗州都督)'으로 책봉되었지만, 실제로는 숙신과 예맥, 옥저, 고구려, 부여 등의 고지를 차지하고 그곳에 상경(上京)과 동경, 남경, 서경, 중경 등을 설치하여 5경 체제라는 독특한 지배 체제를 갖춘 통합 국가로서, 조공도(朝貢道)와 영주도(營州道), 거란도(契丹道), 일본도(日本道), 신라도(新羅道) 등을 통해 주변의 여러 나라들과 활발하게 교통하여 '해동성국(海東盛國)' 혹은 '요동성국(遼東盛國)'이란 칭송을 받기도 했다. 당이 돌궐을 견제하기 위해 발해의 배후에서 독립적 형세를 취하고 있던 흑수말갈부(黑水靺鞨部)에 장사(長史)를 설치하려 하자, 발해가 대규모 군대로 산동과 요서를 침공하여 당과의 관계가 긴장된 적도 있었다. 그 뒤에도 발해는 당과 몇 차례 군사적 갈등을 겪으면서 길항하기도 했지만, 발해와 당의 관계는 기본적으로는 책봉과 조공의 예를 교환하는 수교 상태에 있었다.

신라(新羅)는 삼한의 수많은 성읍 국가들 가운데 하나로 출발하여 고대 영토 국가로 성장한 전형적인 한국의 국가였다. 그러나 폐쇄된 지리적 위치 때문에 중국과 쉽게 교통하지 못해, 위진남북조 시대까지만 해도 중국 중심의 국제 사회에 편입되지 못한 채 변방의 후진 국가로 소외되어 있었다. 그러다가 수·당이 중국을 통일한 즈음에 이르러서는 중국의 율령제를 받아들여 고대 국가 체제를 갖추고 인적국인 고구려나 백제, 왜 등과 경쟁하며 강력한 영토 국가의 하나로 성장했다. 특히 고구려가 중국 중심의 일원적 세계질서에 편입되기를 거부하며 독자적 국제 사회를 구축해서 통일된 중국의 힘과 길항했을 때, 신라는 책봉-조공 관계를 통해 중국 중심의 세계질서와 집단 방위 체제에 자진하여 참여함으로써, 수·당 등 중국 국가와 연합해서 백제와 고구려의 패망을 유도하는 데 성공했다. 두 인적국을 패망시킨 뒤에 신라는 그 고지를 당과 무력으로 다투었지만, 발해가 중국의 산동과 요서를 침공했을 때 원군을 파병해 준 대가로 732년에 당이 대동강 이남의 땅을 신라의 영토로 공인했다. 이 사건에는 신라가 당과 국경선으로 구별되는 독립 국가임을 국제적으로 승인받았을 뿐만 아니라 삼한의 고지를 모두 정치적으로 통일했음을 확인한 획기적 의미가 있다. 한국은 이때부터 비로소 하나의 국가에 의해 통일적으로 통치되는 역사공동체가 되었으며, 통일 한국은 이후 고려와 조선 등의 시대를 경유하면서 전근대 시대 내내 중국 국가와 책봉-조공 관계를 맺고 중국 중심의 세계질서에 가장 중요한 구성원으로 참여했다.

이 시기에 이르러 한국의 신라와 중국의 당은 전형적인 책봉-조공 관계의 완성된 형태를 보여 주었다. 양국이 교환한 사절단의 종류와 기능이 제도적으로 완비되었다. 전해종 선생의 『한중관계사연구(韓中關係史硏究)』(1970)에 의하면, 신라가 당에 보낸 사절은 일반적인 조공사(朝貢使) 외에도 새해를 축하하는 하정사(賀正使), 왕의 죽음을 알리는 고애사(告哀使), 전쟁의 승리를 알리는 고첩사(告捷使), 시비곡직을 알리는 고주사(告奏使), 국익에 합치되는 당의 조처에 대한 사은사(謝恩使), 당의 국가적 경사를 축하하는 진하사(進賀使), 당의 국익에 반하는 상황의 발생에 대한 사죄사(謝罪使), 책봉 등을 청하는 주청사(奏請使), 당제의 즉위 등을 축하하는 경하사(慶賀使), 당제의 죽음을 조문하는 조위사(弔慰使), 당 사절의 호송을 위해 파견하는 송사(送使) 등 다양한 역할과 종류로 분화되었고, 당 역시 신라에 일반적인 책봉사(册封使) 외에도 고애(告哀)와 애도(哀悼), 조제(弔祭), 책망(責望), 청병(請兵) 등 다양한 역할과 종류의 사절을 파견했다. 사절의 파견 횟수도 매우 빈번해져서, 백제와 고구려가 멸망하여 3국 체제가 무너진 668년부터 신라가 멸망한 907년까지 신라는 모두 94차례나 당에 사신을 보내고 당은 24차례나 사신을 신라에 파견했다. 신라의 조공사절단에는 고위직의 대사(大使)와 부사(副使), 통역을 맡은 통사(通事), 선박 운항을 전담한 해사(海師), 호위를 맡은 무사 집단 외에도 구법승려와 유학생 등도 다수 참여하여 문화 교류에 중요한 몫을 담임했다. 특히 신라의 조공사는 진공(進貢)의 반대급부로 회사품(回賜品)을 받아 왔는데, 그 가운데는 중국의 각종 고급 서적과 불경 등이 포함되어 있어 한국의 문화 수준을 제고하는 데 크게 기여했다. 신라가 당에 보낸 사절은 발해나 일본 등과 같은 다른 국가가 파견한 사절보다 언제나 상석에 배치되어 그 외교적 위상이 과시되었다. 신라는 특히 발해와 날카롭게 '쟁장(爭長)', 즉 상석을 다투는 외교적 투쟁을 벌였고, 당조는 발해보다 신라의 국제적 위상을 더 중시했다. 그러나 신라의 국제적 위상이 기본적으로 발해의 것과 본질적 차이는 없었으니, 신라의 군주가 신라왕 계림주대도독(鷄林州大都督)으로 책봉되었듯이 발해의 군주도 발해왕 홀한주대도독(忽汗州大都督)으로 책봉되었고, 신라가 숙위학생(宿衛學生)을 파견하여 빈공과(賓貢科)에서 많은 급제자를 냈듯이 발해도 숙위학생을 보내 태학(太學)에서 학습하여 빈공과에 응시하게 했으며, 무엇보다도 양국은 '쟁장'으로 국제적 지위를 다투었다. 그럼에도 불구하고 현대 중국인들이 신라는 당의 외국으로 간주하면서 발해는 국내의 지방정권이었다고 주장함은 오로지 현재의 국경선을 기준으로 과거를 판단한 결과라 할 수 있다.

이 시기 한국과 중국의 문화 교류 관계는 매우 특이한 차원을 보여 주었다. 삼국 시대의 한국인은 책봉-조공 체제의 도관을 통해 중국의 한문학과 유학, 불교, 율령제, 예술 등 여러 분야에서 중국 문화를 광범하게 수용했지만, 통일신라 시대의 한국인은 이미 중국 문화를 소화하여 체화했을 뿐만 아니라, 체화한 문화를 중국에 역수출하는 경지에까지 이르렀다. 신라는 대규모의 숙위학생을 당의 태학에 입학시켜 유학 등 중국 문화를 섭취하게 하는 한편, 국내에는 독서삼품과(讀書三品科)를 개설하여 유교적 소양을 갖춘 자를 관료로 선발했다. 빈공과에 급제한 외국인의 대부분은 신라인이었는데, 그 중에서도 최치원(崔致遠)은 빈공과에 급제하여 「격황소문(檄黃巢文)」으로 중국에서 문명을 드날렸으니, 그의 문집 『계원필경(桂苑筆耕)』은 중국에서 널리 유행했다. 고대의 한중 간 인적 교류는 주로 중국인이 한국으로 내도하는 상황이 일반적이었으나, 이 시기에는 오히려 대규모의 한국인이 중국으로 건너가서 한중 문화 교류에 적극 기여했다. 백제와 고구려가 패망하여 그 유민 수만 명이 중국으로 건너갔고 황해 교역을 신라인이 주도함으로써 많은 수의 한국인이 산동과 강소, 절강 등 해안에 분포하여 거주했으니, 이는 일본의 구법승 엔닌(圓仁)이 쓴 여행기 『입당구법순례행기(入唐求法巡禮行記)』에서 상세하게 전하는 바와 같다. 엔닌이 견당사(遣唐使)를 따라 중국에 갔을 때 만난 사람의 대부분은 신라인이었고 가는 곳마다 신라인의 집성촌인 신라방(新羅坊)을 볼 수 있었다고 한다. 엔닌은 산동에서 신라인 장보고(張保皐)가 창건한 법화원(法花院)이라는 절과 신라승의 도움을 받기도 했다.

이 시기 한국 불교가 중국 불교에 역으로 영향을 미친 자취는 도처에서 발견된다. 앞서 원효(元曉)가 쓴 『대승기신론소(大乘起信論疏)』와 『십문화쟁론(十門和諍論)』 등이 중국으로 들어가서 중국 불교에 심대한 영향을 미쳤듯이, 신라승 혜초(慧超)는 인도의 불교 성지를 순례하고 그 여행기 『왕오천축국전(往五天竺國傳)』을 지어 진기한 자료를 남겼고, 원측(圓測) 등 수많은 신라의 고승들이 중국의 역장(譯場)에 초빙되어 역경 사업에 대거 참여함으로써 중국 불교의 확립에 눈부신 공헌을 남겼다. 신라 왕자 출신의 승려 김교각(金喬覺)은 안휘(安徽)의 구화산(九華山)에 들어가서 화성사(化成寺)를 세우고 개산종사(開山宗師)가 되어 구화산을 중국의 4대 불교 명산의 하나로 만들고, 입적한 뒤에는 지장보살(地藏菩薩)의 화신으로 추앙받았다. 이 외에도 신라 시대의 한국인은 중국의 목판인쇄술을 소화하여, 불국사 석가탑에 현존하는 세계에서 가장 오래된 목판인쇄물 「무구정광대타라니경(無垢淨光大陀羅尼經)」을 남겼다. 당시 한국의 조선술과 항해술이 세계 최고의 수준에 다다랐음은 엔닌의 여행기에 잘 드러나 있다. 통일신라 시대 한국인에 의해 창조된 석굴암과 석가탑, 다보탑, 만불산(萬佛山) 등의 예술품은 이미 중국을 뛰어넘은 수준을 과시했다.

한반도의 동쪽 섬나라인 왜(倭)는 그 지리적 특수성으로 인해 중국 중심의 세계질서에 지속적으로 참여하지 못한 채 전통시대 동아시아 세계의 외곽에서 소외되어 있었다. 왜는 수백의 성읍 국가로 분산되어 있었을 때, 그 한 국가인 왜노국(倭奴國)이 중국의 후한과 교통해서 '한왜노국왕(漢倭奴國王)'이 새겨진 인수를 받아 간 적이 있었고, 조위 시대에도 히미코(卑彌呼)라는 여왕이 '친위왜왕(親魏倭王)'이란 인수를 받아 간 적이 있었으며, 남북조 시대에는 이른바 '왜오왕(倭五王)'이라 불린 왜의 다섯 국왕이 차례로 남조의 송과 교통해서 '사지절(使持節) 도독왜신라임나가라진한모한제군사(都督倭新羅任那加羅秦韓慕韓諸軍事) 안동대장군(安東大將軍) 왜국왕(倭國王)'으로 책봉되기도 했지만, 왜와 중국의 수교는 매우 간헐적이고 단속적이어서 제도적이고 지속적인 수교 관계였다고 하기 어렵다. 그럼에도 불구하고 중국 문물에 대한 왜인의 수요는 절제하기 어려운 정도여서, 수·당 시대에도 간헐적으로 사신을 중국에 보내 중국 문물의 수입에 열성을 보였다. 다만 '일본(日本)'이라 국호를 바꾼 수·당 시대의 왜인은 중국의 국가와 책봉-조공 관계를 맺고 중국 중심의 세계질서에 참여할 의지도 능력도 없었기 때문에, 이때 중국에 파견된 사절단을 가리켜 가치 중립적인 '견수사(遣隋使)' 혹은 '견당사(遣唐使)'라 부르면서, 양국 관계를 통사(通使) 관계의 차원에 머무르게 했다. 일본의 명승 엔닌이 견당사의 배를 타고 중국에 유학하고 돌아간 뒤에 기록한 『입당구법순례행기』는 당시의 황해 해로가 신라인, 특히 장보고 군단에 의해 장악되어 있었고 일본인은 조선술이나 항해술의 후진성으로 인해 중국 내왕을 신라인에 의탁하고 있었음을 잘 보여 준다. 일본은 이후에도 전통시대 내내 중국 국가와의 제도적 관계를 맺지 못하고 중국적 세계질서의 외곽에서 맴돌면서 소외감을 키워 가고 있었으니, 임진왜란이나 중일전쟁(中日戰爭)의 도발도 이러한 일본의 소외감이 비제도적 방법으로 표출된 것으로 해석될 수도 있다.

중국의 국가와 통사 관계에 머물렀던 나라가 일본만 있었던 것은 아니었다. 한대에 신독(身毒)이라 불렸던 인도 천축국(天竺國)과 인도지나 반도의 여러 나라들도 한대 이후 중국의 국가와 사신을 교환했는데, 수·당 시대에는 통사의 빈도가 더욱 빈번해졌다. 『후한서』나 『당서』 등 중국의 정사에서는 이들 국가들이 중국에 사신을 파견한 것을 일러 '조공(朝貢)'이라 표현했지만, 이는 중국인이 스스로 자존하는 일방적 표현에 지나지 않는다. 조공이 제도적 표현이 되기 위해서는 반드시 책봉을 동반해야 하는데, 천축국 등은 중국 국가의 책봉을 받지 않았기 때문에 그들의 예물 기증은 제도적 '조공' 행위가 될 수 없다. 요컨대 한대와 마찬가지로 당대에도 중국의 주변국 가운데는 돌궐처럼 당과 화친을 통해 수교한 국가도 있었고, 신라처럼 책봉과 조공의 예를 교환함으로써 수교한 국가도 있었으며, 토번처럼 당과 전쟁과 화맹을 되풀이한 국가도 있었고, 왜나 천축처럼 통사 관계에 머무르던 국가도 있었으니, 지리적 환경이나 역사적 배경, 국가적 특성 등의 차이로 인해 다양한 국제 관계가 존재하고 있었음을 알 수 있다.

10. 고대의 종말과 통합 국가의 전개

중국사의 시대구분론에서 춘추전국 시대부터 당대까지를 고대로 보는 시각이 있고 혹은 위진남북조 시대와 수·당 시대를 중세로 간주하는 입장도 있지만, 당대 후기부터 오대십국(五代十國) 시대까지, 즉 이른바 당·송 교체기에 매우 심각하고 본질적인, 즉 '획기적'인 변화가 광범하게 일어난 것에 대해서는 누구도 부인하지 않는다. 특히 당 중기에 일어난 안사(安史)의 난을 즈음하여 당 국가와 중국 사회는 기존의 체제가 전면적으로 붕괴되고 새로운 질서의 출현을 경험하게 된다. 안사의 난은 8년이라는 짧지 않은 기간에 너무나 광범하게 전 중국을 파괴한 재앙이었다는 점에서 획기적 변화의 한 원인으로 작용하기도 했지만, 고대의 모순이 폭발적으로 표출된 사건이라는 점에서는 획기적 변화의 결과이기도 했다. 굳이 유물사관적 '고대'가 아니라 하더라도, 춘추전국 이래 고대 중국의 국가와 사회에서 보인 여러 가지 특징들이 이 시기에 이르러 전면적으로 사라지게 되었기 때문에, 이때 일어난 변화를 가리켜 '고대의 종말'이라고 부를 수도 있을 것이다.

당대 이후에 일어난 표면적 변화 가운데 하나로 정치 체제상의 변화가 가장 먼저 눈에 띈다. 한대 이래로 장기간 발전하여 수·당 시대에 확립된 중앙정부의 삼성 체제와 지방정부의 군현 체제가 당대 이후에 해체되고 군주의 독재 권력을 강화하는 방향으로 바뀌었다. 삼성 가운데서 가장 귀족제적 성격이 농후한 문하성이 먼저 철폐되었는데, 귀족적 명사들의 집합체인 문하성이 봉박 등의 기능으로 군주 권력을 견제하는 제도적 장치로 작동했기 때문이다. 그다음에는 조칙을 기초하는 중서성이 철폐되고 내각(內閣)의 학사(學士)들이 그 기능을 대신하게 되었다. 마지막으로 상서성까지 해체되고 육부 상서가 황제에게 직속됨으로써, 황제의 독재 체제가 확립되었다. 한편 원대에는 중앙정부의 최고 권력 기관인 중서성이 지방에 출장하여 지방정부를 총괄 지휘했는데, 이를 두고 '행중서성(行中書省)'이라 하고 '행성(行省)'이라 약칭되기도 했다. 청대와 현대 중국의 행성은 여기에 기원을 두고 있다.

황제 권력이 강화되는 제도적 과정은 대간(臺諫) 제도의 변혁 과정에서 잘 나타났다. 한대에는 황제의 잘못을 간쟁하기 위해 간대부(諫大夫) 등의 관직이 특설되어 군주 권력을 견제했고, 삼성 체제하에서도 간쟁을 전담한 습유(拾遺)와 보궐(補闕) 등의 관직이 문하성에 소속되어 봉박과 함께 황제 권력을 견제했다. 이러한 관료들의 견제에 대응하여 군주 권력 측에서는 감찰 기관을 통해 관료들을 감시하고 통제했으니, 한대에 어사대부가 3대 권력 기관의 하나로 자리 잡은 이후 역대 왕조에서는 어사대(御史臺)가 있어 군주가 조직적으로 관료 권력에 대응했다. 그러나 송대 이후에는 어사대와 간관(諫官) 시스템에 심각한 굴절이 있게 된다. '대(臺)'와 '간(諫)'이 반대 방향으로 서로 다른 작용을 하는 것이 아니라, 이젠 서로 같은 방향으로 동일한 기능을 갖게 되어, '대간'이 함께 불리기도 했다. 문하성의 분해로 이탈되어 나온 습유와 보궐 등 간관들이 황제에게 직속되어 간쟁하는 형식을 취하면서 실제로는 관료의 권력을 견제하는 역할을 수행하게 된 것이다. 이제 신분제적 요소가 중국 사회와 국가에서 철저하게 청소되고 황제 권력이 절대화하여 군주와 인민이 직접 만나게 되었다.

당대 후기 이후에 나타나는 또 하나의 변화는 사상의 역사상에서 발견된다. 한 말 이후 유학이 현학의 단계로 발전하고 위진남북조 시대를 통해 유불선 삼교가 정립함에 따라, 정치 및 사회의 체제 이념인 유학에 본질적인 변화가 일어나게 되었다. 인간과 인간의 관계에 관해 사회학적 관심을 갖고 있었던 고전적 유학자들과는 달리, 당대 후기부터 유학자들 가운데 사서(四書), 즉 『논어』와 『맹자』, 『중용(中庸)』, 『대학(大學)』 등 유교 경전에 나오는 '태극(太極)'이나 '음양(陰陽)', '오행(五行)', '태극(太極), '이(理)', '기(氣)', '성(性)' 등 형이상학적 개념에 관심을 갖는 이들이 출현하기 시작했는데, 이 새로운 경향은 송대에 이르러 일반화되어 마침내 남송의 주희(朱熹)에 의한 신유학(新儒學)의 집대성이 이뤄지게 되었다. 이들 송인들은 '이'를 우주만물이 존재하고 작용하는 기본 원리로 이해하고, '태극'은 '이'가 하나의 전체로 집합된 개념으로 규정했다. '이'가 만물에 분유된 것을 '성'이라 하고, '이'가 만물로 구현되는 데 필요한 재료를 '기'라고 했다. 송인들은 특히 '이'와 '기'의 관계에 관심을 모았는데, 그 까닭은 '이'가 어떤 사물이나 어느 누구에게나 구유된 일반 원리라면 '기'는 사물과 사람에 따라 질량이 다른 차별 원리여서, 양자의 관계를 구명하는 일이 곧 사물과 사람의 차이를 이해하는 관건이 된다고 생각했기 때문이다. 즉 '음양오행'의 '기'가 태극으로부터 차별적으로 부여됨으로써 사람의 현불초(賢不肖)와 능무능(能無能), 귀천, 수명 등이 달라진다면, 우주의 본체에 대한 형이상학적 논의를 통해 정치적 체제와 사회적 질서에 대한 논리적 설명까지 이끌어 낼 수 있을 것으로 기대한 것이다. 이러한 이론 구조에 근거하여 주희는 통치자와 피통치자, 지배자와 피지배자의 관계를 이기의 관계를 통해 설명하여 기존의 정치 체제와 사회질서를 논리적으로 합리화했다. 다만 그는 명상에 의한 내성(內省)과 경전의 독서 등을 통해 이와 기의 조화를 도모하면 누구나 현성(賢聖)이 될 수 있다는 단서를 달아 놓음으로써, 사대부 계층이 독서와 수양을 통해 사회를 지도하는 송대의 새로운 사회질서를 옹호하고, 농민이 사회적 역량을 점차 제고하는 새로운 상황을 설명할 수 있도록 문을 열어 놓았다. 송대에 이르러 유행했다고 해서 '송학(宋學)'이라 하고, 주희에 의해 집대성되었다고 해서 '주자학(朱子學)'이라고 하며, 성과 이를 중심 개념으로 삼았다고 해서 '성리학(性理學)'이라고 일컫는 이 새로운 유학은 당·송 교체기에 일어난 일련의 정치·사회적 변화를 이론적으로 설명하기 위해 출현했다.

송대에 출현한 성리학은 사대부(士大夫)가 존재해야 할 이유를 설명하는 사대부의 자기주장이었다. 사실 사대부의 등장도 당대 이후 중국 사회에서 보이는 가장 중요한 변화의 하나였다. 사대부란 수·당 시대에 과거가 시행되면서 나타난 지식인 계급으로, 독서를 통해 유교적 교양을 갖추고 과거를 통해 관료가 되어 정치적 통치와 사회적 지배에 참여하는 사회 계층을 말하는데, 송대 이전의 지배층과는 일정한 차별성을 갖는다. 송대 이후의 사대부가 관료로서 국가 권력에 동참하는 기생적 지배층이고 경제적으로는 토지를 보유한 지주 계층이라는 점에서는 한·당 시대의 사인(士人) 계층과 크게 다르지 않지만, 후자가 가문적 배경과 경제적 역량을 더 중시한 데 반해 전자는 개인의 학문적 역량과 문학적 능력을 중시하는 개방적 계층이라는 점에서는 일정한 차이가 있다. 특히 송대 이후 과거제의 확대와 인쇄술의 발달로 인해 사대부 계층이 수적으로도 크게 확장되었다. 주자의 성리학이 내성과 독서를 통해 자신의 운명을 바꿀 수도 있음을 강조한 까닭도 바로 이러한 사대부의 출현을 옹호하고 그 존재 근거를 이론적으로 제공하려는 데 있었다.

성리학의 등장은 지배층으로서의 사대부의 출현뿐만 아니라 피지배층으로서의 농민 역량의 제고와 신분의 상승이라는 새로운 사회적 변화에 대응하기 위해서도 불가피한 일이었다. 농지를 매개로 하여 노예적 혹은 농노적 지위에 놓여 있던 농민들이 송대 이후에는 상품 생산으로 잉여 부를 축적할 수 있게 되었고 지주전호제의 확산으로 농지를 매개로 한 인신적 구속에서 해방되었다. 송대 이후에 생존을 위한 투쟁에서 지조(地租)에 대한 저항으로 성격이 변질된 농민 반란의 발생 빈도가 크게 증가하고 규모도 확대되어 농민의 제고된 사회경제적 역량과 상승된 사회경제적 지위를 증명해 준다. 송대 이후에 도시가 발달하고, 『삼국지연의(三國志演義)』와 『수호전(水滸傳)』, 『서유기(西遊記)』, 『금병매(金甁梅)』 같은 소설과 희곡 등 서민을 소비자로 설정한 서민문화가 나타나서 발전하게 된 것도 이러한 사회적 변화를 동반한 현상이다. 성리학자들이 선천적 운명을 후천적 노력으로 일부 바꿀 수도 있음을 시사한 것은 바로 이러한 농민층의 변화에 대응하려는 노력의 일환이기도 했다. 이후 명대에 성리학 좌파인 양명학(陽明學)이 나타나서 모든 인간은 양지(良知)를 공유한다는 점에서 평등함을 강조한 것도 명대에 이르러 더욱 빈번하고 확대된 농민 반란에 직면했기 때문이고, 명 말에 양명학 좌파인 탁오(卓吾) 이지(李贄) 등이 육경(六經)의 권위보다 모든 인간이 공유하는 동심(童心)을 더 중시한 것도 송대 이후에 발전적으로 전개된 새로운 사회 현상에 보다 적극적으로 대응하려는 노력이었다.

그러나 무엇보다 중국 역사상에서 고대적 특징이라고 부를 수 있는 것 가운데 가장 중요한 요소는 바로 정전제적 토지제도와 그것에 기초한 수취제도, 즉 이른바 제민(齊民) 체제라 할 수 있다. 원시공동체적 토지제도가 와해된 춘추전국 시대 이래로 고대 중국인들이 끊임없이 꿈꾸어 온 이상은 균전(均田)과 수전(授田), 즉 토지의 균등한 분배였고, 이러한 이상은 한대의 한전

(限田)과 명전(名田), 조위의 둔전(屯田), 서진의 과전(課田) 등을 통해 끊임없이 추구되다가 오호십육국의 특수한 상황을 정리한 북위 시대에 이르러서 마침내 균전제(均田制)의 형태로 구현되었다. 이러한 전통은 수·당 시대까지 이어져 통일 중국의 가장 기본적 국가 체제로 확립되었다. 고대 국가가 존립하기 위해서는 소득세와 인구세, 요역, 병역 등의 수취가 불가피했는데, 국가가 국민에게 균등하게 생산수단을 분급해 주게 되면, 그 반대급부로 국민으로부터 소득세와 인구세, 요역, 병역 등을 균등하게 착취하는 것이 자연스럽게 이루어질 수 있게 된다. 따라서 균전제가 시행된 북위 시대부터 당연히 균등한 액수, 즉 정액의 소득세와 인구세, 요역과 병역을 수취할 수 있게 되었으니, 조용조(租庸調)의 세제와 부병제(府兵制)라는 병제가 그것이다. 모든 국민이 균등한 토지를 분급 받아 균등한 액수의 소득세와 인구세 및 요역과 병역 등을 국가에 제공한다면, 이러한 국민은 차등 없이 고른 국민, 즉 '제민'이라 할 수 있고, 이러한 국민을 생산하여 지배하는 체제를 일러 '제민지배 체제'라 할 수 있을 것이다. 제민 체제는 춘추전국 시대의 변법(變法) 이후 고대 중국에서는 끊임없이 추구되었던 지배 체제였는데, 수·당 시대에 이르러 비로소 그 꿈이 정리된 형태로 실현되었다고 할 수 있을 것이다. 이러한 이상이 꿈꾸어지고 실현되는 과정을 중국 역사상에서 '고대'라고 부를 수 있다면, 그 꿈은 당대 중기, 특히 안사의 난을 즈음하여 깨지고 '고대'는 종말을 고하게 된다.

제민 체제의 바탕은 바로 토지의 균등한 분급이다. 그러나 이 균전제는 시간이 지나면 붕괴될 수밖에 없는 태생적 모순을 가지고 태어났다. 북위 시대에 균전제를 시행할 수 있었던 까닭은 오호십육국 시대를 통해 엄청난 양의 주인 없는 황무지가 양산되었기 때문이지만, 시간이 흘러 중국이 안정되고 장기간의 태평성세가 이어지면 토지는 제한되어 있는 반면 인구는 증가하여 분급해 줄 토지가 점점 줄어들 수밖에 없고, 궁극적으로는 더 이상 토지 분급이 의미를 가질 수 없는 지경에 이르게 된다. 근래에 서역 투루판(土魯番)에서 출토된 당대 호적(戶籍)에는 율령에 규정된 액수에 터무니없이 부족한 토지 액수가 기재되어 있어 당대 전기에 이미 균전제의 태생적 모순이 노출되고 있었음을 증빙하고 있다. 그뿐만 아니라 균전제가 이상대로 잘 시행되기 위해서는 토지의 분급과 환수 등을 수행할 정밀한 관료제가 효율적으로 잘 운영되는 것이 필수 조건인데, 무주혁명(武周革命) 등 정치적 혼란과 함께 이미 당대 중기에 들어서 관료제의 효율성이 현저하게 떨어졌고, 특히 파괴적인 안사의 난을 장기간 거치면서 당조 관료 조직은 치명적으로 와해하여 균전율령을 실행할 능력을 사실상 상실했다. 이와 더불어 위진남북조 이래로 유지되어 온 귀족제적 사회질서 역시 균전제의 철저한 실행을 저해했으니, 균전율령상에서 귀족적 대토지 소유자들과 관료들에게 지급하는 영업전(永業田)의 부분이 수·당 시대에도 여전히 잔존, 혹은 증대되어 균전제의 정신을 훼손하고 있었다.

균전제의 모순이 노출되어 균등한 토지 분급이 제대로 이행되지 못하면, 균전제에 기초한 조용조 세제와 병농일치의 부병제 역시 당연히 원활하게 작동할 수가 없다. 안사의 난을 즈음하여 균전제가 무너짐과 동시에, 조용조 세제와 부병제 역시 동시에 붕괴되었다. 정전법적 이상이 포기되어 국가의 토지 분급이 중단되자, 세제도 조용조에서 양세법(兩稅法)으로 전환되었고 부병제는 모병제로 대체되었다. 양세법이란 봄가을로 두 번씩 징세한다고 해서 붙여진 이름이지만, 이름과 달리 조용조의 세 가지 세목을 통합하여 한 가지로 일괄 징수하는 것을 특징으로 한 세다. 또한 양세법은 정액제의 세제가 아니라 정율제의 세제였으니, 균등하게 토지를 지급할 수 없게 되었기 때문에 동일한 액수의 세금을 징수할 수 없는 것이 당연한 일이었다.

따라서 양세법은 불균등한 토지 소유의 현실을 국가가 인정하고, 그 현실을 바탕으로 하여 고대적 이상을 포기한 결과였다. 이제 국가의 입장에서는 징세의 근거가 되는 토지의 소유자, 즉 지주의 존재만 중요하게 되었고, 생산 도구를 상실한 소농민이나 전호는 국가의 인적 기반으로 간주될 필요가 없게 되었다. 세금은 지주만 내는 것이고 전호는 지주에게 지조를 내면 되기 때문에 지주가 아니면 국가의 착취 대상이 되지 못하니 국가의 보호 대상도 되지 못했다. 이제 생산 관계는 국가와 농민의 관계가 아니라 지주와 전호의 관계로 바뀌었으니, 이를 두고 지주전호제(地主佃戶制)라고 한다.

이러한 세제의 변화는 실로 엄청난 결과를 초래했다. 무엇보다도 토지 소유에 대한 제도적 제한 장치가 완전히 제거됨에 따라 겸병에 의한 대토지의 소유가 아무런 제한 없이 광범하게 진행되어, 토지의 소유자와 토지를 소유하지 못하거나 토지 소유가 부족한 농민들 사이의 계급모순이 노골적으로 노출되었다. 고대에는 "넓은 하늘 아래 왕의 땅이 아닌 곳이 없다(普天之下 莫非王土)"는 『시경』 구절이 기본 원칙으로 신봉되었지만, 이제는 개인의 토지 소유라는 현실이 있는 그대로 인정되게 되었다. 이와 더불어 고대에는 국가의 착취로부터 도피하는 소농민, 즉 '도호(도피하는 호구)'가 빈번하게 발생하여, 호구조사는 국가가 해야 할 가장 기본적인 통치 행위의 하나가 되었지만, 이제 농지를 보유하지 못한 소농민은 징세로부터 도피해야 할 필요가 없어졌기 때문에 이 무렵부터 국가의 인구조사에 잡히는 호구가 비약적으로 증가하기 시작했다. 혹자는 중국 정사에 나타나는 역대 인구조사 결과가 들쑥날쑥한 것을 보고 전쟁이나 기아 등으로 인구가 증감한 것으로 해석하기도 하지만, 전통시대 중국의 인구조사가 시대마다 차이가 나는 것은 대체로 세제의 변화에 기인한 바가 적지 않았다. 세제의 변화로 인해 나타난 또 하나의 현상은 농민 반란의 성격이 변질되고 빈도나 규모가 크게 증가되었다는 것이다. 고대의 농민 반란이 생존을 위한 것이었다면, 이때부터 일어나는 농민 반란은 대부분 지조를 감액하기 위한 지주와의 투쟁이라는 성격을 띠고 있었으니, 광범한 지역에서 빈번하게 발생한 것은 자연스러운 일이었다.

국가가 농민에게 생산수단을 제공하지 못하게 되니, 그 반대급부의 하나인 병역을 요구할 수도 없게 되었다. 농민에게 병역의 의무를 강제할 수 없기 때문에 국가는 다른 방법, 즉 돈을 주고 군인을 사는 모병을 통해 병력을 충원할 수밖에 없었다. 그 이전에도 위진남북조 시대에는 왕왕 모병제가 시도되기도 했지만, 모병이 실행될 때는 언제나 병력의 질이 열악하게 된다는 경험이 있었다. 생산수단을 전혀 보유하지 못한 소농민이 마지막 생계수단으로 모병에 응하기 때문이다. 이들은 자신의 생산도구를 자손에게 상속할 수도 없어, 이들의 자손도 군인의 역할과 신분을 상속받아 하나의 병호(兵戶)를 이루게 되었다. 명대의 병제인 위소제(衛所制)도 바로 이러한 병제의 변화를 통해 나타난 병호제의 전형이라 할 수 있다. 병농일치의 개병제인 부병제가 모병제로 전환함으로써 신분제가 다시 출현하게 된 것이다.

안사의 난을 즈음하여 출현해서 변환의 시기를 특징지은 절도사(節度使) 제도도 부병제의 붕괴와 모병제의 채택이 초래한 결과의 하나였다. 절도사는 안사의 난이 일어나기 전에 이미 북변에 설치한 군진으로, 그 병력은 모병으로 충원되었다. 안사의 난은 바로 이들 절도사 가운데 하나가 이미 사병화된 모병 집단을 이끌고 일으킨 병란이었다. '안사'란 절도사 안록산(安祿山)과 사사명(史思明)의 합칭어로, 안록산이 먼저 병란을 일으키고 그 사후에 부장인 사사명이 잇달아 병란을 일으켰다고 해서 붙여진 이름이다. 안록산은 서역호인(西域胡人) 아버지와 돌궐인 어머니 사이에서 태어난 '잡호(雜胡)'로, 요동의 전진 기지인 영주(營州)에서 성장하여 동북의 절도사가 되었는데, 그의 군단은 대부분 돌궐과 거란 등 호인과 잡호 출신의 모병으로 구성되었다. 그는 낙양과 장안을 점령하고 대연(大燕) 황제를 자칭했고, 그를 이어 칭제한 사사명 역시 비슷한 출신 배경을 갖고 병란을 장기간 지속했다. 안사의 난은 당 국가로 하여금 호구의 4분의 3을 상실하게 했고, 화북이 강남에 경제적 중심을 이양하게 했으며, 회흘과 토번의 침해를 초래했고, 하북과 산동 등 중국의 주요 지역에서 수많은 절도사들이 할거하게 했다. 당조가 간신히 명맥을 유지한 관중을 제외하고 중국의 거의 전 지역에 포진한 수십 개의 절도사 세력을 흔히 번진(藩鎭)이라 불렀는데, 이들 번진의 상당수는 독립된 군사력을 보지했을 뿐만 아니라 막부를 통해 각 지역을 행정적으로 장악했고, 중앙정부에 호구를 보고하지도 않고 부세를 보내지도 않았으며, 중앙정부의 후계자 임명을 거부하여 절도사 지위를 세습하는 등 사실상 독립된 왕국과 같은 형세를 취했다. 당대 후기의 번진은 한 말의 군벌을 이은 중국 역사상에서 두 번째로 출현한 군벌이었지만, 한 말의 그것에 비해 훨씬 더 장기적으로 존속하여 당 국가를 사실상 유명무실하게 만들었다. 당조의 수명은 3백여 년이나 지속했지만, 안사의 난 전후의 당조는 그 국가적 성격을 전혀 달리했다. 반란 전의 당이 중국을 통일적으로 지배했을 뿐만 아니라 동아시아 세계질서를 주도한 제국이었다면, 번진의 난립으로 중국이 갈기갈기 쪼개진 반란 이후의 당은 명목상으로는 여전히 제국의 형식을 유지했지만 실제로는 관중 지역에만 통치권이 미친 일개 지방정부에 지나지 않았다. 균전제와 조용조 세제 및 부병제의 철폐와 양세법과 모병제의 실시 등은 모두 안사의 난 이후에 존속한 후기 당조에서 일어난 일이었다.

907년에 당조가 290년 만에 멸망하고 중국은 다시 오대십국(五代十國)의 분열 시기로 들어섰지만, 오대십국은 번진이 할거한 후기 당조의 연장에 지나지 않았다. 번진의 하나가 선양의 형식으로 당조를 멸망시키자, 다른 번진들도 스스로 제국을 자칭하며 자립한 것이 오대십국이었기 때문이다. '오대'란 차례대로 선대하며 개봉(開封)에 수도를 둔 다섯 왕조를 말하고, '십국'이란 오대의 영역 밖에서 할거한 번진의 독립 정부를 말하는데, 불과 54년 동안에 다섯 왕조가 교체되고 10여 국가가 할거했으니, 그 정치적 혼란과 분열상을 미루어 짐작할 수 있다. 그러나 혼란과 분열은 이미 안사의 난 때부터 시작된 것이어서 송(宋)에 의해 중국이 재통일될 때까지 사실상 200년이 넘게 지속되었다고 할 수 있다. 이렇게 장기간 지속된 혼란과 분열의 시기에 중국 역사상의 고대가 종말을 고했으니, 고대 중국의 국가와 사회의 기본 체제가 대부분 파괴되고 새로운 체제와 질서가 준비되었기 때문이다.

그러나 고대의 종말은 중국에서만 이뤄진 것은 아니었다. 중국에서 고대가 끝날 무렵 중국 밖의 다른 나라에서도 '획기적'인 변화가 동시다발적으로 일어나고 있었다. 위진남북조 시대를 통해 화이(華夷)의 접촉과 융합이 광범하고 높은 수준으로 진행되었고, 그 뒤를 이어 수·당 왕조도 대외적으로 개방적인 자세를 취하여 화이의 구별을 스스로 허문 결과, 중국이 외이(外夷)의 문화를 대폭 수용했을 뿐만 아니라, 외이 역시 중국의 문물을 폭넓게 받아들여 스스로 변화시켜 나갔다. 이로 인해 중국에서 전개된 '획기적' 변화는 외이에도 비교적 빠른 속도로 전이되어 외이의 국가와 사회를 변혁시키는 데 크게 작용했다. 그 이전에는 동아시아 세계의 문화적 중심인 중국과 문화적 변방인 이적(夷狄) 사이에는 사회·문화적 수준의 차이가 적지 않았지만, 위진남북조와 수·당 시대의 장기적 중외(中外) 접촉과 융합으로 인해 중외의 사회·문화적 수준이 많이 접근되어, 이제 중국에서 고대가 종언을 고하자 이적의 사회에서도 큰 시차 없이 이에 버금할 만한 근본적 변화가 연쇄적으로 일어나게 된 것이다. 이러한 국제 사회의 변화는 대체로 당이 멸망하고 오대십국 시대를 경유해서 송이 건국되는, 이른바 당·송 교체기라 할 수 있는 10세기를 전후해서 전개되었다.

우선 한국에서는 천년 왕국인 신라가 바로 이 시기에 마침내 종말을 고하고, 후삼국 시대를 경유해서 고려(高麗)가 건국되었다. 신라의 멸망과 고려의 건국은 한국의 역사상에서는 단순한 왕조 교체 이상의 '획기적' 의미를 갖는다. 한국은 원래 삼한이라 불린 성읍 국가 공동체가 모체가 되어 신라와 백제, 고구려 등 고대 영토 국가로 발전했고, 7세기 후반에 고구려와 백제가 패망하면서 신라에 의해 처음으로 정치적 통일이 이루어졌다. 따라서 신라의 삼한 통일은 한국이라는 역사공동체가 한 국가에 의해 통일적으로 지배받게 된 신기원을 이룬 사건이었다. 그 뒤 신라가 쇠퇴하면서 한국은 다시 신라와 후백제, 후고구려 등 삼국으로 분열되었다가 10세기에 한국이 다시 통일되었으니, 한국이라는 역사공동체가 오늘날의 모습을 갖추게 된 기원을 여기에서 발견할 수 있다. 골품제 사회였던 신라와 달리 고려는 문벌 귀족 사회를 경유하여 관료제 사회로 발전했고, 고려를 이어 한국을 다시 통일적으로 지배한 조선도 신분제에 기초한 관료제 사회를 전개했으니, 전근대 천여 년의 특성이 10세기에서 비롯되었다고도 할 수 있다.

한국의 이웃 나라인 일본에서는 이보다 조금 늦게 획기적 변화가 일어났으니, 고대 국가 체제에서 막번(幕藩) 체제로의 전환이 12세기에 이루어졌다. 일본 열도는 원래 수백의 성읍 국가들로 분산되어 있었는데, 5세기 이르러 대화(大和) 정권이 수립되고 대화개신(大化改新)을 통해 중국의 율령제를 수입하여 고대 국가의 면모를 갖추었으나 그 지리적 특성으로 인해 지방 분권적 상황을 극복하지는 못하다가, 12세기 말에 이르러 장군(將軍)이 막부(幕府)를 세워 번국(藩國)들을 관리하는 이른바 막번 체제를 수립하기에 이르렀다. 일본이 동아시아의 다른 나라들보다 다소 늦게 변화를 경험하게 된 것은 외딴 섬나라라는 특수한 지리적 환경으로 인해 중국 중심의 동아시아 국제 사회에 직접 참여하지 못하고 후진적 변방으로 소외되어 있었기 때문이다. 그러나 일본 역시 간헐적으로나마 중국과 접촉하고 특히 견당사를 파견하여 중국의 문물을 적극적으로 수용함으로써, 다소 늦게나마 국제 사회의 전면적 변화에 동참하게 되었다. 일본은 가마쿠라(謙倉) 막부 이후 무로마치(室町) 막부, 도요토미 히데요시(豊信秀吉) 막부, 도쿠가와(德川) 막부 등이 연속으로 출현하여, 근대 명치유신(明治維新)으로 왕정(王政) 복구가 이뤄질 때까지 7백여 년 동안 전통시대 일본의 국가와 사회를 특징지은 독특한 체제와 질서가 12세기부터 비롯되었음은 주목할 만하다.

베트남에서도 이 시기에 '획기적' 변화가 일어났다. 한 무제 시기에 남월이 중국의 한에 정복되어 군현으로 편입되었을 때, 지금의 베트남 북부 하노이(河內) 지역에도 군현이 설치되었는데, 이후 베트남 북부는 언제나 중국 국가의 교주(交州)와 그 산하 군현에 편입되어 있었다. 조선이 한 무제 시기에 한의 군사적 침공을 받아 이른바 '한사군'에 편입된 뒤 4백여 년이나 군현적 지배를 받은 것과 비슷한 경험을 베트남인들도 겪었던 것이다. 다만 요동에서는 중국의 군현이 4백여 년 만에 완전히 철수했지만, 베트남 북부에서는 무려 1천여 년(기원전 111년부터 기원후 939년까지)이나 중국 국가의 군현이 유지되었다. 당대에도 이곳에는 안남도호부가 설치되어, 평양에 안동도호부가 설치되었던 것과 같은 경험을 공유했다. 지금도 베트남을 가리켜 '안남'이라 해서 그곳에서 산출되는 쌀을 '안남미(安南米)'라 부르게 된 기원은 당대에까지 거슬러 올라간다. 그러나 당의 패망과 거의 동시에 천 년에 걸친 베트남에 대한 중국 국가의 군현적 지배도 끝이 났다. 베트남인들은 자국에서 중국의 군현을 몰아내고 939년에 스스로 국가를 세웠으며, 이후 지금에 이르기까지 이조(李朝)와 진조(陳朝), 여조(黎朝), 완조(阮朝) 등 독자적인 국가를 운영해 왔다. 베트남인은 한국과 마찬가지로 중국의 국가들과 책봉-조공 관계를 맺고 유교와 불교, 율령제, 한자문화 등을 광범하게 수입했지만, 동남아시아에서는 '중국'과 '제국'을 자칭하며 주변국들에 대해 종주국 역할을 하면서 독자적인 국제질서를 주도했다. 사실 베트남은 한국과 매우 근사한 역사적 전통을 갖고 있어, 이 측면에서만 본다면 세계에서 한국과 가장 가까운 나라라고 할 수 있다. 한국인들이 자기들 역사의 첫 장을 고조선에서 찾듯이, 베트남인들도 남월의 역사를 자신의 초기 역사로 간주하여 자국의 이름도 '남월'을 뒤집어 '월남(越南)'이라 불렀다. 중국과의 관계도 혹사하여, 양국이 초기에는 중국 국가의 군현적 지배를 받다가 자립한 뒤에는 중국과 책봉-조공 관계를 맺고 중국의 문화를 폭넓게 받아들여 제2의 문화대국을 서로 다투었고, 남북으로 영토를 확장하면서 한글과 자남(字喃)이라는 독자적 문자를 만들어 사용했다는 점에서도 빼어 놓은 듯 닮았다. 다만 정치적 자립도나 자주성에 있어서는 베트남이 한국보다 몇 발자국 앞서 갔으니, 베트남은 한국과 달리 자국에서는 제국을 자칭하며 독자적 연호를 사용했고, 송과 명, 몽원, 프랑스, 미국, 중화인민공화국 등 당시 세계 제일의 강대국들이 침략할 때마다 완강하게 저항하여 물리쳤다. 베트남인의 높은 자긍심의 바탕이 되는 이처럼 독특한 역사적 경험은 10세기 베트남의 독립으로부터 비롯되었다.

이 시기에 티베트 고원에서도 이와 유사한 변화의 바람이 불었다. 티베트 고원은 그 자연조건으로 인해 좀처럼 통일 국가가 나타나지 않다가 수·당이 중국을 통일할 무렵에야 비로소 통일 국가가 출현했으니, 송찬간포(松贊干布)란 영웅에 의해 건립된 토번(吐蕃)이 그것이다. 토번은 당조와 혹은 화친하고 혹은 화맹하며 힐항하다가, 내분으로 인해 당조와 함께 역사의 뒤안길로 사라져 갔다. 이때부터 티베트 고원은 다시 수많은 지방 세력으로 분열되었는데, 특이한 것은 지방에 할거한 세력의 군장 역할을 라마, 즉 티베트 불교의 고승들이 겸임한 것이다. 티베트 불교는 네팔을 통해 들어온 인도의 탄트라 불교와 청해(靑海)를 통해 유입된 중국 불교가 티베트 고유의 샤머니즘인 분교(苯敎)와 결합하여 탄생한 일종의 밀교(密敎)로, 전생(轉生)의 라마를 숭배했기 때문에 이러한 정교일치의 경향이 만연하게 된 것이다. 10세기에 티베트 고원에서 출현한 세계 유일의 정교일치 체제는 이후 티베트 정치와 사회의 특성을 규정한 가장 기본적 요소로서, 티베트 불교의 최고위 승려인 14세 달라이 라마가 티베트를 통치하는 지금까지도 유지되어 오고 있다.

티베트는 넓은 고원에 비해 인구는 매우 희소했고 불국(佛國)이라는 이유로 인해 군사력도 제대로 갖추고 있지 않았지만, 전통시대 내내 동아시아 국제 사회에서 매우 중시되었다. 그 까닭은 티베트 불교의 최고위 승려가 티베트를 통치하고 있었기 때문이다. 티베트 불교는 10세기 이후에 북상하여 막북 초원 지역으로 진입했고 17세기 이후에는 서진하여 요동 지역으로 진출하여 장성 이북이 모두 티베트 불교에 교화되어 그 정신적 지배 아래에 놓이게 되었다. 티베트 불교의 라마들은 몽원(蒙元)이나 만청(滿淸)의 군장들과 단월(檀越), 즉 공시(供施) 관계를 맺고 티베트 고원에 대한 통치권을 승인받고 보호받는 대가로 몽원과 만청의 정치적 역할을 옹호하고 기원해 주었다. 몽원과 만청의 군장들은 막북 초원 지역을 지배하기 위해서는 티베트 불교 라마의 정신적 지원이 필요했기 때문에 언제나 라마를 보호하고 존중했다. 티베트의 정교일치 체제뿐만 아니라 몽원 이후 만청까지 전개된 동아시아의 독특한 국제질서의 기원도 10세기에 티베트 고원에서 일어난 변화로 거슬러 올라가야 하기 때문에 그 역사적 의미를 결코 간과할 수 없다.

그러나 10세기 전후하여 그 어느 지역보다도 더 크고 깊은 변화를 경험한 곳은 바로 장성 이북 지역이었다. 전통시대에 장성 이북은 장성 이남의 중국과는 별개의 한 세계를 이루고 있었다. 특히 고대에는 장성 이북의 중심은 언제나 중국 서북의 막북 초원 지역이었으니, 이곳에 사는 사람들은 물과 풀을 따라 이동하며 유목 생활을 영위하다가, 물과 풀이 메말라 흉년이 들면 장성을 넘어 중국으로 진출해서 필요한 물자를 약탈했다. 장성 이남의 중국인들은 농경으로 정착 생활을 영위하면서, 유목민이 침략해서 물자를 노략하는 것을 막기 위해 장성을 구축하고 방어했다. 유목민의 침략과 농경민의 방어가 주로 이뤄진 곳은 바로 장성 이북 황하 이남의 하남(河南), 즉 오르도스 지역이었다. 오르도스는 고대 중국의 중심인 관중과 유목민의 중심인 막북을 잇는 축의 한가운데에 위치하고 있었기 때문이다. 이 무렵 유목민과 농경민의 길항 관계는 언제나 노략과 방어의 형태로 이루어졌다. 한 예로 한 고조 유방이 중국을 통일한 직후에 30만 정예 병력을 이끌고 북상했다가 장성 부근의 평성에서 흉노의 묵특 선우가 이끈 기병에게 포위되어 곤경을 겪었을 때, 선우의 부인 연지가 선우에게 "장성을 넘어가서 중국에서 무엇을 하겠는가"라고 설득시켜 포위망을 풀어 주게 했고, 한 무제가 흉노를 선제공격하려 하자 반대론자들이 "장성 넘어 막북에 가서 무엇을 하겠는가"라고 반문하며 설득했으니, 이는 고대에는 장성이 곧 유목민과 농경민의 생활 근거지를 구획하는 표지로서, 서로가 자신의 거주지를 지켰음을 의미한다. 다만 두 세력은 길항의 축 가운데에 놓여 있는 오르도스만은 서로 결사적으로 다투었으니, 이는 오르도스가 농경과 유목이 모두 가능한 특수 지역이고 이 지역을 장악하는 쪽이 전략적으로 유리한 고지를 선점하기 때문이다. 이로 인해 진이 흉노를 축출하고 오르도스에 군현을 설치했을 때는 흉노인이 지평선 넘어 사라졌고, 진이 멸망하자 오르도스가 흉노에 선점되어 한 초에 중국이 흉노에 내내 고전하며 화친으로 연명했으며, 한 무제가 흉노를 공격하여 오르도스를 다시 탈환하자 중국이 다시 우위를 점하게 되었던 것이다.

그러나 10세기에 이르면 양자 관계에서 새로운 양상이 발견된다. 약탈과 방어가 아니라 정복과 피정복이라는 새로운 양상이 나타난 것이다. 그 까닭은 이때부터 유목민과 농경민이 길항하는 축이 관중-오르도스-막북이 아니라 산동-연운십육주-요동의 축으로 바뀌었기 때문이다. 고대에는 중국의 문화·경제적 중심은 낙양을 중심으로 한 산동이었지만 정치·군사적 중심은 장안(서안)을 중심으로 한 관중이었다. 그러나 육조 시대부터 강남이 개발되어 정치·군사적 중심까지 산동으로 점차 이동했고, 오대십국 시대와 송대에는 변경(汴京) 즉 개봉(開封)이 차례로 수도로 정해졌다. 장성 이북에서도 힘의 중심이 이동하여, 10세기 이후에는 막북 세력이 변두리로 밀려나고 요동 세력이 장성 이북을 주도했다. 따라서 당연히 요동과 산동을 중심으로 한 장성 이북과 이남 세력이 길항하는 축의 가운데에는 언제나 지금의 북경 지역인 연운십육주(燕雲十六州)가 놓여 있었으니, 유목민과 농경민이 고대에는 오르도스를 다투었듯이, 10세기 이후에는 언제나 연운십육주를 다투게 된 것이다.

10세기에 이르러 장성 이북의 유목민과 장성 이남의 농경민이 길항하는 축이 막북-오르도스-관중에서 요동-연운십육주-산동으로 바뀌게 된 것은 10세기 이후 동아시아 세계의 전체 구조에 실로 '획기적'인 변화를 가져왔다. 무엇보다도 이때부터 통합 국가가 연속으로 발흥했다는 사실을 주목할 필요가 있다. 요동에서 흥기한 세력이 요동을 통일한 다음에는 장성을 넘어 연운십육주를 장악하고, 이를 발판으로 해서 중국으로 남하하여 중국의 일부 혹은 전부를 지배하는 통합 국가를 건립했는데, 요(遼), 금(金), 원(元), 청(淸) 등으로 이어진 이러한 과정은 20세기 초에 이르기까지 1천여 년간 거듭 반복되었다. 이로 인해 연운십육주, 즉 북경(北京) 일원은 언제나 요동과 중국을 통합하는 연결고리와 같은 역할을 하게 되었으니, 이들 일련의 통합 국가는 항상 북경에 도읍을 정함으로써 요동과 중국을 함께 아우르려 했다. 통합 국가의 연속적 출현은 중국사 체재를 크게 바꾸어 놓았다. 10세기 이

전까지만 해도 중국인은 중국인이 건립한 국가에 의해 통치를 받았지만, 10세기 이후부터는 요동인에 의해 중국인이 지배를 받았기 때문에, 10세기 이전의 중국사와 이후의 중국사는 전혀 성격을 달리했다. 또한 요동인이 중국을 지배함에 따라 중국과 주변 나라들의 관계도 크게 바뀌었다. 중국을 지배한 국가와 주변의 국가들 사이의 제도적 관계는 기본적으로 책봉과 조공의 예를 교환하는 관계였다. 책봉-조공 관계란 운명을 함께하는 국제 사회의 중심 국가인 중국과 주변 국가인 사국(四國)이 서로의 국제적 위상을 승인하는 호혜적인 관계였다. 그러나 10세기 이후부터 중국을 지배한 통합 국가들은 주변 국가들에게 책봉-조공 관계를 강제하여 책봉을 신속의 수단으로 삼고 조공을 약탈의 방법으로 이용했으니, 쌍방적이고 호혜적인 책봉-조공 관계가 일방적이고 강제적인 관계로 변질되었던 것이다.

통합 국가의 출현은 거란(契丹)의 요(遼)에서 시작되었다. 거란은 동호계(東胡系)의 한 역사공동체로, 대흥안령의 동남 기슭, 요하 상류 황수(潢水) 주변에서 유목과 수렵, 원시 농경의 생활을 영위하고 있었는데, 북위 시대부터 중국 문헌에 그 이름이 등장하기 시작해서 당 초에는 당에 의해 송막도독부(松漠都督府)가 설치되었다. 그러나 송막도독으로 책봉된 거란의 군장은 무후(武后) 시기에 무상가한(無上可汗)을 자칭하며 당의 기속에서 벗어나 당의 요동 방면 최전방 기지인 영주도독부(營州都督府)를 공격하기도 했지만, 기본적으로는 당의 기미부주(羈縻府州) 체제 안에 편입되어 중국 문화와 정치의 자극과 세례를 받음으로써 고유한 국가와 사회 체제를 변용할 수 있었다. 당대의 거란은 모두 여덟 개의 부(部)로 구성되었는데, 8부의 대인(大人)이 돌아가면서 연맹장의 역할을 담당하다가, 질라부(迭剌部)의 추장 야율아보기(耶律阿保機)가 8부 대인을 모두 제거하고 스스로 독재적 군장의 지위에 올랐다. 그는 907년에 황제를 자칭하며 대거란국(大契丹國)을 건립하고, 927년에는 발해를 멸망시키고 요동을 통일했다. 그의 후계자 야율덕광(耶律德光)은 장성을 넘어 중국으로 들어가서 오대십국의 흥망성쇠에 직접 개입하여 후진(後晉) 황제를 책봉하다가 연운십육주를 탈취하고, 947년에는 통합 국가 대요(大遼)의 건립을 선포했으며, 북송과도 '전연(澶淵)의 맹'을 맺고 연운십육주의 점거를 인정받았다. 요동과 중국 일부를 아우르게 된 거란인은 모두 60개의 속국(屬國)을 포함하고 다섯 곳을 경도(京都)로 지정했으니, 황수 주변 고향에 황도(皇都)인 상경(上京)을 두고, 연운십육주의 중심에 남경을, 요동의 중심에 동경을, 평성 고지에 서경을, 같은 동호계 별종인 고막해(庫莫奚)의 땅에 중경을 두었다. 요의 5경 체제는 발해의 5경 체제를 답습한 것으로, 여러 나라를 통합하여 건립한 국가임을 표현한 것이다. 거란은 요동과 중국을 아우른 통합 국가에 어울리게, 요동을 통치하는 북면관(北面官)과 중국을 통치하는 남면관(南面官)을 두었고 세제도 각각 다르게 적용했으며, 거란 문자를 제정하기도 했다.

거란을 이어 제2의 통합 국가를 이룬 주인공은 여진(女眞)이었다. 여진은 숙신계(肅愼系)의 역사공동체로, 흑룡강과 송화강 유역에 분포해서 주로 수렵과 어렵 생활을 영위하고 있었는데, 그 기원은 당대의 흑수(黑水) 말갈(靺鞨)과 관련되어 있었다. 흑수 말갈은 흑수, 즉 흑룡강 유역에 분포한 말갈로, 당대의 말갈 7부 가운데서 가장 동북 방면에 떨어져 있었기 때문에, 속말부(粟末部) 말갈 중심으로 건립된 발해에 기속되지 않았다. 거란이 발해를 멸망시키고 그 인구를 요동의 중심부, 즉 요양(遼陽) 방면으로 강제 이주시키자, 텅 비어 버린 발해의 고지에 흑수 말갈이 점차 남하하여 점거하게 되었다. 남하한 흑수 말갈은 요대에는 여진이라 불렸는데, 이 가운데서 요의 지배 안으로 들어간 남부 여진을 숙여진(熟女眞)이라 하고 요의 지배 체제 밖에 남아 단순히 '기미(羈縻)'의 대상이 되었던 북방 여진을 생여진(生女眞)이라 불렀다.

제2의 통합 국가를 이룬 주역은 바로 이 생여진의 완안부(完顏部)였다. 생여진의 추장들은 요조로부터 절도사(節度使)로 책봉되어 태사(太師)를 자칭하면서 해동청(海東靑) 등 특산물을 요조에 조공했는데, 요 말에 완안부 추장 아골타(阿骨打)가 조공을 빙자한 거란의 착취를 거부하고 기병하여, 1115년에 칭제하며 대금(大金)이라는 새로운 통합 국가를 세웠다. 요의 상경을 쟁취하여 요동을 통일한 여진은 송과 협공하여 요를 멸망시키고 연운십육주를 탈취한 다음, 중국으로 남진하여 송의 도성인 변경(汴京)을 포위하고 송의 황제 휘종(徽宗)과 그 후계자 흠종(欽宗)을 모두 포로로 잡아 요동으로 압송했다. 중국인들은 정강(靖康) 연간(1127)에 일어난 이 치욕적인 사건을 가리켜 '정강의 변(變)'이라고 불렀다. 송이 패망하자 그 후손들은 강남으로 내려가서 임안(臨安)에서 송의 명맥을 이었다. 역사에서는 그전의 송을 북송(北宋)이라 하고 그 후의 송을 남송(南宋)이라 불렀다. 남송을 세운 고종(高宗)과 그 측근은 정치적 이유로 휘종과 고종의 송환을 원치 않았기 때문에, 두 황제를 송환하지 않는다는 조건으로 거란에 제공한 막대한 세폐를 여진에 공급할 뿐만 아니라, 회수(淮水) 이북의 중국 본부를 모두 여진에게 할양하기로 약속했다. 이제 요동 세력은 명실상부하게 중국까지 지배하는 통합 국가가 된 것이다. 여진의 금(金) 역시 거란의 요와 마찬가지로 오경(五京) 체제를 계승하여, 발원지인 회녕(會寧)에 상경을 두고, 대동(大同)에 서경, 요양에 동경을 두었으며, 연운십육주에는 중경을, 남경은 북송의 수도였던 변경에 두었다. 또한 여진인은 3백 호(戶)를 모극(謀克)이라 하고 10모극을 1맹안(猛安)으로 하는 여진 고유의 사회, 군사 조직을 그대로 유지하여 활용하는 한편, 여진 문자를 만들어 사용하고 여진의 의복 등 고유한 풍속을 숭상하여 여진의 정체성을 지키려 노력했다. 금의 군주에게 남송의 황제가 칭신(稱臣) 납표(納表)하며 책봉을 받고 조공을 하기도 해서, 중국 중심의 전통적 세계질서가 철저하게 역전되는 상황을 연출하기도 했다.

요동의 거란과 여진이 잇따라 중국으로 들어와서 중국의 일부 혹은 중심부를 장악하고 중국 국가인 송을 압박하여 강남으로 축출하고 혹은 책봉-조공 관계를 역전시키기까지 하게 된 것은 안사의 난을 전후하여 일어난 전(동아시아) 세계적 변화의 일환이었다고 할 수 있지만, 송 국가의 강간약지(强幹弱枝)와 중문경무(重文輕武) 정책이 이바지한 바도 적지 않았다. 송조는 당후기의 번진 할거와 오대십국의 분열기를 이었다는 태생적 배경을 갖고 있어, 역사의 전철을 밟지 않기 위해 태조(太祖) 조광윤(趙匡胤) 시기부터 중앙의 권력을 강화하고 문인 지휘관을 임용하는 반면 지방의 군권을 제한하고 군인을 천시하여 변방의 역량을 크게 떨어뜨리는 결과를 초래한 것이다. 북송은 왕안석(王安石)의 개혁 등을 통해 국력을 회복하고 남송은 악비(岳飛) 등 장군들이 주도하여 몇 차례 북벌(北伐)을 시도하기도 했지만, 잃어버린 국토를 회복하거나 국경선을 북상시키는 데는 번번이 실패했고, 다만 양국 관계의 명분을 '군신' 관계에서 '숙질(叔姪)' 혹은 '백질(伯姪)' 관계로 전환시키고 '조표(詔表)'를 '국서(國書)'로, '세공(歲貢)'을 '세폐(歲幣)'로 명칭을 바꾸는 정도에 만족했어야 했다.

이 시기의 동아시아 국제질서의 특징을 결정지은 중요한 성분으로 서하(西夏)와 고려의 존재를 무시할 수 없다. 서하는 당항부(黨項部) 강인(羌人)이 세운 나라로, 섬서(陝西) 하주(夏州) 지역에서 발흥했다고 해서 서하라고 불렸다. 정관(貞觀) 시기에 당조에 귀화해서 이씨(李氏) 성을 하사받았고 당 말에는 황소(黃巢)의 난을 토벌하는 데 공을 세워 절도사와 하국공(夏國公)에 봉해졌다. 그 뒤 송에 귀순해서 서평왕(西平王)에 봉해졌지만 기장(騎牆), 즉 양다리를 걸치는 정책을 취하여 거란으로부터도 대하국왕(大夏國王)으로 동시에 책봉되기도 했다. 이원호(李元昊) 시기에는 회골(回鶻)을 격파하여 하서(河西)

와 오르도스를 차지해서, 영토가 동으로는 황하, 서로는 옥문관, 북으로는 사막, 남으로는 임소관(臨蕭關)에 이르는 대국으로 성장했다. 그는 황제를 자칭하며 영하(寧夏)에 도읍을 정해 대하(大夏)의 건국을 선포하고 하국 문자를 창제하여 자주성을 제고하기도 했지만, 송과 거란 양국과 동시에 수교하여 책봉-조공 관계를 맺음으로써 북송과 거란, 혹은 남송과 여진의 균형적 공존에 적절하게 기여했다.

고려는 후삼국을 통일하여 강력한 중앙집권적 국가 체제를 확립하는 한편, 중국의 송조와 교통하여 책봉-조공 관계를 통해 중국의 문물을 적극적으로 수입해서 문화대국으로 성장했다. 북송 말에 사절단의 일원으로 고려를 다녀간 서긍은 귀국 후에 『선화봉사고려도경(宣和奉使高麗圖經)』이란 복명서를 만들어 황제에게 바쳤는데, 이 사행록에 의하면 고려의 궁성에는 중국에서도 찾아보기 어려운 온갖 비서(祕書)들이 소장되어 있고 고려인의 청자 제조 기술은 당대 천하의 최고 수준이었다. 고려인들은 당시의 지식인들에게 필수품이었던 종이와 붓, 먹 등의 제조 기술도 세계 최고 수준이었고 인쇄술은 이미 중국의 수준을 넘어 금속 활자를 만드는 단계에 이르기도 했다. 그러나 고려는 번번이 외세의 침략에 시달려야 했으니, 거란의 침략을 비롯해서 여진의 침략이 잇따랐고, 그 뒤에는 몽골의 내침까지 당해야 했다. 이처럼 고려가 잦은 외침에 시달려야 했던 까닭은 요동에서 일어난 통합 국가의 본성 때문이다. 거란과 여진은 요동을 통일하고 중국으로 진출하기 전에 먼저 한국을 침략했는데, 그 까닭은 중국과 한국의 밀접한 정치·군사적 관계를 소멸시켜 '후고(後顧)의 화(禍)', 즉 뒤돌아봐야 하는 걱정거리를 예방하려는 조처였다. 이는 뒤에 몽골의 고려 침략과 만주의 조선 침입에서도 되풀이되었다. 거란과 여진은 한국에 군사적 압력을 가해서 고려가 송과 맺었던 책봉-조공 관계를 자신과의 관계로 전환하게 하는 데 성공했지만,

고려는 중국의 문물을 계속 수입하기 위해 비록 단속적으로나마 송과의 관계를 유지하기를 원했다. 송 역시 비록 고려와의 전통적 외교 관계를 회복할 수는 없었지만, 고려에 파견하는 사절단의 격을 서하에 보내는 그것보다 높은 국신사(國信使)로 높이고 문화적 역량이 뛰어난 문학지사를 국신사로 선발하여 고려인의 문화적 욕구와 자긍심을 충족시키면서, 고려가 언제나 거란과 여진의 배후에서 송에 대한 거란과 여진의 위협을 견제해 줄 수 있기를 기대했다. 이처럼 거란과 여진 등 요동 세력이 중국으로 진출하여 송과 경쟁할 때, 서하와 고려는 언제나 힘의 견제와 조정의 역할을 하면서 국제 사회에서 중요한 위상을 유지할 수 있었다.

세 번째 통합 국가는 몽골인(蒙古人)에 의해 건립되었다. 몽골은 흔히 흉노나 돌궐 등 막북의 유목 제국과 같은 계보로 생각되기 쉽지만, 그 기원을 거슬러 올라가면 요동의 동호계에 속한다. 오환과 선비 이후 동호계는 대흥안령 주변에 분산되어 있었으니, 대흥안령의 서쪽에는 거란, 거란의 서남쪽에는 해(奚)와 습(霫), 대흥안령 북쪽에는 실위(室韋)가 있었다. 몽골은 바로 실위의 한 부인 몽올부(蒙兀部) 즉 맹골부(萌骨部)에서 발아했다. 몽올부의 추장 테무진(鐵木眞)이 실위의 여러 부를 통일하고 막북의 유목민까지 통합하여 칭기즈칸(成吉思汗)을 자칭했다. 몽골인은 하서로 진입하여 서하를 격파하고 중앙아시아로 진출해서 여러 한국(汗國)을 건설한 다음, 1227년에는 서하를 멸망시키고, 1231년에는 고려를 정벌하여 후고의 걱정거리를 제거했다. 1234년에는 마침내 금을 멸망시켜 중국 본부를 차지하고 1276년에는 남송을 멸망시키고 강남까지 정복함으로써, 전무후무한 세계 제국을 건설하는 데 성공했다. 이 과정에서 쿠빌라이(忽必烈)가 북경 지역에 대도(大都)를 세우고 1271년에 대원(大元)으로 국호를 개칭함으로써, 전 중국과 요동을 통일적으로 지배하는 통합 국가를 건립했다. 몽골인은 정복한 곳에서 일률적으로

육사(六事), 즉 입질(入質)과 호구조사, 조군(助軍), 납세, 역참(驛站)의 설치, 다루가치(達魯花赤) 주재, 혹은 국왕의 친조(親朝) 등을 요구했지만, 원조가 건립된 뒤에는 현지의 특수한 상황과 조건을 고려하여 통치 방식을 달리했다. 요동은 황실과 공신의 번령(藩領)으로 분봉했으나, 중국의 본부에는 10여 개의 행성(行省)을 설치하여 군현적으로 통치했고, 중국의 서남 지역에는 토사(土司)를 두어 토관(土官)으로 하여금 고속(故俗)으로 자치하게 했다. 한편 티베트는 정교일치의 티베트 고승과 단월(檀越) 관계를 맺고 제사(帝師)로 초빙하여 선정원(宣政院)을 통해 통치하게 했고, 고려는 원 황실의 공주를 출가시켜 국왕을 부마(駙馬)로 삼고 정동행성(征東行省)이라는 특수한 행성을 설치하여 내정에 간여하게 했다. 동아시아에서 몽골에 굴복하지 않은 나라는 베트남과 일본뿐이었다. 베트남의 완강한 저항은 외세에 대한 전통적 자주성이 크게 작용했고, 일본의 존립은 '풍도(風濤)'라는 자연적 장벽이 가장 많이 작용했다. 원 국가는 기본적으로 국인(國人)이라 불린 몽골인과 색목인(色目人)이라 불린 서역 제국인, 한인(漢人)이라 불린 옛 금국 사람, 남인(南人)이라 불린 옛 송국 사람 등 네 종류의 인적 성분으로 구성되었는데, 복속과 저항의 순서에 따라 국인-색목인-한인-남인의 차례로 등급화되어, 관직에 오르거나 법률의 적용을 받고 세금과 요역을 수취할 때 법적, 관습적으로 차별되었다. 이 모든 것은 몽골인의 원, 즉 몽원(蒙元)이 얼마나 통합 국가적 성격을 철저하게 갖추고 있었는가를 잘 보여 준다.

11. 중국의 반동

10세기 이후 20세기 초까지 중국 역사상에서는 두 가지의 거역할 수 없는 큰 흐름이 있었다. 그 하나는 요동의 이적이 세운 요, 금, 원, 청 등 통합 국가들에 의해 연속으로 중국이 지배를 받았다는 것이고, 다른 하나는 노예 혹은 농노의 신분에서 해방된 농민이 끊임없이 그 신분적 지위를 상승시키고 정치·사회적 역량을 제고해 나갔다는 것이다. 중국의 역사상에서 명조(明朝)는 이러한 역사적 흐름에 거스른 반동적 존재였다. 명은 10세기 이후에 중국을 통치한 국가들 가운데서 유일하게 중국인이 건립하여 중국을 지배한 중국 국가였다. 또한 명은 원 말에 도처에서 봉기한 농민 반란 집단을 모두 제압한 지주, 토호 집단이 세운 국가였다.

원 말에 "호로(胡虜)를 쫓아내고 중화(中華)를 회복하자"는 기치를 내걸고 봉기하여 송조의 회복을 기도한 홍건군(紅巾軍)은 원래 백련교(白蓮敎)의 세례를 받은 농민 반란군으로, 그들의 활동은 반몽(反蒙) 투쟁의 성격과 반지주의 계급 투쟁적 성격을 함께 띠고 있었다. 이러한 성격의 홍건군이 봉기하여 개봉에서 송을 재건하자, 자신의 계급적 이익을 지키기 위해 각지에서 토호와 지주들이 '향리보전(鄕里保全)'의 기치를 내걸고 의병 혹은 민병을 조직하고 요해지에 향채(鄕寨) 혹은 민채(民寨)를 세워서 이에 대항했다. 명조를 세운 주원장(朱元璋)은 빈농 출신으로 처음에는 홍건 농민 반란군에 참여했지만, 성장하는 과정에서 토호, 지주 집단의 무장 병력과 민병 조직을 지휘했고, 1368년에 남경(南京)에서 명조를 건립한 뒤에는 지주 계급을 대거 포섭했다. 또한 그는 농민 반란군의 지도 이념인 백련교와 결별하고 정통적 체제 이념인 유교를 수용하고 유사(儒士)를 대거 등용하여 사서(土庶)의 차별성을 강조하고 농민이 피지배층으로서의 분수를 알고 지킬 것을 강요했다. 이로 인해 건국 초부터 강남 지역을 중심으로 농민 반란이 빈발했으니, 과도한 지조와 요역의 철폐를 요구한 등무칠(鄧茂七)의 난과 형양(荊襄)의 난과 같이 광범하게 전개된 대규모 농민 반란도 잇달았다.

이처럼 명조는 세계사적 흐름이나 중국사의 추세로 보나 다분히 반동적인 성격을 띠고 출발했지만, 전체적으로 본다면 10세기 이후의 대세에 편승한 측면도 적지 않게 발견된다. 무엇보다 북경에 수도를 정한 사실을 주목해야 한다. 명은 원래 육조 시대 이래로 꾸준하게 개발해 온 강남의 역량을 반영해서 강릉(江陵), 즉 남경에 수도를 정했지만 곧 북경으로 천도했다. 물론 명의 북경 천도는 성조(成祖) 영락제(永樂帝)가 연왕(燕王)으로서 '정난(靖難)의 변'을 일으켜 제위를 찬탈한 뒤에 자신의 근거지인 북경으로 도성을 옮겼기 때문에 그 직접적 동기는 정치적인 것에 있었다. 그러나 길게 본다면 이 사건은 그동안 북경이 축적해 온 정치적 역량과 전략적 가치를 확인하는 절차에 지나지 않았다. 요동 국가가 연운십육주를 발판으로 하여 중국을 경략, 지배한 패턴이 요, 금, 원 3대를 통해 지속적으로 반복되어 왔기 때문에, 명 초의 북경은 이미 거부할 수 없는 위상과 존재의미를 과시하고 있었다. 명이 북경을 수도로 삼은 것은 명이 비록 중국 국가임에도 불구하고 10세기 이후 1천여 년 동안 지속되는 거대한 세계사적 흐름에서 완전히 벗어날 수 없었음을 증명한다. 국호를 '명(明)'이라 정한 것도 이와 같은 의미를 갖고 있었다. 전통적으로 역대 중국 국가들은 언제나 발흥 지역의 지명으로 국호를 삼았지만, 요동의 통합 국가들은 좋은 의미를 따서 국호를 삼았는데, 명은 전통적 중국 국가의 관례를 따라 지명으로 국호를 정하지 않고 통합 국가의 선례를 뒤따라 좋은 의미를 취하여 국호를 정했던 것이다.

정치 체제 방면에서도 명은 10세기 이래의 흐름에 동승했다. 명 태조 주원장은 중서성(中書省) 재상 호유용(胡惟庸)의 모반 사건을 계기로 중서성을 철폐하고 재상(宰相) 제도를 폐지했으며, 그 대신 황제의 비서 기관인 전각대학사(殿閣大學士)를 두어 내각(內閣) 제도를 출범시키고, 육부 상서(尙書)는 황제가 직접 장악하여 지휘했다. 황제가 재상의 권한을 겸하여 관료 조직을 직접 장악함으로써 황제 권력을 절대화한 것이다. 또한 간관인 육과(六科) 급사중(給事中)에게서 봉박 권한을 박탈하여 황제 권력을 제한하고 견제하는 제도적 장치를 제거했다. 전국의 군정을 총괄하던 도독부를 분해하여 다섯 개의 대도독부(大都督府)를 세움으로써 군정권을 분할하고 최고의 군 통수권을 황제가 직접 장악한 것도 황제의 독재 권력을 강화하려는 조처의 일환이었다. 지방정부도 원대의 행중서성(行中書省) 제도를 답습하여 최고위 지방정부로 12개의 행성을 두었는데, 중서성의 폐지로 인해 승선포정사사(承宣布政使司)로 이름을 바꾸기는 했지만, 행성 체제는 명대를 경유하여 청대까지 이어졌다. 요컨대 통치 조직을 황제 권력의 절대화를 위한 방향으로 바꾸었다는 점에서 명대 역시 10세기 이후의 큰 흐름에서 벗어나 있지 않았음을 엿볼 수 있다.

전부(田賦) 제도에서도 마찬가지였다. 당대 중기에 국가의 수전(授田) 체제가 무너진 뒤에는 국가가 토지 소유를 규제하지 않았고, 세금은 오로지 토지를 소유한 지주에게만 부과되었다. 토지를 매개로 하여 국가와 농민의 지배-피지배 관계가 이루어졌던 고대와는 달리 10세기 이후의 토지는 오로지 지주와 전호, 즉 소작농의 관계를 성립시키는 매체가 될 뿐이었다. 세금 역시 이러한 상황을 바탕으로 하여 토지 소유 액수를 근거로 차등적으로 수취했는데, 명대에도 이러한 전통을 이어 일조편법(一條鞭法)이란 세제가 시행되었다. 당대 후기에 나타난 양세법은 모든 세목을 한 조목으로 통합한 세제이지만, 시간이 장기간 흐름에 따라 복잡한 세목들이 나타나서 번잡하게 되자 명대에 다시 모든 세목을 '전부'로 통합하여 토지의 액수를 기준으로 수취하게 되었다 해서 이런 이름이 붙었다. 세제 역시 당대 후기의 양세법에서 명대의 일조편법을 거처 청대의 지정은(地丁銀) 제도로 이어졌다. 병제 역시 이러한 흐름을 이었다. 균전법이 붕괴되어 부병제도 실행될 수 없게 되자 모병제가 운영되었는데, 국가에 의한 수전이 이루어지지 못한 명대에도 당연히 모병제가 계승되었으니, 명대의 위소제는 바로 모병제에 기초한 병제였다. 위(衛)와 소(所)는 명대 군대의 단위를 말하고, 이 위소를 충당하는 병원(兵員)은 모두 병호(兵戶), 즉 세습적으로 병역을 담당한 호구로 충원되었다. 토지와 수취에 관한 제도 역시 명대의 중국인은 당대 중기부터 일어난 변화의 맥을 청대까지 이어주는 중간자 역할을 충실하게 수행했다.

그럼에도 불구하고 명은 세계 정책에 있어서는 이전의 통합 국가를 잇지 못하고 전통적 중국 국가의 그것으로 멀리 회귀했다. 명은 역사의 반동으로 출현한 국가였다. 10세기 이후 20세기 초까지 1천여 년간 지속된 요동 국가의 중국 지배라는 패턴에서 유일하게 벗어난 예외적 존재로서, 명은 거란의 요나 여진의 금, 몽골의 원, 만주의 청과 달리 중국인이 건립한 전형적 중국 국가였다. 물론 명은 선행한 요, 금, 원 등 세 통합 국가의 영향을 적지 않게 받았다. 무엇보다 국호를 출현 지명에 따라 정한 중국 국가의 관례를 따르지 않고 의미를 취해 정한 통합 국가의 선례를 따라 명이라 했다. 수도도 앞선 중국 국가처럼 관중이나 산동에 정하지 않고 요동 통합 국가의 선례를 따라 요동과 중국을 함께 아우를 수 있는 북경에 정했다. 그러나 대외 정책에 있어서는 요, 금, 원 등 통합 국가와는 달리 한, 당 등 정통 중국 국가의 그것으로 회귀했다. 예컨대, 조선 등 외국에 대해서는 전형적인 기미 정책을 펴 책봉-조공 관계의 원래 정신을 회복했다. 요, 금, 원 등은 조선 등 외국에 대해 책봉-조공 관계의 형식을 빌려 '신속'을 일방적으로 강요하고 조공의 형식으로 물자를 약탈했지만, 명은 조선 등을 기미의 대상으로 설정하여 호혜적인 책봉-조공 관계를 통해 사대자소(事大字小) 관계를 실현하려 했다. 명 태조 주원장이 만든 『대명회전(大明會典)』에는 조선과 베트남 등 주요 외국에 대해 3년에 한 번씩 조공하도록 규정되었지만, 조선은 하정사(賀

正使)와 성절사(聖節使), 천추사(千秋使) 등 매년 세 번씩 조공하겠다고 고집했고, 이후에 일력(日曆)을 받아 오는 동지사(冬至使)까지 더하여 1년4공(貢)을 관철했는데, 이는 명대의 조공이 약탈이 아니라 상징적 선물이라는 원래의 정신으로 돌아갔음을 의미했다. 형식적 조공은 실질적 회사(回賜)를 동반했기 때문에, 조공 주체의 입장에서 볼 때 그것은 의무가 아니라 오히려 책봉의 반대급부로 요구하는 일종의 권리로 인식되었던 것이다. 원래 사대-자소 관계는 춘추전국 시대에 강대국과 약소국 사이에 성립된 관계로 상·주 성읍 국가 시대에 출현한 책봉-조공 관계와는 본래 의미가 같지 않았지만, 명대에는 이 두 종류의 국제 관계가 명과 조선의 관계에서 결합되어 나타났으니, 임진왜란 때 명군이 '항왜원조(抗倭援朝)'의 기치를 내걸고 조선에 출병한 명분은 바로 사대-자소에 있었다. 조선이 그동안 예로써 명을 섬겼기 때문에, 이제 대국인 명이 약소국인 조선을 왜의 침입으로부터 보호해 주어야 한다는 것이다. 그러나 명이 조선에 원군을 보낸 실질적 이유는 '순망치한(脣亡齒寒)'에 있었다. 조선이라는 입술이 없어지면 요동이라는 이가 시리게 된다는 것이다. 이처럼 명대의 대외 정책은 고대의 중국 국가들처럼 명분과 실제가 매우 괴리되어 있었다. 이상을 실현할 만한 실력을 갖추고 있지 못했기 때문이다.

명은 황제 국가의 이상을 실현할 실력을 갖추지 못한 전형적인 중국 국가였다. 그 단적인 예가 '토목보(土木堡)의 변'이었다. 황제 영종(英宗)이 오이라트(瓦剌) 몽골을 친정하다가 오히려 포로가 된 이 치명적 사건은 동아시아 세계에서 명의 권위를 현저하게 추락하게 하고 명의 정치를 심각한 혼란에 빠뜨렸다. 스스로 제위에 오른 동생 경제(景帝)가 황급하게 조선 등 주변국에 사신을 보내 부득이한 상황을 설명해야만 했는데, 이때 조선에 파견된 사신은 예겸(倪謙)이라는 문학지사였다. 영락제(永樂帝)가 제위를 찬탈할 때 환관의 도움을 받은 이후, 명은 조선 등 외국에 사신을 보낼 때는 황제 측근의 환관들을 보냈는데, 이들 환관 출신 사신은 외국에 나가서 예물을 강요하는 등 많은 폐단을 불러일으켜 중요한 외교적 현안이 되었다. 그런데 국가적 위기에 처한 명은 자진해서 환관 대신 당대 일류의 문학지사이자 한림원(翰林院) 시강(侍講)인 예겸을 정사로 선발해서 파견함으로써 문화 지향성이 강한 조선인의 환심을 사기에 급급했다. 그 뒤부터 명은 중요한 외교적 현안이 있거나 국왕 책봉 등 중요한 의전이 있을 때에는 반드시 일류의 문학지사를 한림원 등에서 선발하여 정사로 파견했다. 한림원 출신의 명사들은 역시 일류의 문학지사 출신인 접반사(接伴使)들과 시부(詩賦)를 창화(唱和)하여 동문(同文) 의식을 교감하며 외교적 현안을 쉽게 풀어 나가는 창화외교를 전개했다. 명은 조선뿐만 아니라 베트남이나 류큐(琉球) 등 동문, 즉 한자문화를 공유하는 국가들과 통사, 즉 사신을 교환할 때는 언제나 창화외교를 펼쳐서 시부를 창화하며 외교적 현안을 풀어 나갔다. 이처럼 명은 외교 방면에서 물리적 압력 수단을 행사하는 대신 문화적 역량을 발휘해서 자국의 약점을 보완하며 국익을 지키려 노력했으니, 특히 예(禮)라는 문화적 수단을 적극적으로 활용했다. 이들 문학지사 출신의 명사들은 조선에 올 때마다 조선이 제공하려는 여악(女樂)이나 인정물(人情物)을 물리치는 대신, 조칙(詔勅)을 맞이하는 '영조의례(迎詔儀禮)'를 엄격하게 준수할 것을 요구하는 예론를 적극적으로 전개하여, 책봉과 조공의 예를 교환하는 책봉-조공 관계의 특성을 강조함으로써 물리적 국력의 부족으로 제국적 세계질서를 유지하기 어려운 현실을 극복하려 노력했다. 『명사(明史)』에서는 외국열전(外國列傳)을 설정하여 조선과 베트남, 일본, 류큐 등을 기재함으로써, 이들 '이적'의 국가들이 독립된 별개의 '외국'임을 명기했는데, 이들 국가들을 '외국'으로 규정한 것은 처음 있는 일이었다.

명은 요동에서도 책봉-조공 체제의 원래 정신과 기능을 회복시켰으니, 그 제도적 형식은 위소제였다. 위소란 명대 군사 체제상의 단위 명칭이다. 명대에는 몽원의 행중서성 제도를 답습하여 최고위 지방정부로 12행성을 두었다가 승선포정사사라 이름을 바꾸었고, 그 안에 민정을 담당하는 포정 사사(布政使司)와 군정을 담당한 도지휘사사(都指揮使司), 감찰을 맡은 제형안 찰사사(提刑按察使司) 등 삼사(三司)를 두어 서로 견제하며 협력하게 했는데, 도사(都司), 즉 도지휘사사의 산하에는 위와 소가 있어 세습적 병호로 충원되 었다. 그런데 요동에 요양행성(遼陽行省)을 두었던 몽원과는 달리 명은 유독 요동에만 포정사사를 두지 않지 않은 채 도지휘사사만 설치하고 바다 건너 산동(山東) 포정사사에 속하게 했다. 이처럼 이상한 형태의 요동 지배 체제는 명대 요동의 특수성에 기인한 것이다. 명은 강남에서 발흥하여 만몽을 장성 북쪽으로 몰아낸 다음 요동까지 접수했지만, 요동의 접수가 늦어져서 명 초 에는 요동이 무주공산으로 남아 있었다. 고려 말에 공민왕(恭愍王)이 이성계 (李成桂)를 요동에 두 번이나 보내 한국인을 데려오게 하고 고려 말의 최영(崔 瑩)과 조선 초의 정도전(鄭道傳)이 요동 정벌을 잇달아 기도한 것도 당시 요동 의 이러한 특수 상황에서 비롯된 것이었다. 명은 북원(北元)과 조선을 견제 하며 요동을 장악한 뒤에는 요동에 요동도사(遼東都司), 즉 요동도지휘사사를 설치했고, 뒤이어 거란계 몽골인의 거주지에 대녕도사(大寧都司)를, 여진인의 거주지에는 노아간도사(奴兒干都司)를 두고 그 산하에 수백의 위와 소를 설 치했다. 그 뒤 명조는 세 도사의 상급 기관으로 다시 흠차진수요동지방총병 관(欽差鎭守遼東地方總兵官)과 태감(太監), 도찰원어사(都察院御史)의 합좌 기관인 진동당(鎭東堂), 즉 회부(會府)를 영원(寧遠)에 두어 요동의 일을 총괄하게 했 다. 이렇게 요동에 군정 기관과 감찰 기관만 설치하고 포정사사와 같은 민 정 기관을 설치하지 않은 까닭은 요동에는 몽골인이나 여진인 등 이적이 주로 거주할 뿐 중국인은 거의 거주하지 않아 요동이 군사·전략적 가치만 갖고 있었기 때문이다. 명대에 편찬된 『요동지(遼東志)』에서는 요동을 '경사(京師)의 왼팔', 혹은 '동북의 웅대한 울타리', '국가의 중진(重鎭)'이라 규정했으니, 당시의 요동은 북경을 보호할 장벽과 같은 역할을 해서 '순망치한'의 전략적 가치를 가지고 있었을 뿐이다.

명대에 요동에 설치된 세 도지휘사사와 수백의 위소들은 외형상으로 마치 요동이 명 국가의 영토인 것처럼 보이게 한다. 그러나 실제는 그렇지 않았다. 특히 대녕도사와 노아간도사에 소속된 위와 소는 모두 거란계 몽골인과 여진인 부락에 설치된 것으로, 그 장관은 모두 몽골인 추장과 여진인 추장이 맡아 고유한 습속에 따라 자치 생활을 영위하고 있었다. 즉 중국의 도지휘사사 체제와 위소 체제의 형식을 거란계 몽골인 사회와 여진인 사회에 덮어씌웠을 뿐, 실제로는 토착 사회의 군장들이 명조로부터 도독(都督)이나 지휘(指揮), 천호(千戶), 진무(鎭撫) 등 위소 장관의 고명(誥命)과 인수(印綬)를 받고 조공하는 관계였으니, 이는 마치 중국의 부주현 체제의 형식만을 이적의 사회에 수출해서 고속에 의한 자치를 허용한 당대의 도호부 체제, 혹은 기미부주 체제를 연상케 한다. 따라서 대녕도사와 노아간도사는 유명무실한 기관으로, 이 두 도사 산하의 위소와 명조의 관계는 요동도사에 의해 관리되고 있었으니, 명조의 영토는 요동도사의 관할 지역에 국한되어 있었다. 이를 증명하는 것이 곧 요동 변장(邊牆)이다. 명대의 중국인은 산해관에서 개원(開原)까지, 개원에서 압록강 중류까지 돌이나 나무, 흙 등의 재료로 간단한 장애물을 쌓아 사람과 물자의 내왕을 통제했는데, 이 변장은 사실상 국경선의 역할을 하고 있었다.

요동도사가 하는 일 가운데 가장 중요한 것은 변장 밖의 거란계 몽골인이나 여진인, 그리고 압록강 이남의 조선과 명조의 책봉−조공 관계를 관리하고 조정하는 일이었다. 요동도사는 몽골인이나 여진인이 조공하는 길의 노선과 시간, 빈도, 인원수, 조공 품목 등을 제도적으로 규제하는 일에 거의 모든 역량을 집중시켰는데, 그 까닭은 요동의 몽골인과 여진인은 조선인들이 그러했듯이 조공을 하나의 특권으로 인식하여 조공의 명목으로 가능한 한 많은 인원을 여러 통로를 통해 빈번하게 북경에 보내 더 많은 회사품을 받고 북경 회동관(會同館)의 개시(開市)나 변경의 공시(貢市)에서 보다 많은 중국 물자를 구입할 수 있기를 기대했기 때문이다. 원래 명조가 요동에서 기미위소(羈縻衛所) 체제를 운영하게 된 이유는 앞서 중국을 침입하여 통합 국가를 세운 바 있는 거란계 몽골인 사회와 여진 사회를 분열시켜 그 위험성을 약화시키려 한 데 있는데, 명 중기 이후에는 오히려 이러한 요동 지배 체제가 분열된 여진 사회가 재통일되는 데 기여했다. 조공이 의무가 아니라 권리로 인식되었기 때문에 보다 많은 권리를 확보하기 위해 이웃 위소 부락을 위협해서 조공권을 탈취하는 일이 발생했다. 보다 많은 조공권으로 자주 조공해서 보다 많은 회사품을 얻게 된 부락은 상대적 힘의 우위를 이용해서 이웃 부락을 물리적으로 통합하는 일이 가속화되었다. 만청의 건설자 누르하치(奴爾哈赤)의 등장은 바로 이러한 요동도사 체제의 모순이 낳은 산물이었다. 누르하치는 건주좌위(建州左衛)의 지휘사(指揮使)로서 이웃 위소의 조공권을 탈취하는 과정에서 건주여진(建州女眞)과 해서여진(海西女眞), 야인여진(野人女眞) 등의 여러 부를 통일하고 나아가서는 요동도사를 요동에서 축출함으로써, 명조의 요동 지배 체제를 붕괴시켜 버렸다. 만청의 출현은 전대에 중국을 지배한 명조의 요동 정책에 내포된 이러한 모순이 빚은 결과물이었다.

12. 통합 국가의 완성

몽원(蒙元)이 영토상으로 통합 국가를 완성했다면, 만청(滿清)은 체제상으로 통합 국가를 완성했다고 할 수 있다. 몽원은 통합 국가를 수립한 지 불과 1백 년도 지나지 않아 막북으로 축출되었는데, 이는 국가를 구성한 다양한 역사공동체들을 융합하는 데 실패했기 때문이다. 이에 비해 만청은 중국으로 입관(入關)한 뒤에 요동과 중국 등 여러 역사공동체들을 교묘하게 융합하여, 3세기가 넘도록 국가를 안정적으로 운영했다. 만청을 건립한 여진인은 앞서 금이란 통합 국가를 운영한 경험이 있었을 뿐만 아니라 역사공동체의 융합에 실패하면 통합 국가가 어떻게 패망하게 되는지도 경험한 바 있었기 때문에, 만몽의 전철을 밟지 않기 위해 다방면으로 적지 않은 노력과 성의를 아끼지 않았다. 만청은 비록 정통적 중국 국가는 아니었지만, 현대 중국의 바탕을 마련하여 제공했다는 측면에서 볼 때, 그 통합 국가의 건설과 유지 과정은 상당한 수준의 현대적 의미를 갖는다고 할 수 있다.

1616년에 흥경(興京) 즉 혁도아랍(赫圖阿拉)에서 후금(後金)을 세운 누르하치는 이른바 '칠대한(七大限)'을 하늘에 고하는 의식을 통해 명조의 요동지배 체제를 공식적으로 거부했으며, 1619년에는 명의 대군과 조선의 원군을 살이호(薩爾湖)에서 맞아 궤멸시키고 요동의 전통적 중심인 요양을 차지했다. 그의 후계자 황태극(皇太極)은 통합 국가를 한 번 더 세우기 위해, 그 선행 작업으로 조선을 침략해서 '후고의 화'를 제거했다. 몽골을 경략해서 대원전국(大元傳國)의 옥새를 획득한 황태극은 1636에 황제를 자칭하며 대청(大清)이라 국호를 고치고, 요동인의 명칭을 '만주(滿洲)'라고 부를 것임을 선포했다. '만주'의 선포는 단순히 '여진(女眞)'의 개명에 그친 것이 아니다. 그것은 자신이 여진을 비롯해서 요동 전체를 포괄적으로 지배하게 되었음을 주장한 정치적 선언이었다. 여진 역사공동체는 그 이전에 말갈 혹은 물길, 읍루, 숙신 등으로 불렸지만, 그것은 단순히 이름을 바꾼 것이 아니라 주변의 새로운 요소들을 포섭하여 융합함으로써 새로운 역사공동체로 승화되었음을 의미했다. '만주'의 선포 역시 청 국가의 주축인 여진을 비롯해서 몽골인, 한국인, 중국인 등 요동에서 살고 있던 여러 계통의 주민들을 모두 포섭하여 새로운 역사공동체를 구성했음을 선언한 것이라 할 수 있다.

요동을 통일하여 대청국을 세운 황태극이 곧바로 중국으로 들어가지는 못했다. 명의 명장 원숭환(袁崇煥)이 산해관을 굳게 지키고 있었기 때문이다. 한국의 이순신에 비견할 만한 원숭환이 정치적 이유로 인해 명의 마지막 황제에 의해 처형된 뒤에야 만주인의 중국 입관이 가능하게 되었다. 중국인이 자랑하는 만리장성은 군사적 이유 때문에 허물어지지 않고 언제나 정치적 이유로 인해 무너졌으니, 만주의 입관 역시 이를 명증한 셈이다. 위충현(魏忠賢) 등 환관이 발호하고 동림당(東林黨) 등 당파가 만연하여 정치가 문란해진 명조는 지방에서 우후죽순처럼 일어난 농민 반란과 요동의 만주 세력으로부터 양면에서 공격을 받았다. 이자성(李自成)이 이끈 농민 반란군이 북경의 자금성을 점령하여 명의 황제가 자살하자, 산해관을 지키던 오삼계(吳三桂)가 관문을 열어 청의 팔기병(八旗兵)을 중국으로 끌어들였다. 무혈로 입관한 만주인은 북경에서 농민 반란군을 축출하고 수도를 심양(瀋陽)에서 북경으로 옮겨 제4의 통합 국가를 선포했다.

그러나 만청, 즉 만주가 세운 청국은 진정한 통합 국가를 실현하기 위해 적지 않은 고비를 넘겨야 했다. 만청의 중국 지배에 대한 저항 세력이 수없이 잔존해 있었기 때문이다. 가장 먼저 지방에 만연한 농민 반란군을 우수한 팔기병력으로 하나씩 토벌하여 평정했다. 그리고 강남에서 조직적으로 저항하며 복명(復明) 운동을 벌이던 명조의 후예들, 즉 남명(南明) 세력을 제압했다. 그다음에는 서남에서 동남 중국까지 광범하게 배치되어 있던 중국계 번국(藩國) 세력을 제거해야 했다. 산해관을 열어 준 오삼계를 비롯해서 만주의 입관에 큰 공을 세운 상가희(尚可喜), 경중명(耿仲明) 등 중국계 무장들은 공에 대한 포상으로 강남에 제후왕으로 분봉되었는데, 이들 '삼번(三藩)'은 강력한 군사력과 경제력, 정치력을 옹유하며 중앙정부를 위협하고 있었다. 만주인들이 철번(撤藩)을 기도하자, 삼번은 끝내 반란을 일으켰다.

'삼번의 난'이 어렵게 평정되었지만, 이번엔 타이완(臺灣)이 위협적인 존재로 부상했다. 남명과 연계하여 동남 해안의 하문(厦門) 등에서 명조 회복을 위한 해상 투쟁을 전개하던 정성공(鄭成功) 집단이 타이완으로 들어가서, 그때까지 타이완에 옹거해 있던 네덜란드(和蘭) 세력을 몰아내고 독자적인 왕국을 건설하고 있었다. 해전에 약한 만주인은 협상을 통해 투항을 권유하다가, 결국 군사력으로 정씨 왕국을 제압하고 타이완에서 축출했다. 이 사건은 타이완의 일부가 중국을 지배하는 국가의 군현으로 편입되었다는 매우 중요한 결과를 초래했다. 만주가 정씨 왕국을 무너뜨리고 타이완에 설치한 군현은 비록 서부 해안의 일부에 국한되었지만, 현대 타이완의 역사공동체적 정체성에 대한 논란을 불러일으킨 단서를 열어 놓았기 때문이다.

만청이 통합 국가를 이루는 데 마지막 걸림돌이 된 방해 세력은 막북의 초원 지역에 있었다. 비록 분열된 상태였지만 몽골의 잔존 세력이 막북에 남아 있어 만청의 중국 지배를 견제하고 있었기 때문에, 만주인은 적대적 몽골 세력을 군사적으로 제압함과 동시에 티베트 불교의 영향력을 이용하여 몽골인을 순치하려 노력했다. 청 태종(太宗) 황태극의 후계자 순치제(順治帝)는 입관한 뒤에 티베트의 정교 지도자 5세 달라이 라마를 북경으로 정중하게 초청하여 단월(檀越) 관계를 맺었는데, 이는 몽원 세조(世祖) 쿠빌라이가 티베트의 고승 파스파(八思巴)를 초청해서 단월 관계를 맺었던 것을 모방한 행동이었다. 만주인은 티베트와의 공시(供施) 관계를 지키기 위해, 여러 차례 티베트 고원에 대군을 파견해서 외세의 간섭이나 침략으로부터 달라이 라마를 보호했고, 달라이 라마는 그 반대급부로 자신의 정신적 영향력을 만청 제국의 건설을 위해 빌려주었다.

그러나 만주인이 장성을 뚫고 중국으로 들어가서 농민 반란군을 자금성에서 몰아내고 복명(復明) 운동을 하는 남명 세력을 소멸시키는 한편, 삼번의 난을 평정하고 정씨 왕국을 대만에서 축출한 뒤에 몽골의 잔여 세력을 굴복시켰다고 해서 통합 국가를 안정되게 건립할 수 있었던 것은 아니다. 가장 중요하고 가장 큰 장애물인 중국 지식인의 저항이 남아 있었기 때문이다. 앞서 여진인이 금이라는 통합 국가를 운영한 경험을 바탕으로 해서, 만주인은 중국의 지식인, 즉 사대부 계층을 굴복시키고 그 협조를 얻어 내지 못하면 통합 국가 체제를 안정적으로 이끌어 갈 수 없음을 잘 알고 있었다. 이에 만주인은 흔히 '관맹상제(寬猛相濟)'라 부르는 교묘한 방법으로 중국인 사대부를 농락했다. '관맹상제'란 관대한 방법과 사나운 방법을 섞어서 사용한다는 뜻으로, 다시 말하면 당근과 채찍을 동시에 사용해서 굴복시키는 것을 의미한다.

당근의 회유 정책, 즉 부드럽고 관대한 방법으로는 명의 마지막 황제의 장례를 후하게 치러 주어 그 군신을 함께 예우한다든지, 과거 제도를 유지해서 사대부들이 관료가 될 수 있는 중국식 통로를 열어 주고, 『강희자전(康熙字典)』이나 『고금도서집성(古今圖書集成)』, 『사고전서(四庫全書)』와 같은 대규모의 편찬 사업을 벌여 지식인들에게 일자리를 제공하는가 하면, 관제를 만한(滿漢) 이원 체제로 바꾸어 중국인에게도 고위 관직에 오를 기회를 주었으며, 세금을 감소하여 경제적 혜택을 주기도 했다. 고압적인 채찍 정책, 즉 사납고 강경한 정책으로는 결사(結社)를 금지하고, 체발령(剃髮令) 즉 치발령(薙

髮令)을 내려 만주식으로 머리카락을 깎도록 강요하기도 했으며, 문자옥(文字獄)을 일으켜 반만(反滿) 의식을 철저하게 탄압했다. "머리를 깎지 않으면 머리를 자른다"는 체발령이나 사소한 문자의 착오까지 문제 삼아 처형을 일삼은 문자옥은 중국인의 중화 의식을 탄압하는 데 그치지 않고 지식인의 사대부 의식 자체를 소멸시키는 효과까지 기대한 것이었다. 과거 제도의 유지나 대규모 편찬 사업 등도 형식적으로는 관대한 회유책으로 보이지만 실제로는 체발령이나 문자옥과 같이 사나운 목적으로 시행되었다. 과거는 개인적 능력의 객관적 시험을 극대화하는 과정에서 팔고문(八股文)의 작성 능력을 시험하기에 이르렀는데, 팔고문이란 여덟 가지 양식으로 구성된 문체의 이름이다. 과거의 답안을 팔고문으로 작성하게 하는 전통은 당연히 내용보다는 형식을 중시하는 폐단을 낳았으니, 무술변법(戊戌變法)을 주도한 강유위(康有爲)가 팔고문 과거의 폐지를 가장 먼저 주창한 것도 바로 이러한 이유에서였다. 그럼에도 불구하고 만청이 팔고문 과거를 유지한 것은 중국인 사대부가 팔고문 과거를 위해 모든 지적 역량을 소모하여 정치적으로 무력화하도록 유도한다는 목적을 감추고 있었다. 대규모 편찬 사업을 벌여 중국인 지식인을 대거 투입한 것도 일자리를 제공한다는 명분과는 달리 실제로는 중국인 사대부들이 생산적인 학문 활동에 종사하기보다는 문자를 고증하고 교감하는 훈고(訓詁) 작업에 매몰되도록 유도하는 한편, 중국의 문헌 가운데서 만주에 반대하고 화이를 차별하는 구절을 철저하게 찾아내어 소멸시키거나 금서로 지정하는 목적까지 갖고 있었다. 옹정제(雍正帝)는 「대의각미록(大義覺迷錄)」이라는 글을 직접 써서 중국인의 중화 중심, 화이 차별의식을 조목조목 논리적으로 반박하기도 했다.

만청의 대규모 편찬 사업과 문자옥 등 문화 정책이 조장한 현상의 하나가 곧 고증학(考證學)의 유행이었다. 고증학은 청대 중국에서 만연했던 학문적 경향으로 경사(經史)에 담긴 문자의 음운(音韻)을 훈고하고 확실한 전거를 찾아 사실을 고증하는 일에 집중되었는데, 한대의 학문에서 근거를 찾고 한대 훈고학과 근사한 경향을 보인다고 해서 '한학(漢學)'이라 불리기도 하고, 혹은 적확한 전거에 근거하는 '실사구시(實事求是)'의 방법과 실제 생활에 도움을 주려는 '경세치용(經世致用)'의 목적으로 인해 '실학(實學)'이라 불리기도 했다. 이러한 학문적 경향은 송대 이래 전개되어 온 형이상학적 성리학과 명확하게 구별되어 보이는데, 그 까닭은 성리학의 정좌(靜坐)와 독서라는 비행동적인 방법과 실생활에 도움을 주지 못하는 공허하고 고답적인 탐구 대상이 이적에 의해 중국이 정복되는 '망천하(亡天下)'의 상황을 낳았던 것으로 반성되었기 때문이다. 청대 고증학의 문을 연 황종희(黃宗羲)는 경세제민(經世濟民)과 중국 국가의 회복을 목적으로 『명이대방록(明夷待訪錄)』(어둠 속에서 여명을 기다리는 기록이라는 뜻)을 저술하여 정치와 제도, 경제와 사회, 문화 등 다방면의 현안을 실증적으로 분석했다. 고증학의 전범이 된 고염무(顧炎武)는 정치와 예제(禮制), 역사와 외교, 천문과 지리 등에 관한 종합적 이해를 위해 실증적 자료를 폭넓게 수집하여 『일지록(日知錄)』과 『천하군국이병서(天下郡國利病書)』를 저술했다. 이러한 청대 고증학은 송명 시대 성리학의 한계를 극복하려는 유학의 한 단계로, 중국 국가 명이 이적의 만청에 의해 대체되었다는 특수한 상황이 낳은 산물임과 동시에, 중국인 사대부 지식인 계층으로 하여금 현실에 대한 비판의식을 마비되게 하고 학문을 위한 학문의 세계로 도피하거나 침몰케 하려 한 만청의 의도적 문화 정책이 조장한 결과물이기도 했다.

그럼에도 불구하고 고증학의 발전은 실생활에 필요한 갖가지 실용적 지식을 폭넓게 개발하게 했을 뿐만 아니라, 역사에 대한 치밀한 고증적 연구를 가능하게 하여 조익(趙翼)의 『이십이사차기(二十二史箚記)』와 같은 연구 성과들을 양산케 했다. 그러나 무엇보다 중요한 고증학의 성과는 경전에 대한 언어학적, 문자학적 연구 분야에서 나왔으니, 고문 『상서』의 25편이 위작임을 밝혀낸 염약거(閻若璩)의 『고문상서소증(古文尙書疏證)』과 같은 저술이 그 대표적 성과라 할 수 있다. 염약거의 연구 성과는 고문경의 신뢰성에 치명적인 상처를 입혀 한대 이래 2천여 년 동안 지속되어 온 금고문 논쟁에서 금문파에 승리를 안겨 주었으니, 청 말의 금문학 대가인 강유위의 고문경 비판도 청대 고증학의 훈고학적 성과 위에서 이뤄진 것이다. 강유위는 『신학위경고(新學僞經考)』를 지어 고문경들이 왕망과 유흠(劉歆)이 주도한 '신학(新學)'(신대의 학문)에 의해 조작되었음을 고증하고, 『공자개제고(孔子改制考)』를 통해 금문경인 『공양춘추』의 진보적 역사관에 기초하여 공자를 중국의 중요한 제도를 만든 위대한 개혁자로 평가했으며, 마지막으로 『대동서(大同書)』를 지어 『예기』 「예운(禮運)」에 나오는 '대동'의 이상사회를 실현하는 구체적 방법을 제시했는데, 이러한 강유위의 3부 연작은 모두 그가 주도한 무술변법의 이론적 기초로 기능했다.

만청은 권력 구조에서도 10세기 이래의 전통을 계승, 발전시켜 통합 국가 체제를 완비했다. 중앙정부에서는 한·당 이래의 재상 제도가 폐지되고 삼성 체제가 철저하게 극복되어 행정 기관인 이, 호, 예, 병, 형, 공의 육부 상서가 황제에게 직속되었고, 종래에 중서성이 수행하던 조칙의 기초와 출납은 내각의 대학사들이 수행했다. 감찰 기관인 도찰원(都察院)은 황제의 귀와 눈이 되어 백관을 규찰·탄핵했고, 간쟁 기관으로는 육과 급사중이 있었으나 봉박의 기능이 탈취되고 도찰원과 통합되어 황제 권력을 견제하기보다는 사실상 육부를 규찰하는 역할을 수행했다. 지방정부는 원대 이래의 행성 체제를 답습하여 18개의 성(省) 아래에 부(府)와 현(縣)을 두어 3급 체제를 갖추었는데, 각 성의 장관으로 순무(巡撫)를 두고 그 아래에 민정을 담당하는 포정사(布政使)와 감찰을 담당하는 안찰사(按察使)를 두는 한편, 편의에 따라 하나 내지 세 개의 성에 총독(總督)을 두어 총괄하게 했다. 이러한 청대 관제는 당대 후기 이후에 지속적으로 전개되어 온 변화의 추세를 반영한 것으로 기본적으로 황제 권력을 전제화하는 방향으로 정리되었다. 수취 제도에서도 당대 후기 이후의 흐름을 계승하여 발전적으로 정리되었다. 균전제가 붕괴된 뒤 조용조 세제는 지주에게 차등적으로 과세하는 양세법 체제로 전환되었고, 모든 세목을 한 종류로 통합한 명대의 일조편법을 경유하여 청대에는 지정은(地丁銀) 제도로 정착되었는데, 인구세를 토지세에 편입시킨 지정은 세제 역시 기본적으로는 토지의 사유화라는 현상을 인정하고 지주에게 토지 소유 액수에 따라 차등적으로 과세한다는 정신을 계승한 것으로, 전통적 왕토 사상의 포기와 토지 사유의 공식적 선언과 함께 완성되었다. 당대 후기 이래로 꾸준히 발전되어 온 지주전호제도 청대까지 계승되어 항조항량(抗租抗糧)의 농민 저항 운동이 확장되었다. 품종 개량, 이모작 확대, 비료 개발, 집약 농법 개발, 관개수리 확장, 구황 식물 수입 등 농업 기술의 발달로 생산력이 증대되고, 이윤이 높은 면화와 뽕나무, 차나무, 닥나무, 사탕수수, 마 등 상품용 작물이 재배되는 한편, 면직(綿織)과 양잠(養蠶), 제지(製紙), 제차(製茶), 제염(製鹽), 제도(製陶) 등 농업 관련 제조업이 구조적으로 발달해서 농민의 수입이 증대되고 신분이 상승하여, 이른바 '자생적 근대화' 논쟁을 불러일으키기도 했다.

그러나 만청의 권력 구조에는 송이나 명과 같은 중국 국가에서는 볼 수 없는 통합 국가적 특성을 가진 요소들이 다수 포함되어 있었다. 예를 들어 청 초의 최고 의결 기관은 의정왕대신회의(議政王大臣會議)였는데, 이는 만주인 왕공(王公)들이 국정을 합의하는 기관으로, 요동 시대부터 있었던 전통을 계승한 것이었다. 청대 중기 이후에는 의정왕대신회의의 기능을 황제의 비서 기관인 군기처(軍機處)가 대신하게 되어, 긴요한 군사 기밀과 주요 국정은 내각을 경유하지 않고 군기처에서 직접 6부와 독무(督撫)에게 명령이 전달되어 신속하고 효율적으로 처리되었다. 또한 6부의 상서 등 주요 기관의 장관은 만주인과 중국인을 함께 기용하여 서로 견제하고 감시하게 함과 동시에, 권력의 핵심부에 중국인을 참여시켜 '이한치한(以漢治漢)'의 효과를 기대했다. 이와 더불어 내각 등 각 관청에 번역 기관을 설치하여 한문과 만문(滿文)을 공문으로 병용하고, 특히 황제에 대한 공문서는 반드시 만문을 사용하게 해서 '국어(國語)', 즉 만주어와 만문의 권위를 지키게 했다. 과거의 답습은 정권 개방을 위한 것이 아니라 중국인 사대부를 농락하는 일종의 우민(愚民) 정책이었다. 만주인과 중국인 출신의 임용 과정과 정원을 제도적으로 차등화하여, 중국인은 진사(進士)와 한림원 학사 출신이어야 고관에 오를 수 있었지만, 만주인은 출신과 관계없이 자질과 능력만으로 임용되었다. 병제도 이원화되어 있었으니, 만청의 핵심 병력은 팔기병(八旗兵)이었고, 중국인으로 구성된 녹영(綠營)은 전투 시에 제1선에 배치되어 팔기병을 보호한 소모 부대였다. 만주인의 수렵 생활에 기원을 둔 군정합일(軍政合一)의 팔기병제는 만청 국가의 물리적 주축으로, 기인(旗人)은 지방관의 관할을 받지 않는 곳에 따로 살면서 기지(旗地)를 지급받아 생계를 유지하는 등 기민이중제(旗民二重制)를 통해 국가의 적극적 보호를 받았다.

요동 역사공동체와 중국 역사공동체가 청이라는 하나의 국가 체제 안에서 융합되는 과정은 중국 안에서만 이뤄진 것이 아니라 요동에서도 동시에 이뤄졌다. 요동은 원래 동호계와 예맥계, 숙신계 등 세 계통의 역사공동체가 공존하던 곳이었는데, 명대에 이르러서는 예맥계가 소멸되고 그 대신 중국계가 진출해 있었으니, 대체로 보아 대녕도사의 경계는 동호계, 즉 몽골화한 거란인의 거주지와 일치하고, 노아간도사의 경계는 숙신계, 즉 여진이 분포한 지역과 일치했으며, 요동도사의 경계는 중국인이 거주한 지역과 일치했다. 그러나 명군이 살이호(薩爾滸) 전역에서 대패하고 명이 요동에 대한 지배력을 상실한 뒤로 '요인(遼人)', 즉 요동에 거주한 중국인들이 대거 산해관을 넘어 중국으로 피난하자, 원래 요동도사의 관할 지역은 초토화되어 텅 빈 황무지로 변했다. 또한 원래 노아간도사의 관할 지역 역시 청군의 입관과 함께 여진 인구의 반 이상이 대거 중국으로 이동하여 노약자들만 잔존한 상황이었다. 이로 인해 만청의 초기에는 요동의 황폐화를 저지하고 세수를 높이기 위해 요동초민개간령(遼東招民開墾令)을 반포하여 중국인 농민들을 요동으로 유인해서 개간하게 했다. 요동으로 넘어간 중국인의 수가 급격하게 증가하자, 만청은 봉금령(封禁令)을 내려 중국인의 요동 진입을 금지했다. 그러나 중국인의 요동 진출은 법과 제도로는 도저히 막을 수 없었고, 심지어는 여진인의 거주 지역까지 침범하게 되자, 만청은 '용흥지지(龍興之地)'를 지키기 위해 명대의 변장 부근에 버드나무를 이어 심어 여진 지역을 침범하지 못하게 했는데, 이를 두고 유조변(柳條邊)이라고 불렀다. 청대의 유조변은 명대의 변장과 대체로 같은 곳에 설치되었지만 그 존재의미는 전혀 달랐으니, 명대의 변장이 국가를 구별하는 국경선이었다면, 청대의 유조변은 역사 공동체를 갈라놓는 장벽이었다. 만청은 여진의 '용이 일어난 땅'을 보호하기 위해 조선인의 진입을 막는 장치도 마련했으니, 강희(康熙) 51년(1712)에 목극등(穆克登)을 조선에 보내 조선인 관리와 함께 압록강과 두만강을 잇는 국경선을 획정하고 백두산에 정계비(定界碑)를 세우기도 했다. 이와 아울러 만청은 요동에 세 명의 장군을 배치했다. 유조변의 이서 지역에 진수요동등처장군(鎭守遼東等處將軍)을 설치하고, 유조변 이동 지역의 남쪽에는 진수영고탑(寧古塔)등처장군을, 북쪽에는 진수흑룡강(黑龍江)등처장군을 설치했다. 진수요동등처장군은 이후에 진수성경(盛京)[혹은 봉천(奉天)]등처장군으로 이름을 바꾸고 진수영고탑등처장군은 진수길림(吉林)등처장군으로 바꾸었다. 관내(關內), 즉 산해관 이서의 중국에는 행성을 설치한 만청이 관동(關東), 즉 산해관 이동의 요동에는 장군을 설치한 까닭은 요동을 중국과는 다른 특수한 지역으로 간주하여 특별한 지위를 부여했기 때문이다.

만청은 중국에는 행성을 설치하여 통치했지만, 요동과 같이 중국의 밖에 있는 지역에는 장군이나 도통(都統), 대신(大臣), 맹장(盟長), 백극(伯克) 등 특수 기관을 설치하여 예외적으로 관리했다. 장군과 도통은 주로 요동과 몽골 등 군사 활동이 빈번한 지역에 설치되어 군정뿐만 아니라 민정까지도 관할하게 했고, 대신은 티베트에 파견해서 청의 황제와 단월 관계를 맺고 있던 달라이 라마를 보호하고 주요 내정에 간여하여 만청의 국익을 지키게 했다. 한편 몽골의 여러 부(部)는 기(旗)로 재편하고, 청조에 의해 책봉된 기장(旗長)들은 정기적으로 회맹(會盟)하여 중대한 사안을 결정하게 했는데, 회맹을 주도하는 맹장(盟長)도 청조에 의해 책봉되었다. 서역의 군소 군장들은 백극이라 하여 역시 청조의 책봉을 받아 각 지역을 관리했다. 이처럼 요동뿐만 아니라 원래 이적의 거주 지역인 막북(漠北), 막남(漠南)의 몽골과 티베트의 서장(西藏), 서역의 회부(回部) 등은 모두 '번부(藩部)'라 하여 중국과 달리 대응해서, 그 책봉과 조공 등 업무는 이번원(理藩院)이라는 특수 기관에 의해 관리되었다. 청대 역사를 서술한 『청사고(淸史稿)』에는 『명사』와 달리 번부 열전이 기재되어 있는데, 이는 명과 달리 만청은 요동과 중국을 통합할 뿐만 아니라 몽골과 서역, 티베트 등 이적의 역사공동체까지 모두 아울러 지배하는 통합 국가를 지향하고 있었음을 의미한다. 다만 『청사고』 번부 열전에 기재된 몽골과 서역, 티베트 등이 모두 만청과 전형적인 책봉–조공 관계를 맺고 있었기 때문에, 이를 두고 과연 만청 국가의 일부로 간주할 수 있는지는 다툼의 여지가 남아 있다. 실제로 티베트의 경우, 지금도 만청이 티베트에 파견한 주장대신(駐藏大臣)의 성격과 존재의미를 놓고 중국인과 티베트인 사이에 치열한 논쟁이 벌어지고 있다.

만청과 책봉–조공 관계를 맺고 있었던 '외이'로서, 번부 외에도 토사(土司)가 또 있었다. 토사란 운남(雲南)과 귀주(貴州), 사천(四川), 광동(廣東), 광서(廣書), 호남(湖南), 호북(湖北) 등 중국의 서남 혹은 강남 지역에 분포해 있던 비중국계 공동체들을 말하는데, 토관(土官) 즉 토착인 관원이 스스로 자치하는 기관이라고 해서 토사라고 불렀다. 토사의 역사는 멀리는 한·당 시대의 변군 체제와 기미부주 체제까지 거슬러 올라가고, 가깝게는 원대에서 그 기원이 발견된다. 몽원은 이들 지역에 분산되어 있는 여러 군소 역사공동체들의 군장에게 선위사(宣慰使) 혹은 선무사(宣撫使), 안무사(按撫使) 등으로 책봉해서 그 지역을 고속에 따라 자치하게 하고, 그 기관을 선위사(宣慰司) 혹은 선무사(宣撫司), 안무사(按撫司) 등으로 불렀다. 명도 이 토사 제도를 계승하여, 토관의 직책과 품급, 세습, 관할 구역, 조공과 상사(賞賜) 등에 관한 규정을 세밀하게 제도화하여 운영했다. 이러한 제도적 규정을 통해 토사는 형식적으로는 중국을 지배하는 국가의 일개 지방정부로 간주되었지만, 실제로는 중앙정부와 책봉–조공 관계를 맺고서 고속에 의한 자치를 허용받았으니, 사실상 독립된 군소 왕국과 다름이 없었다. 지금도 운남성 여강(麗江)에 가면 납서족(納西族)의 굉걸한 토사 관청이 남아 있어, 토사 세력의 위세와 자립성을 실감 나게 한다. 만청 역시 초기에는 명대의 토사 제도를 계승했다. 『청사고』 외이전에는 번부와 함께 토사의 열전도 따로 기재되어 있다. 그러나 한대 이래의 군국제라는 타협적·절충적 지배 체제를 철폐하고 명실상부한 군현제를 관철하게 된 만청은 토사와 같이 명분과 실제가 일치하지 않는 체제를 방기할 수 없었다. 이에 군주 권력의 절대화를 추구한 옹정제 때부터 '개토귀류(改土歸流)'를 단행하여, 수천 년의 역사를 가진 중국의 기미 정책이 종언을 고하게 했다. '개토귀류'란 토관을 유관(流官), 즉 중앙정부에서 파견하는 지방관으로 바꾼다는 뜻으로, 책봉과 조공의 예를 교환함으로써 간접·집단적으로 지배하는 체제를 폐기하고 군현으로 편입해서 직접·개별적 지배를 관철했음을 의미한다. 만청의 '개토귀류'는 당연히 토관과 토사의 완강한 저항을 받았고 청 말까지도 완료되지 못한 난제였지만, 한대 이후 역대 중국의 왕조들이 타협적으로 인정할 수밖에 없었던 문제를 통합 국가 체제를 완성한 만청이 나서서 해결했다는 점에서 시사하는 바가 적지 않다. 철저한 군현제의 실현과 동반한 만청의 '개토귀류'는 국가 체제를 명실상부한 제국 체제로 정비함과 동시에 세계 질서 역시 제국의 명분에 맞게 정리되었음을 의미한다고 하겠다.

『청사고』 외이전(外夷傳)은 '토사'와 '번부', '속국(屬國)' 등 세 부분으로 나뉘어 서술되었는데, 이는 곧 만주인이 구상한 세계질서의 구조적 특성을 시사하는 것이다. 즉 만주인은 중국을 중심으로 한 네 개의 동심원으로 구성된 세계질서를 설정했는데, 가장 가운데는 중국이 있고, 그 외곽에는 토사, 그 바깥에는 번부, 가장 변두리에는 속국이 존재한다. 외곽으로 나갈수록 지배력이 미치는 강도가 당연히 약화되지만, 토사나 번부, 속국 등이 모두 책봉–조공 관계로 만청과 연계되어 있다는 점에서는 다르지 않다. 『청사고』 속국전에는 조선과 월남(越南), 류큐(琉球), 미얀마(緬甸) 등의 국가들이 열기되어 있는데, 이들 국가들은 모두 '속국'으로 규정되었지만, 실제로는 만청과 완전히 독립된 '외국'이었다. 이는 『명사』 외국전(外國傳)에 조선과 안남(安南), 일본, 류큐 등이 기재된 것을 보아도 알 수 있다. 즉 『명사』에서 '외국'이라 한 것을 『청사고』에서는 '속국'이라 했는데, 실제로 이들 국가들과 명·청 사이의 관계에 변화가 있었던 것은 전혀 아니다. 『청사고』에서는 조선 등이 만청과 책봉과 조공의 예를 교환하는 불평등한 관계였기 때문에 '속국'이라 표현한 것이고, 『명사』에서는 조선 등이 명과 책봉과 조공의 예를 교환하는 불평등한 관계에 있었지만 사실상 독립된 외국이었음을 인정했을 뿐이다.

　조선이 병자호란에서 패하여 삼전도(三田渡)에서 '성하(城下)의 맹'을 맺었을 때, 청 태종 황태극은, "조선은 명에서 준 고명책인(誥命册印)을 청에 바쳐서 명과의 관계를 끊고 … 우리의 정삭(正朔)을 받으라 … 성절(聖節)과 정삭(正朔), 동지(冬至), 중궁천추(中宮千秋), 태자천추와 그 밖의 경조(慶弔) 등 일이 있으면 반드시 모두 예를 바치라 … 예는 명조에 대한 전례와 다름없이 하라"[『청태종실록(淸太宗實錄)』 숭덕(崇德) 2년조]고 요구하면서, 엄청난 액수의 세폐를 강요했다. 이렇게 해서 성립된 강압적이고 약탈적인 불평등 관계는 만청이 입관하여 중국을 점령할 때까지 지속되었다. 그러나 입관 이후에 만청이 요동과 중국을 함께 지배하는 통합 국가로 발전하면서, 조청 관계는 본질적 변화를 나타냈다. 청의 사회와 경제가 안정되고 조선에 대한 물질적 침탈의 필요성이 감소됨과 동시에 조선에 대한 청의 우려와 관심이 현저히 약화됨에 따라, 만청과 조선의 관계가 점차 전통적인 중국과 한국의 관계로 복원된 것이다. 세폐의 액수가 대폭 삭감되고 조공 사행의 횟수도 크게 감소되었다. 정삭과 성절, 연공(年貢)의 사행이 동지사행 한 차례로 합쳐졌고, 처녀와 환관, 매와 같은 특수 공물도 없어졌으며, 책봉을 수단으로 삼아 내정에 간섭하는 일도 일어나지 않았다. 책봉–조공 체제는 명대에 이르러 제도적으로 정비, 확립되었고, 그 정비된 제도적 형태는 명과 조선의 관계에서 가장 전형적으로 나타났으며, 청과 조선의 관계에서는 더욱 정비된 제도가 활용되었다. 조공사절단은 보통 정사와 부사, 서장관(書狀官) 등 3사(使)와 각종 실무를 책임지는 역관(譯官) 등 각종 관원으로 구성되었는데, 보통 대신의 자제들과 문인 학사들이 동행하여 견문을 넓히는 기회로 삼았다. 흔히 저명한 문학지사가 담임한 서장관은 북경의 유리창(琉璃廠)에서 도서를 구입하기도

하고 귀국한 뒤에는 『연행록(燕行錄)』을 기록하여 국왕에게 보고했다. 조선의 사절단이 북경에 도착하면 회동관(會同館)에 투숙했는데, 그곳에서는 팔포(八包) 즉 80근의 인삼과 중국 물자를 교역할 수 있도록 공인되었기 때문에 회동관개시(會同館開市)라고도 하고 팔포무역(八包貿易)이라고도 했다. 회동관에서는 후시(後市), 즉 불법적 밀무역도 이루어졌는데, 후시는 책문(柵門)에서도 이루어지고 단련사(團練使)에 의해서도 자행되어, 중강(中江)과 북관(北關)에서 허락된 공적 호시(互市)를 보완했다.

한국인이 이적으로 본 여진이 중국으로 들어가서 중국을 지배하게 된 사건은 한국인의 세계관을 근본적으로 흔들어 놓았다. 처음에는 송시열(宋時烈) 같은 일부 한국인이 임진왜란 때 '항왜원조'한 명조의 '재조지은(再造之恩)'에 감사하며 대보단(大報壇)을 설치하여 명 신종(神宗)인 만력제(萬曆帝)에게 제사를 지내기도 하고 패망한 명조의 연호를 계속 사용하며 북벌론을 주장하기도 했지만, "진실로 백성을 이롭게 하고 나라를 두텁게 하려면, 비록 그 법이 이적에서 나왔더라도 그것을 취하여 본받아야 한다"[『열하일기(熱河日記)』 일신수필(馹汛隨筆); 『북학의(北學議)』 북학변(北學辨)]고 하는 박지원(朴趾源)이나 박제가(朴齊家) 등 북학파(北學派)의 화이관(華夷觀)은 조선 후기에 이르러 한국인의 전통적 세계관이 크게 동요되고 있음을 보여 준다. 세계관의 동요는 곧 세계질서의 와해를 동반한다. 후일에 갑신정변(甲申政變)을 일으킨 김옥균(金玉均)이 우의정 박규수(朴珪壽)를 방문했을 때, 박규수는 그의 벽장에서 지구의(地球儀) 하나를 꺼내어 김옥균에게 보여 주었는데, 이 지구의는 박규수의 조부 박지원이 중국을 유람했을 때 구입한 것이라 한다. 박규수가 지구의를 돌리면서 말하기를 "오늘의 중국이 어디에 있는가. 저리 돌리면 아메리카가 중국이 되고, 이리 돌리면 조선이 중국이 되니, 어떤 나라도 가운데로 오면 중국이 된다. 자 오늘날 어디에 중국이 있는가"라고 했다. 김옥균은 당시 개화를 주장하고 신서적도 얻어 보았지만, 수백 년간 전해 내려온 사상, 즉 대지의 중앙에 있는 나라가 중국이고 동서남북에 있는 나라들은 사이(四夷)이며 사이는 중국을 숭상한다고 하는 사상에 얽매여서 국가독립을 부르짖는 것은 상상도 할 수 없었는데, 박규수의 말에 크게 깨달은 바가 있어 무릎을 치며 앉아 있었다고 한다[『단재신채호전집(丹齋申采浩全集)』 하, 「지동설의 효력」]. 이 시기에 중국을 통해 조선으로 들어온 천주교 등 서학(西學) 역시 조선 후기 한국인의 세계관을 근본적으로 전환시키는 데 크게 기여했다.

13. 중국적 세계질서의 종언

전통시대의 동아시아인에게는 동아시아가 하나의 세계였다. 여기서 말하는 동아시아란 현재의 중국을 중심으로 한국, 일본, 베트남, 몽골, 타이완 등을 포괄하는 범위를 말한다. 전통시대에 이 지역은 만리장성을 기점으로 하여 남북으로 크게 두 권역으로 나뉘어 있었는데, 장성 남쪽은 정착 생활을 하는 농경민의 거주지였고 장성 이북은 이동 생활을 하는 유목민의 생활 근거지였다. 두 권역은 각각 문화적 특성도 달리했으니, 장성 남쪽은 한자란 문자와 그에 부수한 한문학 등 여러 문화 양식, 유교와 불교, 도교 등의 신앙과 가치, 그리고 율령제 등 정치·사회적 제도, 건축과 미술 등 각종 예술 양식 등을 공유했다. 장성 이남의 여러 국가들은 책봉과 조공의 예를 교환하는 독특한 국제 관계를 통해 하나의 국제적 공동체를 형성하고 있었고, 이러한 책봉-조공 체제는 이들 국가들로 하여금 동질의 문화를 공유하게 하는 통로로서의 역할을 수행했다. 장성 북쪽의 유목민도 독자적인 문화를 창출하여 공유하고 있었으니, 티베트 고원에서 막북과 요동에 이르는 전 지역이 티베트 불교라는 독특한 문화를 공유한 것이나 부형이 사망하면 계모나 형수를 취하는 전방제(轉房制), 즉 지속혼(持續婚) 같은 결혼 풍속 등이 그 대표적인 사례라 할 수 있다. 장성 이남과 이북은 각각 다른 생활 풍습과 문화가 존재하는 별개의 권역이었지만, 두 곳에 산 사람들은 약탈이든 정복이든 화친이든 기미든, 어떤 형태로든 끊임없이 서로 접촉하고 작용하면서 살아갔기 때문에, 두 권역이 별개의 세계를 이루고 있었다고 할 수는 없다. 그러나 동아시아와 그 이외 지역의 주민들은 오랜 기간 접촉과 교섭, 심지어는 인식까지도 거의 불가능한 상태에서 살아갔기 때문에, 적어도 전통시대의 동아시아인에게는 동아시아가 하나의 세계였다고 할 수 있다. 물론 예외적인 경우가 전혀 없었던 것은 아니다. 한 무제 시대에 장건이 월지를 찾아 나섰다가 멀리 근동 지역까지 갔다 와서 중국인에게 서방 세계에 대한 정보를 제한적으로나마 알려 준 적이 있었고 당대에는 불교의 성지를 순례하고 돌아온 혜초가 『왕오천축국전』과 같은 기행문을 남긴 적도 있었으니, 중국인이 파미르 고원 이서의 서방 세계에 대해 전혀 무지했다고 할 수는 없겠지만, 한·당 시대의 중국인이나 한국인이 서방 사람들과 한 세계에서 살고 있다는 세계관을 갖고 있었던 것은 아니다.

그러나 19세기의 동아시아인은 자신의 세계가 장성 남북의 두 권역에 국한된다고 생각할 수는 없게 되었다. 멀리 유럽에 살던 사람들이 직접 집단으로 찾아와서 우월한 무력을 행사하며 통상과 수교를 강요했기 때문이다. 1840년 7월, 군함 15척과 기선 4척, 수송선 25척을 타고 온 영국군 4천 명은 순식간에 중국의 동남 해안 요해지를 점령하여 어리둥절해하는 만주인의 즉각적인 항복을 받아 냈다. 만청은 1842년에 남경에서 맺은 종전 조약에서 엄청난 액수의 배상금을 지불하기로 약속했을 뿐만 아니라, 광동과 하문, 복주(福州), 영파(寧波), 상해 등 5개 항구를 개방하고 홍콩(香港)을 영구 할양하며 독점적 무역 기관인 공행(公行) 제도를 폐지하기로 약속했다. 호문(虎門)에서 맺은 선후(善後) 조약에서 최혜국 대우와 영사(領事) 재판권까지 양보한 만청은 그다음 해에는 미국과 프랑스 등 다른 서구 열강들과도 불평등 조약을 체결해야 했다. 1856년에 만청은 한 번 더 모욕적인 충격을 받았다. 영국의 함대가 이번에는 천진(天津) 앞바다를 휩쓸고 북경까지 진공해서 황제가 열하(熱河)로 도피하는 지경에까지 이르렀기 때문이다. 1859년과 1860년에 천진과 북경에서 맺은 두 차례의 조약을 통해, 만청은 천진과 등주(登州), 타이완 등 6개 항구를 추가로 개항하고 내지의 여행과 선교의 자유, 양자강의 소강(溯江) 등을 허용했다. 영국군의 첫 번째 중국 침공이 아편(阿片)을 판매하기 위한 것이었고 두 번째 침공에서는 아편의 수출을 공인받았기 때문에, 이 두 차례의 전쟁을 두고 흔히 '아편 전쟁'이라고 불렀다.

두 차례의 아편 전쟁은 중국 등 동아시아 '세계'를 글로벌 세계의 일부로 편입시키는 결과를 가져왔고 중국 중심의 전통적 동아시아 세계질서를 붕괴시켰다. 남경 조약에서 만청 정부가 가장 양보하기 싫어했던 조항은 "양국의 공문은 평등한 격식에 따른다"는 것이었고, 천진 조약에서 만청이 가장 꺼려한 것은 상호 공사(公使)를 파견하여 영국 외교관이 북경에 상주하는 것을 허락한 것이었다. 아편 전쟁 이전에 중국을 지배한 국가의 군주는 언제나 다른 국가의 군주와 책봉과 조공의 예를 교환하는 불평등한 관계를 유지했고, 역대 중국 국가와 주변 국가들의 사신은 책봉과 조공의 예를 수행하기 위해 임시로 파견되었을 뿐, 상대 국가의 수도에 상주한 일은 없었다. 이제 이 두 조약을 통해 만청은 서구의 국제적 관례와 국제법적 규정에 따르게 되었으니, 전통적 동아시아 세계질서는 두 차례의 아편 전쟁과 그 선후 조약을 통해 무너지기 시작했다. 그러나 이에 못지않게 주의 깊게 주목해야 할 일은 아편 전쟁으로 인해 동아시아 세계를 구성한 중국 등 여러 나라들의 정치와 사회, 경제와 문화 등 거의 모든 부문에서 근본적이고 본질적인 변화가 불가피하게 되었다는 사실이다. 두 차례의 처참한 패배를 경험한 만청은 패전의 원인을 찾아 전철을 밟지 않기 위해 서구의 군사 기술과 과학을 배웠을 뿐만 아니라 정치 제도와 사회 체제, 경제 구조, 문화 가치까지 모두 바꾸게 되었기 때문이다. 중국인이 겪은 변화가 너무나 심각하고 광범했기 때문에, 현대 중국의 사학계에서는 흔히 아편 전쟁을 고대와 근현대의 분기점으로 설정하고 있을 정도다. 중국인이 아편 전쟁 이후 스스로를 바꾸어 나가는 일련의 과정을 '중국혁명'이라고 부를 수 있다. 그러나 중국혁명을 불러일으킨 아편 전쟁은 우연하게 일어난 일시적이고 국지적인 사건이 아니라 대단히 오래전부터 준비된 필연적이며 전 세계적인 변화의 일환이었다.

아편 전쟁은 이미 16세기 초부터 시작되었다. '지리상의 발견'으로 인해 원거리 해상 무역로가 개척되고 서구의 근대적 산업 자본이 형성되어 전 세계의 통일적 경제 순환 체제가 발생했기 때문이다. 서구에서 일어난 산업혁명의 결과로 상품의 판매 시장과 원료의 공급 시장이 동아시아에서 모색되었고, 근대 자본주의의 모순에 의한 제국주의의 발흥으로 모든 지역이 세계 경제 체제로 흡수되는 필연적 과정이 진행되었다. 이와 동시에 동아시아 안에서도 전통 사회의 낡은 생산 양식이 발전적으로 해체되고 '근대적'이라 할 만한 새로운 차원의 경제 발전이 이미 진행되고 있었다. 그러나 산업혁명이 만들어 낸 서구의 신상품이 제국주의가 제공하는 폭력으로 무장하여 '지리상 발견'으로 확보된 무역로를 통해 동아시아로 진출하는 것을 영세한 농업과 가내 수공업이 결합한 중국의 경제 구조가 저지하기에는 터무니없이 힘이 부족했다. '서세동점(西勢東漸)', 즉 서방 세력의 점진적 동방 진출은 '지리상 발견'의 주역인 포르투갈과 스페인이 앞장을 서고 해상왕국인 네덜란드

(和蘭)와 영국이 그 뒤를 이었는데, 이들 국가는 주로 중국의 남문인 광동 일 항을 통해서만 중국과 교역할 수 있었다. 명대의 중국은 왜구의 발호로 인해 해금령(海禁令)을 내려 전 해안선을 봉쇄했고, 청대의 중국도 정성공 등 복명 세력의 위험성으로 인해 무역 제한령을 해제하지 못했다. 광동 무역은 양적·질적 제한성을 갖고 있었을 뿐만 아니라, 공행(公行)이라는 특권적 관인 길드 조직에 의해 독점적으로 운영되어 제도적 폐쇄성까지 가지고 있었다. 특히 과잉 생산으로 공황의 위기까지 경험한 영국은 광동 무역을 해체하고 대중국 무역을 지역적으로 확대하기를 희망했을 뿐만 아니라, 영국의 면제품과 인도의 아편을 중국으로 수출해서 수요가 많은 중국 차(茶) 수입의 결제용으로 사용할 수 있기를 기대했다. 그러나 영국이 통상 확대를 요구하기 위해 특사를 파견했을 때, 만청의 황제는 고두(叩頭)의 예를 강요하면서 "천조(天朝)는 물산이 풍부해서 외이와 교역할 필요가 없다. 천조에서 생산되는 차와 자기(瓷器) 등이 너희들의 필수품이라면 가엾게 여겨 은혜를 베풀어 주겠다"고 응답했다. 영국이 두 차례나 중국을 침공해서 아편의 수출을 공인하게 하고 양국의 공문을 평등한 격식에 따르게 한 것도 이러한 이유에서였다.

'서세동점'은 서방의 상인과 군대의 동진만을 의미하지는 않는다. 서구 상품 및 무기와 동반해서 서구의 정신까지 동방으로 진출했다. 16세기 말에 이탈리아인 마테오 리치(Matteo Ricci; 利瑪竇)가 중국으로 건너와서 천주교를 선교했는데, 예수회 신부인 그는 기독교 교리뿐만 아니라 서양의 과학, 특히 천문 역법을 중국에 소개하기도 했다. 이후 아담 샬(Adam Schall; 湯若望) 등 학문에 조예가 깊은 예수회 선교사들이 다수 중국에 들어와서 서양의 발달된 수학과 지리학, 건축공학 등을 전래했다. 이들이 동방에 전래한 기독교는 서구 문화의 바탕을 이루는 가치 체계를 포함하고 있었지만, 전래 초기에는 유교 등 중국의 전통적 가치 체계와 충돌을 피하면서 중국적 개념과 학문적 형식으로 설명되었기 때문에 별다른 저항을 받지 않고 수용되었다. 한국의 일부 지식인들도 중국을 통해 천주교를 접한 뒤에 서학의 형식으로 스스로 수용함으로써 그리스도교 선교 역사상의 독특한 한 사례를 이루었다. 일본은 화란인이 내왕하는 개항장을 통해 기독교를 수용했고, 베트남에서는 베트남어의 로마자화와 동반하여 천주교가 수용되었다. 동아시아에 전래된 그리스도교와 서양 학문은 동아시아인의 세계관과 가치관에 심각한 충격을 가했다. 지금까지 중국이 세계의 중심이라고 생각해 온 세계관은 예수회 선교사들이 가져온 세계지도 한 장으로 송두리째 무너져 버렸고, 유교의 인문적 가치와 불교의 범신론적 가치 역시 그리스도교의 절대적 유일신 개념을 만나 심각하게 흔들렸다. 천주교 교리를 중국적 개념으로 설명하면서 중국의 전통 제례를 인정하려 한 예수회와 달리, 뒤이어 들어온 프란시스코회나 도밍고회, 혹은 프랑스 외방전교회 등은 엄격한 근본주의를 고집하여 이른바 '전례논쟁(典禮論爭)'을 불러일으켜 만청의 금교(禁敎)를 자초했고, 한국이나 일본에서는 천주교가 중국보다도 훨씬 더 가혹한 박해와 탄압을 받았다. 그러나 천주교를 뒤이어 개신교가 중국으로 들어가서 중국인의 가치관을 한 번 더 흔들어 놓고 사회적 변혁까지 유도했다. 제2차 아편 전쟁과 거의 동시에 진행된 태평천국(太平天國) 운동은 바로 외부에서 밀려온 정신적 충격이 중요한 요인의 하나로 작용했다.

태평천국은 그리스도교의 영향을 받은 남중국의 일부 소외 계층이 지상 천국을 건설한다는 기치를 내걸고 지주 계급과 만청 정부를 공격하면서 남중국에 건립한 국가로, 아편 전쟁과 함께 중국의 전통적 정치·사회 체제를 무너뜨리고 만청 정권의 와해를 앞당기는 데 일조했다. 태평천국을 대표한 홍수전(洪秀全)은 객가(客家) 출신의 광동인(廣東人)으로 여러 차례 과거에 낙방하고 상제(上帝)에게서 신탁을 받는 환상을 경험한 뒤에 비슷한 경험을 공유한 불평분자들을 규합하여 배상제회(拜上帝會)를 조직했고 1851년에 기병했다. 남경을 함락한 태평군은 남경을 천경(天京)으로 삼아 정교일치의 태평천국 건립을 선포하고, 천조전무제도(天朝田畝制度)를 선포하여 노예와 토지의 사유를 금지하고 국유화한 토지를 농민에게 균등하게 분배함으로써 지주전호제를 혁파했다. 신상과 불상 등 우상을 파괴하여 유불선 삼교의 권위를 부정했으며, 간음과 전족(纏足)을 금지하여 남녀불평등의 전통적 사회질서를 해체하고, 앞머리를 삭발하는 변발(辮髮)을 금지하며 만청 정권에 대항했고, 아편을 엄금하여 제국주의 침략에 저항했다. 이처럼 전선을 다원화한 태평천국은 만청 팔기군의 토벌 대상이 되었음은 물론이거니와 유교적 사대부 지주 계급이 편성한 향용(鄕勇), 즉 단련(團練)과 제국주의 열강의 용병이 벌인 삼각 협공에 의해 기병한 지 15년 만에 궤멸되었다. 그러나 태평천국 운동이 실패한 가장 본질적 이유는 지도 이념의 허약성과 지나친 이상 추구로 인한 개혁 정책의 현실적 한계에 있었다. 외적으로는 그리스도교 정신에 의해 지도된 것처럼 보였지만, 실제로는 그리스도교 정신에 윤색된 전통적 가치가 태평천국 운동을 이끌었다. 태평천국의 권력 구조는 전통적 중국의 그것과 조금도 다를 바가 없었고, 천조전묘 제도도 지주전호제에 대한 반동으로 전통적 정전제로 회귀한 것에 지나지 않았다. 오히려 태평천국을 건립한 배상제회는 백련교(白蓮敎)와 같은 전통적 교당(敎黨), 즉 종교적 비밀결사와 근사한 성격을 띠고 있었고, 태평천국 운동은 이미 18세기 중엽부터 빈번하게 발생한 백련교란 등 여러 종교적 민란이 그리스도교와 만나서 태어난 기형적 민란의 성격이 강하다고 할 수 있다. 태평천국은 만청 국가의 수명을 앞당기는 데 일조했을 뿐, 만청 국가의 명맥을 끊은 하수인은 아편전쟁을 기점으로 장기간 전개된 중국혁명, 즉 중국의 국가와 사회에 대한 본질적 변혁의 과정이었다.

아편 전쟁에 대한 중국의 대응은 '시행착오(Trial and Error)'의 긴 여정이었다. '시행착오'란 학습의 한 양식을 가리키는 교육학적 용어인데, 어떻게 해야 할지 알 수 없는 상황에서 반복적으로 잘못을 저지름으로써 정확한 목표에 조금씩 접근하는 과정을 말한다. 그것은 마치 포병이 대포를 쏠 때 여러 번 오조준을 해서 포격을 시행하여 얻은 경험을 축적하여 목표물에 조금씩 접근하는 것과 같은 것이다. 중국인과 만주인이 아편 전쟁으로부터 받은 오욕을 씻기 위해 취한 노력은 모두 '시행착오'의 과정이었다. 그들은 목표에 접근할 방법을 좀처럼 찾지 못한 채 잘못을 거듭 저질러, 정확한 목표에 접근하는 데 너무나 긴 시간과 많은 노력을 소모했다. 그러나 그들이 저지른 실수와 잘못이 전혀 무의미한 것은 아니어서, 수많은 잘못이 경험으로 축적되어 '혁명'의 목표에 점차적으로나마 접근하게 해 주었다.

만청의 첫 번째 오조준은 '양무운동(洋務運動)'이라고 부른다. '양무운동'이란 서양의 것을 배우고 닮으려 노력하는 운동이란 뜻이다. 두 차례의 전쟁을 통해 서양 무력의 우수성을 자각한 만주인과 중국인은 외이를 제압하기 위해서는 외이의 기술을 배워야 한다고 하면서, 서양의 무기 체계를 배우기 위해 유학생을 파견하고 외국어 학교를 개설하여 서양의 기술 서적을 번역했고 관영의 서양식 군수 공장과 조선소를 세워 증기선과 무기, 탄약 등을 제조하기도 했다. 부국강병을 목적으로 동치(同治) 연간(1862~1874)에 주로 추진된 자강(自强) 운동이라고 해서 흔히 '동치중흥(同治中興)'이라 불리는 이 초기 양무운동은 군사력의 강화만을 목적으로 한 매우 제한적인 개혁에 지나지 않았다. 특히 이 초기 양무운동을 주도한 증국번(曾國藩) 등 중국인 유학자 출신 관료들은 '중체서용(中體西用)', 즉 "중학위체(中學爲體), 서학위용(西學爲用)"이라 하여 서양의 기술만 배우고 기본 가치는 중국 것을 굳게 지킨다는 입장을 고수했기 때문에 변화를 향한 운신의 폭이 매우 제한되어 있었다. '동치중흥'이라 불린 초기 양무운동은 주로 증국번 등 상군파(湘軍派) 관료들이 주도했는데, 상군이란 태평천국 때 증국번 등 상수(湘水) 부근 호남(湖南)의 지주 관료들이 결성하여 대응한 단련 조직을 말한다. 이에 반해 '동치중흥' 이후에 전개된 후기 양무운동은 이홍장(李鴻章) 등 회군파(淮軍派) 관료들이 주도했다. 후기 양무운동에서는 개혁의 폭을 좀 더 확대하여 조선업과 광업, 방직업, 철도, 전신 등 각종 근대적 산업을 일으키고, 그 경영 체계도 관영에서 관독상판(官督商辦), 즉 관에서 감독하고 상인이 경영하는 형태로 발전시켰다. 또한 대규모의 근대적 해군력을 양성하여 북방 해안을 지키는 북양함대(北洋艦隊)와 남방 해안을 지키는 남양함대(南洋艦隊)를 만들고 북양대신(北洋大臣)과 남양대신(南洋大臣)을 두어 각각 두 함대를 지휘하며 각 방면의 외교까지 전담하게 했다. 그러나 후기 양무운동 역시 '중체서용'의 원칙을 고수하여 전기 양무운동과 비교할 때 오십보백보의 차이에 지나지 않았다. 중국 사회의 전통이 너무나 완강하게 저항했고 제국주의적 외세의 침공이 너무나 파괴적이었기 때문에, 40여 년간이나 중국인과 만주인이 정성으로 공을 들인 양무운동은 1884년의 청불(淸佛) 전쟁과 1894년의 청일(淸日) 전쟁의 패전과 함께 '시행착오'의 한 오조준으로 허망하게 끝나 버렸다.

아편 전쟁에 대해 중국인과 만주인이 두 번째로 선택한 대응 방법은 '변법(變法)'이었다. 무기 체제나 산업 구조의 개혁만으로는 제국주의 세력의 침략에 적절하게 대응할 수 없다고 판단했기 때문이다. '변법'이란 춘추전국 시대의 '변법'을 연상케 하는 용어로, 단순한 법률의 개변이 아니라 정치·사회 체제의 전면적 변혁을 의미한다. 근대 중국의 변법 운동은 청일 전쟁에서 참혹하게 패배한 직후부터 일어났다. 청불 전쟁이 끝난 뒤에 천진에서 1885년에 체결한 청불강화(淸佛講和) 조약에서 베트남에 대한 만청의 종주권 포기와 중국 서남 지방의 통상권 보장을 강제했다. 청일 전쟁이 끝난 뒤에 시모노세키(下關)에서 1895년에 맺은 청일강화(淸日講和) 조약은 조선의 '독립'을 강제하여 만청과 조선의 전통적인 책봉-조공 관계를 단절시키고 요동반도와 타이완의 할양을 강요했다. 특히 후자는 그동안 제국주의 세력들이 베트남과 류큐, 서역 등 만청의 번속국들을 분리, '독립'시켜 '중국적 세계질서'를 해체해 온 과정의 완결판으로 간주되었다. 또한 이 조약은 만청 1년 예산의 세 배나 되는 2억 냥(兩)의 배상금을 강요했고 중경(重慶) 등 5개 내지 항구의 개항과 각종 특권을 강제했다. 이 가운데서 요동반도의 할양은 러시아와 독일, 프랑스 등 삼국이 간섭하여 철회되었지만, 청불과 청일 두 전쟁의 패전과 강화 조약의 체결은 당시 중국의 지식인에게 엄청난 충격과 모욕감을 안겨 주었다.

변법 운동을 주도한 강유위는 광동의 향신(鄕紳) 출신으로 이미 청불 전쟁 직후에 상서의 형식으로 외침과 내란의 위기를 강조하고 그 해결책으로 변법을 요구한 바 있었고, 청일 전쟁 직후에는 천 명 이상의 전국 거인(擧人)의 서명을 받아 공거상서(公車上書)하여 강화 조약의 비준을 거부하고 장기 항전을 위한 천도와 개혁의 실행을 주장했다. 이 과정에서 금문학자인 강유위는 『대동서』 등 삼부작을 저술하여 변법의 이론적 기초를 갖추고 사숙(私塾)을 개설하여 양계초(梁啓超) 등 후학을 양성하고 강학회(講學會)를 설립하여 변법의 정치·사회적 역량을 조직화하기도 했다. 1898년에 마침내 광서제(光緒帝)가 강유위를 만나 변법을 위임하고 신정(新政)을 선포하여, 팔고문(八股文)에 의한 과거를 폐지하고 각지에 신식 교육 기관을 설치하며 만주인의 생활 보호를 정지하는 등 61개조에 달하는 개혁 조칙을 발표했다. 무술년에 실행되었다고 해서 흔히 '무술변법(戊戌變法)'이라 불린 이 개혁은 일본의 명치유신을 모방하여 궁극적으로는 헌법을 제정하고 국회를 개원하여 입헌군주제 국가의 건설을 목표로 설정했으나, 서태후(西太后)와 원세개(袁世凱) 등 수구 세력의 반동으로 황제가 유폐되고 강유위와 양계초 등은 일본으로 망명하여 백일천하로 끝나 버렸다. 무술변법이 허망하게 실패한 가장 큰 이유는 변법의 지도 이념 역시 양무운동과 마찬가지로 '중체서용'과 '탁고개제(託古改制)'에 있었기 때문이다. 강유위가 개발한 변법의 이론적 기초가 진보적 역사관을 담고 있는 『공양춘추』에서 추출되었듯이, 여전히 현재의 변화 근거를 중국의 고대와 전통에서 찾으려 했고 만주인 황제와 중국적 가치를 건드리지 않고 외적 형태만 변형하려 했던 것이다. 무엇보다도 역사의 주체인 다중의 인민이 변법의 의미를 이해하지 못한 상태에서 소수의 엘리트가 주도하는 위로부터의 일방적 개혁이 의미 있는 변화를 가져올 것으로 기대될 수는 없는 일이었다.

무술변법의 좌절은 제국주의 침략에 대한 중국의 대응 방식을 다시 아편전쟁 당시의 것으로 되돌려 놓았다. 배상금 지급을 위한 증세로 고통을 받은 민중은 배외적 정서에 자극받아 폭동을 일으키고, 기득권을 지키기에 급급한 수구적 만청 국가는 민중의 파괴적 에너지를 형세 불리한 전쟁으로 끌어들였다. 무술변법이 실패한 직후에 일어난 의화단(義和團) 사건은 근본적 자기 변화 없이는 중국이 서세동점에 적절하게 대응할 수 없음을 여실히 보여 주었다. 의화단이란 의화권(義和拳)이라는 중국 권법의 한 유파가 단련에 편입된 뒤에 불린 이름이고 비술과 주문으로 초자연적 힘을 얻을 수 있다고 믿는 백련교계 비밀결사의 한 유파였다. 제2차 아편 전쟁 이후 기독교 포교 활동이 공인되고 서구 열강이 갖가지 방법으로 중국을 침탈하자, 이들은 '반청멸양(反淸滅洋)'의 기치를 내걸고 반그리스도교 구교(仇敎) 활동을 전개하여 그리스도교 신도를 학살하고 선교 시설을 파괴했다. 무술변법을 좌절시킨 배외적 수구 정권은 이들을 배외적 대중 지원의 원천으로 파악하여 단련으로 편입해서 '부청멸양(扶淸滅洋)'의 방향으로 유도하고, 자국민 보호를 명분으로 북경에 진입한 미국과 영국, 일본 등 8개국의 군대와 교전했다가 패퇴했다. 그 결과 서태후(西太后)와 광서제가 서안(西安)으로 도망가고, 청일 전쟁 때 약속한 배상금보다 두 배나 더 많은 배상금만 물게 되었다. 이제 중국인에게는 '혁명'이라는 마지막 선택의 기회만 남게 되었다.

그러나 신해(辛亥)년에 일어난 '민국혁명(民國革命)'은 중국인이 선택한 세 번째의 시행착오였다. 무술변법이 좌절되고 의화단 사건이 일어나 한 번 더 국치를 겪게 되자, 중국인은 마침내 마지막 카드로 '혁명'을 빼 들었다. 무능한 만청 국가를 전복하고 2천 년 동안이나 유지해 온 전통적 황제지배 체제를 철폐하여, 중국인이 통치하는 서구식의 민주공화국을 건립하겠다는 것이었다. 특히 외국, 그 가운데서도 일본에 유학하고 있던 학생들 사이에 혁명의식이 만연하여, 손문(孫文)이 주도한 홍중회(興中會)와 황흥(黃興)과 송교인(宋敎仁) 등이 주도한 화흥회(華興會), 장병린(章炳麟)과 채원배(蔡元培) 등이 주도한 광복회(光復會) 등 여러 비밀결사가 조직되었다. 1905년에는 분산된 혁명 조직들이 대동단결하여 중국혁명동맹회(中國革命同盟會)를 결성하여 그 지도 이념으로 민족, 민권, 민생의 삼민주의(三民主義)를 채택하고 반청 민주혁명의 필요성을 선전하는 언론 활동과 병행하여 중국 각처에서 테러리즘에 의존하는 폭력적 혁명을 시도했다. 1911년 10월 10일, 무한(武漢)에서 일어난 봉기가 마침내 성공해서 중화민국(中華民國) 군정부(軍政府) 수립이 선포되었고, 그다음 해 1월 1일에 손문이 남경에서 중화민국 총통으로 취임하면서 중화민국이 정식으로 건립되었다. 신해년에 일어났다고 해서 '신해혁명'이라 부르고 무한에서 일어났다고 해서 '무한혁명'이라고도 부르며 민주공화국을 건립했다고 해서 '민국혁명'이라고 부르기도 하는 이 혁명은, 그러나 미완의 혁명이었다. 동맹회가 중심이 된 혁명 운동은 삼민주의를 지도 이념으로 삼아, 만주인이 건립하고 운영한 만청 국가 대신 중국인이 건립하고 운영하는 중국 국가를 세우고 제국주의 침략을 저지하며, 불평등한 유교적 사회질서를 혁신해서 인민이 주권을 행사하는 민주공화국을 건립하고, 지주전호제를 청산하고 생산자가 농지를 보유하는 지권평등(地權平等)의 새로운 경제 구조를 확립할 것을 목표로 설정했다. 그러나 신해년에 무한에서 일어난 민국혁명은 '민족'의 일부 목표는 달성했지만, '민권'과 '민생'의 실현에는 철저하게 실패한 것이다. 우선 혁명의 준비가 철저하지 못했다. 수차례의 폭력적 봉기가 실패하다가 우연하게 무창(武昌) 봉기가 성공하여 전국적 호응을 얻게 되었지만, 동맹회의 영수인 손문 등 지휘부가 해외에 있었기 때문에 조직적 통제가 불가능했다. 손문은 만청의 군사력을 장악하고 있던 원세개(袁世凱)와 전문담판을 통해 청조를 타도하고 공화정 체제를 유지한다는 조건으로 총통의 지위를 원세개에게 양도했다. 이로 인해 만주인 선통제(宣統帝)가 강제로 퇴임하고 3백여 년 만에 만청이 멸망하게 되었지만, 중화민국의 정권은 봉건적 지주 계급에 권력 기반을 둔 원세개 등 반동적 군벌과 관료들에 의해 장악되어 민주적 정치 체제의 건립과 사회경제적 개혁은 원천적으로 불가능하게 되었다. 무엇보다도 신해혁명은 2천 년의 제국 시대에 종언을 고하게 하고 요동과 중국의 통합 국가 만청을 붕괴시키는 데는 성공했지만, 소수 엘리트 혁명 분자들에 의해 폭력적 수단으로 진행되고 대다수의 인민은 전혀 동참하지 못했다는 뚜렷한 한계를 가졌기 때문에 중국 사회와 국가를 근대화시켜 제국주의 침략에 적절하게 대응하는 데는 실패했다. 중국인은 한 번 더 시행착오를 범했고, 인민의 '의식화'라는 보다 근본적이고 본질적인 변화를 준비하고 기다리지 않을 수 없게 되었다.

1915년부터 1929년 사이의 십수 년은 중국 역사상 가장 어두운 시기였음과 동시에 그 어둠을 깨치는 여명이 준비된 희망의 시기이기도 했다. 이 시기는 군벌이 할거한 분열과 혼란의 시기였지만, 한편으로는 중국혁명의 가장 큰 약점인 인민의 의식을 깨우쳐서 혁명의 대열을 크게 확장한 창조의 시기이기도 했기 때문이다. 청조를 무너뜨린 대가로 중화민국의 총통 자리를 확보한 원세개는 동맹회를 기반으로 성립된 중국 국민당(國民黨)을 탄압하고 제정(帝政)을 복구하여 스스로 황제가 되려는 반동을 기도함으로써 민국혁명을 허망한 신기루로 만들어 버렸다. 1916년에 원세개가 급사한 뒤에도 그의 후배 군벌들이 중국의 각지에 할거하여 봉건적 착취를 자행하며 서로 다투었고, 제국주의 세력들은 각지의 군벌을 앞장세워 중국의 분할 점거를 강화했지만, 저항에 실패한 국민당은 광주(廣州)로 쫓겨 내려가 무기력하게 웅크리고 있었다. 명 말 청 초의 고증학자 고염무는 『명이대방록』을 저술하여 '망천하'의 절망적 상황을 극복할 그날을 고대했는데, 그가 말한 '명이'란 해가 뜨기 직전에 칠흑 같은 어둠 속에 감추어진 여명을 말한다. 군벌이 난립하던 절망적 상황에서 '명이'가 준비되고 있었으니, 흔히 '신문화 운동'이라고 부르는 민중의 의식화 과정이었다.

신문화 운동의 깃발은 1915년에 창간된 『신청년(新靑年)』이란 월간 잡지가 먼저 올렸다. 이 잡지 창간호에서 진독수(陳獨秀)는 「청년에게 고함」이란 글을 통해서 "노예적이고 보수적이며 퇴영적이고 쇄국적, 허식적, 공상적인 것을 배척하고 자주적이고 진보적이며 진취적이고 세계적, 실리적, 과학적인 태도를 취하라"고 중국 청년들에게 요구했다. 유복한 관료가 출신으로 유교 경전을 학습하여 생원시(生員試)에서 장원까지 했지만 과거를 포기하고 일본과 프랑스에 유학을 다녀온 뒤에 일본의 명치유신과 프랑스혁명에 고취되어 신해혁명에 참여한 바 있는 진독수는 중국의 쇠약이 사회적 의무가 개인을 압박하고 상공업과 치부를 멸시하는 유교적 가치에 그 원인이 있다고 보고, 민주주의와 과학만이 중국의 정치와 사회, 학문의 일체 병폐를 구제할 수 있음을 호소하는 글을 『신청년』에 지속적으로 기고했다. 그는 전제 군주제와 사회적 불평등에 기초한 유교적 가치는 새로운 시대와 양립할 수 없음을 역설하면서 굴종적 태도를 버리고 전통의 고리를 끊어 제국주의 세력과 전제적 군벌 세력에 저항해야 한다고 선동하기도 했다. 『신청년』의 집필에는 진독수 외에도 오우(吳虞)와 호적(胡適), 노신(魯迅), 이대조(李大釗) 등 유학과 지식인들이 대거 참여했다. 역시 일본과 프랑스에 유학해서 비교 법학을 전공한 오우는 유교의 기본 개념인 '효'나 '예' 등이 인민이 절대 군주에게 복종할 것을 강요하는 수단으로 자유와 평등의 개념과 대립한다고 보고 국교로서의 유교의 지위를 부정했다. 무술변법이 실패한 뒤 일본으로 망명한 강유위와 양계초 등은 유교 안에도 민주주의적 요소가 있음을 주장하면서 혁명론에 반대했는데, 오우는 『예기』 예운편의 대동 사회론과 『맹자』의 민본(民本) 혁명론 등의 한계를 지적하면서 제정 체제를 옹호하는 온건개혁파를 비판했다. 미국에 유학해서 실용주의자 존 듀이에게서 수학한 바 있는 호적은 "죽은 언어가 살아 있는 문학을 낳을 수 없다"고 하면서 언문이 일치하지 않는 한문을 버리고 언문이 일치하는 백화문(白話文)을 사용할 것을 주장했다. 그에 의해 주도된 문학혁명 운동은 유교적 도덕과 도교적 미신으로 가득 찬 한문을 파괴하는 대신에 근대적 사고를 담을 새로운 문체를 창조하고 대중의 독서 능력을 높여 혁명에의 동참을 쉽게 유인할 수 있게 했다. 일본에 유학하고 귀국한 노신은 『신청년』에 최초의 백화문 소설 『광인일기(狂人日記)』을 기고하여 유교의 도덕과 권력에 맹종하는 구습을 신랄하게 풍자했다. 그는 "전통을 보존해야 하는 것은 전통이 우리를 보존할 수 있는가 하는 것보다 더 중요한 문제가 아니다"라고 하면서 유교의 현실적 무력함을 통박하고 "새로운 것과 낡은 것을 조화시키는 것을 불가능하다"고 하여 유교에 대해 비타협적 태도를 천명했다.

『신청년』의 발간과 동시에 중국혁명에서 또 하나의 이정표와 같은 사건이 있었다. 1917년에 국립 북경대학에 신임 총장 채원배(蔡元培)가 부임한 것이다. 원래 북경대학은 신식 학교에 어울리지 않게 은퇴한 고위 관료가 후학을 가르치는 양로원과 같은 곳이었지만, 채원배는 총장으로 부임하자마자 교수진을 유학파로 대폭 물갈이했다. 이때 진독수와 이대조, 호적 등이 북경대학의 교수로 초빙되어 중국의 엘리트 청년들을 서구의 학문으로 재무장시킴과 동시에 『신청년』의 필진으로도 참여하여 대중의 의식화를 주도하게 된 것이다. 이제 북경대학과 『신청년』은 중국 사회에 사회주의와 무정부주의 등 거의 모든 종류의 서구 사상과 주의, 주장, 학설 등을 소개하여 일종의 문화적 르네상스를 발흥케 하는 원동기가 되었다. 채원배는 원래 중국 고전에 박학하여 약관에 한림원에서 활동하기도 했지만, 독일에 유학하며 칸트 등을 연구하고 돌아와 손문에 의해 교육부 총장에 임용되었다가 원세개의 권위주의적 교육 통제에 저항하여 사직한 적도 있었다. 그는 북경대학을 세계의 모든 사상이 경쟁하는 학문의 중심지로 만들 포부를 가지고 부임하여, 혁명적 언론인인 진독수를 문과대 학장으로 초빙하고 교수와 학생의 다양한 견해 표현을 권장했다. 이렇게 해서 일어난 신문화 운동은 반군벌·반제국주의적 성향이 농후한 토착 민족 산업자본의 성장, 자본가 계급의 형성, 도시 노동자의 증가, 농민의 계급의식 강화, 신식 지식인과 학생, 여성의 발생 등 새로운 사회, 경제적 변화와 서로 호응하여, 혁명의 의미를 이해하고 동참할 수 있는 의식화된 대중을 양산하는 혁명적 성과를 거둘 수 있었다.

1919년 5월 4일에 일어난 '5·4 운동'은 신문화 운동이 거둔 첫 번째 과실이었다. 5·4 운동의 근인(近因)은 4년 전에 있었던 '21개조 요구' 사건에서 발견된다. '21개조 요구' 사건이란 일본이 산동과 만주, 몽골에서의 이권과 특수한 지위를 요구한 것을 원세개가 자기 정권의 안위를 지키기 위해 비밀리에 승낙한 것으로, 정권의 이익을 위해 국가의 이익을 저버린 전형적 사례라 할 수 있다. 그런데 1919년에 1차 세계 대전이 종전된 뒤에 참전국 자격으로 파리 강화 회의에 참가한 북경과 광동의 두 정부 대표가 중국에서 탈취한 열강의 특권을 폐지할 것을 요구했지만 묵살되자 회의 과정에서 알게 된 21개조 요구의 비밀 협약이 폭로되었다. 이 요구가 관철된 1915년 5월 9일을 '국치기념일(國恥記念日)'로 정한 북경 시민과 학생들은 5월 4일에 "중국은 중국인의 중국이다"라는 기치를 내걸고 대규모 시위에 나서 21개조의 폐기와 강화 조약 거부, 매국노 처벌, 광동 정부와의 평화 교섭 등을 요구했다. 북경의 군벌 정부는 시위를 강력하게 탄압했지만, 신문화 운동으로 의식화된 '신청년'과 교수, 교사, 작가, 언론인 등 근대적 학인 계층이 시위에 합류하고 학생들은 동맹 휴교, 상인들은 애국 철시, 노동자는 동정 파업 등으로 대거 참여하여 거국적 대중 운동으로 확대 발전했다. 그 결과, 베르사유 조약의 조인이 거부되고 친일파 요인들이 파면되었으며 국무원이 사퇴하는 등 북경 정부의 굴복과 '여론의 승리'가 뒤따르게 되었으니, 실로 5·4 운동은 모든 계층의 국민이 혁명의 필요성을 인식하고 동참하면 군벌이라도 타도할 수 있다는 교훈을 가르쳐 주었다. 직전에 한국에서 일어난 3·1 운동은 일제의 식민 지배를 타도하지 못했지만, 직후에 중국에서 일어난 5·4 운동에는 적지 않은 영향을 미친 것으로 평가되고 있다. 신문화 운동은 5·4 운동이라는 열매를 맺음과 동시에, 국민당의 개조(改組)를 통한 북벌(北伐)의 성공과 의식화된 민중의 힘에 편승한 공산주의의 성장이라는 결실까지 두 개의 큰 열매를 맺었다.

원세개에 의해 북경에서 축출되어 광동 한구석에 웅크리고 있던 국민당 정부는 5·4 운동의 성공적 전개를 지켜보면서 몹시 고무되었다. 소수 엘리트 혁명 분자의 폭력적 수단에만 의존해 온 중국 국민당은 민중의 힘에 기반을 두지 않으면 혁명을 성공적으로 이끌어 갈 수 없음을 깨닫게 되었다. 마침내 중국 국민당은 1924년에 광주에서 제1기 전국대표대회를 개최하여, 삼민주의를 투쟁의 목표로 확정하고 연아(聯俄, 러시아와의 연합), 용공(容共, 공산주의의 수용), 노농대중(勞農大衆) 운동의 전개 등 3대 정책을 채택했다. 동시에 당의 조직을 엄밀하게 다시 짜고 당원을 확대하여 훈련시켜 민중을 영도하게 하는 한편, 불평등 조약의 폐지와 지방 자치의 실행, 남녀평등과 지권평균, 독점 기업의 국영화, 농민 노동자의 생활 개선 등 정치 주장을 명확하게 제출했다. 또한 군정부를 개조하여 국민 정부를 성립시켜 당 지도하에 두고 군정(軍政)과 훈정(訓政), 헌정(憲政)의 3단계로 국가 체제를 발전시키기로 했으며, 황포(黃埔)에 군관 학교를 창립해서 정예 혁명무력을 양성하기로 했다. 이에 따라 중국 국민당은 엘리트 혁명 조직의 탈을 벗고 노동 대중을 당 조직으로 대폭 수용하여 대중 정당으로 환골탈태함과 동시에 이대조, 진독수, 모택동(毛澤東) 등 공산당원들을 개인 자격으로 가입시킴으로써 제1차 국공합작(國共合作)을 성사시켜 반군벌, 반제국주의, 반봉건의 통일전선을 형성하는 데 성공했다. 그 결과 비록 혁명가 손문은 1925년에 급서했지만, 장개석(蔣介石)에 의해 영도된 국민 혁명군이 그다음 해 7월부터 북벌을 감행하여 파죽지세로 북상, 남경과 북경을 차례로 점령하고 1928년 7월 6일에는 손문의 영전에서 북벌 완료를 보고하는 제사를 올렸다. 비록 그 과정에서 장개석의 반공 쿠데타와 국공 분열이 있었음에도 빠른 속도로 북벌이 완성되어 군벌 할거의 혼란된 상황이 극복될 수 있었던 것은 제국주의 침략의 극한적 폐해와 군벌 정권의 극단적 무능과 착취, 이로 인한 각종 참안(慘案)이 연속으로 발생하는 등 사회·경제적 여건과 환경이 무르익고 있었기 때문이다. 무엇보다도 신문화 운동을 통해 인민대중이 의식화되고 국민당 개조를 통해 대중의 역량이 조직화되어 혁명에 투입된 것이 가장 큰 요인이 되었다.

국민이 참여하여 성취했다고 해서 '국민 혁명'이라 불리는 이 혁명은 통일을 이루어 안정된 중앙정권을 재건하고, 불평등한 조약 체제를 폐기하여 제국주의 침략을 극복하며, 산업 구조를 개혁하여 극빈과 무기력에 빠져 있는 노동자 농민의 생활을 개선하는 등 세 가지 목표를 가지고 있었다. 그러나 군사적 승리를 통한 정치적 통일을 제외하고서는 어느 것 하나 제대로 성취되지 못했다. 소탕의 대상이 되었던 군벌이 철저하게 소거되지 못하고 오히려 국가의 주체로 참여할 수 있었기 때문이다. 그것은 마치 번진 세력인 안록산의 반란이 진압된 뒤에도 번진 세력이 여전히 잔존하여 당 국가가 유명무실한 존재로 전락된 것과 흡사했다. 중화민국은 국민당 개조 때 약속한 대로 북벌이 끝난 뒤에 군정을 마감하고 훈정의 단계로 들어가서 민주 공화국의 체제를 갖추었지만, 지방은 신군벌(新軍閥)이 할거하고 중앙도 군벌 연합 정권의 본질적 성격을 탈각하지 못했다. 특히 대내적으로는 공산당 세력과 대립하고 대외적으로는 일제의 침략을 저지해야 하는 특수한 상황이 장기적으로 지속되어 진정한 의미의 '국민 혁명'은 아직도 요원한 목표로 남아 있었다. 방향은 제대로 잡혔지만 여전히 거리가 떨어져 있었다.

제1차 아편 전쟁의 결과로 맺은 북경 조약에서 "양국의 공문이 평등한 격식에 따르도록" 규정되어 중국과 외국의 대등한 관계가 처음으로 확인되고, 제2차 아편 전쟁의 결과로 맺은 천진 조약에서는 외교관의 상호 파견과 상대국 수도 상주가 규정되어 전통적 '중국적 세계질서'가 흔들리기 시작했다. 아편 전쟁에 대응하기 위한 양무운동 과정과, 두 차례 전쟁을 통해 만한(滿漢) 융합의 필요성을 절감한 만청은 만주인의 특권을 폐지하고 중국인의 요동 이주를 막은 봉금령과 만한 결혼의 금지를 해제했으며 만주어의 사용을 포기했다. 그리고 외국 공사의 북경 주재를 허용하고 만청 외교사절단을 각국에 파견함과 동시에 총리각국사무아문(總理各國事務衙門, 각국에 관계되는 사무를 총괄적으로 통리하는 관아란 뜻)이란 새로운 외교 전담 기관을 설치하여 전통적 외교 체제를 폐기하고 근대적 외교 체제로 전환했다.

청불 전쟁과 청일 전쟁은 아편 전쟁 이후 지속적으로 진행되어 온 제국주의적 서구 열강의 동아시아 침략의 결정판이었다. 제국주의 세력의 동아시아 침공은 전통적으로 중국과 책봉-조공 관계를 유지해 온 번속국들을 명실상부하게 '독립'시켜 중국과의 예적 관계를 단절케 하는 것으로 시작되었다. 먼저 후발 자본주의 국가로 편입된 러시아가 1858년과 1860년에 흑룡강 이북과 오소리강(烏蘇利江) 이동을 획득하여 요동에 대한 진출 발판을 확보하고 1871년에 중앙아시아 이리하(伊梨河) 유역을 점령하여 전통적인 서역과 중국의 책봉-조공 관계를 타격하고 영국의 진출을 견제함과 동시에 중국과의 통상 루트를 확보했다. 그다음엔 프랑스가 전통적으로 중국과 책봉-조공 관계를 지속해 온 베트남을 침공하여 그 일부 영토를 할양받고 만청에 대한 조공을 가로막아 베트남을 '완전한 독립국'으로 만들었으며, 1884년에는 만청과 이른바 청불 전쟁을 벌여 만청이 양무운동을 통해 정성들여 만들어 놓은 남양함대를 궤멸시킴으로써 천진 조약을 통해 만청의 종주권을 박탈하고 베트남을 보호국으로 만들었다. 역시 후발 제국주의 세력인 일본은 1872년에 류큐(琉球)를 번국화하여 전통적인 중국 국가와 류큐의 책봉-조공 관계를 강제로 단절하여 만청에 대한 조공을 금지했다. 1876년에는 중국과 가장 전형적인 책봉-조공 관계를 오랫동안 유지해 온 한국의 조선과 수호 조약을 맺어 전통적 책봉-조공 체제의 근간을 흔들어 놓고, 1894년에는 만청과 청일 전쟁을 벌여 만청이 양무운동을 통해 만들어 놓은 또 다른 자랑스러운 작품인 북양함대를 침몰시킴으로써, 시모노세키 조약을 통해 조선을 '완전한 독립국'으로 만들어 만청과 조선의 책봉-조공 관계를 철저하게 단절시켰다. '완전한 독립국'이 된 조선은 곧 '대한제국'이라고 국호를 바꾸고 만청과 근대적 외교 관계를 맺었지만, 곧 일본의 식민지로 전락했다. 일본은 시모노세키 조약으로 타이완까지 할양받았다. 만청은 정성공 왕국을 무너뜨리고 타이완 섬의 동부 해안 일원에 몇 개의 부현(府縣)을 설치하여 부분적으로 타이완을 지배하다가, 이때 와서 패전의 대가로 타이완에 대한 지배권을 일본에게 양도하게 된 것이다. 타이완은 이때부터 2차 대전이 끝날 때까지 일제의 식민지 지위에 놓이게 되었다. 이렇게 해서 2천여 년이나 유지되어 온 전통적인 중국 중심의 세계질서는 완전하게 붕괴되었다.

중국의 번속국(藩屬國)들을 하나씩 떼어 내어 동아시아 세계를 철저하게 분해한 제국주의 세력들은 이제 중국 그 자체를 분해하여 한 조각씩 식민지화했다. 아편 전쟁을 계기로 영국을 이어 미국, 프랑스, 러시아, 독일 등 열강들이 차례로 수호 조약을 맺고 중국으로 진출했지만, 중국은 한입에 먹기에는 너무나 큰 먹이이어서 열강들은 편의에 따라 중국을 분할하여 세력권으로 획정하고 전략적으로 중요한 요해지를 조차(租借)의 형식을 빌려 점유했다. 영국은 양자강 유역의 각 성을 독점적으로 차지하고 프랑스는 해남도(海南島)와 운남 등 서남의 여러 성, 독일은 산동성 일대, 러시아는 요동의 각 성, 후발 제국주의 세력인 일본도 복건성(福建省) 일원을 각각 세력 범위로 정하여 배타적 권리를 행사했고, 영국은 위해위(威海衛)와 구룡반도(九龍半島)를 조차하고 프랑스는 광주만을, 독일은 교주만(廣州灣), 러시아는 요동반도의 여순(旅順) 대련(大連)을 조차했다. 이들 세력권과 조차지에서 제국주의 열강들은 '은행과 철도에 의한 정복'을 전개했다. 열강들은 은행을 통해 중국에 대규모 자본을 수출하여 차관으로 이자를 거두고 철도와 광산 등에 투자하여 이윤을 수취했다. 특히 각지에 다투어 철도를 부설하여 그 소유권과 관리권, 경영권 등을 행사함으로써 막대한 이윤을 거두었을 뿐만 아니라, 연변의 광산을 개발하고 정치적 영향력을 확대하는 부수적 효과도 획득했다.

동아시아를 구성했던 다른 나라들도 서세동점의 충격을 이기지 못하고 본질적인 변화를 경험하지 않을 수 없게 되었다. 중국을 제외한 동아시아 국가들 가운데서 가장 먼저 제국주의 세력에 시달린 나라는 베트남이었다. 베트남은 이미 명 말부터 프랑스의 천주교 선교사들이 안남에 와서 포교 활동을 벌였는데, 천주교에 대한 탄압과 대량 학살이 자행되자 프랑스는 군함으로 베트남을 공격하여 1858년에는 사이공을 탈취했다. 이후 지속적으로 프랑스의 침공을 받은 베트남은 1884년의 청불 전쟁이 끝난 뒤에 비자의적으로 중국과의 전통적 관계를 단절하고 프랑스의 식민지 상태로 전락했다. 만청과의 전쟁에서 승리한 프랑스는 이미 식민지화한 메콩 델타의 코친 차이나(Cochin China)에다가 이미 보호령으로 만든 캄보디아와 안남(즉 중부 월남)과 동경 등을 합하여 'Indo-China' 연합을 만들어 지배했다. 비록 마지막 왕조인 완조(阮朝)가 형식상 유지되기는 했지만, 지금까지 한·당의 중국 지배에서 독립해서 몽골과 명과 같은 강대국들의 침공을 막아 냈던 베트남인으로서는 참으로 수치스러운 경험이었다. 인도차이나 반도에 있던 나라들 가운데서 라오스(南掌)도 프랑스의 침공을 받아 식민지가 되고 미얀마(緬甸)는 영국의 침략을 받아 멸망되어, 역시 중국과의 책봉-조공 관계가 단절되었다. 중국과 전통적으로 책봉-조공 관계를 유지해 온 인도차이나의 나라 가운데서 유일하게 태국(暹羅)만이 프랑스와 영국의 사이에서 적절한 균형을 이루어 독립을 지킬 수 있었지만, 이미 그전에 중국과의 전통적 관계는 단절되고 '자주지국(自主之國)'이 되었다.

베트남은 전형적 서구 제국주의 세력인 프랑스에 당했지만, 조선은 후발 제국주의 세력인 일본에 의해 패망했다. 개항과 명치유신을 통해 다른 아시아 국가에 앞서 근대화에 나선 일본은 1875년에 조선에 운양호(雲揚號)를 보내 개항을 강요해서 강화도 조약을 이끌어 내고 정한론(征韓論)과 종속논쟁

(宗屬論爭)을 통해 중국과 한국의 전통적 책봉-조공 관계에 문제를 제기했다. 미국과 영국, 프랑스, 독일 등 서구 제국주의 세력들도 조선의 개항과 통상을 압박하는 과정에서 중국과 한국의 전통적 관계가 가장 큰 방해 요소임을 알게 되었다. 왜냐하면 열강의 개항 요구에 대해 조선이 그 책임을 만청에 떠넘기고, 만청은 "조선이 중국의 번속이기는 하나, 책봉과 조공의 예만 교환할 뿐, 그 정치와 종교, 금령은 자주로 처리하니, 중국은 간여하지 않는다"라고 대답했기 때문이다. 열강의 질의에 대해 만청의 총리각국사무아문이 내놓은 대답은 책봉-조공 관계의 본질을 정확하게 표현한 것이었지만, 서구의 국제법에는 존재하지 않는 국제 관계여서 서구 열강을 매우 당혹하게 만들었다.

그러나 만청의 태도는 곧 돌변했다. "조선은 중국의 속국이나, 책봉과 조공의 예만 교환한다"가 "조선은 책봉과 조공의 예만 교환하지만, 중국의 속국이다"로 바뀌었다. 같은 내용이지만 속국임을 더 강조하게 된 것이다. 북양대신 이홍장은 "국정은 비록 조선이 자주(自主)한다 하더라도 중국의 속방(屬邦)이라는 이름은 잃지 않기 바란다"고 했다. 제국주의 세력에 시달리던 만청은 스스로 제국주의 세력으로 변신하여 그동안 제국주의 세력에게서 학습한 바를 스스로 실천하기 시작했다. 조선과의 외교를 책임진 북양대신 이홍장은 막료인 마건충(馬建忠)을 조선에 보내 미국과 영국, 프랑스, 독일 등 구미 열강과 통상 조약을 맺도록 종용하고 알선하면서 조약문에 "조선이 중국의 속국임"을 명시하도록 종용했지만, 각국의 특사들이 거부하여 결국 조선 국왕의 편지 형식으로 대신하도록 타협했다. 이에 미국인 재정고문 데니(O. N. Denny)는 『China & Korea』(1904)에서 "조청 관계는 조공 사행의 내왕으로 유지되는 의례적·형식적 예 질서일 뿐, 청이 직접 조선의 내치와 외교에 간여한 일은 없었다. 이는 국제법상 통치권을 행사하는 종주국과 속국 관계와는 상이하므로 청의 종주권은 인정될 수 없었다"고 했다. 고종도 각국의 공관에 보낸 공문에서 "조선국은 평소에 중국의 속방이지만, 내치와 외교는 대조선국(大朝鮮國)의 군주가 자주한다"고 주장했다. 그러나 만청은 1882년에 조선에서 임오군란(壬午軍亂)이 일어나자 대규모의 군대를 보내 주동자를 체포, 처형하고 그 배후 인물로 지목된 대원군(大院君)을 중국으로 납치·유폐시켰다. 그리고 조선에 「중조상민수륙무역장정(中朝商民水陸貿易章程)」을 체결하도록 강요했는데, 대등한 국가 간의 '조약'이 아닌 '장정'이란 형식을 취했을 뿐만 아니라 그 내용도 불평등 조약의 내용을 갖추고 있었다. 또한 원세개를 주차조선총리교섭통상사의(駐箚朝鮮總理交涉通商事宜), 혹은 주한판사대신(駐韓辦事大臣)으로 파견해서 조선의 외교와 차관, 전신, 해관 등에 간섭케 하여 '감국(監國)'까지 시도했다. 동학란이 일어났을 때도 군대를 보내 내정과 외교에 간섭하려 하다가 결국 일본과 전쟁을 벌여 패전함으로써, 시모노세키 조약 제1조에서 중국은 "조선이 완전무결한 독립자주국임"을 확인하고 지금까지 해 온 공헌 등 전례(典禮)는 모두 폐지함을 약속하게 되었다. 조선은 그 뒤 1897년에 칭제 건원하여 대한제국을 선포하기도 하고, 상호 공사를 파견하여 근대적 외교 관계를 수립했다. 물론 대한제국이 선포되었다고 해서 한반도에 '제국'이 출현한 것은 아니었지만, 한중 양국의 오랜 전통적 종번 관계를 명실상부하게 청산한다는 메시지만은 분명하게 표현된 사건이었다.

조선과 마찬가지로 후발 제국주의 세력인 일본의 침략을 받은 나라로 류큐(琉球)가 있다. 일본은 1879년에 류큐를 침략하여 멸망시키고 오키나와(沖繩) 현으로 만들고 그 왕과 세자를 포로로 잡아갔다. 당시 만청의 총리각국사무아문이 "우리의 번속을 멸망시켰다"고 항의했지만, 류큐 문제의 책임자인 북양대신 이홍장이 류큐의 전략적 가치에 대해 과소평가하여 결단을 내리지 못하다가 결국 류큐에 대한 종주권을 사실상 포기했다. 류큐와 관련하여 타이완도 일본의 손으로 떨어졌다. 1871년에 류큐의 배가 표류하다가 타이완에 기착했지만 타이완의 목단사(牧丹社) 생번(生蕃)에 의해 선원 수십 명이 살해된 사건이 발생했는데, 이때 일본이 류큐가 자신들의 번속이라 하면서 청조의 사죄를 요구하자, 만청은 "타이완과 류큐가 모두 중국에 속해 있지만 번인(蕃人)은 화외지민(化外之民)으로 중국의 정교(政敎)가 미치지 않는다"고 발을 뺐다. 이에 일본은 대군을 일으켜 타이완을 침공, 목단사를 점령하고 학살했다. 그 뒤부터 호시탐탐 타이완을 노리던 일본은 1894년의 청일전쟁에서 승리를 거두자, 시모노세키 조약을 통해 가장 먼저 타이완과 팽호(澎湖) 열도의 할양을 요구했다. 일본은 삼국의 간섭으로 요동은 포기했지만 타이완을 끝까지 고수하여, 마침내 타이완을 점유하여 식민지로 경영하게 되었다.

요동은 청 말에 획기적 변화를 겪게 된다. 요동의 만주가 중국까지 정복해서 통합 국가를 세웠지만, 만청 일대를 통해 요동은 여전히 중국과는 구별되는 특수한 지위에 놓여 있었다. 그러나 1906년에 요동에 봉천성과 길림성, 흑룡강성 등 3개의 행성이 설치되어 중국의 지배 체제에 통합되고 요동에서의 기민이중 체제가 폐기됨에 따라, 요동은 이제 적어도 제도적으로는 전체가 중국과 같은 지위를 얻게 되었다. 오늘과 같이 중국의 '동북 3성'이 중국의 일부로 편입되는 상황이 이때부터 시작된 것이다. 그러나 요동은 이미 선진 시대부터 수천 년 동안이나 중국과는 구별된 별개의 역사공동체가 존속해 온 곳이어서, 일개 제도가 바뀌었다고 해서 쉽게 중국의 일부가 될 수 있는 것은 아니었다. 오늘날과 같은 상황이 되기까지는 1세기가 넘는 기간 동안 꾸준히 '요동의 저항'이 지속되었다. 우선 동북 3성이 개설되자마자 곧 만청이 멸망했고 요동에는 독립된 정권이 새로 수립되었다. '봉계군벌(奉系軍閥)' 장작림(張作霖)이 봉천 장군 겸 성장(省長)의 자격으로 요동에 독자적 정권을 수립했는데, 그는 '동삼성인지동삼성주의(東三省人之東三省主義)'와 '봉인치봉(奉人治奉)'의 기치를 내걸고 사실상 요동의 독립을 추구했다. 국민 정부의 북벌로 인해 동삼성의 통합이 이루어졌지만, 곧이어 조선을 병합한 일제가 요동까지 점유하여 괴뢰국을 세웠다. 1932년에 만청의 마지막 황제 부의(傅儀)를 내세워 만주국(滿洲國)을 건립한 것이다. 만주국은 일제의 괴뢰국임이 분명하지만, 일제가 이러한 괴뢰국을 세워 중국에서 요동을 떼어낼 수 있었던 것은 그때까지도 여전히 요동의 자립성이 작용하고 있었기 때문이다.

일본은 동아시아 국가 가운데 서구 제국주의 세력의 먹이가 되지 않은 유일한 나라였을 뿐만 아니라 오히려 일찍 개항함으로써 스스로 제국주의 국가의 하나로 변신하여 한국과 요동 등을 침범했다. 일본이 다른 나라와 달리 스스로 재빨리 변신할 수 있었던 것은 전통시대에 동아시아 세계에서 소외된 변두리 후진국이었기 때문이다. 그것은 마치 전국 시대에 중국의 여러 나라들은 변화하는 데 많은 시간이 소요된 것에 반해 가장 변두리에 위치한 후진국 진(秦)이 가장 빨리 변법을 소화시켜 6국을 통일하는 주인공이 된 것과 비슷했다. 중국 고전 문화에 세례를 많이 받을수록 변화하기 어려웠지만, 변두리에 있는 이적의 나라일수록 스스로 변화하기가 쉬웠기 때문이다.

전통시대에 중국 중심의 세계질서에 참여한 나라들 가운데 일본과 태국을 제외한 대부분의 나라들이 중국적 세계질서가 해체된 뒤에 각각 분해되어 제국주의 세력의 먹이가 되었다. 한 가지 특이한 것은 이들 나라 가운데는 중국의 제국주의적 침공의 대상이 된 나라도 있다는 것이다. 티베트와 몽골, 서역 등이 그것이다. 물론 이러한 나라들도 제국주의 열강의 침략에서 벗어나지 못했지만, 이들 나라에 대한 제국주의적 약탈에 중국도 끼어들었다. 즉 중국 자신이 제국주의 세력의 하나로 변신하여 제국주의 열강에 침탈을 당할 때 배운 수법을 그대로 활용하여 제국주의 세력과 먹이 다툼을 벌인 것이다.

만청의 순치제(順治帝)는 몽원의 전례를 뒤따라 티베트 고원에서 지배적 지위에 있던 티베트 불교의 최고 지도자 5세 달라이 라마를 북경에 초청해서 공시/단월 관계를 맺고, 달라이 라마가 몽골의 여러 부에 영향력을 행사하여 신생 만청 국가를 지원하는 대가로 티베트에서 달라이 라마가 갖는 정교 양 방면의 지배적 권위를 인정하고 지원해 주기로 약속했다. 그 뒤 만청은 네 차례나 대규모 군대를 티베트 고원에 파병해서 몽골과 네팔 등 위협적 외세로부터 달라이 라마를 보호했고, 두 차례나 서장선후장정(西藏善後章程)을 제정하여 금병체첨(金瓶掣簽)을 통해 전세영동(轉世靈童)을 확인하게 하고 주장대신(駐藏大臣)을 상주하게 하여 내정과 외교에 간섭하게 했다. 이는 모두 달라이 라마의 정치적 지위를 제도적으로 안정, 강화시켜 보호하려는 목적에 의한 것이었다. 그러나 인도와 시킴, 라다크, 네팔, 부탄 등 히말라야 산맥 남쪽 기슭의 나라들을 차례로 점령한 영국이 이를 발판으로 티베트 고원에 침투해 들어가자, 만청은 이에 맞서서 제국주의적 쟁탈전을 벌였다. 특히 중국 안에서 '신정(新政)'이 단행된 청 말에는 티베트에서도 신정을 강제로 이행하여 달라이 라마의 정권을 빼앗아 주장대신에게 넘기게 하고 티베트 고원에서도 개토귀류를 시도하다가 티베트인의 완강한 저항에 부딪혔다. 만청은 대규모의 군대를 라싸로 진군시켰고, 13세 달라이 라마는 망명하며 저항했다. 만청이 멸망하자 라싸로 귀환한 달라이 라마는 중국인과 만주인을 모두 티베트에서 축출하고 티베트와 중국의 전통적 공시 관계가 청산되었음을 선언하여 사실상 독립을 선포했다.

그러나 만청을 무너뜨리고 새로 중국을 통치하게 된 중화민국은 만청의 통합 국가 체제를 그대로 계승하여 이른바 '오족공화(五族共和)' 체제를 세우려 했다. 1912년 1월에 손문 총통은 "한(漢), 만(滿), 몽(蒙), 회(回), 장(藏)의 여러 땅을 합하여 한 나라로 만들면 한, 망, 몽, 회, 장의 여러 족을 합하여 일인(一人)이 될 것이니, 이를 민족의 통일이라고 한다. 무한(武漢)이 먼저 기의하여 10여 행성이 앞뒤로 독립했는데, 이른바 독립이란 청 조정에게는 이탈을 의미하고 각 성에게는 연합을 의미한다. 몽골과 서장도 그 뜻이 이와 같아 행동이 이미 하나가 되어 결코 나뉘는 추세가 없으니, 추기(樞機)가 중앙에서 이루어져 그것이 사지(四至)에까지 두루 미친다면, 이를 두고 영토의 통일이라 하는 것이다"라고 선언하여, 티베트의 이탈을 허용할 수 없음을 밝혔다. 원세개도 대총통령을 공포하여 "현재 오족(五族)이 공화(共和)하니, 무릇 몽, 장, 회강(回疆)의 각 지방은 모두 우리 중화민국의 영토이고 몽, 장, 회강 각 민족은 모두 우리 중화민국의 국민이므로, 앞으로는 제정 시대처럼 다시는 번속이라는 명칭이 있을 수 없다. 앞으로는 몽, 장, 회강 등지는 통일적으로 규획하여 몽, 장, 회강과 내지 각 성을 평등하게 보며, 장래에 각 지방의 일체 정치는 모두 내무행정의 범위에 속하게 한다. 현재 통일 정부의 과업이 이미 성립되었으므로 이번원의 사무는 내무부에 귀속시켜 처리하게 한다"고 명령했다. 오족공화론은 중화민국의 헌법에 반영되어, 임시약법에서 "중화민국 영토는 22개 행성과 내외 몽골, 서장, 청해로 한다"고 규정하고, 중화민국 헌법에서도 "내외 몽골과 서장, 청해 등은 지방 인민의 공의(共意)에 따라 성과 현 등 2급으로 나눈다"고 했다.

그러나 티베트를 중국의 일부로 포함시키려는 제도적 작업은 모두 일방적인 것이어서 티베트인의 동의를 얻지 못했다. 중화민국은 13세 달라이 라마의 명호를 회복시키고 '책봉사절'을 파견했지만, 티베트인에 의해 거부되어 티베트로 들어가지도 못했다. 오히려 13세 달라이 라마는 1913년에

'몽골-티베트 조약'을 체결하여 양국이 독립 국가임을 대외적으로 선포했고, 인도의 심라(Simla)에서 열린 영국, 중국, 티베트 3자 회의에 대표를 보내 1914년에 '심라 조약'을 체결하여, "티베트를 내(內)티베트와 외(外)티베트로 나눈다. 중국의 전 티베트에 대한 종주권을 인정하지만 중국은 티베트를 행성으로 바꿀 수 없다. 외 티베트의 자치를 승인하고 중국은 그 행정을 간섭할 수 없다"는 조약문을 관철시켰다. 중국이 이 조약을 비준하지 않자, 티베트는 중국군과 두 차례나 영토 분쟁을 벌여 마침내 금사강(金砂江)을 기준으로 티베트와 중국의 경계를 확정했다. 그러나 중화민국은 티베트 지배를 포기하지 않고 훈정 약법 제1조에 "중화민국 영토는 각 성과 몽골, 서장으로 한다"고 규정했고, 1933년에 13세 달라이 라마가 원적(圓寂)하자 조문(弔文) 치제(致祭) 사절을 티베트에 특파하고 1940년에 14세 달라이 라마가 좌상(坐床)할 때도 특사를 보내 티베트의 중국 편입을 끊임없이 시도했다. 그럼에도 불구하고 티베트는 독자적인 '외교국(外交局)'을 설립하여 중국 등 외국과 직접 교섭했고, 상무대표단을 각국에 파견하여 티베트의 독립 의지를 세계에 알리려 노력했다.

1949년에 중화민국이 타이완으로 축출되고 중국 공산당이 중국을 석권하자, 티베트 정부는 공산주의의 전염을 염려하여 국민당 정부의 몽장위원회(蒙藏委員會) 주장사무소(駐藏事務所)를 티베트에서 축출했다. 공산당 기관지 신화사(新華社)는 즉각 사론을 발표하여, "서장은 중국의 영토이니 절대로 어떠한 외국의 침략도 용허할 수 없고, 서장 인민은 중국 인민의 분리할 수 없는 구성원이니 절대로 어떠한 외국이 분할하는 것도 용허할 수 없다"고 성명하고, 『인민일보(人民日報)』도 「중국 인민은 반드시 서장을 해방시켜야 한다」는 사론을 게재하여 중국의 티베트 침공을 예보했다. 실제로 중국 공산당에 의해 중화인민공화국이 건립된 지 1년 만인 1950년 10월에 인민해방군이 금사강을 건너 티베트 동부의 전략적 요충지인 창도(昌都)를 공격해서 함락시켰다. 티베트는 국제연합에 호소했지만, 한국 전쟁으로 인해 중국을 자극할 수 없었던 미국 등 서방 국가들은 이를 외면했다. 고립무원의 티베트는 결국 인민해방군의 라싸 진군을 저지할 수 없었고, 14세 달라이 라마는 1959년에 히말라야 산맥을 넘어 인도로 망명하여 다람살라에서 망명 정부를 수립했다. 중국은 티베트인의 광범한 무장 저항을 제압하고 1965년에 서장자치구를 세워 티베트를 자국의 일부로 편입시켰다.

중국 공산당은 원래 소수민족의 협조가 필요했던 혁명 초기에는 민족자결(民族自決)을 약속했지만, 소수민족에 대한 지배력을 확보한 다음에는 민족자치(民族自治)로 입장을 바꾸었다. 티베트를 서장자치구로 편입한 것도 이러한 정책의 선회와 일정한 관계가 있는 일이었다. 중국 공산당은 사회주의 혁명 초기에는 레닌주의 원칙에 의거하여 소수민족 자결의 구호를 내세웠다. 1931년에 만들어진 '중화소비에트 공화국헌법 대강'에서 "중국 소비에트 정권은 중국 경내 소수민족의 자결권을 승인하여, 각 약소민족이 중국에서 이탈하여 스스로 독립적 국가를 성립시킬 권리를 승인한다. 몽, 회, 장, 묘(苗), 여(黎), 고려인 등 중국 지역 내에 거주하는 이들은 완전한 자결권을 가지고, 중국 소비에트 연방에 가입하거나 이탈, 혹은 자기의 자치 구역을 건립할 수 있다"고 분명하게 밝힌 바 있었다. 그러나 일제가 요동에서 만주국을 세우고 화북과 서북 지역에서는 몽골의 독립과 대회회국(大回回國)의 건립 등이 기도되자, 중국 공산당은 공공연히 '민족자치'를 공언하기 시작했다. 1947년에는 첫 번째 자치구인 내몽골자치구(內蒙古自治區)가 건립되었으며, 1949년의 '공동강령(共同綱領)'에서는 "각 소수민족 집단거주 지구에 민족구역자치(民族區域自治)를 실행한다"고 규정했다.

14. 역사의 단절과 연속: 현대 동아시아의 역사적 이해

일견 현대 동아시아는 전통시대의 그것과 현저하게 단절되어 있는 것처럼 보인다. 불과 1백여 년 전의 동아시아인이 현대의 동아시아인을 본다면 어떻게 생각하겠는가. 별나라에서 온 사람으로 보지 않을까. 중국인뿐만 아니라 한국과 베트남 등 동아시아의 지식인이라면 누구나 전통시대에는 어렸을 때 『천자문』과 『소학』을 배우고, 성장해서는 『논어』와 『맹자』, 『중용』, 『대학』 등 사서에 통달했으며, 『시경』과 『서경』, 『예기』, 『춘추』, 『주역』 등 오경을 학습하지 않은 사람이 없었다. 그러나 지금은 그 방면에 종사하는 전문가가 아니면 이러한 고전을 학습하거나 통달한 사람은 거의 없다. 지금 한국의 대학생들에게 사서삼경 가운데 단 한 권이라도 읽어 본 적이 있느냐고 물어보면 그렇다고 대답할 학생을 발견하기는 정말 어렵다. 언젠가 중국의 『문회보(文匯報)』에서 현대 중국의 젊은이들이 중국의 고전을 읽을 수 없음을 한탄한 기사를 읽은 적이 있다. 이만큼 현대 동아시아인은 전통시대와 단절된 상태에서 살아가고 있는 것처럼 보인다. 그러면 정말 현대 동아시아는 전통시대와 단절되어 있는가.

근래에 동아시아에서는 역사논쟁이 한창이다. 중국과 한국의 고구려사 논쟁이 유명하지만, 그 외에도 중국과 티베트의 역사논쟁이나 중국과 타이완의 역사논쟁도 역사가 유구하다. 중국과 베트남, 중국과 몽골, 중국과 동투르키스탄, 중국과 일본 사이에서도 역사논쟁이 끊이지 않는다. 이처럼 동아시아 각국 사이에 역사논쟁이 유행하는 까닭은 현실 문제를 해결할 해답을 역사에서 찾을 수 있다고 생각하기 때문이다. 한국과 중국이 고구려사의 귀속 문제를 놓고 '역사전쟁'을 벌이고 있는 까닭은 그것을 통해 고구려의 영토와 문화적 유산 점유에 대한 논리적 근거를 얻을 수 있다고 생각하고,

티베트와 중국이 전통적 공시/단월 관계의 성격에 대해 치열하게 논쟁을 벌이는 까닭은 그것을 통해 중국의 티베트 지배, 혹은 티베트의 독립에 관한 이론적 근거를 확보할 수 있다고 생각하기 때문이다. 과연 현재 문제의 해결책을 과거의 역사에서 찾을 수 있을까. 논리적으로 이 질문에 대한 답을 찾는다면, '아니다'로 귀착될 수밖에 없다. 왜냐하면 역사란 헤아릴 수 없이 많은 역사적 사건을 역사가가 자의로 선택하여 나열한 것에 지나지 않기 때문이다. 현재와 과거 사이에는 역사가에 의해 선택되거나 인지되지 못한 수많은 사건들이 개재되어 있어, 엄밀히 말해서 현재와 과거의 인과 관계는 논리적으로 설명될 수 없다. 그것은 마치 헤아릴 수 없이 많이 우주에 산재한 별들 가운데 인간에 의해 인지되는 별들은 극히 일부에 지나지 않기 때문에 인지된 별들만으로는 우주의 메커니즘을 설명할 수 없는 것과 같다. 그럼에도 불구하고 인간이 별들을 관측하면서 우주를 이해하려는 노력을 멈추지 않는 까닭은 그러한 노력이 우주의 진면모에 우리를 보다 가깝게 접근시켜 줄 것으로 믿기 때문이다. 마찬가지로 우리가 역사적 사실을 모두 인지할 수도 없고 인지된 사실만으로는 역사와 현재의 유기적 인과 관계를 설명할 수 없음에도 불구하고 역사적 탐구를 끊임없이 시도하는 까닭은, 이러한 노력이 역사와 현재의 관계를 보다 적확하게 이해하는 데 도움이 되리라 기대하기 때문이다. 일견 현대의 동아시아인이 역사와 전통문화와 단절되어 아무런 상관없는 별개의 세계에 사는 듯이 보일 수도 있지만, 그래도 양자의 사이에는 어떠한 연결의 고리가 있으리라 확신하면서 그 연결고리를 찾는 일을 멈출 수 없는 까닭도 여기에 있다.

'현대' 즉 현재의 시대를 어떻게 규정하고, 동아시아의 역사상에서 어떻게 설정할 것인가 하는 문제는 역사가 각자의 주관적 문제여서 백가쟁명의 갖가지 학설이 분분하다 할 것이다. 다만 '현대'를 현재의 삶과 같은 삶을 살게 된 시대라고 간주할 수 있다면, 중국사에서는 현재와 같은 국가 형태와 사회질서, 문화 양식을 건립하게 된 중화민국의 건립 이후로 볼 수 있을 것이다. 이때부터 중국인은 공화국이라는 새로운 국가 체제를 경험하게 되었고, 신분과 남녀의 차별이 극복된 새로운 사회질서를 향유하고, 민주주의와 과학이라는 새로운 가치관을 갖게 되었다. 그것은 종래에 황제라는 절대 권력이 지배한 제국 체제나 군신과 부자, 부부 등의 차별에 기초한 예적 질서, 충효를 강조한 유교적 가치와는 전혀 다른 경험이었다. 이러한 중국인의 현대적 삶은 한순간에 이뤄진 것도 아니고 단발적 사건에 의해 이뤄진 것도 아니다. 긴 시간에 걸쳐 여러 사건들이 유기적으로 이어져서 본질적 변화를 이뤄 낸 것이다. 우리는 이 엄청난 변화를 이뤄 낸 일련의 역사적 과정을 가리켜 '중국혁명'이라고 부른다. '중국혁명'을 구성한 일련의 과정 가운데 가장 주목할 만한 사건으로 민주공화국이라는 국체를 처음으로 건립한 민국혁명과 유교적 가치 대신 민주주의와 과학이라는 새로운 가치를 확립한 신문화 운동, 국민 대중을 혁명에 동참케 한 국민 혁명, 지주가 농민을 지배하는 사회·경제 체제를 혁파한 사회주의 혁명, 전통문화와 현대의 고리를 끊은 문화 대혁명 등을 들 수 있다. 이러한 일련의 사건들은 모두 중국의 역사 안에서 중국인의 삶을 지배해 온 전통적인 체제와 질서를 전면적으로 부정하고 극복한 과정으로, 하나하나가 모두 '획기적'인 의미를 포함하고 있다고 할 수 있다.

먼저 1911년에 일어난 민국혁명은 2천 년 전통의 제국 체제를 일거에 무너뜨리고 국체를 민주공화국 체제로 전환시킨 역사적인 사건이었다. 제국 체제의 역사는 민국혁명에서 2천 년 전으로 거슬러 올라간다. 기원전 221년에 진왕 영정이 6국을 무력으로 멸망시키고 중국을 통일한 직후에, '황제'라는 새로운 칭호를 만들어 사용할 것을 선포함으로써 제국, 즉 황제가 지배하는 국가 체제가 역사의 무대에 처음으로 오르게 되었다. '제'란 원래 상대의 최고 귀신을 가리키는 말로, 주대에는 '천'과 동의어로 사용되었다. 따라서 천의 명령, 즉 '천명'을 받고 '천하'를 통치하는 '천자'라는 칭호와는 달리, '황제'는 스스로 권력의 원천임을 자칭하는 의미를 지니고 있었다. '천자'의 한계를 극복하기 위해 인위적으로 조작된 '황제'는 곧 어떠한 존재에 의해서도 제한될 수 없는 절대 권력 그 자체를 가리키는 말이었다. 따라서 '제국'이란 곧 황제라는 절대 권력에 의해 통치되는 국가란 뜻이었으니, 진인은 '제국'에 걸맞은 국가를 만들기 위해 전 중국에 군현을 설치했을 뿐만 아니라 중국 밖의 이적까지 일원적으로 지배하려 기도했다. 진에 이어 다시 중국을 통일적으로 지배한 한 국가의 군주들도 '황제'를 자칭하며 제국을 지향했고, 그 뒤를 이어 중국을 통일적으로 지배한 역대 왕조의 군주들은 물론이거니와 중국의 일부만을 지배한 군주들까지도 '황제'의 칭호를 사용하면서 제국의 전통을 계승했다. 이로 인해 통일 진대부터 청 말까지 2천 수백 년의 기간을 흔히 '제국 시대'라고 부르게 되었다. 이 시기가 '제국 시대'였다 함은 이 시대에 중국을 지배한 군주들이 '황제'를 자칭했다는 사실 이상의 중요한 의미가 있었으니, 국가 체제는 물론이고 사회질서와 문화생활, 국제질서까지 일체 삶의 내용이 제국 체제에 의해 규정되었기 때문이다. 군주의 손과 발의 역할을 하는 관료, 관료를 파견하여 직접 지방을 통치하는 군현, 정액의 인두세와 소득세, 모든 정남에게 일정한 노동과 병역을 수취하는 요역과 병역, 신분이나 지역의 구별 없이 일률적으로 적용하는 율령 등 갖가지 도구를 통해 군주의 직접·개별적 인민 지배가 관철되었다. 봉건적 신분제가 모두 혁파되어 천민이나 노예를 제외한 일체의 정남은 모두 황제 앞에서 법률적으로 평등한 사회질서가 구축되었으며, 충효를 강조하는 유교적 가치가 문학의 기본 주제가 되었고, 중국 외에도 동아시아 세계를 구성한 모든 국가와 정치 세력이 황제에게 신복함을 표현하도록 기대되었다. 물론 형식의 변화가 항상 내용의 변화까지 동반하는 것은 아니다. 신해혁명으로 인해 제정 체제가 폐기되었다고 해서 한순간에 민주공화 체제가 수립되고 전통적 삶이 순간적으로 변화될 수 있었던 것은 아니다. 그러나 2천 년 이상이나 중국에서 유지되어 온 이 제국 체제의 철폐로 인해 중국인의 삶에 매우 본질적이고 포괄적인 변화가 시작되었음은 의심할 바가 없는 일이다.

신문화 운동 역시 중국인들의 삶을 전통과 단절시킨 획기적 과정의 하나였다. 신문화 운동이 일어나기 전까지만 해도 중국 지식인의 삶을 지배한 것은 충효를 강조하는 유교적 가치와 무위자연을 지향하는 도가적 정신이었다. 한대부터 유교가 지배 이데올로기로 채택되고 관료 생활을 지향하는 사인들에게 유교적 소양을 갖추도록 제도적 장치가 준비된 이래로 유교적 가치는 언제나 중국 지식인의 삶을 지도해 왔다. 전통시대 중국의 학문은 시기에 따라 훈고학, 현학, 성리학, 고증학 등으로 전개되어 왔지만 모두 시대적 특성이 반영된 유학의 각 단계에 지나지 않았다. 금문학파와 고문학파의 논쟁이 전통시대 내내 지속되었으나, 양자의 연구는 모두 유학의 범주 안에서 전개되었다. 송대에는 이른바 '주자가례(朱子家禮)'가 만들어져서 관혼상제의 유교적 예 문화가 사대부의 범위를 넘어 일반 서민의 생활까지 규정하게 되었다. 이와 더불어 도가적 가치도 중국 지식인의 정신을 지배한 또 다른 한 축이었다. 원래 초 문화의 한 양식으로 중국에 소개된 무위자연, 혹은 무위이치의 문화가 전국 시대에 중국 문화의 일부로 수용된 이후, 중국의 지식인들은 기회가 있으면 출세하여 유교적 원리에 따라 세상을 경륜하고 기회를 잃으면 죽림에 칩거하여 자연에 동화되는 '내성외왕'의 생활을 향유했다. 따라서 신문화 운동을 통해 유교적 가치가 인도하고 도가적 정신이 지배하는 전통적 지식인의 삶이 신랄하게 비판되어 민주주의적 가치와 과학적 정신이 주도하는 새로운 삶으로 전환되었다면, 신문화 운동의 역사적 의미 역시 가히 혁명적이요 획기적인 것이었다고 평가할 수 있다.

국민 혁명 역시 중국인의 삶을 송두리째 바꾸어 놓았다. 그때까지만 해도 중국 역사의 주류에서 민중은 언제나 아웃사이더로 소외되어 있었다. 중국의 역대 정사인 이른바 '25사'는 군주와 그 측근, 대신과 장군, 학자, 그리고 사회의 지도적 위치에 있던 명사들의 이야기만으로 가득 차 있었다. 중국의 역대 국가와 사회가 이들에 의해 운영되고 있었기 때문이다. 국가와 사회의 대부분을 구성한 농민은 생산의 주체로서 생산의 결과물 가운데 일부를 조세로 국가에 바치고 노동과 병역까지 국가에 착취되었지만, 세금을 얼마나 낼 것인지, 요역과 병역은 얼마나 수취되어야 할 것인지, 즉 자신이 국가의 운영에 이바지하는 부분의 방법이나 내용에 대해 의사를 표현할 수 없었다. 농민으로부터 조세와 요역, 병역 등을 수취하는 방법이나 질량을 결정하는 것은 농민이 아니라 국가 권력을 구성하는 관료들, 아무리 폭을 넓게 잡는다 하더라도 관료를 배출하는 사인에 국한되었다. 요컨대 전통시대에는 농민이 자신의 정치·사회적 삶을 결정하지 못했다. 그런데 국민 혁명이 전개되면서 농민도 이제 자신의 삶을 결정할 국가의 운영과 사회질서의 구축 과정에 스스로 참여하게 된 것이다. 신문화 운동을 통해 의식화된 농민과 노동자 등 민중들이 5·4 운동과 북벌의 과정에 직접 참여하여 군벌이 운영하는 반(半)봉건적, 반식민적 국가의 운영 방식을 거부하고 명실상부한 민주공화국의 국체를 선택하고 지지함으로써, 이제 중국인의 삶은 보다 본질적인 변화를 맞게 되었다.

사회주의 혁명이 중국인의 삶에 가져온 변화는 이루 말로 표현하기 어려울 정도로 컸다. 중국에서의 사회주의 혁명은 중국 공산당이라는 조직과 세력이 주도했다. 신문화 운동의 과정에서 중국 사회에 소개된 사회주의는

1921년에 중국 공산당이 결성됨으로써 실천 운동으로 전개되었고, 5·4 운동이라는 대중 운동이 성공적으로 전개되고 '연아, 용공과 노농대중 운동'으로 국민당이 개조됨에 따라 사회주의 운동이 조직적으로 확장되었다. 장개석이 영도한 국민당 정권이 공산당과 결별하고 탄압했지만, 중국 공산당은 대장정(大長征)의 투쟁적 경험을 축적하고 대중적 역량을 결집하여 1949년에는 마침내 국민당 정권을 타이완으로 축출하고 중화인민공화국을 건립한 뒤에 중국 전역에서 사회주의 혁명을 단행했다. 지주와 전호의 계약서가 불태워지고 지주의 토지가 농민에게 공평하게 분배되었다. 이제 중국 사회에서 지주라는 계급은 소멸되었고 모든 농민이 일정한 액수의 농지를 경작할 수 있게 된 것이다. 이와 같은 토지 분급은 중국의 역사상에서 한 번도 있었던 적이 없는 일이었다. 중국인들은 이미 고대부터 정전제라는 꿈을 갖고 있었지만, 춘추전국 시대에 토지의 사적 소유가 발생한 이후로 대규모의 토지를 소유한 지주와 송곳 하나 꽂을 만한 땅도 갖지 못한 농민이 언제나 병존했다. 북위 시대에 균전제가 실행되고 수·당 시대까지 계승했지만, 균등한 토지 분급은 중국의 모든 토지와 농민을 대상으로 한 것이 아니었고, 지주의 토지를 빼앗아 농민에게 분급해 준 혁명적 조처는 한 번도 실행될 수 없었다. 특히 균전제가 무너진 당대 후기 이후에는 국가가 농지의 균등한 분급이라는 고대 이래의 오랜 꿈을 완전히 포기하여, 지주와 전호 사이의 토지 임차 관계만 존재하게 되었기 때문에 대부분의 농민이 농지라는 생산수단을 보유하지 못하는 사회적 불안정 상황이 민국 시대까지 지속되었던 것이다. 전통시대 중국인의 대부분이 농민이었고 농민의 대부분이 농지를 보유하지 못하고 있었기 때문에, 모든 농민에게 농지를 돌려준 사회주의 혁명은 실로 엄청난 사회적 변혁을 초래했다고 할 수 있다. 근대적 산업사회로의 진입으로 인해 새로 발생한 도시 노동자들에게도 사회주의 혁명은 생산

수단의 공유라는 새로운 삶의 형태를 제시했다.

　문화 대혁명은 중국인의 삶을 전통문화와 철저하게 단절시키려 한 시도였다. 문화 대혁명의 직접적 동인은 사회주의 혁명의 이념을 순수하게 고수하려 한 홍파(紅派)와 사회주의 혁명에 실용적으로 접근하려 한 전파(專派)의 권력 투쟁이었던 것으로 밝혀졌지만, 실제 전개 과정은 전통문화를 철저하게 비판·파괴하여 새로운 사회주의 문화, 즉 무신론적, 과학적이며 평등한 문화생활을 창건하려는 노력으로 일관되었기 때문에 '문화 대혁명'이라는 이름을 얻게 되었다. 문화 대혁명이 진행되는 시기에 한국 등 외국인들은 죽의 장막 안에서 무슨 일이 일어나고 있는지 알지 못했는데, 죽의 장막이 걷힌 뒤의 중국에는 전통의 학살이 남긴 참혹한 '주검'들만 나둥그러져 있었다. 도처의 유교 문묘와 도교 도관, 불교 사찰 등이 파괴되었고 대학 교수 등 수많은 지식인들이 인민재판을 받고 처형되거나 자살로 내몰렸다. 심지어 중국도 아닌, 오히려 중국인의 침략을 받은 티베트와 같은 곳에서도 참담한 파괴가 자행되어, 불국 티베트의 8천여 사찰 가운데 피해를 입지 않은 곳은 열도 헤아려지지 않게 되었다. 전통시대에 중국에 대해 문화적 콤플렉스에 빠져 있었던 한국이나 일본, 베트남 등 이웃 나라의 관광객들이 문화 대혁명 이후에 중국을 여행하면, 박물관의 텅 빈 전시관을 보면서 미묘한 감회에 젖기도 했다. 국민당 정권이 타이완으로 축출되면서 대륙의 최고급 문화재를 대량으로 가져가서 대북(臺北)의 고궁 박물관에 쌓아 두었는데, 이제 그나마 남아 있던 문화재조차 닥치는 대로 파괴되었으니, 역사에 대한 이처럼 잔혹한 테러 행위를 인류 역사에서 다시는 찾아보기 어려울 것이다. 전통시대의 중국이란 지리적으로 세계의 중심이기도 하고 정치적으로도 세계의 중심 노릇을 하기도 했지만, 무엇보다도 '중국'은 동아시아 세계의 문화적 중심이었다. 동아시아 세계에서 인구가 가장 밀집된 곳도 중국이었고, 물산이 가장 풍부했던 곳도 중국이었지만, 이러한 인구와 물산의 기반 위에 구축된 문화는 당시 세계에서 가장 고급한 수준에 이르러 있었다. 전통시대 중국인의 화이관이나 중화 의식이란 곧 세계 최고의 문화를 창조해서 향유하고 있다는 문화 대국의 자의식을 주된 내용으로 담고 있었다. 한국이나 베트남 같은 나라들이 중국과 자발적으로 책봉-조공 관계를 맺었던 가장 큰 이유도 이러한 관계를 통해 세계 최고 수준의 중국 문화를 수입하여 함께 향유할 수 있다는 기대에서 비롯된 것이었다. 중국의 전통문화는 단순히 문화적 가치에 머무르는 것이 아니라 전통시대의 동아시아 세계질서까지도 규정하는 핵심적 요소로서 작용하고 있었으니, 중국인 스스로가 역사와의 단절을 선언하면서 전통문화를 철저하게 파괴한 것은 중국인의 삶에 엄청난 변화를 가져올 것임이 분명했다. 다만 문화 대혁명이 이른바 '십년동란(十年動亂)'으로 끝이 났고 지금은 공자 등 전통문화에 대한 재평가가 다시 이뤄지고 있으니, 그 실질적 효과는 시간적으로는 상당히 제한적이었다고 할 수도 있다. 하지만, 질과 양에 있어 너무나 심각한 수준으로 진행되어 앞으로 중국인이 문화 대혁명으로 입은 정신적 트라우마를 치유하여 역사와의 관계를 다시 회복하는 데는 상당한 시간이 필요하게 될 것이다.

신해혁명 이후 중국에서 전개된 신문화 운동과 국민 혁명, 사회주의 혁명, 문화 대혁명 등 일련의 사건들은 현대 중국인의 삶을 전통적인 정치 체제와 가치관, 정치 생활, 경제질서, 문화생활 등과 단절시키고, 그 대신 민주공화정이라는 새로운 국체와 민주주의와 과학이라는 새로운 가치, 인민 대중의 정치 참여, 모든 농민 노동자의 생산수단 공유, 합리적인 문화생활이라는 새로운 삶의 양식을 제공했다. 20세기 중국에서 일어난 이 일련의 '중국혁명' 과정은 전통시대에도 그러했듯이 주변에 있는 다른 나라들에서 일어난 변화와 동행하기도 하고 혹은 서로 영향을 주고받기도 했다. 특히 청대부터 중국을 지배한 국가에 의해 '번부'로 간주되어 온 몽골과 티베트, 서역, 타이완 등이 중국혁명의 굴곡에 함께 편승하여 삶의 변화를 혹심하게 겪었음은 물론이거니와, 전통시대에 언제나 중국의 국가와 책봉-조공 관계를 유지하여 중국과 함께 동일한 국제 사회를 구성하며 정치, 외교, 사회, 경제, 문화 등 거의 모든 방면에서 심대한 영향을 교환했던 한국이나 베트남, 류큐 등 '외국'들도 혁명적 충격을 받고 엄청난 삶의 변화를 경험하지 않을 수 없었다.

20세기의 몽골인이 겪은 가장 의미 있는 경험은 나라가 두 토막 나서 북부는 독립된 국가를 건립했지만 남부는 중국의 일개 자치구로 편입되었다는 것이다. 몽골인은 1911년에 만청이 신해혁명에 의해 붕괴되자 곧 독립을 선언했지만, 1945년에 이르러서야 외몽골만 중국 국민당 정권에 의해 독립 국가로 인정받았고, 1949년에는 중국 공산당에 의해 현대 국가로서의 독립과 중국으로부터의 완전 독립을 인정받았다. 그러나 내몽골은 1947년, 즉 중화인민공화국 건국 2년 전에 이미 내몽골자치정부를 수립하여 중국 공산당 안에 하나의 자치구로 편입된다. 현재 몽골이라고 부르는 지역은 원래 유목민의 생활 터전으로, 중앙아시아에서 대흥안령까지 펼쳐진 광활한 초원에 소수의 유목민이 흩어져서 유목 생활을 하던 곳이어서 선진 시대에는 부 혹은 부락 단위로 분산되어 있었지만, 흉노에 의해 유목 제국으로 통일된 이후에는 돌궐과 몽골 등 대 유목 제국이 건립되어 정치적으로 통일된 시기가 많았다. 또한 몽원이 패망한 뒤에 초원 지역이 몇몇 부로 나뉘어 만청 시대에는 '번부'로 간주되기도 했지만, 장성 이북의 초원 지역이 중국 국가의 영토 안으로 편입된 적은 거의 없었다. 따라서 북부 초원에 독립된 몽골국이 건립되었다 하더라도 장성 이북의 몽골 지역이 중국 국가인 중화인민공화국의 영토 안으로 편입된 것은 몽골인에게는 매우 충격적인 '반역사적' 사건이었음이 분명하다.

서역은 몽골보다도 더 혹심한 변화를 경험했다. 서역 전체가 중국의 일개 자치구로 편입되었기 때문이다. 근세에 이르러 중국인의 침공을 받아 그 지배하에 놓였던 동 투르키스탄은 1933년에 동 투르키스탄 이슬람공화국을 세우고 1944년에도 동 투르키스탄 공화국을 세우면서 독립 국가의 건립을 위해 투쟁했지만 번번이 중국인의 탄압을 받아 좌절되고, 1955년에는 소련의 방임하에 중국의 신강유오이자치구(新疆維吾爾自治區)로 편입되었다. '서역'은 원래 두 가지 의미를 갖고 있었다. 광의의 '서역'은 중국의 서방 전체를 가리키는 말로 사용되었고, 협의의 '서역'은 중국의 서쪽 문인 옥문관에서 총령, 즉 파미르 고원까지를 말한다. 광의의 '서역'에는 광역의 영토 국가들도 포함되었지만, 협의의 '서역'에는 타림 분지 남북로의 오아시스 국가들만 있었다. 현대의 '유오이(위구르)자치구'는 바로 이 협의의 '서역'에 설치되었다. 서역의 오아시스 국가들은 비록 소수의 인구가 성벽 안에서 거주하는 성읍 국가였지만, 국가의 기본 질서와 체제를 갖추고 독립된 국가 형태로 존재했다. 중국의 국가들은 이들 오아시스 국가들을 '서역 제국'이라 부르면서 왕왕 관리와 군대를 보내 '감호(監護)'했다. 그러나 중국의 서역 경영은 언제나 북방의 초원 지역에 강력한 유목 제국이 출현할 때, 그 후방 기지를 떼어놓기 위한 전략적 목적을 갖고 있었기 때문에, 서역을 영토로 편입하여 직접 통치한 적은 한 번도 없었다. 따라서 서역이 중국의 자치구로 편입되었을 때 서역인이 입은 충격은 몽골에 비해 훨씬 더 크고 깊었다고 할 수 있으니, 몽골과 달리 서역인이 지금까지도 왕왕 중국의 지배에 대해 극렬하게 저항하여 유혈 참변을 겪고 있는 것으로 보아도 알 수 있다.

티베트 역시 중국의 '서장자치구'로 편입되었다. 1965년에 서장자치구 제1계 인민대표대회가 열려, 서장자치구의 성립을 선포하고 인민위원회를 출범시켰다. 티베트가 중국 영토의 일부가 된 것이다. 이 일은 그 이전에는 한 번도 있었던 적이 없는, 티베트인들이 처음으로 겪은, 티베트인의 삶을 송두리째 바꿔 놓은, 역시 '획기적'인 사건이었다. 티베트 고원에 토번이란 통일 왕국이 처음으로 출현해서 동방의 당과 자웅을 겨룬 뒤로, 티베트인은 언제나 독자적인 정치 체제와 사회질서, 문화 양식을 유지하면서 '중국'과는 구별되는 별개의 역사공동체를 운영해 왔다. 티베트 고원에서 티베트 불교가 형성되어, 티베트가 거의 전 국민이 불교를 신봉하는 국가, 즉 '불국'이 됨에 따라 불교의 고승, 즉 라마가 정치적 군장의 역할까지 겸하는 독특한 정교일치의 국가 체제가 갖추어졌고, 이에 따라 티베트 불교의 최고위 승려와 중국을 지배하는 국가의 군장과는 공시/단월 관계를 맺어 정신적 지원과 정치·군사적 지원을 서로 교환했다. 만청 시대에 만청의 군대가 몇 차례 티베트 고원에 진군하고 만청의 관리가 라싸에 상주하기도 했지만, 이는 만청이 티베트를 정치·군사적으로 지배하기 위해서라기보다는 공시 관계에 있던 티베트 불교의 최고위 승려를 정치·군사적으로 보호하기 위한 조처였다. 영국 등 서구 제국주의 열강이 티베트 고원을 탐하려 했을 때, 말기의 만청과 중화민국은 스스로 제국주의화하여 티베트 고원을 놓고 영국 등과 경쟁한 적도 있었지만, 티베트는 스스로 자주와 독립을 위해 영국과 중국 등 제국주의 세력의 침략에 완강하게 저항했다. 그러나 국민당 정권과의 무력 투쟁에서 승리한 중국 공산당 정권이 중국을 통일하자마자 곧 티베트 고원을 군사력으로 장악했고, 티베트인은 이에 대해 무력으로 저항하여 엄청난 수의 인명이 희생되었다. 티베트의 자치구 편입은 1959년에 티베트의 최고위 승려이자 군장이었던 14세 달라이 라마가 인도로 망명하여 망명 정부를 세워 항거한 상황에 대한 중국 측의 반응이었다. 티베트인의 불행은 단순히 정치적 독립성을 상실했다는 데 있지 않고, 티베트가 중국과는 정치 체제와 사회질서, 문화 양식이 전혀 다른 별개의 역사공동체임에도 불구하고 중국에의 동화를 강요받았다는 데 있었다. 정교일치의 오랜 전통이 강제 폐기되었을 뿐만 아니라 사회주의 유물론에 의해 티베트인의 신앙이 치명적으로 탄압되었다. 그 단적인 증거가 바로 문화 대혁명이었다. 문화 대혁명은 중국의 권력 투쟁으로 일어났음에도 불구하고, 오로지 티베트가 중국의 일개 자치구로 편입되어 있다는 이유만으로 그 불똥이 티베트 고원에까지 튀어서 8천여 불교 사찰이 대부분 파괴되고 승려들은 강제 환속되는 등 이루 말로 표현하기 어려울 정도로 참혹한 피해를 입었다. 20세기에 동아시아에서 일어난 변화 가운데서도 티베트인이 강요당한 삶의 변화가 가장 심각했을 것임은 의심할 여지가 없다.

베트남은 몽골이나 서역, 티베트와 달리 2차 대전 이후에 중국의 일부로 편입되지는 않았다. 그 대신 전쟁 전에 베트남을 사실상 식민지로 지배했던 제국주의 열강 프랑스가 전쟁이 끝난 뒤에 다시 베트남으로 돌아와서 식민지 경영을 재개하려 시도했다. 베트남은 당의 멸망과 동시에 독립된 국가를 건립해서 1천여 년 동안 정치적 운명을 스스로 결정해 왔다. 19세기의 서세동점 과정에서 제국주의 열강 프랑스의 침략을 받아 사실상 식민지 상태로 떨어진 적도 있었지만, 베트남인은 오랜 기간 송이나 몽원, 명과 같은 세계 최강국의 침략을 완강하게 저지해 온 전통과 저력으로 프랑스의 재침에 대해 거국적으로 저항하여 치명적 타격을 입히는 데 성공했다. 호지명(胡志明)이 지도한 베트남군이 디엔비에푸 전투에서 프랑스군을 궤멸시키고 즉각적 항복을 받아 낸 것이다. 이 전투는 19세기 이래로 제국주의 열강의 침략을 받으며 혹심한 고통에 시달렸던 동아시아의 여러 나라들이 제국주의 세력에 가한 타격 가운데서도 가장 통쾌하고 결정적인 승리였다. 그럼에도 불구하고 베트남에 대한 제국주의 침략은 그치지 않았다. 프랑스가 베트남에서 물러나면서 그 바통을 미국에게 넘겨주었기 때문이다. 2차 대전 이후 소련 등 공산 세력과 냉전을 벌이고 있던 미국은 프랑스를 물리친 베트남의 민족 주의적 독립 운동이 사회주의 이념에 의해 지도되고 있는 상황을 걱정하고 있었다. 그러나 미국의 베트남 침공은 베트남인의 완강한 저항에 부딪혀 또다시 실패했다. 미국이 패퇴한 뒤에 미국이 내세운 꼭두각시 반공 정권이 무너지고 남북 베트남이 통일되었다. 서구 제국주의 열강들이 잇달아 베트남을 침략하고, 이에 대해 베트남인이 거듭 항전하여 승리를 거두어 스스로 독립 국가를 재건한 사건은, 수많은 베트남인의 희생과 베트남 사회의 참혹한 파괴를 동반했기 때문에 베트남인의 삶에 말로 표현하기 어려울 정도로 큰 변화를 가져다주었다.

타이완이야말로 전후에 상상하기도 어려운 엄청난 충격을 받았다. 2·28 참변이 그것이다. 청일 전쟁에서 승리한 일본이 그 대가로 만청에게서 타이완을 할양받아 식민지를 경영하다가 태평양 전쟁에서 패전하고 중화민국에 타이완을 넘겨주었는데, 중화민국의 국민당 정권은 타이완을 마치 전리품이나 식민지 정도로 간주하여 강압적으로 통치하다가 타이완인의 강력한 저항에 부딪혔다. 2·28 참변의 발단은 아주 사소한 사건에서 비롯되었지만, 사소한 사건이 2만여 명이 살해되는 엄청난 참변으로 발전하게 된 배경에는 타이완의 특수한 지위, 즉 타이완과 중국의 역사적 관계가 놓여 있었다. 타이완은 원래 남양 군도에서 건너온 원주민이 분산되어 거주하고 있었는데, 서세동점으로 동방에 진출한 네덜란드가 타이완 섬의 서북 해안을 일시 점유했다. 그 뒤를 이어 복명 운동을 벌이던 정성공 군단이 형세가 불리하여 타이완 섬으로 퇴각해서 네덜란드인들을 몰아내고 정씨 왕국을 건립한 적이 있었으며, 다시 만청이 정씨 왕국을 복멸시키고 타이완 섬의 서안 일부에 군현을 설치하기도 했다. 만청은 말기에 잠시 신정을 시도하면서 타이완 섬에도 행성을 설치하고 지배의 강도를 높이려 했지만, 곧 청일 전쟁에서 패전하여 타이완을 일본에 넘겨준 것이다. 따라서 타이완인에게는 중화민국이 여러 침략 세력의 하나에 지나지 않았으니, 이러한 정서는 국민당 군대가 진군했을 때 타이완인들이 "개가 물러가니 돼지가 왔다"고 한 자조의 말에 잘 담겨 있었다. 당시의 타이완인은 원주민 외에도 중국 동남 해안, 즉 복건성과 광동성 일원에서 건너온 사람들이 대부분을 구성하고 있었지만, 오랫동안 독자적인 역사공동체를 운영하고 있었기 때문에 중국인과의 일체감은 매우 희소했다. 국민당 정권도 정복자와 같은 자세로 타이완인을 대했으니, 이는 타이완인들이 저항한다고 해서 군대를 보내 무자비하게 2만여 명이나 학살한 것을 보아도 알 수 있는 일이었다. 이 사건을 계기로 해서 국민당 정부는 타이완에서 계엄령을 선포했고, 국민당 정부가 중국 공산당과의 싸움에서 패퇴해서 타이완으로 물러난 뒤에도 이 계엄령은 38년 동안이나 해제되지 않은 채 유지되었으니, 타이완인의 삶이 어떠한 상태에 놓이게 되었는지는 짐작하기 어려운 일이 아니다. 장개석이 죽은 뒤에 계엄령을 해제하고 2·28 사건에 대한 유감을 표명하기는 했지만, 여전히 타이완인의 가슴에는 2·28의 한스러운 응어리가 견고하게 남아 있다.

류큐는 중국과 책봉-조공 관계를 맺은 나라들 가운데서 가장 먼저 중국의 번속국 위치에서 이탈하여 일본의 일개 현으로 편입되었다. 그로 인해 티베트가 문화 대혁명의 불벼락을 맞았듯이, 자기 의사와 관계없이 일본이 벌여 놓은 태평양 전쟁에 끌려 들어가서 가장 혹독한 재앙을 입었을 뿐만 아니라 일본이 패전한 뒤에는 승전국인 미국의 군정 치하로 떨어졌다. 그 뒤 미국이 오키나와 현을 일본에 '반환'하여 다시 일본의 통치 아래로 들어갔지만, 태평양 미군의 주둔 기지로 남아 있어 여전히 그 주민의 삶은 타의에 의해 결정되고 있다. 류큐는 원래 독립된 국가를 유지하며 바닷길을 통해 주변 나라들과 내왕하고 무역하여 상당한 부를 축적했다. 특히 명이 중국을 지배하고 있던 시기에는 세 개의 나라로 나뉘어 경쟁하면서 중국과 내왕하여 책봉-조공 관계를 유지했다. 명의 사신이 류큐를 다녀와서 기록해 놓은 『사유구록(使琉球錄)』이나 『부생육기(浮生六記)』 등 기행문을 보면, 당시의 류큐가 잘 정돈된 왕국 체제하에서 상당한 수준의 문화적 삶을 영위하고 있었음을 알 수 있다. 류큐인은 중국과 교왕하면서 한자문화 등 중국의 문화를 수용하여 공유하기도 했지만, 중국이나 주변의 다른 나라들과는 구별되는 독특한 해양문화를 발전시키면서 독자적인 역사공동체를 형성하고 있었다. 따라서 일본의 군사력에 의해 일본에 강제 합병되고 미국의 군정 체제하에 편입된 뒤의 류큐는 그 선조들이 경험해 본 적이 없는 정도로 삶의 변화를 강요받고 있다고 할 수 있다.

한국은 서세동점 시에 쇄국을 고집하다가 '근대화'라는 자기 변혁에 늦어져서 이웃의 일본과 달리 제국주의 세력의 식민지로 전락하는 길을 밟았다. 공교롭게도 한국에서 식민지를 경영한 제국주의 세력은 전통시대에 동아시아 세계의 변두리에서 소외되어 있다가 서세동점 시에 재빠르게 자기 변화를 도모하여 후발 제국주의 세력에 끼어들 수 있었던 일본이었다. 서세동점이라는 동아시아 초유의 상황에 어떻게 대응했는가에 따라 운명이 판이하게 갈렸으니, 혹자는 정치적 독립성을 잃고 식민지로 전락하는가 하면 혹자는 남의 나라를 침략해서 식민지를 경영하는 주체가 되기도 한 것이다. 한국은 자기의 국가를 가진 이래로 역사상 한 번도 정치적 주체성을 상실한 적이 없는 나라였다. 어떤 이는 한국이 기원전 3세기에 중국 한의 침략을 받아 군현이 설치됨으로써 중국의 식민지가 된 적이 있다고 하지만, 당시에 한의 4군이 설치된 지역은 요동 지역으로, '한국'은 그 영역에서 벗어나 독립된 지위를 유지하고 있었다. 그 뒤 한국은 거란과 여진, 몽골, 일본 등 이웃 나라들의 침략을 빈번하게 받기는 했으나, 완강하게 저항하여 독립된 국가를 지킬 수 있었다. 중국의 국가들과는 책봉-조공 관계를 계속 유지하면서 '번속국'의 지위를 감수하기는 했지만, 책봉과 조공이란 국제 사회의 '중국'과 '사국'이라는 지위를 서로 승인하는 예적 절차에 지나지 않았기 때문에 한국이 독립된 국가 체제를 유지하는 데는 아무런 장애가 되지 않았다. 오히려 한국과 중국의 책봉-조공 관계는 한국이 정치적 독립성을 유지하는 데 보호막 역할을 해 주었다고 할 수도 있다. 한국인의 독특한 문화 지향성은 당시 세계 최고 수준의 문화를 창조하고 향유할 수 있는 문화적 역량을 형성하여, 그 역사공동체를 지켜나가는 데 근원적 힘으로 작용했다고 할 수 있다. 그럼에도 불구하고 동아시아 세계의 전통시대를 마감하게 한 서세동점의 상황에 적절하게 대응하는 데 실패함으로써 한국인은 역사상 처음으로 독립된 국가를 상실하는 경험을 하게 되었으니, 일제에 의해 지배를 받은 36년간의 세월은 한국인의 삶에 말로 표현할 수 없을 정도의 충격과 변화를 강제했다고 할 수 있다. 그러나 20세기에 한국인이 겪은 경험 가운데서 정치적 독립성의 상실을 가져온 '한일합방'이 가장 큰 충격을 가져다준 사건은 아니었다. 한국이 '해방'과 '독립'이라는 선물을 받은 직후에 만난 '한국 전쟁'이 한국인에게 안겨 준 충격에 비한다면 '한일합방'은 아주 약소한 것에 지나지 않았다. 일제의 강제 합병으로 인해 한국인들이 잃은 인명과 재산도 적지 않았지만, 한국 전쟁으로 인해 잃은 2백여만 명의 인명과 전 국토의 초토화와는 비교도 할 수 없는 일이었다. 무엇보다도 한국 전쟁으로 인해 한국인이 입은 재앙이 3년 전쟁으로 끝나지 않고 60년이 지난 지금까지도 한국의 정치와 사회, 문화 등 거의 모든 방면의 삶을 규정하고 있다. 한 가지 흥미로운 것은 그동안 단절된 것처럼 보였던 전통의 잔영이 아직도 남아 있음을 한국 전쟁을 통해 확인할 수 있었다는 것이다. 단기전으로 끝날 것 같았던 전쟁이 중국의 참전으로 장기화하고 결국은 한국이라는 역사공동체를 두 토막 내는 상황까지 초래하게 되었는데, 중국이 참전할 때 내건 '항미원조(抗美援朝)'라는 구호는 과거 명이 임진왜란에 참전할 때 내건 '항왜원조'란 기치를 연상시켜 준다. 그때나 이때나 중국인은 '순망치한'의 논리를 계산하고 '사대자소'의 의리를 내세우면서 한국에서 일어난 전쟁에 끼어들었던 것이다. 다만 한 가지 달라진 것은 미국이라는 '중국'이 하나 더 나타났다는 것뿐이다.

가장 큰 충격은 요동에 가해졌다. 다른 역사공동체들은 분단되거나 식민지화하고 혹은 다른 나라의 영토 안으로 편입되기도 했지만, 그래도 역사공동체는 여전히 살아남았다. 중국의 일개 자치구로 편입된 티베트나 몽골, 서역 등도 아직도 별개의 역사공동체로서는 존속되고 있다. 그러나 요동은 중국의 일부로 편입되는 데 그치지 않고 역사공동체 자체가 거의 소멸되었다. 이미 선진 시대부터 요동에는 중국이나 한국 등 주변의 다른 나라들과는 구별되는 별개의 역사공동체들, 즉 동호계와 예맥계, 숙신계 등의 역사공동체들이 오랫동안 존속해 왔지만, 2차 대전 이후에는 이런 역사공동체들을 찾아보기가 쉽지 않게 되었다. 만주가 중국으로 입관하여 만청이라는 통합 국가를 수립한 이후, 3백여 년을 경유하면서 만주는 점차 그 역사공동체적 정체성을 상실해 갔고 만청이 멸망한 뒤에 만주국이 수립되었지만, 일제의 괴뢰국으로 존재했기 때문에 만주의 정체성 희석 과정은 저지되지 못했다. 중화인민공화국이 건립되어 요동을 접수한 뒤에도 동북인민정부(東北人民政府)가 잠시나마 존립했고 도처에서 민족구역자치가 실행되어 요동이 중국과 다른 별개의 역사공동체가 존속했다는 전통의 잔재가 여전히 남아 있기는 했지만, 중국인의 지속적인 요동 진입으로 민족구역자치 지역에서조차 인구 비율이 역전된 상황에서 요동 역사공동체를 확인하기는 쉽지 않게 되었다.

동아시아가 현대로 전환하면서 겪어야 했던 변화의 충격은 대체로 '중국에의 흡수'라는 방향으로 진행되었다고 할 수 있다. 머리말에서 언급한 플라스틱제 '중국지형도'의 내용은 그 제목과는 달리 '동아시아 지형도'다. 이 지도에는 중국뿐만 아니라 한국과 일본, 베트남과 몽골 등 나라들의 공간적 윤곽이 모두 포함되어 있기 때문이다. 사람들은 이 지도를 보면서 흔히 두 가지 상식을 떠올리게 된다. 그 하나는 동아시아의 대부분이 중국이구나 하는 것이고, 다른 하나는 동아시아에는 중국과 한국, 일본, 베트남, 몽골 등 5개 나라만 있구나 하는 것이다. 그리고 이 지도를 보면서 역사까지 생각하게 된다면, 과거에도 동아시아의 대부분을 중국이 점했다고 생각하게 되고 동아시아에는 중국 등 5개 나라만 있었다고 생각하게 된다. 그러나 이런 생각은 매우 비역사적인 것이다. 지금 현재는 동아시아의 대부분을 중국이 점하고 있고 동아시아에는 5개 나라만 존재하는 것이 사실이지만, 불과 6, 70여 년 전까지만 해도 그렇지 않았다. 동아시아에는 중국 등 5개의 나라 외에도 서역과 티베트 고원, 타이완 등에는 중국과는 다른 별개의 나라가 존재하고 있었으며, 중국의 판도는 지금의 판도에 비해 절반 정도에 지나지 않았다. 그 사이에 이처럼 심각한 변화가 있었던 것은 현대 중국의 확장성에 기인한다. 현대 중국은 이른바 '오족공화'를 내세우며 중국 외에도 다른 네 역사공동체를 한 국가 체제 안으로 쓸어 담았다. 현대의 중국인은 외국인이 현대 중국 사회의 문제점이나 병폐를 지적하면 으레 이렇게 대답한다. "중국은 너무 크고 사람이 너무 많으니까." 그러나 '너무' 크고 '너무' 많은 것은 모두 중국인이 자초한 일이었다. 중국인 스스로 개인의 복리를 생각하기보다는 크고 많은 나라에 속하고 싶어 했기 때문이다. 이렇게 해서 그 수많은 나라들이 '중국'이라 표현되는 범주 안으로 쓸려 들어가서 자신의 정체성을 상실하고 이제 겨우 한국 등 5개의 나라만 남아 있는 것이다. 오늘의 한국이 존립하고 있는 이유를 이해하려면 한국의 역사뿐만 아니라 한국을 포함한 동아시아 역사 전체의 흐름을 이해해야 하는 까닭이 여기에 있다.

• 참고문헌

葛劍雄, 『普天之下 - 統一分裂與中國政治』, 吉林教育, 1989.

江應梁, 『中國民族史』上中下, 民族出版社, 1990.

高柄翊, 『東亞交涉史의 研究』, 서울대학교 출판부, 1970.

屈敏一, 『中國と古代東アジア世界 - 中華的世界の諸民族』, 岩波書店, 1993.

權吾重, 『樂浪郡研究』, 一潮閣, 1992.

김석우 등, 『역대 중국의 판도 형성과 변강』, 한신대학교 출판부, 2008.

金毓黻, 『東北通史』, 臺聯國風; 社會科學戰線雜誌社, 1944.

金鍾完, 『中國南北朝史研究 - 朝貢交聘關係를 중심으로 - 』, 一潮閣, 1989.

金翰奎, 『古代 中國的 世界秩序 研究』, 一潮閣, 1982.

_____, 『古代 東亞細亞 幕府體制 研究』, 일조각, 1997.

_____, 『한중관계사』, 아르케, 1999.

_____, 『티베트와 중국 : 그 역사적 관계에 대한 연구사적 이해』, 소나무, 2000.

_____, 『天下國家』, 소나무, 2005.

_____, 『티베트와 중국의 역사적 관계』, 혜안, 2003.

_____, 『遼東史』, 문학과 지성사, 2004.

_____, 『使朝鮮錄 연구 : 송(宋), 명(明), 청(淸)시대 조선 사행록(使行錄)의 사료적 가치』,
        서강대학교 출판부, 2011.

厲聲 李國强, 『中國邊疆史地研究綜述』, 黑龍江教育出版社, 2002.

馬大正, 『中國古代邊疆研究』, 中國社會科學出版社, 2003.

馬大正 主編, 『中國邊疆通史叢書』, 中州古籍出版社, 2003.

馬大正 等, 曹世鉉 譯, 『중국의 국경/영토 인식 - 20세기 중국의 변강사 연구』, 고구려연구
        재단, 2004.

朴漢濟, 『中國中世胡漢體制研究』, 一潮閣, 1988.

三崎良章, 『五胡十六國 - 中國史上의 民族大移動』, 東方書店, 2002.

西嶋定生, 『古代東アジア世界と日本』, 岩波書店, 2000.

翁獨健 主編, 『中國民族關係史綱要』, 中國社會科學出版社, 1990.

李成市, 『古代東アジアの民族と國家』, 岩波書店, 1998.

_____, 『만들어진 고대』, 삼인, 2001.

李春植,『事大主義』, 高麗大學校出版社, 1997.

_____,『中華思想』, 1998.

全海宗,『韓中關係史研究』, 一潮閣, 1972.

_____,『歷史와 文化-韓國과 中國, 日本』, 一潮閣, 1976.

_____,『韓國과 中國』, 知識産業社, 1979.

田繼周 等,『中國歷代民族政策研究』, 青海人民出版社, 1993.

趙運田,『中國邊疆民族管理機構沿革史』, 中國社會科學出版社, 1993.

曹永祿 등,『中國과 東아시아 世界』, 國學資料院, 1997.

朱雲影,『中國文化對日韓越的影響』, 黎明文化事業公司, 1981.

崔明德,『漢唐和親史稿』, 青島海洋大學出版社, 1992.

崔韶子,『明淸時代 中韓關係史 研究』, 梨大出版部, 1997.

Fairbank, J. K. ed., The Chinese World Order, Harvard Univ., 1968.

彭建英,『中國古代羈縻政策的演變』, 中國社會科學出版社, 2004.

석학人文강좌 64